U0866069

我是党培养的，我要永远感党恩，永跟党走，做一名党的好战士。

张富清
2021年4月8日亲笔

新华社北京 5 月 24 日电 中共中央总书记、国家主席、中央军委主席习近平近日对张富清同志先进事迹作出重要指示强调，老英雄张富清 60 多年深藏功名，一辈子坚守初心、不改本色，事迹感人。在部队，他保家卫国；到地方，他为民造福。他用自己的朴实纯粹、淡泊名利书写了精彩人生，是广大部队官兵和退役军人学习的榜样。要积极弘扬奉献精神，凝聚起万众一心奋斗新时代的强大力量。

在天安门城楼上参加中华人民共和国成立 70 周年大庆观礼　张健全摄

在天安门广场向人民英雄纪念碑敬礼　张健全提供

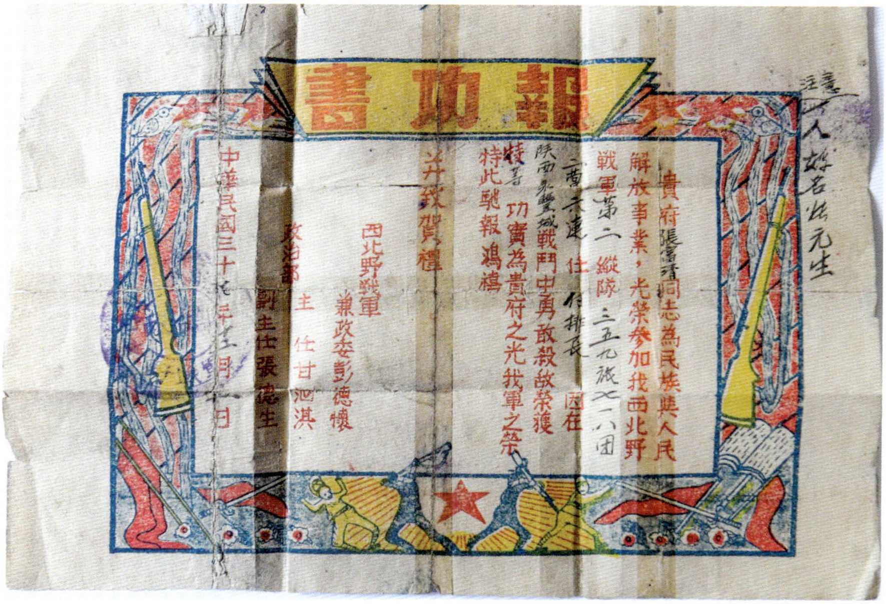

報功書

貴府張富清同志為民族與人民解放事業，光榮參加我西北野戰軍第二縱隊三五九旅七一八团二营六連任代排長因在陝西永豐城戰鬥中勇敢殺敵榮獲特等功實為貴府之光我軍之榮特此馳報鴻禧并致賀禮

西北野戰軍
兼政委彭德懷
政治部主任甘泗淇
副主任張德生

中華民國三十七年 月 日

张富清在永丰战斗中获得的特等功报功书

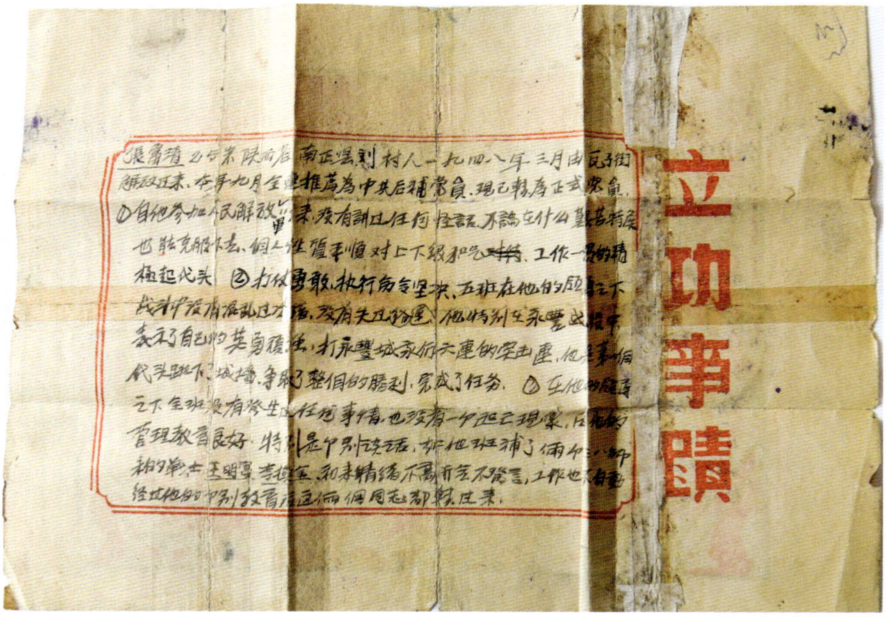

立功事蹟

張富清 [illegible] 陕西省[illegible]县[illegible]村人 一九四八年三月由瓦子街解放过来，本年九月全連推薦為中共后補党員，現已轉為正式党員。①自他参加人民解放軍以来，没有講过任何怪話，不論在什么艱苦情况也能克服下去，個人性質平順，对上下級和气，工作一貫的積極起代头。②打仗勇敢，执行命令坚决，五班在他的領導之下战斗中没有混乱过方隊，没有失过联系。他特别在永豐战斗中表示了自己的英勇積極，打永豐城[illegible]六連的突击連，他是第一個代头跳下城墙，争取了整個的勝利，完成了任务。③在他的領導之下全班没有發生过任何事情，也没有一个逃亡现象，对他的管理教育良好，特别是个别谈话，於他班補了俩个[illegible]新的戰士王明[illegible]、李[illegible]，初来情緒不高，有意不發言，工作也不積極，经过他的个别教育后這俩個同志都轉过来。

张富清立功事迹

张富清获得的“人民功臣”奖章及“解放西北纪念章”

全国人民慰问人民解放军代表团赠搪瓷缸及纪念章

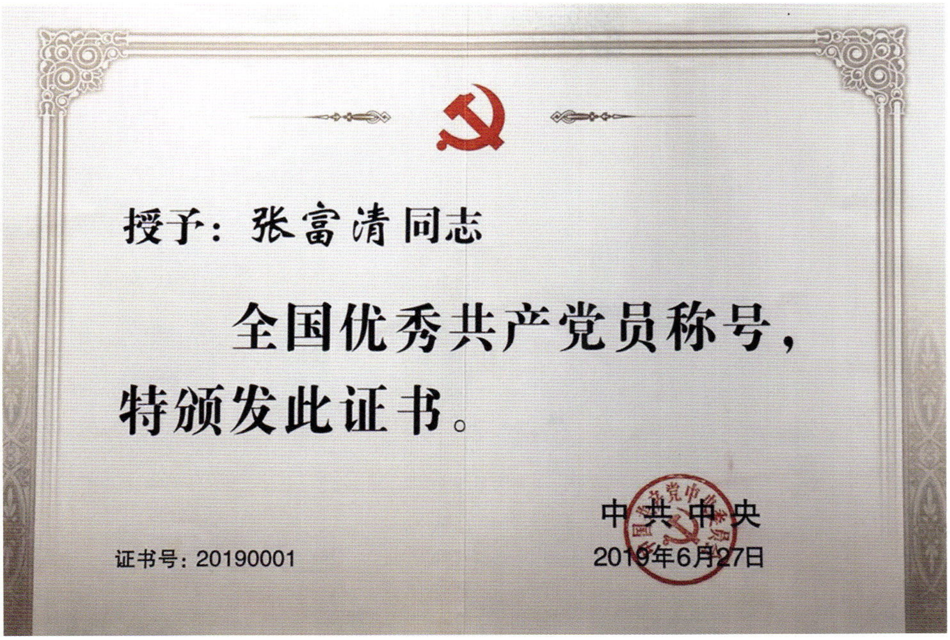

全国优秀共产党员证书

全国优秀共产党员奖章

“全国模范退役军人”证书

“全国模范退役军人”奖章

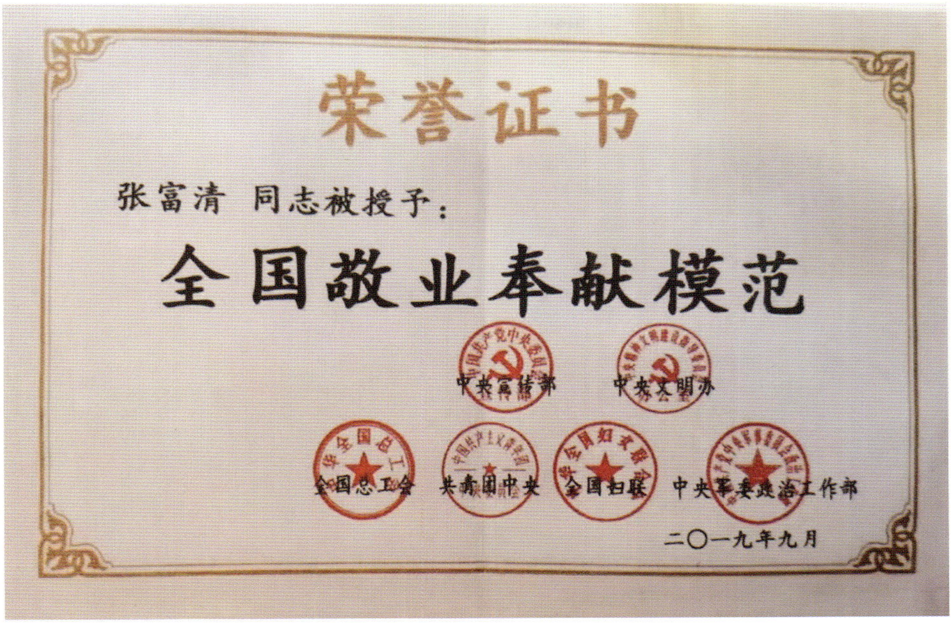

全国敬业奉献模范荣誉证书

全国敬业奉献模范奖章

“最美奋斗者”证书

“最美奋斗者”奖牌

共和国勋章证书

共和国勋章

张富清主导修建的四大民心工程之一：1960 年 6 月，时任三胡区副区长的张富清为抗击旱灾，带领 4 名群众，不顾生命危险，探入位于三胡石桥大队半山湾麻坑洞寻找水源。1960 年 10 月至 1961 年 4 月，他组织两个大队的群众在麻坑洞前修筑了拦水坝，在半山腰中修建了 6 公里水渠，其中有 150 多米水渠是修在悬崖绝壁上，为当地百姓引出了生命之水。

张富清主导修建的四大民心工程之二：1963 年 3 月至 1964 年 12 月，时任三胡区副区长的张富清为了三胡区官坟山一带几千亩农田的灌溉，主导修建了狮子桥水利水电工程。修建完后，不仅几千亩农田得到灌溉，而且还为土家山寨送去了第一盏电灯。

张富清主导修建的四大民心工程之三：1965 年 10 月至 1966 年 10 月，时任三胡区区长的张富清为了三胡区革勒车人民公社位于二龙山一带近千亩农田的灌溉，主导修建了革勒车二龙山提水工程，建立了水泵站。之后，他请人将水泵进行技术改造，实现了一箭三雕，不仅能抽水，还能为 5 个大队的老百姓碾米，还为光明大队的 60 多户人家安上了电灯。

张富清主导修建的四大民心工程之四：1977 年 10 月至 1978 年 3 月，时任卯洞公社革委会副主任的张富清，为解决高洞 3 个大队 2000 多人的出行难问题，住在一个山洞中办公、指挥，修通了 7.5 公里的“挂壁”公路。

张富清在部队时的照片

青年时期的张富清

离休时的张富清

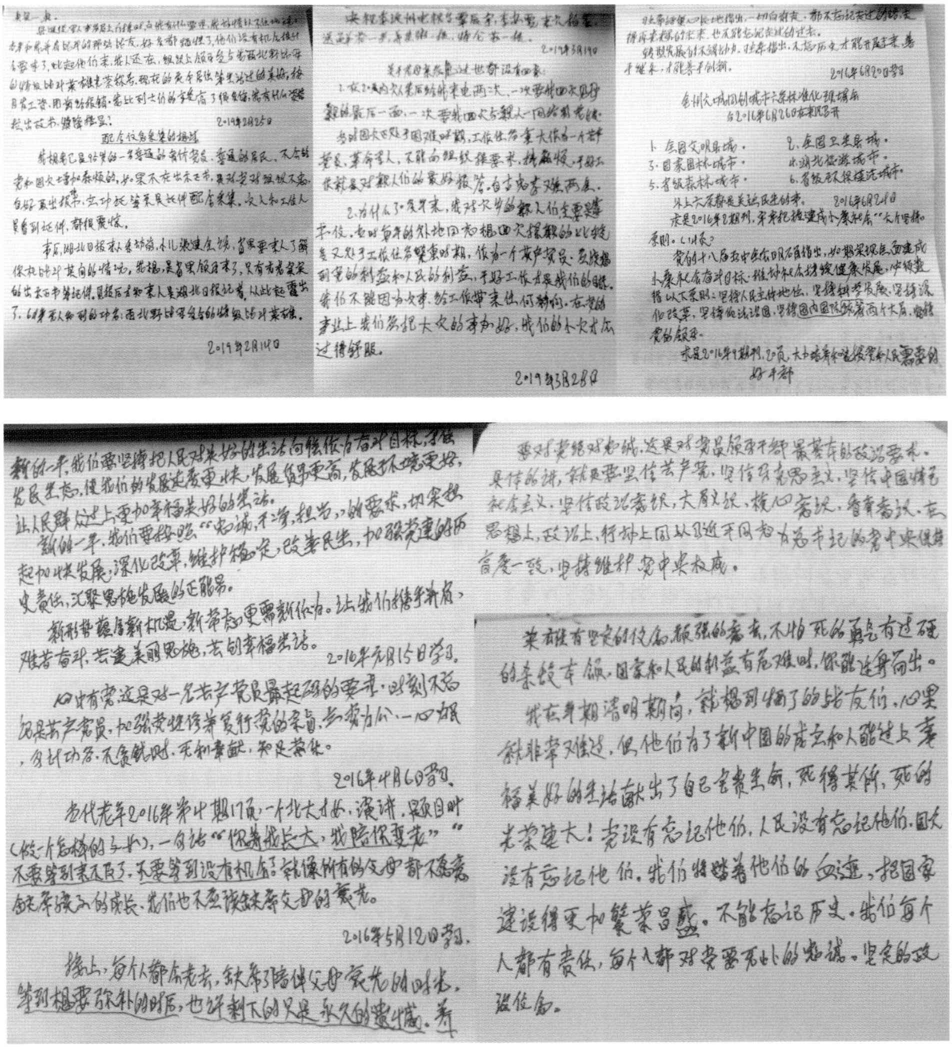

新的一年，我们要坚持把人民对美好的生活向往作为奋斗目标，推动发展生态，使我们的发展速度更快，发展质量更高，发展环境更好，让人民群众过上更加幸福美好的生活。

新的一年，我们要按照"忠诚、干净、担当"的要求，切实担起加快发展，深化改革，维护稳定，改善民生，加强党建的历史责任，汇聚恩施发展的正能量。

新形势蕴含新机遇，新常态更需新作为。让我们携手并肩，艰苦奋斗，共建美丽恩施，共创幸福生活。

2016年元月15日学习。

心中有党这是对一名共产党员最起码的要求，时刻不忘自己是共产党员，加强党性修养，践行党的宗旨，一心为公，一心为民，多讲功劳，不贪钱财，无私奉献，知足常乐。

2016年4月6日学习。

当代老年2016年第4期17页，一个北大才女，演讲，题目叫（做一个怎样的子女），一句话"你养我长大，我陪你变老""不要等到来不及了，不要等到没有机会了"就像所有的父母都不忍离开孩子的成长，我们也不应该缺席父母的衰老。

2016年5月12日学习。

路上，每个人都会老去，缺席了陪伴父母最后的时光，等到想要弥补的时候，也许剩下的只是永久的遗憾。养

要对党绝对忠诚，这是对党员领导干部最基本的政治要求。具体的讲，就是要坚信共产党，坚信马克思主义，坚信中国特色社会主义，坚定政治意识，大局意识，核心意识，看齐意识，在思想上，政治上，行动上同以习近平同志为总书记的党中央保持高度一致，坚持维护党中央权威。

英雄有坚定的信仰，顽强的意志，不怕死的勇气，有过硬的杀敌本领，国家和人民的利益有危难时，保能挺身而出。

我在每期清明期间，就想到牺牲了的战友们，心里就非常难过，但他们为了新中国的成立和人民能过上幸福美好的生活献出了自己宝贵生命，死得其所，死的光荣伟大！党没有忘记他们，人民没有忘记他们，国家没有忘记他们。我们将踏着他们的血迹，把国家建设得更加繁荣昌盛。不能忘记历史。我们每个人都有责任，每个人都对党要无比的忠诚。坚定的政治信仰。

张富清日记

相濡以沫　张健全摄

活到老　学到老　张健全摄

动手修理工具　张健全摄

在病床上看书　张健全摄

开心的笑容　张杏摄

日常中的缝缝补补　唐俊摄

第一作者邱克权（左一）晚上在张富清家中闲聊

第二作者邱凯与张富清交谈合影

党的好战士

张富清

邱克权　邱　凯——著

中国工人出版社

图书在版编目（CIP）数据

党的好战士：张富清 / 邱克权，邱凯著. -- 北京 : 中国工人出版社，2021.5
ISBN 978-7-5008-7659-5

Ⅰ. ①党… Ⅱ. ①邱… ②邱… Ⅲ. ①张富清－传记 Ⅳ. ①D263

中国版本图书馆CIP数据核字（2021）第082532号

党的好战士：张富清

出 版 人	王娇萍
责任编辑	葛忠雨　刘广涛
责任印制	黄　丽
出版发行	中国工人出版社
地　　址	北京市东城区鼓楼外大街45号　邮编：100120
网　　址	http://www.wp-china.com
电　　话	（010）62005043（总编室）　（010）62005039（印制管理中心） （010）62379038（社科文艺分社）
发行热线	（010）62005996　82029051
经　　销	各地书店
印　　刷	三河市万龙印装有限公司
开　　本	710毫米×1000毫米　1/16
印　　张	22.25　彩插1.25
字　　数	357千字
版　　次	2021年6月第1版　2025年9月第6次印刷
定　　价	58.00元

本书如有破损、缺页、装订错误，请与本社印制管理中心联系更换
版权所有 侵权必究

前　言

一份泛黄的立功登记表，清楚地记录着一名战斗英雄在解放战争时期多次担任突击队队员，只身攻下敌人 4 座碉堡，立下赫赫战功的英雄事迹。这份登记表是一本立功证书内容的一部分。

翻开立功证书的第一面，“张富清”三个字映入眼帘。这是中国人民解放军第一野战军第 2 军教导团给他授予的（立功证书）。立功证书的最后一页是统一的内容——中国人民解放军总司令朱德亲自书写的“发扬革命的英雄主义”几个草体字。立功证书的倒数第二页写着：“张富清同志在战斗中、行军中、生产中、学习和工作中一贯表现优异，经审查属实，特授予立功证书以作纪念。”

在这本立功证书的背后有着怎样的浴血奋战的故事？

一栋 20 世纪 60 年代初建成的发电厂房，墙壁上两幅毛主席语录，述说着这栋房子久远的历史。这栋发电厂房位于来凤县三胡乡狮子桥村刘家坝处，属于狮子桥水利水电工程的一部分。1964 年 12 月，这个在当年堪称奇迹的民心工程——狮子桥水利水电工程建成后，不仅为土家山寨送去了第一盏电灯，还为三胡乡官坟山一带几千亩农田的灌溉提供了保障。

翻开这项工程历史档案的扉页，上面清晰地记录着主导修建者的名字——张富清。从部队复员主动选择到湖北贫困山区，自 1955 年到 1978 年，类似的民心工程他主导修建了 4 个，为当地老百姓解决了粮食生产、农田灌溉、人畜饮水、发电照明、出行困难等难题。

这些民心工程的背后有着怎样的为民造福的故事？

如果不是因为国家对退役军人实行信息登记，上述两个疑问也只能是疑问。60 多年来，认识张富清的人只知道他是个普通而平凡的人，没有人知道他那红色的历史过往，连他的家人也被蒙在鼓里，直到那一天的被发现。

2018 年底，在来凤县采集退役军人信息工作中，出于对组织的忠诚，张富清才将自己的信息如实进行登记，从而引起了来凤县委的高度重视。县委书记在一份《关于张富清老人相关情况的报告》中做了签批："请宣传部安排新闻媒体对张富清同志事迹进行深入采访和宣传报道，大力弘扬战斗英雄先进事迹和艰苦朴素优良作风。请军人事务局、建设银行对其政策待遇落实情况进行调查了解，切实做好老英雄的生活保障工作。"

2019 年 2 月 15 日，《湖北日报》《楚天都市报》的头版头条刊发了两篇报道：《从不提当年勇，直到退役军人信息采集时才发现—— 95 岁老人是功勋卓著的战斗英雄》《在战火中出生入死，泛黄的立功登记表记录他曾攻下敌人 4 座碉堡　战斗英雄深藏功名六十四载》。报道的主人翁就是他——湖北省恩施土家族苗族自治州来凤县一名离休干部——张富清。报道立即引起当地人们的诧异，熟悉他的人都吃惊不小。随着各级媒体记者的深入报道，张富清的事迹走进了公众视野，引发举国关注。

2019 年 5 月 24 日，中共中央总书记、国家主席、中央军委主席习近平对张富清同志先进事迹作出重要指示。

6 月 17 日，中央宣传部向全社会公开发布张富清的先进事迹，授予他"时代楷模"称号。

6 月 27 日，中共中央授予张富清同志"全国优秀共产党员"称号，并要求各级党组织把学习张富清同志先进事迹作为"不忘初心、牢记使命"主题教育重要内容。

7 月 26 日，人力资源和社会保障部、中共中央组织部、退役军人事务部、中央军委政治工作部等军地相关部门联合表彰张富清同志为"全国模范退役军人”。

9 月 5 日，张富清获得第七届全国道德模范“全国敬业奉献模范”奖。

9 月 17 日，国家主席习近平签署主席令，根据十三届全国人大常委会第十三次会议表决通过的全国人大常委会关于授予国家勋章和国家荣誉称号的决定，授予张富清“共和国勋章”。

…………

71 年前的 1948 年，张富清浴血奋战，历经九死一生，荣立了多次战功，西北野战军的军政最高领导彭德怀为他签发特等功报功书。

71 年后的 2019 年，张富清获得了国家多项荣誉，中共中央总书记、国家主席、中央军委主席习近平为他颁授了国家最高荣誉——“共和国勋章”。

揭开张富清波澜壮阔的人生，人们发现，他在贫困山区为民造福留下的当年堪称奇迹的四大民心工程，更胜于他战争年代多次担任突击队员，立下的四次奇功。1955 年，张富清选择到湖北最贫困的来凤县工作，这一来就是 60 多年，就是一辈子。60 多年来，他先后在条件极为艰苦的三胡区、卯洞公社工作，为贫困山区百姓能吃饱饭、为改变贫困山区落后面貌，殚精竭虑，呕心沥血。他曾不顾危险，下到洞中天坑找水，解决老百姓的饮水问题；不顾劝阻，身系藤条，在陡峭的山崖上开山凿石，修建水渠；不顾挨饿，住进最困难的农户家里，带领、帮助群众解决吃饭问题；不顾年高，爬上绝壁打炮眼，修建“挂壁”公路，只为老百姓能够走出大山；不顾中毒，轻伤不下火线，甚至夜晚坠入山涧受伤都不去住院……为了百姓，他鞠躬尽瘁，舍得付出。可是对待自己和家庭，他却十分苛刻。为了推动工作，他让妻子辞去公职，让儿子下乡当知青；为了了解百姓疾苦，他长期驻村蹲点不回家，生病的大女儿落下终身疾病，他和老伴儿照顾她 58 年。他到来凤时，住的是漏雨又漏风的小木屋及陈旧的破庙。离休后，一套房改房住了 38 年，陈旧的墙壁、窗棂无一不显示着岁月的沧桑，破旧的家具被人戏称灌了包浆。刚转业时，他的职级是副科；离休时，他仍然是一个副科……生活困难时，他鼓励家人，坚定信心；生活条件好了，他缝缝补补，始终保持艰苦奋斗的优良作风。他把自己的生活几乎压到了极限，即使再苦再难，他也从不向组织伸手……

张富清是一个至今健康活着的英雄，他的人生经历非常丰富，全程见证了新中国成立前后的浴血奋战、社会主义改造及建设、改革开放和进入新时代的沧桑巨变。当年，在祖国大地的各个角落，不知有多少像他这样的共产党人、革命军人封存了血与火的记忆、封存了功与名的荣光，转身成为默默无闻的社会主义建设者。无论岁月沧桑，无论艰难困苦，他们为了民族的振兴和国家的强盛，一代接着一代干，始终初心如磐，一往无前。他们筚路蓝缕的奋斗历程，连着共产党人的初心和使命，也连着中华民族的伟大复兴。写张富清的个人传记，也是写以他为优秀代表的他们那一代无数共产党人带着时代烙印，为国家的建立、建设，一路历经沉浮、披荆斩棘的奋斗史。也正是因为有一大批像张富清这样的共产党员、英雄模范率先垂范，我们的党才能团结带领人民群众不断开创各项事业发展的新局面。以张富清为优秀代表的共产党人的故事不需要任何润色，忠实地还原就能感天动地。见一叶而知深秋，窥一斑而见全豹。写张富清就是为了让广大读者从中深刻领悟中国共产党为什么能、马克思主义为什么行、中国特色社会主义为什么好。

让我们走近张富清，沿着他 97 年的人生轨迹，去追寻他异于常人的心迹，揭开他谜一般的红色人生。

目录

CONTENTS

第三章　辗转南疆　淬火成钢

十万大军出玉门，向天山南北挺进，一边维护边疆安全，一边开展垦荒生产。张富清将个人命运与解放大西北及维护新疆的和平稳定紧密联系在一起，跟随部队一路西征，进入新疆屯垦戍边。1953年，他积极响应抗美援朝号召，一腔热血火速奔赴北京。

第四章　响应号召　奉献异乡

响应组织号召，毅然选择到湖北最边远最贫困的来凤县。在这里，虽然工作岗位几经变换，也有一同来的战友申请调走，但是他为贫困地区奉献的赤子之心从未改变。

第五章　一门心思　为民造福

深入基层一线，长年累月驻村扎点，一心一意为百姓造福。相继为老百姓解决吃饭、饮水、用电、生产、农田灌溉等方方面面的难题，用实际行动诠释了他对党对组织的绝对忠诚，诠释了一名共产党员的本色初心。

第六章　家有贤妻　患难与共

在工作和家庭的天平上，张富清几乎将全部精力倾向于工作。在他身后，是妻子多年来的理解、支持和付出。不管家庭困难有多大，贤妻始终坚忍顽强、无怨无悔地将四个孩子拉扯成人。

第七章　一腔热血　不减当年

虽年过半百，但英雄不减当年勇。每至一个新的工作岗位，甘于奉献，干劲十足，为自己当年的无悔选择交上了圆满的答卷。

第八章 心中无我 至公无私

心中时刻装着老百姓，很少顾及自己和家庭。老百姓的利益受损，他会毫不留情地对人“开刀”。对家庭困难和个人升迁，他从不向组织提任何要求；对子女就业及工作分配、调动，他从不向组织和个人打招呼。好不容易得到提档增薪的机会，他却高风亮节，让与他人。

第九章 桑榆暮景 本色不改

青丝已熬成白发，岁月不再少年。纵使与病魔狭路相逢，他也从未屈服，始终保持突击者的顽强和意志，坚挺站立。

第十章　深藏功名　润物无声

面对媒体采访，已经95岁高龄的他拿出突击的姿态，讲述自己的本色人生；面对各种荣誉，他功成不居，回归平淡。

第一章
出身贫寒　历经苦难

童年时期不幸丧父、凄苦无依；少年时期卑微求食、得以生存；青年前期失去自由、饱受欺凌。佃农出身的张富清，无奈身处浊乱世间，历经了种种苦难。他的遭遇亦是中华人民共和国成立前千千万万底层劳苦人民生活的缩影。

佃农出身　童年凄苦

汉中洋县位于陕西省西南部，北靠秦岭，南依巴山，地势相对平坦，像一口大锅平展地摊在秦岭大山的余脉之中。在古代洋县被喻为“汉上明珠”，在今朝被称为“朱鹮的故乡”。

马畅镇是洋县傥骆古道上的重镇，是北去关中、西至甘肃、南达四川的必经之路，自古就是兵家必争之地。三国时期，蜀国大将赵云曾在此驻军，训练骑兵，从而得名“马场”，晋朝时改为“马畅”。该镇西靠子房山，前临湑水河，北与谢村镇接壤，西与城固相邻，方圆几十公里都是平坝。马畅镇西边不远处就是双庙村，该村因建有张良庙和杨从仪庙而得名。因临近汉江和湑水河，这里阡陌交错，水网纵横，沃野无垠。

1924年12月24日，一个大雪纷飞的日子，汉中盆地东缘，洋县马畅镇双庙村佃农张转义的媳妇张周氏为他生下了第三个儿子。因为大儿子已不幸夭折，所以张转义对这个新生儿极为看重。在兴奋和喜悦之中，出于对孩子的美好期望，他为新生儿取小名元生，大名张富清。

尽管双庙村地势平坦，耕地多，土地肥，但这些都没有老实巴交的张转义的份儿，每年他只能靠种租地、打短工谋生。张周氏自小双脚被布帛缠裹，变成了又小又尖的“三寸金莲”。“小脚一双，眼泪一缸”，缠足对她来说是一件极为痛苦的事情，不但行走不便，作为穷苦人还干不了农活，日子十分难过。

张富清出生后，家里多了一口人，张家原本紧巴巴的日子，无疑过得更加艰难。仅有的三间土坯房[①]，又低又矮，仅可遮风挡雨，墙面残颓不堪。一家老小的生活全靠父亲张转义租种地主的土地，每日起早贪黑地栽桑种谷。一年之中，除了缴纳地租，张转义还要服各种劳役，遭受繁重的剥削。每年交租后，自家主粮所剩连三成都不到。好在自家可以养猪、养鸡，在租种地栽种红苕、土豆等杂粮，收成后不用再交租，才算勉强度日。风调雨顺时还好，每当庄稼遇灾，则家徒四壁，苦日子一眼望不到头。

20世纪二三十年代的洋县，积贫积弱，经济萧条。1928年，洋县始征“所得税”，地丁实行“四倍加征”，加重课税。当时贫富差距甚大，富人吃稠穿绢，穷人喝汤穿麻。王三春、牛堉椿、张大经等川匪常年扰民，抢劫敲诈。贩大烟者亦是不计其数，烟毒泛滥，难以管控。直到1933年县政府设立禁烟科，乡镇设禁烟所，情况才稍有好转。1929年，遭遇大旱，汉江断流，树木枯死，禾苗焦枯，颗粒无收，逃荒者4000多户。1930年，洋县又连续3年遭受干旱和雹灾，灾民达7.7万人之多，死亡9500多人[②]。有道是：“地无余湿，屋鲜尽藏，赤地千里，万井封锁无烟。”殷实之家都举室啼饥，像张转义这样

① 据张富清大侄子张树积介绍，三间土坯房在张富清祖辈在世时就已经有了。

② 相关情况及数据参考洋县相关历史记载。

的穷苦百姓家庭就只能延颈待毙了。

1932年，又逢大旱年，真是“屋漏偏逢连夜雨，船迟又遇打头风”。农忙时节，张转义作为家中的“顶梁柱”却得了重病。因无钱医治，他在床上躺了一个多月也不见好转，病情反而越来越严重，一张脸枯萎得如同一张干瘪的黄菜叶，就连胡子也蔫软无力，眼眶凸起如同断了活水的枯井一般透着绝望。8岁的张富清趴在父亲的床前，耳畔时不时地听到父亲叫唤着自己的小名“元生”。穷人在天灾病魔面前，生命就会变得脆弱不堪。在慢慢长大的张富清眼里，死亡似乎成了村里随处可见的平常事。不久，张转义便溘然长逝，时年才四十岁有余。下葬时，因家徒四壁，买不起棺材，仅仅裹了一张旧篾席，在北面“子房山”山边挖了一个土坑草草埋葬。父亲中年病故，对于贫困的张家来说无疑是雪上加霜，此时四妹张润莲还在嗷嗷待哺之中，一家人的生活面临着绝境。

好在母亲张周氏性格坚强，她虽然是个小脚女人，但很明事理，知道日子即使再艰难，也得好好地过下去。很快她从悲伤中走了出来，支撑起这个一贫如洗的家，拉扯着3个孩子艰难度日。穷人家的孩子注定早当家，二哥张茂茂此时已满16岁，在这个家里，他成了唯一的壮劳力。父亲的去世意味着家庭重担的传接，从此，张茂茂接过了养家糊口的重担。

随着家境的急转直下，年幼的张富清不得不过早地承担起一些力所能及的家务活：打柴、做饭、洗衣……看到附近一些家里条件较好的同龄伙伴踏入私塾学堂，或者进入马畅小中高学校读书，张富清眼中露出羡慕和渴求的眼光，但家里穷得连盐都买不起，哪里还有钱供他读书？懂事的张富清只能将这份心思一直压在心里。

困苦的日子在一天天、一月月的循环往复中逝去，张富清很快也由孩童变为少年。本是长身体的阶段，但因家中常年缺粮，一年主要靠瓜菜维持生活，张富清长至十四五岁时，身材依旧很瘦小。在那个灾难深重的时代，穷人家的孩子只要有口饭吃，能够把命活下去，就算很幸运了，根本谈不上吃饱穿暖。在黑暗与苦难时刻相伴的日子里，张富清几乎未吃饱过一顿饭，也没有穿过一件新衣裳，父亲和哥哥传下的衣物穿在他身上总显得松松垮垮，常年一双光脚丫走进走出，磨出了厚厚的老茧。饱尝无尽的苦楚和辛酸后，他的童年及少年时期就在饥寒交迫的日子中熬了过来。

多年长工　以求生存

1940 年春，张富清还未满 16 岁，此时他的家境，仍是外甥打灯笼——照旧（舅），吃了上顿没下顿，一家四口每日都在为生计发愁。张富清很想为家庭分担一点负担，但苦于没有门路，一直彷徨在家。一天，张富清终于迎来了一个机会，儿时的小伙伴张狗娃，在城固县一地主家做长工，因家里有要紧事回了家。在双庙村的湑惠渠边，他俩相遇，张狗娃对张富清说："元生，告诉你个好消息，城固县宝山镇元石庙村地主孟瓜瓜家缺个长工，管饭哪，你想不想去？""想去啊，只要有饭吃就去。"张富清回答，眼里透着渴望。眼下家中缺吃少穿，已经揭不开锅，要是自己真能去帮工的话，家里减少一个人吃饭，就可以省下一点粮食。张狗娃见张富清同意去，便答应过两天同他一起去元石庙村并帮忙介绍。张富清对张狗娃心存感激，也对外出打长工讨生活充满着期待。

回到家里，张富清对母亲张周氏说出要到元石庙打长工的想法。张周氏听后，先是一喜然后又陷入一种担忧，喜的是元生已能分担家庭负担，元石庙村离家不到 20 里路，家中有急事也能很快赶回来；忧的是元生身材瘦小，去那里打长工怕他身体吃不消。但家中的现状已是这样，如果不减少一个人吃饭，一家人生存都难。犹豫许久，张周氏最终还是同意他去。

张狗娃回家后的第三天上午，天下着小雨，他邀张富清一道去城固县宝山镇。在张周氏眼里，儿子元生憨厚老实，从未出过门，此次出门尽管不远，但她始终放心不下。临行前她反复叮嘱："元生，去了后一定要听话，有空就回家，娘担心你，外面世道乱，没事别到处转，不要出去，小心被土匪抓了去。"张富清同家人依依惜别，之后他挎上简单的行李，第一次离开马畅镇。

在细雨蒙蒙中，母亲张周氏一直将张富清送出村口，直到他和张狗娃的背影在雨中消失，她才返回。此时，她的脸上已经分不清是雨还是泪。

当天中午，张狗娃和张富清一起来到了城固县宝山镇，找到帮地主孟瓜瓜物色长工的人。张狗娃给那人交代清楚后就回到东家干活去了，张富清被人带到了元石庙村。

孟瓜瓜是元石庙村的一个地主，家境殷实，拥有较多的田地。走过几公里的泥泞路，张富清来到了孟瓜瓜家。绿树掩映之中，一栋连体瓦房进入了他的眼帘，屋顶的瓦片鱼鳞般整齐排列，墙体由青砖砌成，甚是气派壮观。未经世事的张富清从未见过如此宏伟的房屋。走近一看，厢房多间相连，屋檐下晾晒着衣物，摆放着很多农具，宽敞的庭院内干净整洁。这样好的家境在张富清眼里，和自家相比，真是一个天上一个地下。

那人前去通报东家，浑身湿透的张富清刮掉草鞋上的黏泥，胆战地迈进屋檐躲雨。此时正是农忙时节，堂屋内一众人正忙活着，突然大家停下手中活儿，看向张富清，这让未见过世面的张富清心里咯噔了一下。

“你是双庙村来的？”有人问他。

“嗯！是的。”张富清胆怯地回答道。

“哦，我知道你了，刚才报过信了，眼下缺人要新来个伙计……”这人大约50岁，叫范长林，是孟家的管家。他对张富清说：“跟我来，去见孟老爷。”

张富清跟随范长林在一间宽大的屋子里见到了孟瓜瓜，一个穿着绫罗绸缎、长得胖墩墩的老头。“眼下年轻人难找，抓的抓、逃的逃、死的死啊！”孟瓜瓜自言自语道。范长林向孟瓜瓜介绍了新来的张富清，他盯着张富清看了一会儿对范长林说：“身子那么瘦小，不像是个能干活儿的，暂时收下，打打下手吧。”范长林接过东家的话，转身对张富清说：“年轻人，瞧你这身子骨，重活儿怕是干不了，东家先把你收下，你可得卖力干活儿了，管你吃住，工钱没有，你干不干？”张富清点点头，表示答应。管饭对他来说已算不错，能讨生活就行。

退出孟老爷的房间，范管家把张富清带到长工们睡的柴房，给他安排了一张铺着简单床褥和被子的床位，让他安定下来。从此，张富清便开始了自己的长工生活。

长工平时干的活儿很繁杂，大到耕地、栽种、收割，小到地头捡石头、打水扫院子，不一而足。初来乍到的张富清先是放猪、喂猪、放牛，挑水、扫院子，踩粪肥、起粪肥等。农忙季节，他也跟随其他长工栽种、收割。他做事很机灵，干活儿不分内外，有时只要范管家一个眼神，他就会去把活儿干了。

地主孟瓜瓜很吝啬，对长工做活儿要求苛刻，长工们在他家干的都是牛马活，起早睡晚累死累活不说，还常常挨他的打骂斥责。不仅如此，他给长工吃的东西简直是猪狗食。长工们给他家编了一个顺口溜："走进孟家门，稀饭两大盆；盆里装着饭，饭里照着人。"尽管张富清老实肯干，但平时也没少挨骂，在这样的环境中，因吃得很差，营养跟不上，他的身子依旧瘦弱。

地主家雇的是长工，不养闲人。无论是壮实还是瘦弱，既然吃了地主的饭，就得像牛马一样干活儿。耕田、挑粪，什么样的重活儿、苦活儿都得干。为了有口饭吃，为了活下去，再苦再累，张富清也得咬牙干下去。

冬去春来，转眼间，张富清已在孟家做了三年长工。1943 年的春天，由于孟家遭受家庭变故，他便离开孟家寻找新的求生之路。后经人介绍，辗转至城固县宝山镇东窑村一王姓地主家继续打长工。

革命春风　掠过心田

汉中地区是革命老区，从 1926 年开始，革命的火焰在巴山、汉水开始燎原。汉中各地相继建立了共产党的组织，积极发动工农群众开展革命斗争，抗议暴行、组织罢工罢市罢课、游行示威，成立游击队……

1932 年冬，红四方面军在川陕边区共产党组织、游击队和广大工农群众的支持配合下，创建了川陕革命根据地。[①]

在汉中的洋县、城固县一带乡村，也流传着共产党领导的红军、游击队打“打土豪，分田地”，除恶济贫的故事。

在洋县双庙村，张富清十来岁时，他曾看到一些陌生人来到村里，对像他这样的一些小孩说：“我们是共产党领导的红军、游击队，是专门打地主、土豪，让穷人们有田种，能吃上饭，穿上衣的人，你们家如有人愿意，也可以跟我们一起干。”不久，张富清听说村里有几个年轻人跟这些人走了。这几个人家里穷得叮当响，吃了上顿没下顿，实在挨不下去了，于是跟着他们走的。

在城固县宝山镇打长工时，张富清也不时听到共产党领导的队伍是为穷苦老百姓打天下的故事。真有这样的事情？真有这样的人专门为穷人着想？每次听到，张富清都很激动，并会产生这样的疑问。他何尝不想这样的事能在自己身上发生，过上没有压迫没有剥削的好日子。

1943 年夏日的一天，在王姓地主家打长工的张富清一人在地头干活儿，一位 30 多岁的陌生男子向他问路。张富清仔细打量此人，见他的穿戴不像本地人，也不像常年做农活的人，就好奇地问他是干什么的。那人见张富清的穿着便知他是穷苦人，没有直接回答他的问题，而是叫张富清到树荫下歇一歇。

两人一起坐在树荫下交谈起来。那人说他是从汉中那边过来的，要到洋县去办事。他讲了一些张富清之前也听说过的事情。

那人说：“我看你是个长工，成天做牛做马，挨冻受饿，能改变你这种处境的人，只有共产党领导的军队，他们就是专门为像你这样的穷人做主的。

---

① 川陕革命根据地，是中国工农红军第四方面军，1932 年 12 月战略转移到四川、陕西边界地区时，在川陕边区党组织和广大劳动群众配合支持下建立的一块苏维埃区域，是中华苏维埃共和国的第二个大区域。川陕革命根据地的主要创建者是张国焘、陈昌浩、徐向前、王维舟。1935 年 3—4 月红四方面军强渡嘉陵江，向川西转移，放弃了川陕革命根据地。

有机会，你可以跟着共产党干革命，打土豪、打地主、分田地，这样才能有饭吃，有衣穿！”

张富清听这个人这样说，虽不明白共产党到底是些什么人，但共产党是为了穷苦老百姓好，让穷苦人“耕者有其田”的话，他之前倒也听过多次。今天这个问路人再次给他说到共产党，这让张富清心生憧憬，希望共产党的队伍早日到来。

问路人和张富清聊了一会儿便匆匆地离开了。张富清不知道他将去干什么，只是感到这人较为谨慎，怎么问也不透露自己的身份。张富清猜想那人身份不一般，肯定就是传说中的共产党。在他的认知里，这是他和共产党的第一次零距离接触。

在往后的几天里，张富清的脑海里一直回响着那个问路人所说的话。自己犹如受到启蒙教育一样，“共产党”这三个字在他的脑海中烙下深深的印记，感到内心对共产党有一种强烈的渴望。他仿佛看到了解放的曙光就在眼前，情不自禁地幻想着自己化身为共产党，扛着钢枪去解救劳苦大众，去解放自己的家乡。

然而，这样的幻想，被东家的一次打骂给拉回了现实。

王家主人平日也没少责骂张富清，就连挑水也嫌他每次挑得少，把水缸盛满很费时间。一日清晨，如往常一样，张富清要去五里外的地方挑水。从水井里取水时，他在之前的挑水量上每桶多加了几瓢，扁担上肩后，掂量着重量比平时要重许多。他迈着沉重的步子蹒跚地往回走，扁担磨得肩膀生疼，走一段就要歇一脚。

挑多了自己这身子板甚是吃亏，不多挑又要遭东家责骂，张富清这样想着，内心不由得一阵埋怨。他想起之前问路人的一席话，心驰神往着如果有一天可以不受压迫，种上自己的田地那该有多好啊！

途经一段狭窄崎岖的下坡小道时，不好歇脚，思绪飘飞的张富清踉跄了几下，水桶左摇右晃，水花四溅，把他的腿脚都打湿了。突然，他身不由己地一滑溜，摔了个四脚朝天，水桶也滚至坡下十几米开外。

张富清顾不上疼痛，爬起身后定睛一看，两只水桶已摔得七零八落，一些木桶板撞在石头上断成几截。他心想糟了糟了，这可闯下了大祸，这两只水桶可是价值不菲。他感到脑袋嗡嗡作响，不知道该如何向东家交代。顿时，内心着急的他，眼眶溢出了泪水。

张富清走下坡，收拾起残破的水桶木板，忐忑不安地回到王家。东家看见满身狼狈的张富清和残破的水桶后，生气极了，随即劈头盖脸地对他一阵打骂。旁人循声赶来，眼瞧面前的场景，亦不敢上前劝慰。东家打骂一阵后，对张富清说："往后你得多干活儿，这水桶的损失，你得赔。罚你一天不准吃饭，还有，年底本打算给你的一套新衣服和一点零用钱也没有了！"对于东家的处罚，张富清也只能打落牙齿往肚里咽，不敢和他辩驳，谁叫自己是长工呢？

从那以后，张富清长了记性，做事再也不敢开小差了。终究是靠着别人讨生活，面对现实，他只能忍气吞声，逆来顺受。但闲暇之余，他还是经常想起那个问路人的话，革命的愿望在他的心中渐渐萌生。

被抓壮丁 饱受欺凌

时光荏苒，岁月蹉跎。1945 年，张富清在城固县宝山镇做长工已 5 年有余。2 月的一天，母亲张周氏托人给他带口信说："你二哥张茂茂被抓壮丁，关在镇公所怕是出不来了，你娘叫你赶紧回家。"张富清听带信的人这样说，心急如焚，立即向东家辞了工，稍作收拾便匆匆地回到了家中。

张周氏见小儿元生回来了，禁不住地流出眼泪来。她告诉张富清："你二哥这次又被抓壮丁，去年已被抓了一次，我到处求情才没被送走，给放了回来。但这次，那些人说无论如何都要送走，再无商量的余地……"听完母亲的哭诉，张富清知道了二哥两次被抓壮丁的来龙去脉。

抓壮丁是国民党官僚使用的强制手段，抓青壮年男丁充军，用以补充兵源，参加战争。广大百姓对抓壮丁是极为排斥的，除了"好铁不打钉，好男不当兵"的传统观念外，主要是对"国民党的军队腐败成风，弱肉强食，新兵处处受虐待，一部分被抓的壮丁未等打仗就一命呜呼，被抓去的壮丁回来的人极少”的情况早有耳闻。“抓者一人、逃者十人、怨者百人”便是抓壮丁对社会造成的现实影响，人们对抓壮丁之事可谓谈虎色变。

在汉中地区，国民党抓壮丁主要是补充西北兵力。根据上面下派的壮丁指标任务，由省至区，区至县，县至镇，镇至保甲，一级级地往下下达壮丁指标。马畅镇辖 11 保 240 甲，然后根据保甲数核定壮丁人数，由当地镇公所负责抽抓，抓来的壮丁集中关在镇公所，再一层层往上交。国民政府颁布的《征兵法令》规定，凡年满 18 岁到 45 岁的男性公民，都有服兵役的义务，并按照“三丁抽一,五丁抽二，独子不征”的原则征兵。但是，像洋县这些远离中央管束的地区，地方政府为了完成指标任务，壮丁大都来自无门无路的穷苦人家。

张富清家有两个男丁。此前，他的二哥张茂茂一直被保甲列在壮丁之中。1944 年秋的一天，他家来了一伙镇公所的人，不问青红皂白就将张茂茂抓走了。此时张茂茂已结婚，妻子是同村姑娘方娟凤，两人育有一子，取名张树积。张周氏和方娟凤在张茂茂被抓后，既担心又着急。一家老小，特别是怀中不到半岁的孩子要是没了父亲，以后的日子还怎么过啊？娘儿俩火急火燎地赶到镇公所，乞求别把张茂茂送走。

镇公所坐北朝南，紧挨马畅街，内有前后连通的两个大院，房屋均为砖木结构。前门楼是一座炮楼，另设有射击口等军事防护设施。下面是古朴而威严的大门，大门外两侧摆放着一对精雕细琢、威风凛凛的石狮子。

镇公所关押房大门紧锁，四周如铜墙铁壁，房内关押着几十个从马畅镇各地抓来的壮丁，他们个个目光呆滞，垂头丧气。母亲和妻子方娟凤对守卫好说歹说许久，守卫才最终同意娘儿俩进入大门来到关押房。张茂茂看见母亲和妻子到来，先是一阵安慰，但看到两人一直在抽泣，也忍不住哭了起来。守卫见三人哭得可怜，便好意提醒方娟凤：“你家离这儿较近，他未被交上去之前，你们每天来给他送饭，送饭时可以见。”就这样，在张茂茂未被送走之前，每天的送饭时间便是他与亲人团聚之时。

镇公所关押的壮丁需经过初步挑选，身强体壮、身材高大的人将首批被往上派送，剩下的作为待定兵源，按上级需要再适时补充。通过挑选，张茂茂属后一类，一个月内没有往上派送。此时正值秋收季节，张富清在外打长工未回，家里缺少劳力，眼看庄稼收割在即，张周氏心急如焚。她四处奔走求人，几番周折后联系到在镇公所当差的周海先，他也是双庙村人，还是张茂茂的一个远房舅舅。收取些许好处后，他带着张周氏到镇公所帮忙说情，张茂茂才得以被释放回家。

可好景不长，不到半年，张茂茂再次被抓了壮丁，张周氏去镇公所说情，被告知她家这次无论如何都要有一个人去充军。迫于无奈，她只好叫回张富清，让他替换张茂茂去当兵。对此，张周氏不是没有想过。小儿子在外面做长工，吃的苦遭的罪，她也常听别人说起，经常为此而流泪。但有什么办法呢？她一个妇道人家，要不是为一家人都能活下去，绝不会忍心这样委屈儿子。这次镇公所抓壮丁，是铁板上钉钉的事，想躲也躲不掉。如果二儿子张茂茂被抓去，一家人便无法生存。思来想去，她只得“忍痛割爱”让张富清顶替二哥，换回家里的顶梁柱。虽然手心手背都是肉，但这也是没有办法的办法。

因无其他人可求，张周氏和张富清再次找到周海先，对他说了用张富清代替张茂茂当壮丁的想法。周海先领着张富清到镇公所去替换，但镇公所负责人见张富清个子瘦小，不符合壮丁的要求，怕上面责怪，便回绝了他们的请求。后又经几番求情，镇公所负责人终于松口同意用张富清换回张茂茂。

张富清的身材比二哥要矮小些，县里补训处招募兵丁的人见他瘦骨嶙峋的，脑袋直摇晃，说什么也瞧不上。任凭镇公所的人好说歹说，怎么好吃好喝地招待，就是不肯点头接收。没有其他办法，镇公所只好将张富清强留下来做苦力。白天由其家人送饭，晚上则将他关押，以防他逃跑。就这样，被抓的壮丁往上交了一批又一批，可张富清却迟迟没有被交上去。

在被关押在镇公所的日子里，张富清失去了人身自由。白天，他任人呼来唤去，鞍前马后，做着勤杂活，什么重活儿、苦活儿都得干。在这备受折磨的日子里，张富清成天精神萎靡，人也瘦成了皮包骨，不知这种日子何时才能熬到头。家人每天风里来雨里去地来回几公里送饭，也受尽了劳累。这期间，四妹长高了不少，母亲日渐沧桑，二哥依旧黑瘦。等到张富清好不容易走出囹圄时，已是次年大暑，此时全国抗日战争已结束近一年，距他被关押在镇公所之初已经一年半。

1946 年 8 月，国民党部队开始频繁征兵，以扩军准备内战。这次，张富清终于被县里补训处纳入了上交名单之列，因为上面要求派送的壮丁指标多于以往几倍，马畅镇已无人可抓，把他纳入名单后都还差许多。张富清很快就被送往洋县县城，长至 22 岁，他第一次离家这么远。没有几天，在此集中的一百多名壮丁便向远方进发。张富清不知此去走向何方，只知前方路途遥远，远方再无亲人。同行的人，绝大部分都是贫苦人家出身，和张富清一样，他们心中都很迷茫，也很无奈。

押送人员担心途中有人“开小差”逃跑，便将自己负责押送的壮丁用绳索编成排，鱼贯而行。途中，押送人员如同赶牛一样，手持木棍，一路持杖行走，一路痛打前进。入夜，更是要求壮丁扒去全身衣物，以防逃跑。押送人员沿途没有准备伙食，有的路段可以简单地吃上一顿，有的路段只能饿着肚子行走。因酷热难当，饥渴难忍，行至无水之地，壮丁们渴得实在受不了了，就直接饮用泥潭中被晒烫的死水，半数以上人员因此腹泻严重，更有壮丁因此倒在了充军途中。

张富清幸运地在这段魔鬼似的充军道路及押送人员的折磨中活了下来。他和同行的壮丁们翻越了秦岭山脉，经过海拔 2719 米的首阳山，艰难跋涉了数百公里。半个月后，他们终于到达一处不知名的营房大院内，一行人疲劳得瘫软在地上，都不愿再动弹。大家天真地认为能得几天的休息时间，谁知第二天一早，就开始了残酷的新兵集中整训。这处营房的条件十分简陋，四周环境恶劣，给新兵的生活补给也很差。张富清和壮丁们刚从死亡线上幸运地熬了过来，又陷入了饥饿和被皮鞭抽打、备受折磨的困境之中。

经过一段时间的集中整训，1946 年 10 月，张富清被编入连队。依然因身材瘦小，他被安排到后勤，每天干着做饭、喂马、洗衣、打扫卫生、搬运货物等杂活……比做长工还苦。名义上是当兵，实际上连枪都没有给他配发，纯属部队里面的杂役人员，任人指使，处在军队的最底层。

在国民党的军营里，官欺兵，兵欺杂役人员，一级欺压一级的事情司空见惯。对于身处最底层的杂役人员来说，面对欺压，也只能是忍气吞声，敢怒不敢言，日子过得苦不堪言。老实巴交的张富清就经常被一些老兵和班长、排长呼来喝去，稍不注意，就会受到辱骂，动不动还被拳脚相待、皮带抽打。同他一起做杂役的，有一个叫王秃子的留坝县人，也是佃农出身。两人的处境和遭遇差不多，平时在一起做事，惺惺相惜，很快便成了要好的朋友。编入连队不久，张富清实在忍受不了这种杂役生活及老兵的欺压，于是同王秃子暗中商量一定要趁机逃离这个魔鬼之地。

机会终于来了。连队司务长要张富清和王秃子同他去一个集镇采购生活物资，安排他们俩负责挑运。到了集镇，两人趁司务长等人采买不注意时，迅速地溜进了一个巷子，准备逃跑。谁知不巧，那条巷子是一个死胡同，二人只好原路返回。正在此时，司务长和另外两名挎枪士兵找到了他们，张富清急中生智地说和王秃子内急，想找厕所方便。尽管敷衍过去了，但机警的司务长还是狠狠地训了他们一顿。从那以后，张富清挑担运货时都被人看得紧紧的。

1947 年 10 月的一天下午，全连官兵都蹲在地上吃饭。一些士兵对分到的饭菜你争我抢，吵吵嚷嚷，整个场面就像煮开的锅一样。张富清端着一满盆萝卜大骨汤往连长所在的位置走去，突然两个士兵因争抢地上盆中的饭菜发生冲突。一个士兵猛然站起准备用拳头打另一个士兵时，正好撞在张富清端的盆上。张富清没有稳住，一盆大骨汤全洒到了地上。这一下可闯了大祸，连长见好不容易得来的一个荤菜没了，不问青红皂白，对着张富清就是一顿拳打脚踢，还惩罚他两天不许吃饭。

张富清只能打落牙齿和血吞，所受委屈无处倾诉。到了深夜，趁他人熟睡及岗哨打盹之机，他悄悄地溜出营房，沿着一条道路深一脚浅一脚地逃离了这个令他十分憎恶的鬼地方。可出乎张富清意料的是，天亮之后他遇上了另一支国民党的连队，他们见张富清这身穿着，一番盘问后便把他扣留，事后让他的连队接回。“开小差”逃跑自然免不了一顿暴风雷雨般的惩罚。张富清被押回连队后，被一顿皮鞭打得皮开肉绽、体无完肤，好在王秃子等人帮着说情，才免于一死。两次“开小差”都没有逃脱成功，张富清感到心灰意懒、生不如死，这种弱肉强食的生存境遇，让他完全丧失了做人的尊严，人生的道路一片黑暗，看不到一点曙光。

第二章
浴血硝烟　九死一生

参加了中国人民解放军，在党的培养下，在革命环境的铸就中，他迅速成长，信仰和信念得以涅槃，意志和力量得到增强。

瓦子街镇　迎来转折

黄龙县瓦子街镇，地处陕西省延安市黄龙县最北边，距离宜川县城 25 公里。该镇是洛宜公路上的一处咽喉，宜川段公路两侧是东西走向的两座山脉，两山脉之间是一条长达 15 公里纵深的走廊。

1948 年 2 月底，陕北大地遭遇“倒春寒”，一直绵延着冬天的肃穆和寒冷，瓦子街镇至宜川县一带到处银装素裹，寒风刺骨。

经过连续几天的血战，西北野战军已将国民党整编第 29 军 4 个旅紧紧地压缩在走廊之中的任家湾、丁家湾、乔儿沟及附近高地，此处为东西不足 10 公里长、南北仅宽约 5 公里的狭小地带。敌军逃跑的所有缺口已被封住，俨然成了瓮中之鳖，在绝望中垂死挣扎。

远在西安的“西北王”胡宗南接到电报后，成了热锅上的蚂蚁，急得直跺脚。考虑到援军远在豫西，远水解不了近渴，于是他把解围的希望寄托在空中支援上，但解围的唯一希望也因连日来的大雪而破灭了。

这是西北野战军司令员彭德怀亲自为胡宗南部设计的“口袋阵”。在此之前，彭德怀领导的西北野战军采取“蘑菇战术”，让胡宗南集团一失青化砭，再失羊马河，三失蟠龙，四败沙家店。胡宗南为阻止西北野战军南进，在陕北采取机动防御部署，其中以刘戡指挥的第 29 军在洛川、宜君地区机动，以整编第 76 师第 24 旅驻守宜川。

西北野战军由内线转入外线作战，由防御转为主动。为了夺取宜川，彭德怀提出了“打狼崽，调老狼”的战术，“打狼崽”即由西北野战军第 3 纵队第 2 旅、第 6 纵队教导旅和新编第 4 纵队围攻宜川县城，诱敌来援；“调老狼”即集中西北野战军第 1、第 2、第 4（欠骑兵第 6 师）纵队和第 3、第 6 纵队各一部合力攻打援军部队。

中央军委很快便批准了作战方案，彭德怀立即电令：攻城部队于 1948 年 2 月 22 日整装向宜川城攻击前进，肃清外围地方武装及据点后，24 日将宜川城包围并发起攻击。“狼崽”整编第 76 师第 24 旅被解放军打得嗷嗷直叫，第 24 旅旅长张汉初急电报告胡宗南，请求刘戡的第 29 军火速支援。胡宗南速令刘戡率整编第 29 军日夜兼程由洛川经瓦子街前往宜川支援。26 日，刘戡率整编第 27、第 90 师 4 个旅的兵力共计 2 万多人由洛川地区出发沿洛宜公路行进，于 27 日进入瓦子街地区。面对即将进入的峡谷地区，刘戡深知其险恶，请示胡宗南想绕道左侧关亭进至宜川救援，但被已丧失了沉稳和理智的胡宗南严厉回绝。由此，刘戡部队被迫钻入了西北野战军的“口袋”之中。

3 月 1 日 9 时许，司令员彭德怀发出总攻命令。面对国民党军的负隅抵抗，各纵队分别从伏击圈四面猛攻。一时间，军号声、枪炮声、马嘶声、拼杀声，声声震天。激战至下午 5 时，战斗结束，刘戡的 4 个旅援军被全歼。东面的宜川守敌，四面楚歌，但依旧仗着险峻地势和严密布防，拒绝投降。随着 3 月 2 日晚围城部队对宜川城发动总攻，并迅速夺取外围内七郎山、凤翅山，随即攻入城内展开巷战，至 3 日 8 时许，全歼守敌。至此，宜川战役胜利结束，西北野战军大获全胜。战役中，西北野战军击毙敌第 29 军军长刘戡、第 90 师师长严明、第 31 旅旅长周由之、第 47 旅旅长李达、第 53 旅副旅长韩指针、第 158 团团长何怡新等高级将领，活捉敌团以上高级将领 16 人。

张富清所在的国民党部队，钻入西北野战军的“口袋”之后，面对第 2 纵队的猛烈攻击，被打得溃不成军，纷纷投降。张富清等一众后勤杂役人员背着锅碗瓢盆等家当，随着前方战斗一打响，便在后方一哄而散。张富清见终于摆脱了国民党军的控制和欺凌，深感庆幸，内心无比高兴。他想立即回家，以免让母亲成天为他的生死担心。好友王秃子也有这个打算，他家同张富清家相隔一个县，都在宜川的西南方向。两人一拍即合，结伴往黄龙县瓦子街方向快速行走。在距离瓦子街镇不远的一个地方，他俩迎面遇上了解放军。几名头戴五角星帽的解放军战士见他们穿着国民党的军服，却背着几件厨具，便知道他们不是国民党军的作战人员，而是里面的勤杂人员。即便如此，也扣下二人仔细盘问，并将他们带到了第 718 团政治处。在一栋房子的大院里，很多被解放过来的国民党士兵站在那里，前面有一位解放军军官模样的人正在给他们说着什么。张富清和王秃子也被带到这里，加入人群中。

站在那里，张富清听前面那位解放军很和气地对他们说：“解放军是共产党领导的人民军队，是专门为穷苦老百姓打天下的，你们这批人员，绝大部分都是国民党抓壮丁被迫加入他们队伍的，之前都是穷苦老百姓。现在给你们两条路选择：如果想回家，我们发路费；如果不想回家，欢迎加入解放军队伍，拿起枪去解放更多的穷苦老百姓……”

“是共产党领导的队伍？是专门为穷苦老百姓打天下的队伍？”张富清清晰地听到“共产党”三个字，他立马回想起当年在城固县做长工时，那个问路的人对他说的话：“共产党领导的队伍是为穷苦老百姓打天下的，让他们‘耕者有其田’。”解放军真的是共产党领导的军队？张富清心存疑虑。但他看到眼前的几名解放军都和蔼可亲，还微笑着和身旁穿得破烂的老百姓说话，这种情形此前在国民党队伍中是不可能看到的。此刻张富清确信了，解放军就是共产党领导的队伍，也是他一直想参加的队伍。

“如果选择参加解放军，就请站到这边来，我们开始登记。”前面说话的那位解放军指着旁边的一个位置说。

“我不回家，我要参加解放军！”张富清毫不犹豫地作出选择。

“我要回家，家里只有我娘一个人。”王秃子对张富清说。

“好，你回去吧，如果有机会到了马畅镇双庙村，请你给我娘说一声，说我参加解放军了。”张富清看着王秃子说。

“你放心，有机会我一定去给你娘说。”王秃子点头答应道。

“你回家千万小心，不要再被国民党抓去了！”张富清叮嘱道，说完他穿过人群，来到了指定位置。

人群中一些想参加解放军的人，也纷纷走到了张富清的身旁。

王秃子在另一处领到了路费，再次看了看张富清便转身离去。张富清站在队列前，很快进行了信息登记，加入了解放军队伍，成为西北野战军第2纵队第359旅第718团的一名战士。

三五九旅　培育奇兵

第359旅是一支具有光荣革命传统的红色部队，也是一支著名的英雄劲旅。

张富清刚加入这支部队时，他还不知道第359旅有多少红色过往和传奇。但没过多久，他便知道自己所在的第718团在宜川战役中，因为连续作战、勇猛追击、全歼敌军，被西北野战军第2纵队授予了“猛打、猛冲、猛追”荣誉称号。第718团的这种战斗精神让他肃然起敬。

张富清加入第718团之初，正赶上部队开展以“诉苦”及“三查三整”为主要内容，有领导有秩序的大规模民主整军运动①。部队首先对新加入的解

① 由于部队新成分增加，特别是从国民党军中解放过来的士兵增多，部队在组织上、思想上、作风上产生了许多不纯现象。为使部队适应形势和任务的要求，进一步提高战士的政治觉悟、纪律性和战斗力，一些部队结合当时解放区正在进行的土地改革运动和整党运动，开展诉苦大会（诉旧社会和反动派所给予劳动人民之苦）和“三查三整”（查阶级、查工作、查斗志，整顿组织、整顿思想、整顿作风）。

放军战士进行思想和政治教育，团政治处的几名政工干部轮流给他们讲解共产党的政策、主张及历史使命，讲解相关纪律事项，然后对新入伍的战士召开诉苦大会，让每一位战士讲述自己的经历和苦难。

这些战士，绝大部分都是穷苦人家出身，几乎都被地主、地方镇公所、国民党部队的官兵压迫过、打骂过。也许是在国民党部队受到的欺压积怨太多，诉苦大会一开始，他们便义愤填膺地揭露起国民党的各种残酷暴行。

“我们连，有士兵‘开小差’，被抓回后，直接吊打致死。连长残忍地把死者的耳朵割下，然后说再有人‘开小差’，这就是下场。”

“记得行军时，有一次我们长官嫌几个伤者和病号连累大家，直接开枪把他们打死。”

“我家就剩我一个，有饿死的、有病死的，有被抓壮丁被打死的。”

“我是被国民党抓壮丁充军的，我们长官空报人数还克扣军饷，自己拿去赌博，一夜之间输了全连的伙食费，我们忍饥挨饿，敢怒不敢言。”

…………

这些新入伍的战士对国民党暴行的控诉犹如开闸的洪水，一发而不可收。大会开到最后，他们悲愤交加，哭成一团，有的怨恨积压太久，甚至号啕大哭起来。张富清也上台诉了苦，想起自己在国民党部队一年多时间，多次受到欺凌的情景，他早已哭成泪人，发生在他身上的苦难，岂是短时间内能够说完的！

诉苦大会结束后，连队教唱《三大纪律八项注意》歌曲[①]，对战士们进行纪律规矩教育。

革命军人个个要牢记，三大纪律八项要注意。

第一一切行动听指挥，步调一致才能得胜利。

---

① 1947 年 10 月 10 日，毛泽东起草《中国人民解放军总部关于重新颁布三大纪律八项注意的训令》，对其内容做了统一规定。这就是解放军现在执行的并谱成歌曲传唱的《三大纪律八项注意》，作曲者是北伐时期俄语教师王岱云。

第二不拿群众一针线，群众对我拥护又喜欢。

第三一切缴获要归公，努力减轻人民的负担。

……

雄壮的歌声响彻解放区的大地，解放军有了严明的纪律，何愁不能无往不胜。

这是张富清加入解放军后学会的第一首军歌，通过反复唱这首歌曲，他真切地感受到解放军是“来自人民、依靠人民、为人民利益而战，纪律严明的军队”。

经过一段时间的思想、政治、纪律教育后，张富清被正式编入了连队——第2营第6连。该连是第2营的突击连，擅长打恶仗硬仗，以能征善战扬名军旅，连长叫李文才，指导员叫肖有恩。

1948年3月下旬的一天，团部给第6连补充了一批旧军装，连队让新加入的人员换上。张富清领到了一套军装，那天，他换上军装，戴上五角星帽，内心无比激动。他仔细打量着自己，似乎不太相信眼前的现实，做梦都没想到自己能成为解放军的一员。指导员肖有恩走到他面前，拍了拍他的肩膀，和颜悦色地对他说：“小伙子，好好干，多练杀敌本领，上了战场勇敢杀敌。”听了指导员一番鼓励的话，张富清感到有一股暖流从心田流过，在解放军的连队里，他感受到了官兵平等的温暖和情谊。

没过几天，连队给新加入的战士配了枪，张富清第一次拥有了一把能战斗的钢枪，他再次感受到自己作为一名解放军战士的光荣与自豪。他抚摸着手中的钢枪，忍不住跃跃欲试，恨不得立刻奔赴战场，为广大受欺压受剥削的劳苦大众而战斗。

进入第6连不到一个月，在这个犹如大家庭的集体里，张富清清楚地认识到还是共产党好、解放军亲。解放军与国民党部队的区别何啻天壤：国民党士兵又抢又赌，连长一夜能输掉全连的军饷，然后将气全撒在士兵身上。那里到处是欺压霸凌、到处是腐败内讧。国民党军对穷苦大众更多的是剥削、压迫和欺负，甚至可以随意剥夺他们的生命。而解放军官兵一致，团结平等、纪律严明、同仇敌忾，从不拿群众一针一线，借什么东西一定要归还，损坏了要照价赔偿。战友之间亲如兄弟，行军打仗处处有人帮助，有人保护。

想到自己的家乡还不是解放区，他十分盼望着家乡也能有解放的一天，让母亲、家人及家乡的人们都能过上好日子。在参加解放军前，他这样的想法至微至弱，只要自家能摆脱饥贫便谢天谢地。但成为一名解放军后，张富清渐渐知道，解放军是为广大人民打仗的，是为广大人民求解放的。明白了这些道理后，紧跟共产党、紧跟解放军走的那颗信仰的种子，在他的思想深处生了根、发了芽，革命的信念越来越坚定，为劳苦大众打仗求解放的愿望越来越强烈。

张富清和其他一些新战士到第6连后最主要的任务就是军事训练，练好杀敌的本领。“只有练好了杀敌的本领，才能在狭路相逢中胜出。”这是连长李文才多次对他们说过的话。在一次训练中，李文才意外发现，张富清虽然身材矮小瘦弱，但反应敏捷，动作灵活，一双手掌比常人都要宽大，很有力量。

“是块打仗的料，好钢要用到刀刃上。”李文才对张富清有了重新的认识。此后，他把张富清安排在连队的爆破突击队，进行爆破、射击、投掷等技能强化训练。

张富清在训练中比一般人都刻苦。在跟随部队一路行军、打仗、休整的几个月中，他只要有时间就反复训练。一开始，他只能勉强地跟上强化训练节奏，但经过一段时间的勤学苦练，一些基本的技能，如跳堑壕、匍匐前进、爆破、投掷手榴弹等已是越练越利索。在使用武器方面，他不仅练就一身打枪既快又准的本领，还会熟练地使用手枪、步枪、机枪等各种武器。经过几个月的军事训练，他的作战技能进步神速，各项军事训练指标排名靠前。

受第359旅这支英雄部队精气神的影响，受第718团“三猛”精神的激励，在第6连近5个月的时间里，张富清的思想灵魂一次又一次地受到洗礼。在战斗中，他看到连长李文才等共产党员总是冲在前面，果断坚决，不怕牺牲；出现危急情况时，总是共产党员挺身而出；攻坚拔寨时，总是共产党员先上。张富清发自内心地认识到共产党领导的解放军是真正解放广大劳苦人民的军队，共产党是人民的救星。

从此，张富清下定决心：坚决听党的话、坚定地跟党走，哪怕粉身碎骨都不怕。这个个头不高的小伙子成长很快，整个人如脱胎换骨一般，精神焕发了，身体结实了，军事技能提高了。每次出征前，张富清都会在连长李文才、指导员肖有恩的带领下庄严宣誓：革命军人忠诚于党，忠诚于革命，忠诚于人民，发扬我军光荣传统和优良的战斗作风，不怕苦，不怕流血牺牲。保持荣誉，勇于献身。服从命令听指挥，为解放大西北而努力奋斗！

壶梯山上　首次立功

1948 年 7 月下旬，胡宗南手下三大主力之一——整编第 36 师进占澄城以北的冯原镇、刘家洼地区。之后，整编第 38、第 17 师进占合阳以北的甘井镇、鸡毛村，次日向梁山、尖山以南边缘进犯，一部进占百良镇。其主力在飞机及密集炮火掩护下，连续向蔡自洲、仙宫、司马庄、铁营及焦树岭等西北野战军阵地猛攻，国民党整编第 1 师也从铜川向宜君实施钳制性进攻。此时，整编第 36 师因发现北面有西北野战军主力，随即停止前进，集结于冯原镇地区转入防御。

为诱歼敌整编第 36 师，西北野战军左翼兵团主动后撤至香山寺、清凉寺、魏山、芝川镇地区，吸引整编第 38、第 17 师向韩城进犯。该敌先头一部占领韩城，主力则停留于芝川镇地区。整编第 36 师仍停留在原地不进，他们以冯原镇北面之壶梯山为中心构筑工事，分兵在东西 12 公里展开布防，扼守周边要害，并将防御部队部署为“品”字形，妄图控制黄龙山南端壶梯山、将军山等要道，封锁西北野战军的南进路线。

壶梯山是澄城县北沿山一带的制高点，是黄龙山向南突出的孤立山头，山顶海拔 1200 米，因形似水壶，状如阶级而得名，距离冯原镇 7 公里，是连接陕北与关中的交通咽喉。当地有一首民谣：“黄龙山下壶梯山，山高路窄气势险；孔明坐镇也无方，要想进军请神仙。”如果说黄龙山是军事要地，那么，地势险要的壶梯山就是军事要塞，它是黄龙解放区的门户，能否拿下来，至关重要。

此次两军在此短兵相接，注定是一场鏖战。

为消灭进犯之敌，1948 年 7 月 22 日，西北野战军遂决定主动出击，攻歼冯原镇周围敌整编第 36 师，发起澄（城）合（阳）战役。

第 2 纵队第 359、第 4、第 6 旅在司令员王震的指挥下奉命攻歼第 36 师。该师师长钟松十分狡猾，是个很难缠的对手。司令员彭德怀曾称他为“打不死的钟松”。时任第 2 纵队副司令员的郭鹏更称其是“最坏的家伙”。钟松曾多次让西北野战军处于十分被动的境地。

镇守壶梯山的是国民党军第 36 师第 28 旅第 82 团。该团在壶梯山设置了三道防线，修筑了坚固的防御工事，其密集程度让人咋舌。低矮处则是密密麻麻的单个碉堡，往上是用伏地堡和交通壕构成的独立集团工事，再往上便是前后错落，或三角或四方排列的暗堡群，每个暗堡群外还修筑了矮墙、外壕及垛堞。山顶原来的庙宇通过修筑加固，也摇身一变成了大型的坚固堡垒。

8 月 6 日，司令员王震率第 2 纵队团以上军官到附近山上对敌人的防御进行勘察，发现敌军在壶梯山的设防虽然坚固，但其地形呈阶梯状，右翼暴露，左翼也有空隙，便于第 2 纵队多面攻击。第 2 纵队遂决定以 3 个旅配属炮兵团第 1、第 2、第 3 营，分别从东、西、北三面同时攻击。

对张富清而言，自从 3 月初参加解放军后，他真正意义上参加的第一次战斗，便是攻打壶梯山。

8 月 7 日晚，张富清跟随部队乘夜向壶梯山方向急行军。一路上，他和战友们丢掉了一切包袱，只背着作战武器赶路。时至深夜，天突然下起了滂沱大雨，战士们的衣服都被雨淋得透湿。此时雷电交加，道路泥泞，战士们借着闪电在羊肠小道上蜿蜒前进，不时有人摔倒在泥泞中。在战友们的帮助下，他们迅速爬起来，不顾身上的泥泞继续前进。拂晓前，部队提前到达壶梯山脚下的指定位置。

8月8日拂晓，第2纵队开始向壶梯山山下各据点发起攻击，顿时，军号声、大小炮声、各种枪声、喊杀声震得地动山摇。很快，敌军在壶梯山脚下的一些据点被击破，但要塞地和山上的据点让解放军攻击受阻。

当日上午，张富清所在的第718团第2营第6连从东面的牛宝泉行进，一路登上北山。从北山望去，南面的壶梯山尽入眼帘。要攻取壶梯山，就必须先经山头村夺取上凹村阵地，再拿下敌人的四号阵地。经过一番殊死搏杀，第717团第2营于上午10时攻占山头村，并掩护兄弟部队开始了坑壕作业，不断向敌军靠近。第718团第2营第6连经山头村迅速夺取了上凹村阵地及敌第四号集团工事。

下午16时总攻开始，王震亲自指挥第359旅从正面向壶梯山发动猛烈攻击。

战斗异常激烈，第2纵队不断展开猛烈炮击，敌军飞机亦不断盘旋，投掷炸弹。炮声如天雷滚滚、百电齐鸣，敌我双方阵地均炸开了花，浓尘经久不散，阵地表面一片焦土。此时，天空出现乌云，雷电交加，大雨倾盆。恶劣的天气顿时让敌军飞机无用武之地，第2纵队乘机发起了冲锋。

第2营第6连冲锋在前，很快攻到壶梯山下，他们负责攻打大庙东北端。但进入敌军防御工事的有效射程后，敌军阵地成百上千的密集火力交织如网，子弹倾盆暴雨般地肆虐了过来，很多战士应声倒下。连长李文才命令战士卧倒，避开弹雨，匍匐前进。张富清隐蔽在壕沟内，子弹接连不断地从其头顶上“嗖嗖”而过，敌人的炮弹也不时落石般地坠落在周围。

随着西北野战军一排排炮弹在敌军阵地倾泻而下，敌军阵地瞬间火光冲天，浓烟滚滚。敌军的部分碉堡被炸毁塌陷，机枪顿时哑火。炮火一停，连长李文才立即下令攻击，前沿的战士迅速跃起向山上冲去。突然，“哒哒哒”“哒哒哒”，从一个高约1米，地面以下挖得很深的暗堡里，传来敌人机枪的疯狂扫射声，机枪吐着扇形火舌，死死地封锁住了进攻线路。冲在前面的战士纷纷中弹倒下，第6连的进攻受到极大阻碍。

连长李文才见状，急令战士们卧倒隐蔽，并迅速调整进攻策略。他当机立断，调来三挺机枪架在最前沿，封锁住敌人的火力，派出一个 3 人爆破小组去炸暗堡。可 3 名战士还未接近暗堡，不到两分钟，就全部壮烈牺牲。随后连长又派出一个爆破组，但一会儿工夫又全部牺牲了。不到 5 分钟，第 6 连已接连牺牲了十多名战士，如果撤出战斗，就意味着功亏一篑，倒下的战士白白牺牲。此时，壶梯山四面八方的冲锋号都在吹响，但暗堡内的守敌却在更加疯狂地扫射着。望着死死地卡在冲锋道路上的暗堡，李文才急得青筋暴起，牙齿咬得咯咯作响，“小兔崽子，我要把你千刀万剐！”他忍不住大骂。

“连长，让我上！”在一旁同样焦急的张富清请求参加突击组。“我也去！”又有两名战士报名。李文才看了看张富清，大声地对他说：“张富清，好样的，你任突击组组长，带他俩去把碉堡炸掉，机枪火力掩护。”

在连长李文才的眼里，张富清虽然是第一次打这种攻坚战，没有任何炸碉堡的经验，但这位平时训练十分刻苦的小伙子，给他留下的是沉着勇敢、灵活机动的印象，值得信任。当张富清主动请缨去炸碉堡后，他便果断地作出了这个决定。

李文才看准时机，拍了一下张富清的肩，说：“张富清，注意隐蔽，上！”还没等身边战士反应过来，张富清已和另两名战士一跃而起，向敌人的暗堡方向冲去。他们一会儿躲在敌人火力死角内极速飞奔，一会儿从侧面迂回匍匐前进。一阵推移之后，张富清迎着敌人的火力，急速冲向下一个缓斜坡，进入了敌人的火力死角，子弹不停地打在他的周围。突然，一名突击队员中弹，踉踉跄跄地走了两步，就倒下了。碉堡内的敌人将火力对着张富清的方向一阵疯狂扫射，他和另外一名突击队员隐蔽着继续往前爬行。连长李文才见此心急如焚，他急令第 6 连战士集中压制敌人的火力，掩护他俩接近碉堡。趁火力压制之际，他俩立马起身向暗堡大步跑去。近了，更近了！不幸的是，另一名队员也中弹倒地，一颗子弹击中他的腹部，顿时血流如注。张富清没有停顿，个子不大的他，斜背着枪，抱着炸药包，时而弯着腰贴地小跑，像钻山豹一样在小山包中快速穿梭；时而匍匐前进，借着陡坎和敌人挖的壕沟隐蔽向前，很巧妙地避开了敌人的火力。很快，他成功地从侧面接近暗堡并绕至其背后，然后以迅雷不及掩耳之势从暗堡后门向里面投掷了炸药包，自己则趁势滚到一处掩体里。随着“轰”的一声巨响，暗堡内的机枪瞬间哑火，暗堡后门及几处枪眼口直冒黑烟。

连长李文才见暗堡被炸，立即带连队战士喊杀着往山上冲去。

张富清从后门进入暗堡，见里面几名敌人有的被炸死，有的被炸成重伤，他抄起暗堡内的一挺机枪就向着山上的敌人扫射。敌人见唯一的屏障已被解放军拔去，纷纷往山上撤退逃命。

突然，一枚燃烧弹在张富清身旁爆炸，瞬间遍地都是窜动的火苗，空气中弥漫着汽油和苗木的燃烧味。张富清来不及避让，一团火球不幸掉在了他的身上，他的右腋窝下部被大面积灼伤。来不及反应，他本能地滚地直扑，冲上来的战友也替他扑火。好不容易把火扑灭，张富清已痛苦地扭成了一团，身体不停地抽搐，上身的衣服被烧得空荡荡，右腋下一大片皮肤被烧黑，鼓起了大大小小的水泡。指导员肖有恩见张富清受伤不轻，要求他退出战场等待治疗，但他没有听劝阻，不顾身上伤口撕扯疼痛继续战斗。

此时的壶梯山上，到处都是一片喊杀声，第 718 团沿着第 6 连打开的冲锋道路迅速攻破大庙，守敌大部被歼。硝烟弥漫中，张富清看见红旗在山顶的制高点被竖起。随后便是战士们“胜利啦，胜利啦”的一阵阵欢呼声，他忍着剧痛加入了欢呼的人群。

从总攻发起的 16 时到 17 时 15 分战斗结束，壶梯山战斗仅仅用了一小时零一刻钟。这场战斗，敌守军第 82 团占据有利地势及坚固工事，仅坚持了一小时就被击溃，团长董文轩带着几十人狼狈地逃到整编第 28 旅旅部向旅长李规报告，李规立即向钟松报告了情况。钟松做梦都没有想到壶梯山会丢失得如此之快，该地一失全师阵地都将受到钳制。随后西北野战军乘胜追击，活捉敌军 5000 余人，打死打伤 4700 多人，缴获军需物资不计其数，一举收复韩城、澄城、合阳，澄合战役宣告胜利结束。

在壶梯山战斗中，张富清表现得十分英勇。他在战斗中任突击组长，攻下敌人碉堡一个、打死敌人两个、缴获机枪一挺，并巩固了阵地，让后续部队顺利前进，自己负伤不下火线，继续战斗。此战他获得了师一等功，并被师部授予“战斗英雄”称号[①]。

全连推荐　光荣入党

1943年，张富清在城固县打长工期间，曾从那位问路人口中亲耳听到共产党领导的部队“打土豪，分田地”的故事。自此，“共产党”三个字在他的脑海中时常若隐若现地浮现。

自从参加解放军后，张富清与连长李文才、指导员肖有恩等共产党人有了零距离的接触。从他们的身上，张富清对共产党从之前的模糊了解上升到了一个清晰的认识。

一方面，张富清看到李文才、肖有恩等连队共产党员在困难面前总是率先垂范，冲在前、干在前。他们带兵打仗也是冲在前面，对战士们喊“跟我上”，而不像国民党的军官让士兵“给我上”。人民解放军每解放一个地方，就消灭封建剥削制度，实行土地改革，真正让广大的贫苦百姓过上了“耕者有其田”的生活。共产党代表的就是广大人民的根本利益，也得到了人民群众的衷心拥护。

另一方面，张富清切身地感受到了连队党组织的关怀和培养 。指导员肖有恩等连队党员经常和他谈心，在日常生活及军事训练中对他关怀备至，让他这位曾在国民党部队中备受欺凌的穷苦人感到格外温暖。连队党员的一言一行对张富清产生了潜移默化的影响，他们的言传身教，让张富清对党的认识越来越深刻，越来越清晰。他无比渴望能早日加入这个令他向往已久的组织，成为一名共产党员。

在革命战争年代，对每一个参加革命的解放军战士而言，党的教育如同打开了一扇窗，让他们看到了不一样的世界，明白了参加革命的意义；让他

---

① 西北野战军第2纵队第359旅于1949年2月改称为中国人民解放军第一野战军第2军第5师。

们有了为劳苦大众求解放而奋斗的信仰和目标；也让他们有了战胜一切困难，推翻国民党反动派统治的信念和意志。因此，在绝大多数战士的眼里，共产党员是一种无比光荣而神圣的身份，不想入党的战士不是好战士，加入共产党是他们崇高的革命追求。

但加入共产党也不是一件容易的事，可谓打仗容易入党难。入党是对一个战士全方位的考量，只有德能双全、政治信念过硬、打仗勇敢、不怕牺牲的人才能加入党的组织。在频繁打仗的特殊时期，立功入党几乎成为一种热潮。一些战士战前甚至提出："这次打仗下来，大家如认为我打仗好，不要给我记功，叫我入党就行了；如果死了，请追认我为共产党员。"

壶梯山一战，张富清一战成名，成为第359旅的战斗英雄，也成了第6连的骄傲。连长李文才、指导员肖有恩十分高兴，号召全连战士向他学习。

此时张富清还住在部队流动卫生所治疗，他身上的烧伤还没有愈合。指导员肖有恩代表全连来看望慰问他。走进卫生所治疗室，肖有恩看见张富清正侧身躺在床上，右腋窝下一大片皮肤还涂着烧伤药。张富清见指导员进来，正准备起身，肖有恩连忙示意他不要动，以免伤口疼。他对张富清说："张富清同志，我代表全连来看你，在壶梯山战斗中，你作战十分勇敢，为这场战斗的胜利发挥了关键作用。你被评了一等功，并获得了'战斗英雄'称号。为我们6连争了光，希望你再接再厉，勇立新功。"

听了指导员的一番话，张富清简直不敢相信自己的耳朵。

"这是真的？指导员。"他不敢相信。

"千真万确，你现在是我们6连的骄傲，大家都要向你学习呢！"肖有恩肯定地回答。

"感谢连队对我的教育和培养，我以后会更加努力战斗。"张富清激动地说。

"张富清，这次立了大功，你对组织还有什么要求没有？"肖有恩问道。

"组织上已经给了我这么高的荣誉，我没有什么别的要求，只想申请加入共产党，永远跟党走。"张富清说出藏在内心许久的真心话。

“好样的，富清，争取进步，积极向党组织靠拢是好事，我回去就把你的想法向党支部汇报。如果大家同意的话，我当你的入党介绍人，你现在要安心养好伤。”肖有恩说。

…………

肖有恩与张富清交谈了一会儿就离开了，回到连队，他组织召开支部大会，把张富清申请入党的问题列入讨论议题。讨论很顺利，张富清被全连各党小组一致推荐为中共候补党员①。肖有恩和李文才当了张富清的入党介绍人，培养、帮助他早日转正。得知自己被全连推荐为中共候补党员的消息后，张富清用手搔着后脑勺，心里热乎乎的，憨憨地笑个不停，尽管身上的烧伤还扯得生疼。

8 月下旬的一天，天空万里无云，红日爬上山头后，就一直照耀着大地。这天，张富清正式成为中共候补党员的申请得到上级批准。正在合阳县境内行军的第 6 连决定休整半日，召开全连党员大会，专门为张富清举行一个入党宣誓仪式。连党支部就一名战士入党专门组织宣誓仪式，这在之前是绝无仅有的。

会场安排在第 6 连驻地的一处小院里，会场的中间布置了一面党旗。全连党员集合完毕后，指导员肖有恩开始主持会议：“张富清同志在壶梯山战斗中，立了大功，成了英雄，上级批准了我们连党支部的推荐，同意张富清同志加入中国共产党，成为一名中共候补党员。大家要向张富清同志学习，我们一起为他鼓掌表示祝贺！”

一阵热烈的掌声在小院里响起，大家都替张富清高兴。

肖有恩用手压了压掌声后，声音洪亮地说：“张富清，出列！下面请张富

---

① 中国共产党第一次修正章程（1923 年 6 月中共三大议决）第二条：党员入党时，须有正式入党半年以上之党员二人之介绍，经小组会议之通过，地方委员会之审查，区委员会之批准，始得为本党候补党员。候补期劳动者三个月，非劳动者六个月，但地方委员会得酌量情形伸缩之。候补党员只能参加小组会议，只有发言权与选举权，但其义务与正式党员同。

清同志给大家汇报他的思想和入党后的打算。”

张富清起身出列，敬上军礼，面对连队党员同志，开口说道：“在战斗中，我能获得战功，主要是党和部队培养、教育了我。我能成为一名候补党员，是大家对我教育、帮助的结果，我非常高兴，非常激动！我以后要永远听党的话，永远跟党走，保持顽强的革命意志，在战场上英勇杀敌，不怕死……”

肖有恩接着说：“张富清同志！以后要积极发挥好党员的模范带头作用，听党的话，听毛主席的话，做党的好战士，继续发扬革命精神……”

肖有恩上前整了整张富清的军装和军帽，对着张富清下达口令：“张富清，下面跟着我在党旗下宣誓！”

张富清举起右手，握紧拳头，跟着指导员，面对那面殷红的党旗，用洪亮而坚定的声音庄严宣誓：“我志愿加入中国共产党，做如下宣誓：一、终身为共产主义事业奋斗；二、党的利益高于一切；三、遵守党的纪律；四、不怕困难，永远为党工作；五、要做群众的模范；六、保守党的秘密；七、对党有信心；八、百折不挠，永不叛党。”①

宣誓完毕，张富清心潮澎湃，泪湿眼角，激动之情难以言表，驻地小院响起经久不息的热烈掌声。

从那一刻起，张富清就把自己交给了党，心终有归属。党在他心中无比神圣，他决心为党的事业奋斗终生。

1948 年 11 月，张富清如期转正，成为一名中国共产党正式党员。从那以后，他在党支部先后担任过小组长、支部书记，1949 年被评为模范党员。

东马村中　攻坚拔寨

1948 年 10 月 4 日，第 359 旅第 718 团奉命消灭驻守在渭南合阳东马村的一支国民党驻军，为西北野战军第 2 纵队打通北进合阳的必经通道。得到命

① 中国共产党的入党誓词共分为 5 个时期。这是解放战争时期的入党宣誓誓词。

令后，已在澄城以南庙洼村休整一个多月的第718团迅速向东马村开进，并于4日黄昏到达东马村附近。

东马村位于渭南市合阳县和家庄镇，紧挨着乳罗山之巅，是北进合阳的咽喉。该村南、西、北方向被一条著名沟壑——金水沟三面环绕着，沟底全是长满尖刺的酸枣林。要想进入东马村，只能走东边一条名为“断桥”的小路。如果想从南、西、北这三个方向进来，必须穿过酸枣林。而长满尖刺的酸枣林犹如一道天然屏障，第718团想从此处通过几乎不可能。

国民党的一个加强营在此驻守，他们将那条唯一的进入东马村的“断桥”小道挖断，利用该村两边高中间低、易守难攻的地理优势，在两边险要位置构筑了6个混凝土碉堡，还用在附近老百姓家中强行拆下的门板构筑了大量的防御工事。驻守敌人犹如一颗死死钉在第718团进攻道路上的“钉子”，妄图利用“一夫当关，万夫莫开”的有利地形和坚固防御工事，阻挡解放军的前进。

此前，第718团已派出侦察兵对这一带的情况悉数侦察清楚。为拔掉这颗“钉子”，第718团把攻坚的任务交给了第2营，第6连连长李文才又从第2营主动争取到了这项任务。根据侦察到的敌情，李文才决定组织突击组穿过酸枣林，出其不意地打击敌人，为后续部队过“断桥”小道打开缺口，排除障碍。

此时已是候补党员的张富清，在得知连队要组织突击组攻入东马村时，主动对连长李文才说：“连长，让我参加突击组。”李文才见张富清主动请战，态度坚决，便果断地对他说：“张富清同志，现任命你为突击组组长，带几名队员穿过酸枣林，攻入东马村，扫清外围敌人，为大部队打通进攻道路。”

“是，连长，保证完成任务。”张富清响亮地回答。能争取到这个突击任务，他感到十分光荣，这是组织和连队领导对他的信任。他刚成为候补党员不久，这项艰巨任务也是党和组织对他的考验。入党誓言时刻牢记心间，关键时刻自己理应冲锋在前！

趁着夜色，张富清带着从连队挑选的6名突击队员，从南面向驻守东马村的敌军前沿摸去。此时伸手不见五指，突击组借着手电筒的微弱光亮很快从一片密林进入了金水沟，准备想办法穿过酸枣林，出其不意地到达敌军的前沿阵地。

国民党守军之所以不担心解放军从南、西、北方向进入东马村，是因为他们的主要倚仗就是酸枣林。遍地的酸枣树，形成了一道又一道的“篱笆墙”，枝条上长满了又尖又硬的树刺，解放军要想从这穿过，比登天还难。面对这个“拦路虎”，张富清和每位队员用匕首砍了一根长树杈，把酸枣树的枝条岔开，尽量不碰到长满刺的枝条。尽管他们已经很小心，但枝条太多太密，还是难以完全避开，树刺扎在手上、身上，让他们感到钻心的疼。不多时，每位队员都被刺得遍体鳞伤。但张富清和突击队员们没有退缩，他们强忍疼痛，用血肉之躯继续迎着树刺艰难穿行。

一个小时后，他们终于穿越了酸枣林，悄悄地接近了敌人的前沿碉堡和工事，此时已近凌晨 2 点，敌军的岗哨正在打盹。张富清瞅准时机，派了两名突击队员解决了敌人的岗哨，然后迅速穿插到最前面的一座碉堡处，突然向碉堡内的敌人开火，占领了碉堡。借着碉堡的有利地形，他们很快扫清了敌人的外围，并用火力压制了另几座碉堡和工事的敌人火力，为从东面“断桥”处正面进攻的第 718 团打开了一个缺口。连长李文才见突击组得手，迅速带着第 6 连用梯子、木板等将敌人挖断的道路接通，让大部队鱼贯通过。一时间，东马村东面响起了我军嘹亮的冲锋号，大部队迅速冲进村，与敌军展开了激烈的厮杀。

敌守军见前沿阵地的一个碉堡被占领，便疯狂地向突击组反扑。在枪林弹雨中，两名突击队员壮烈牺牲。张富清带着另外四名突击队员与敌人近距离地展开了激烈鏖战。突然，一颗手榴弹在张富清附近爆炸，一块弹片嵌入了左手大拇指处，血流不止。来不及包扎和止血，也顾不上伤痛，他拿着冲锋枪向扑过来的敌人一阵猛扫。很快，连长李文才带着第 6 连战士也冲了上来，迅速消灭了反扑的敌人。经过彻夜鏖战，第 718 团全歼了东马村守敌。黎明时分，胜利的曙光与太阳同时在东马村村头升起。

此战，张富清担任突击组组长，扫清敌人外围，占领敌人的一个碉堡，给后继部队打开缺口，自己负伤不下火线，被第 718 团授予“个人一等功”。

临皋纵深　截敌奇袭

1948 年 10 月中旬，国民党胡宗南部将原整编师、旅改称军、师，一边补充兵源一边进行休整。胡部三支防御部队分别驻守澄城、合阳、蒲城 3 个地区。此种形势利于西北野战军集中兵力，将其各个歼灭。

11 月 14 日，驻守澄城、合阳地区的国民党军以为西北野战军主力已全部西进，便派出少量部队分股北犯，窥探解放军的动向。郃阳敌第 144 师第 430 团由乳罗山附近，越金水沟向郃阳以东施行火力侦察，黄昏抵达澄城县韦庄镇临皋村。此时，西北野战军第 2 纵队正驻在徐水河以北。得知这个情报后，第 2 纵队司令员王震认为这是一个难得的战机，敌人正赶去临皋，立足未稳，我军应奔袭过去消灭这股敌人。作出决定后，他迅速下达命令：由第 359 旅奔袭至韦庄镇临皋村完成歼敌任务，独 4 旅到临皋以西断敌退路，并时刻准备打援。

14 日晚，经过急行军，张富清随先头部队第 718 团第 2 营到达了澄城县韦庄镇和合阳县知堡镇的交界附近，离临皋村近在咫尺。

临皋村位于澄城、蒲城、大荔三县交界之地，地势较高，是连通东西的枢纽，地理位置十分重要。

国民党第 144 师第 430 团也是深夜才到达临皋村。团长曾挽国、副团长赵仲宏十分懊悔离开澄城，担心孤立无援被解放军追击歼灭。因此，他们命令部队从白天到晚上一刻不停地急行军，到达临皋村后，估计解放军不会追来，才下令就地宿营，打算第二天一早再继续行军。为防解放军袭击，他们选择驻在该村西北面一无名高地附近，并把周围老百姓家里的门板强行卸去，构筑防御工事，以防解放军强攻。此时，全团早已是人困马乏，饥肠辘辘。团长曾挽国下令各营赶紧埋锅做饭，以解饥渴，但很多士兵已经等不及吃饭，疲惫不堪地睡着了。

为侦察到敌第 430 团的具体位置，第 2 营将搜索敌人的任务交给了第 6 连。连长李文才安排张富清带一个班的战士执行任务。经过多次战斗考验，张富清已担任第 6 连 5 班班长。接到任务后，他带着 5 班战士迅速行动，一路向临皋村急速搜索前进。

15 日凌晨 3 时，天下起了连绵细雨，一片雾气蒙蒙。5 班一路潜伏摸爬，到达无名高地附近，前方到底是个什么情况，张富清和战士们都不知道。

但在此前，张富清已在附近找到一名当地老乡当向导，并打听到一些情况：国民党军第 430 团就驻扎在无名高地附近，还构筑了一些防御工事，如果解放军实行强攻，必定会造成很大的伤亡。

向导告诉他们，在无名高地的西北方向有一段悬崖，如能从那里攀上去，可能会达到出其不意的攻击效果。张富清觉得从无名高地后面进行搜索，不仅不会让敌人发觉，还可以配合大部队对敌人实行前后夹击。他便果断作出决定：带战士们攀上悬崖，绕至敌后，截击敌人。行动之前，他派战士向连长李文才报告了 5 班的行动部署，并确定以发信号弹为号，让大部队赶往无名高地附近进攻接应。

向导带着张富清和 5 班 10 多名战士沿着一条隐秘小道来到了那段悬崖的下面。向导对张富清说："悬崖有七八十米高，上面长有许多小树，是可以攀爬上去的，我们当地曾有人攀爬上去采草药。"张富清十分感激这位向导的帮助，把自己和几位战士身上仅有的一点干粮全部送给了他表示感谢。

沿着向导指的路线，张富清和战士们便开始行动，他们用绳索、挂钩之类的工具，从有树的地方一点点地向上攀爬。临近拂晓时，他们攀上了悬崖，又往上爬了一段距离，终于神不知鬼不觉地来到了无名高地的顶端。

无名高地上面的雾气很浓，能见度极差，牛毛细雨将地下的泥土浸得软绵绵的。张富清带领战士们小心翼翼地顺着山体往下搜索。走了不到 50 米，他们就发现下面有数处灯光，是敌人的驻守据点。张富清和战士们的内心一阵惊喜，他们快速地接近敌人。

在张富清带着 5 班战士攀爬无名高地时，第 359 旅大部队已悄悄地从无名高地的三面对敌人形成了包围之势，只等张富清等人发出进攻信号。按照先前的约定，5 班战士将几发信号弹打上了天，敌军在睡梦中被惊醒，瞬间乱作一团。几乎就在同时，5 班战士们突然向敌人据点开了火，瞬间消灭了敌人的多名机枪手。大部队接到信号，迅速吹响了冲锋号，向敌军冲了上来。顿时，枪林弹雨、响雷连天。部分刚从梦中醒来，还来不及提枪的敌人甚至不知道怎么回事就成了枪下鬼。

敌第 430 团被四面八方突如其来的解放军一下打蒙了，他们万万没有想到，在他们的“背后”居然隐藏着一支“神兵天将”。但他们很快反应过来，组织力量进行疯狂反扑。

但张富清带领 5 班战士占据着外围的制高点，利用有利地势对敌人进行火力压制。解放军大部队很快攻了上来，在四面夹击下，敌第 430 团腹背受敌、无心恋战，纷纷缴械投降。战斗只进行了一个半小时，至 1948 年 11 月 15 日早上 9 时，一个整团被全部消灭，俘敌副团长赵仲宏以下官兵 1300 余人。混乱中，敌团长曾挽国被打死。第 359 旅仅伤亡 120 多人，损失之小，战果之大，在西北野战军战史上实属罕见。

此战，张富清在执行搜索任务中发现敌人后，带领 5 班战士占领外围制高点，对敌人封锁火力进行压制，出色地完成了截击任务，被第 359 旅授予“个人二等功”。

永丰突击 功震全军

1948 年 11 月上旬，按照中央军委的统一部署，华东、中原两大野战军联合发起了淮海战役。为配合淮海战役，阻止胡宗南集团调兵增援中原战场，并收复与巩固澄城、郃阳、白水地区，解决部队粮食问题，西北野战军在彭德怀、贺龙、习仲勋、张宗逊的领导下，决定在 11 月中旬发起冬季战役，再歼胡宗南集团 2 至 3 个师，以改变渭北拉锯与相持的局面。

11 月 17 日，胡宗南将澄城第 76 军（附第 165 师）调至合阳以南地区，与第 90 军靠拢，将第 30 师撤回蒲城，将第 1、第 65、第 38 军和第 17 军第 12

师分别由蒲城、富平、三原等地东调，集结于澄城、露井、寺前、韦庄、永丰、孙家庄等地，组织防御，伺机反扑。敌我情况的变化，使原定战役计划不宜继续实行，彭德怀司令员临机处置，决定实施第二方案：把西北野战军分成左右两个兵团，以调动敌人，创造与捕捉战机，冬季战役就此拉开序幕。

1948 年 11 月 23 日，国民党第 76 军进至永丰镇及洛河以西的石羊地区。25 日下午，西北野战军第 2 纵队向洛河西岸的石羊、坡头、曹村地区的第 76 军第 24 师发起攻击。在西北野战军的追击下，敌主力逃回永丰镇。第 76 军军长李日基，将主力布置在永丰镇及其附近几个据点，并派重兵控制两边高地。

西北野战军迅速决定，集中第 2、第 3 纵队主力，对永丰镇国民党军第 76 军主力予以包围。经过周密部署，11 月 26 日傍晚，永丰城战斗[①]正式打响。经过一夜激战，西北野战军完全肃清了国民党军永丰镇外围据点。国民党第 76 军万余人被压缩在东西长 600 米、南北宽 300 米的永丰镇内。

永丰镇被高耸的寨墙围得严严实实，寨墙的宽度约三四米。第 76 军入驻后，严密布防，并在寨墙上下构筑了大量工事。即便是城外年久失修、水已干涸的护城壕沟，亦被削壁和深挖处理。壕沟前面修有工事，作为前沿防御阵地，其中城外西南角就约有两个营的兵力防守。寨墙上的密集火力支援前沿阵地，前后形成火力交叉后将极大阻碍我军接近城垣。一旦我军突破外围，敌人则可以退守城内凭借寨墙继续顽固抵抗。李日基之前就命令部队将永丰镇外围的一些低矮建筑全部拆去，使寨墙四周 100 米的区域都成了 76 军的有效射击范围，解放军想攻入镇内真是困难重重。

27 日凌晨，西北野战军对永丰镇发起的第 1 次攻击未能奏效。第 359 旅第 717、第 718 团从城西北和东北角几次攻城，均因城墙工事坚固和城中碉堡内的机枪扫射，而造成大量人员伤亡。第 718 团第 2 营从城墙一缺口突入后，

---

① 永丰城战斗属于冬季战役其中的一场战斗，是整个战役中最重要、最惨烈的一场战斗。

不到两个小时，先期进攻的第 4、第 5 连均伤亡惨重，致使攻城失败。

于是西北野战军及时调整攻击部署，夜间，派出部队进行土工作业，挖掘坑道向寨墙逼近。经过一夜的土工作业，寨墙的四面八方都挖掘了近千米的坑道。这些坑道曲折延伸，有的逼近寨墙 50 米，有的甚至不到 10 米，以方便战士通过坑道靠近城边，最大限度地减少伤亡。

27 日黄昏，第 2、第 3 纵队及独立第 2 旅担负攻歼永丰镇敌第 76 军的任务。

此时，第 718 团第 2 营的有生力量只剩下第 6 连，该连在攻击部署中担任突击连。之前，第 4、第 5 连伤亡惨重，主要是因为东北角寨墙侧面的制高点上有两座碉堡，这两座碉堡的火力点对我军造成了极大杀伤。第 6 连的主要任务就是要炸掉这两个碉堡，为总攻扫清障碍，打开通道。

第 6 连接替任务后，连长李文才迅速带人到战地前沿观察地形，摸清了爆破位置及火力配备情况。此次炸碉堡的任务难度极大，在敌人到处布满火力点的情况下，首先要攀上寨墙，然后跳入寨墙内，消灭碉堡的外围敌人后才能接近碉堡。李文才回到连队，感到千钧重担压在肩上。“这是党交给 6 连的光荣任务，纵有千难万险也必须完成。”他和指导员肖有恩把全连集合起来，做了战前动员，传达了团部下达的死命令：想尽一切办法炸掉这两座碉堡。战士们见第 6 连领到了这个艰巨的任务，个个都摩拳擦掌，视死如归，准备迎接巨大的挑战。此时，站在队列中的 5 班班长张富清神情肃穆，他希望连长将炸碉堡的任务交给他去完成。

为慎重起见，第 718 团决定从全团抽调几名有丰富爆破经验的人组成突击组，去完成这项特别艰巨的任务。

张富清之前在壶梯山和临皋战斗中都成功地炸毁过碉堡，爆破经验丰富。当得知团部要成立爆破突击组时，他对连长李文才和指导员肖有恩说：“连长、指导员，让我参加！”

李文才、肖有恩见张富清再次主动请缨，他们欣然同意并推荐他担任突击组组长，团部也同意了第 6 连的建议。

28日凌晨，张富清领命出击，他带着两名从其他连队抽来的队员，每人带两个炸药包、16枚手榴弹、冲锋枪和子弹等装备，负重近70斤（其中的两枚手榴弹，引线处接着用旧衣服布条接成的布条索），沿着坑道，朝着寨墙匍匐前进。

连长李文才带领第6连为他们打掩护，集中全连机枪压制敌人的火力。

枪林弹雨中，张富清跃出坑道，快速抵近寨墙。趁着夜色，他抠着砖缝爬上4米多高的寨墙，顾不上多想，第一个迅速跳下寨墙。

黑暗中，敌人听到动静，迅速围了上来。张富清端起冲锋枪一阵扫射，敌人猝不及防，一下被撂倒七八个人。突然，他感到自己的头被什么东西划了一下，打退敌人后，他伸手往头上一摸，发现一块头皮翘了起来，满头满脸都是湿的，估计是血。瞬间，他明白过来，原来是一颗子弹擦着头皮而过，把他的头皮“犁”开了，如果子弹再飞低一点，自己肯定就“光荣”了。

张富清顾不上疼也来不及细想，此时又有敌人围上来，他再次将敌人打退后，连滚带爬地冲到一座碉堡的侧面。敌人的机枪冒着火色，子弹从他身边呼啸飞过。

张富清迅速观察了碉堡的周边环境，很快找到了安放炸药的位置。他用匕首在碉堡侧面的险要位置刨出一个坑，把8枚手榴弹和一个炸药包码（叠）到坑里面，炸药包压着手榴弹。然后，他把手榴弹的拉环打开，盖上一层泥土。炸碉堡时，他拉住布条索的另一端，往低处翻滚的过程中拉响了手榴弹，引爆了炸药包。随着一声惊天动地的巨响，碉堡被炸塌了。爆炸的气浪和一些泥土冲击在张富清的身上，让他感到无比疼痛和窒息。

成功炸掉第一座碉堡带给了张富清极大的信心，自己非但没有牺牲，还成功地拔掉了阻碍我军进攻、对我军威胁极大的一颗“钉子”。此时，张富清来不及高兴，他趁着弥漫的硝烟和扬起的灰尘，迅速冲到第2座正在疯狂扫射的碉堡侧面。如法炮制，他很快把这一座碉堡也送上了天。

震耳欲聋的爆炸声，差点儿把张富清震昏过去，他的满口牙齿经历两次巨大的冲击，全部被震松，2颗大牙当场脱落。稍缓过神来，张富清发现血水和泥土已沾满了全身，嘴和头部剧烈疼痛，这时他才意识到自己身上多处受伤。他忍着剧烈的疼痛，从被炸毁的碉堡里搜缴了两挺机枪、数箱子弹和手榴弹。

此刻，总攻尚未开始，张富清带领的两名突击队员已不知去向，一部分敌人又疯狂地向他扑过来。他找到有利位置，用缴获的武器，只身一人打退了敌人的数次反扑。

28 日凌晨 3 时，总攻开始了，四面八方，响起了熟悉的冲锋号。第 2 纵队使用大量棒棒炮[①]将寨墙炸出许多缺口，用云梯登城展开攻击。拂晓，主力部队攻入城内，与敌人展开激烈的巷战，直至上午 10 时，战斗胜利结束。西北野战军全歼敌第 76 军 1 万余人，并活捉军长李日基。

打扫战场时，多处受伤的张富清被几名战士从战场上搀扶下来。此时，他一身褴褛、满脸黢黑、精疲力竭，连走都走不动了，脚上的鞋也只剩下一只。等头脑稍稍清醒，张富清一路环顾四周，却始终不见另外两名突击队员的身影。他被人送到部队的一个流动卫生院，医生对他的头部、手指等多处伤口进行了包扎治疗。

其间，张富清向人打听另外两名突击队员的情况，但一直没有得到他们的消息。此后，他再也没有见过这两名显得清廋、个子比他高的突击队员。

张富清在卫生院住了几天，治好伤后，又返回连队，发现连队大部分人都是新面孔，只有指导员肖有恩和几个司务人员还在。连长李文才，副连长、排长及熟悉的战友都不在了，他感到情况不妙。

肖有恩十分悲伤地告诉张富清："永丰战斗打得异常惨烈[②]，连长李文才和副连长、排长他们都牺牲了，6 连 120 多人只剩下我们 7 个人。"

张富清听肖有恩说出这个晴天霹雳的消息后，当场失声痛哭，悲伤至极。

---

① 用一根木棒，在上端用布捆绑炸药十余斤，下端装上炮弹的底火作为炮射的动力。按迫击炮抛射原理，利用迫击炮筒，发射距离可达 100 米至 200 米。夜间发射，杀伤力更大。

② 据新疆军区"三猛模范团"团史记载：仅一天时间，第 718 团第 1 营换了 3 个营长，第 2 营第 6 连一夜换了 8 个连长。

往后的多天夜晚，他都躲在被子里辗转难眠，默默流泪。

在这场战斗中，张富清因表现突出，荣立“军一等功”，被授予“军甲等战斗英雄”称号。1948 年 12 月初，西北野战军第 2 纵队在陕西合阳县峪壮村召开第二届军民庆功祝捷大会，司令员王震亲自给张富清佩戴了军功章。第 2 纵队将张富清的事迹上报到西北野战军后，西北野战军给张富清加授了“特等功”。1948 年 12 月中旬，张富清在汉中洋县的家人收到一封由西北野战军司令员兼政委彭德怀、政治部主任甘泗淇、副主任张德生签发的特等功报功书，上面写着：“贵府张富清同志为民族与人民解放事业，光荣参加我西北野战军第二纵队三五九旅七一八团二营六连任副排长，因在陕西永丰城战斗中勇敢杀敌荣获特等功，实为贵府之光我军之荣。特此驰报鸿禧。”

报功书的背面写着他的立功事项：1. 自他参加人民解放军以来，没有讲过任何怪话，不论在什么艰苦情况都能克服下去，个人性格平顺，对上下很和气，工作一贯积极带头。2. 打仗勇敢，执行命令坚决，五班在他的领导之下，战斗中没有混乱过秩序，没有失过联络，他特别在永丰战役中，表现了自己的英勇顽强，打永丰城，他们 6 连突击连，他是第一个带头跳下了城墙，争取了整个的胜利，完成了任务。3. 在他的领导之下，全班没有发生过任何事情，也没有一个逃亡现象，他的教育管理良好，特别是个别谈话。如他班补了两个第 38 师来的战士：王明富、李焕金，初来情绪不高，开会不发言，工作也不主动，经过他的个别教育，后这两个同志都转变过来。

由此，西北野战军司令员兼政委彭德怀从那以后记住了张富清这个名字。下到第 2 纵队视察时，他亲切地接见了张富清，并握着张富清的手说：“我这次是把你认准了，你在永丰城战斗中表现突出，组织给你评了大功，你以后要好好干。”后来，彭德怀几次下到参战部队视察，见到张富清时，都会给他说几句勉励的话，鼓励他好好干，并称赞其是个好同志。

第三章
辗转南疆　淬火成钢

十万大军出玉门，向天山南北挺进，一边维护边疆安全，一边开展垦荒生产。张富清将个人命运与解放大西北及维护新疆的和平稳定紧密联系在一起，跟随部队一路西征，进入新疆屯垦戍边。1953年，他积极响应抗美援朝号召，一腔热血火速奔赴北京。

随军西征　直达喀什

1948年12月初，张富清被任命为第718团第2营第6连副排长，随后，他所在的部队进行了两个多月的休整。其间，根据中央军委1948年11月1日和1949年1月15日关于统一全军组织编制和番号的决定，自1949年2月1日起，西北野战军改称为中国人民解放军第一野战军，彭德怀任司令员兼政治委员。第2纵队改称中国人民解放军第2军，王震任军长兼政治委员。第359旅改称步兵第5师，师长徐国贤、政治委员李铨，下辖第13、第14、第15团。张富清所属的第718团改称为第14团。

1949年4月，根据第一野战军整训练兵计划，第2军进行了以大、中城市为主要攻击目标的整训练兵。军集训连、营以上干部，师、团分别集训排、班干部。部队逐级传达了中国共产党七届二中全会决议。毛泽东、朱德于4月21日，向人民解放军发布进军命令，号召人民解放军全体指战员奋勇前进，坚决、彻底、干净、全部歼灭一切敢于抵抗的国民党反动派，解放全国人民。张富清在第5师师部接受了整训练兵。他和其他受训人员一样，对打倒国民党反动派，夺取全国胜利，建立新政权充满了期待。大家精神振奋，个个摩拳擦掌，时刻准备着迎接新的战斗。在解放军整训驻地，受训人员唱着西北第2纵队进行曲："熊熊的炉火炼成钢，百战百胜逞英豪。哪怕艰难和困苦，不灭蒋胡心不甘。前进在平原，战斗在山冈，勇敢作战机智顽强，我们是英勇的二纵队，我们是人民的子弟兵。"部队到处都是嘹亮的歌声，将整训练兵推向了高潮。

在战术训练中，每次"战斗"都进行得十分激烈，张富清和战友们像一只只老虎，跃出堑壕，越过障碍，冲向"敌人"固守的城垣……

整训练兵结束后，张富清晋升为排长。

1949年4月下旬，胡宗南集团慑于第一野战军的强大力量，于4月25日起收缩防线，将部队相继撤至阡东镇、泾阳、三原、高陵、临潼等地区，与礼泉、乾县、永寿地区之敌第57军相接，形成防守西安之弧形防御。经侦察获悉，胡宗南部除第90军仍位于泾河北岸外，主力已全部撤过泾河，退至咸阳、乾县、礼泉、永寿地区。为打乱胡宗南的战略撤退计划，在关中地区歼敌一部，并使西安不遭破坏，第一野战军决定发起陕中战役。

第2军奉命向咸阳、武功以西追击撤退之敌。张富清带着一个排的战士随大部队一路追击敌人。至5月20日，第一野战军相继解放了咸阳、武功、扶风、凤翔、肩县、周至等县城。

1949年5月底，张富清因为军事素质过硬，被调至第2军直辖的教导团[①]。该团下辖3个教导营及若干大队和勤务保障中队，主要职责是收容、审查、教育、改造国民党军俘虏军官；担负新兵、士兵骨干等军事训练任务；为作战部队服务，提供综合保障。教导团第2营主要是担负新兵、士兵骨干等军事训练任务。张富清在第2营任一个中队的副队长。

由作战部队的一名勇士突然调到教导团，成为一名勤务保障人员，这对在战场上担任突击任务已成常态的张富清来说，刚开始难以接受，思想上想不通，如果让他选择，他一定会选择在战场上冲锋陷阵。但自己是一名共产党员，组织上的安排，他绝对服从，只是心中的“疙瘩”一时难以消除。第2营指导员知道像张富清这样的一线作战英雄，到了教导团思想上或多或少要背包袱，就几次找张富清谈心，耐心细致地做他的思想工作，及时地解除了他的心结。

进入教导团后，张富清作为具有丰富作战经验，并且军事素质突出的一线排长，被安排担任军事训练教官，主要工作就是开展对新兵、士兵骨干及“解放战士”[②]的军事训练。工作一段时间后，张富清认识到在教导团从事兵员训练工作同前线打仗一样重要，革命只是分工不同，勤务保障是每场战斗、每场战役取得胜利的前提。

教导团不是固定在某一地开展工作，而是跟随作战部队一同前进，作战部队打到哪里，教导团就跟进到哪里。一场战斗下来，前方将被俘国民党军

---

① 《党史纵横》2015年01期：《解放战争时期国民党军俘虏军官大改造》（作者刘子君）提到人民解放军设立教导团是我军对战俘军官教育改造的一大创造。1948年2月，中共中央明确提出：“处俘机关的组织各地名目不一，今后统称：解放军教导团，冠以各战略区名号。俘虏人数多时，可设分团。教导团设团长、政委制。处俘机关均隶属敌工部。”各野战军（军区）纷纷设立解放军教导团，用以收容、审查、教育、改造国民党军俘虏军官。

② 解放战争期间，许多国民党的官兵在战场上被俘虏，自愿留下来参加人民解放军，他们被称为“解放战士”。在这些“解放战士”中，有许多人是被国民党强迫当兵的，其中更多的是穷苦人家的子弟。

官兵交给教导团。教导团接手后，一方面对其进行收容、审查、教育、改造；另一方面对“解放战士”进行思想教育和军事训练，为作战部队提供源源不断的兵力。

1949 年 7 月至 8 月，第一野战军相继发起扶眉战役、兰州战役，歼灭了胡宗南、马步芳集团精锐后，转入战略追击，解放了陕、甘、宁、青四省（区）的广大地区。

教导团跟随第 2 军一路西征，8 月中旬到达甘肃省临洮县，此时临洮县已得到解放。人民解放军在临洮城贴满了招兵的告示，5 天之内，就有 1250 名青年参了军，其中有 150 名女学生。在一个小县城里，参军人数之多实属全国罕见。这 150 名女学生全部进入军政干校，同教导团一道随部队西征。

1949 年 9 月 25 日、26 日，在中国共产党政策的感召下，在人民解放军大军压境的形势下，国民党新疆警备总司令陶峙岳和新疆省政府主席包尔汉先后通电起义，实现了新疆和平解放的第一步。此时，蒋介石、白崇禧电令其在新疆的亲信要“各方设法，保住新疆”，声称“和平运动，万万不可做”。新疆的社情异常复杂，各种反动势力还有相当的力量和影响，他们相互勾结，蠢蠢欲动，趁人民解放军尚未入疆之际，相继在哈密、吐鲁番、焉耆、轮台、库车等地策动叛乱，制造烧、杀、抢劫事件，破坏新疆和平解放的成果。新疆军政当局中的一些反动顽固分子，也主张与人民解放军死磕到底。只有人民解放军迅速进疆，才能真正实现新疆的彻底解放。

9 月 28 日，第一野战军前委发出《关于入新工作给一、二兵团党委，二、六军党委，战车营的指示》，就进军新疆问题作出了具体部署，命令第 2 军向南疆进军。在第 2 军党委作出《关于进军新疆的准备工作指示》后，各师、团抓紧进行思想动员、组织准备和物资准备。全体指战员以饱满的热情在短时间内完成了进军新疆的一切准备工作，整装待发。

1949 年 10 月 1 日，中华人民共和国成立，张富清同教导团的官兵们正行军在张掖至酒泉的路上。在这意义非凡的一天里，众人欢呼雀跃，激动万分。

10 月 12 日，部队从甘肃酒泉出发，向新疆挺进。11 月 7 日，部队进入新疆哈密。晚上，教导团第1、第3营，卫生队及刚参军的学生住进位于城内七角井处的国民党军起义部队第178旅大营房休息。考虑到国民党军起义部队中存在一些反动顽固分子，由第2营负责教导团的防务。预料的事情果然发生了，11月8日凌晨2时，在第178旅大营房休息的教导团官兵全部被叫醒，通过教导团第2营及第14团第1营的接应后，立即撤到了哈密城内一安全的地方，并给刚参军的学生每人发了一枚手榴弹。

原来，原国民党军第178旅第533团2个营的叛乱分子见第2军的大部队已进军到吐鲁番等地，哈密只留下教导团等一些后勤部队，感到有机可乘，便扣押了40辆解放军东返运兵汽车及全部押车人员，还将前去交涉的几名解放军战士活埋。噩耗传来，张富清和教导团的官兵义愤填膺，誓要彻底消灭这支叛军。经多日交涉无果，11月24日，第5师第13团，第14团第1营，教导团第2营及第2军炮兵团奉命包围了国民党军第533团驻地大营房。27日，城防司令冯祖武果断下令，敦促叛军在下午3点前放下武器，释放我方人员，否则就地将其彻底歼灭。叛军见被解放军铁桶似的包围，意识到插翅难飞，只能乖乖地放下武器，举着白旗投降。随后，国民党军第533团1名副团长及4名叛乱主犯被枪决。

这场战斗是张富清跟随部队西征的最后一仗，但最终没有打起来，以叛军全部缴械而告终。

1949年11月29日，第2军教导团徒步向吐鲁番进发。“天上无飞鸟，地上不长草；百里无人烟，风吹石头跑”，途中战士们看到最多的便是这般场景。鄯善县，是进入北疆和南疆的交通要道，军运物资都必须从此通过。在鄯善，教导团集体进行了换装。这是张富清自1948年3月参加解放军以来，第一次换上了新鞋子、新棉衣。穿上军皮鞋，他彻底结束了打赤脚的日子。之前行军打仗，他经常是一双赤脚或草鞋，脚底的老茧早已又厚又硬。刚开始穿上既结实又暖和的新鞋时，他甚至有点不习惯。穿上黄色的新棉衣，张富清和战友们十分高兴，有了棉衣，他们可以抵御新疆严酷的冬寒了。

12月中旬，部队经过十多天的日夜兼程终于到达吐鲁番。在此，部队进行休整，并度过了1950年元旦佳节。其间，军政干校奉命改编，女兵大部分归属第2军教导团女生大队。

1950年1月初，为了贯彻执行新疆军区关于保卫边疆、建设边疆的指示，教导团对全团官兵进行了形势和任务的动员教育，明确提出扎根边疆、屯垦戍边的要求。时任中国人民解放军第2军军长兼政治委员的王震亲自来到吐鲁番，对教导团进行了动员讲话，他命令教导团徒步进军喀什，迎接大生产运动。

吐鲁番至南疆重镇喀什有1800公里，路途遥远，没有汽车，一个团的兵力全靠步行，这是一个极大的挑战。之前，部队虽然有四五百辆汽车在运送士兵，但王震仍号召一部分部队要徒步行军。他说："新疆很穷，走路省下的军费可以建很多农场。"王震亲自动员并下达命令后，整个教导团都沸腾了。面对十分艰巨的行军任务，全团官兵掀起了一个表决心、迎挑战的热潮，没有一人打退堂鼓。

1950年1月下旬，第2军教导团从吐鲁番出发向喀什进军。在"徒步行军到喀什，等于生产两年"① 口号的鼓舞下，已任第2营中队长的张富清带着战士，一般每天行军60至70公里，最多时达90公里。每天天不亮就出发，晚上摸黑宿营，由于过度疲劳，一些同志走着路都能睡着了。在翻天山、穿戈壁途中，每个人的面袋装着十几个馍，这便是两天的粮食。他们遇到的最大困难就是缺水，每天每人只有一小壶水，大家都不敢轻易喝，只有渴得实在受不了时才喝上一小口。大多数时候，战士们都处于又渴又热，极度缺水的状态。渴极了比饥饿还要难受，这让每一位战士都吃尽了苦头。

行军虽然要忍受着饥渴与疲惫，但战士们相互鼓励，提振精神，经常一边走路一边高歌："挺进、挺进，向新疆、向西藏、向帕米尔高原上大进军。那里的穷苦老百姓，多年来受着灾难与苦痛。早就盼望着人民解放军去解放他们……"

① 徒步行军节约的经费等于两年的生产成绩。

漫长的行军路程，教导团要经过 3 个大一点的城市，分别是焉耆、库车和阿克苏。到达这几个城市后，可以休整 3 至 5 天，然后继续前行。

教导团到达第一个城市焉耆时，正好赶上过春节，张富清同战士们在此度过了新中国成立后的第一个春节。远在条件艰苦的边塞，大家难免会想念家乡的亲人，有的战士悄悄落泪了。张富清等中队领导便及时做他们的思想工作，在生活上体贴关心，让他们感受到部队大家庭的温暖。焉耆的湖里有鱼，在这里，教导团的官兵每天都能吃到鱼，有时还能吃到萝卜烧牛肉。

春节后，教导团从焉耆出发，一路沿着孔雀河的长峡谷行进，两边是陡峭的崖壁。穿过铁门关到库尔勒时，因峡谷地势不平，许多战士的脚都磨起了泡，疼得要命，走路一瘸一拐的。到达宿营地后，第一件事就是挑血泡，战士们从马尾巴上抓几根毛，当作针挑血泡。为防止脚感染化脓，挑后的血泡还要用酒精抹一抹，战士们因此疼得直冒大汗。

由于长时间没有条件洗澡、换衣，战士们的身上很快长满了虱子，全身痒得难受。在休息的时候，战士们便将衣服脱下来用鞋子使劲地敲打，再把衣服拎起来上下抖几次，消灭了部分虱子，穿上衣服才感觉舒服些。

教导团到达一些小城镇宿营，战士们就主动为当地百姓打扫卫生、挑水劈柴、堆运肥料。晚上睡在院子里，维吾尔族农牧民生怕战士们受凉，悄悄地把皮大衣和棉被子盖在他们身上。在好几个县城，不论是晚上宿营还是早上出发，当地群众都唱歌跳舞，欢迎和欢送他们。一路上，教导团的官兵与当地百姓结下了深厚的军民情谊。

由于新疆地域广阔，城镇之间距离很远，一路上很少有像样的宿营地，大多数时间，教导团都是在野外宿营。因人员众多，做饭、如厕、睡觉等都面临很大的问题。特别是女兵，在荒凉的戈壁滩上，四周没有任何遮挡物，上厕所就成为一件很尴尬的事。每当方便的时候，女兵们只好四五个人围成一个圈，形成围墙，轮流解手，之后还得赶紧小跑，赶上行进的部队。晚上住宿也是难题，戈壁滩上，目之所及尽是沙土和石砾。住哪儿呢？只好挖地坑，睡在里面。战士们白天走得十分疲惫，晚上都睡得很沉很深。戈壁滩上随时都在刮风，战士们第二天早上起来一看，每个人的脸上都沾满了土，只有露出的牙齿是白的。大家互相取笑逗乐，让广袤而沉寂的戈壁滩上有了一丝生气。

1950 年 3 月下旬，部队踏进了无垠的塔克拉玛干沙漠边缘。这里的沙漠绵延起伏，一个沙丘连着一个沙丘，没有村庄，没有人烟，望不到一只飞鸟，没有一丝生机。战士们在沙漠中行军甚是艰难，走一步退半步，疏松的细沙，陷得两脚酸软无力，再加上干渴，不禁眼前金星乱飞，气喘不止。走完一个沙丘后，战士们只想睡觉，困乏得半步也挪不动了，大家就互相鼓劲说："同志们，咬紧牙关往前走啊，走出去就是胜利！"沙漠里温差很大，早晚滴水成冰，中午太阳似火，烤得人浑身发烫，嗓子火辣，嘴唇干裂。由于沙子时常填满鞋子，有的战士干脆脱掉鞋子光着脚板走，可几天下来，战士们的脚底又磨出大大小小的血泡。没有水喝时，干粮都咽不下，于是大家风趣地说："我们吃沙子就已经吃饱了！"

大漠里，除了荒凉和寂静外，只有一支长长的队伍，在艰难地跋涉着。一路行军，教导团的勇士们只有一个信念：向前、向前、再向前！

1950 年 3 月底，教导团一路战胜天山的风雪严寒、库尔勒的荒漠迷路、库车的无水干渴、阿克苏的风暴袭击等一个又一个艰难险阻，徒步行军 38 天，历程 1800 多公里，终于到达了新疆重镇——喀什。

铸剑为犁　屯垦戍边

1950 年 1 月 21 日，新疆军区发布了大生产的命令，规定"全体军人一律参加生产劳动，不得有任何人站在生产线之外"。1 月底，第 2 军军长郭鹏、政委王恩茂、政治部主任左齐等人骑马踏勘了马家花园地区，并将这个芦苇丛生、沼泽遍地的地方命名为草湖，下令把军直第一农场建在这里。此后，已全部进入新疆的第 2 军各级官兵发扬"南泥湾精神"，在此掀起了大生产的热潮，拉开了开发新疆、建设新疆的序幕。

1950 年 3 月 26 日，第 2 军教导团到达目的地——喀什疏勒县。全团官兵仅仅休整 6 天后，又风尘仆仆地开往距疏勒县城 20 多公里的草湖，准备在那安营扎寨，开展垦荒大生产。

4 月 2 日，张富清同战友们一路徒步到达草湖，映入他们眼帘的是一望无际、荒无人烟的芦苇滩。大家明白眼前的任务就是要将这片荒芜的土地开垦出来，种上庄稼。一切都要白手起家，战士们没有犹豫，不顾长途跋涉的疲劳，纷纷扔下背包，拿起镰刀，跳进芦苇丛中开始割芦苇、搭苇棚。在芦苇丛中，初来乍到的战士们情绪高昂、干劲儿十足，割、运、捆、扎，各司其职。很快，在离水较近的地方，奇迹般地出现了一片片用芦苇搭建的草棚，这便是最早建成的“营房”。有人称它为“创业棚”，也有人称它为“草湖新村”。此后，战士们又在草棚四周陆陆续续地栽种上耐盐碱抗干旱的沙枣树，这就是草湖地区的第一个军垦“新村”。

有了简易的营房，教导团便在草湖安定下来，正式投入垦荒生产之中。

按照开垦地区域的划分，全团划分了 16 个区。每个区任命正副区队长及管理排长，下设若干个小队，小队中 3 人一组，又分为若干组。张富清被任命为第五区队长，副区队长叫张兴，管理排长叫任永和。

此时的喀什正值春暖花开的季节，当地农民已种下春麦。为抢农时，教导团提出了“自己动手，丰衣足食，减轻人民负担”的口号，号召全团突击开荒造田，边开荒边种庄稼。

团部给各区队开荒造田规定了程序，并下达了任务。主要程序是：先用坎土曼①挖掉芦苇根，然后用木质犁耙将挖掉芦苇根的地方犁出来，或用坎土曼直接挖。任务是：在规定的时间内，要将分配的荒地全部开垦出来，要求每人每天开荒 5 分地。

五区队给每个战士发了一把坎土曼，让大家迅速投入这场没有硝烟的战斗中。张富清和战士们一起每天早上顶着星星下地，晚上摸着黑回营，劳动

① 又名砍土镘，中国新疆少数民族的一种铁制农具；有锄地、挖土等用途，由木柄和铁头两部分构成。

时间一般都在13个小时左右。尽管每天都在进行着超负荷的劳动，但没有一个人脱离生产。大家干劲儿十足，使出全身力气，你追我赶，唯恐落后，即使被坎土曼震裂虎口，鲜血染红木把也全然不顾，仍咬牙坚持。

劳动中，为鼓舞士气，大家时常唱起《戈壁滩上盖花园》：

“劳动的歌声漫山遍野，劳动的热情高又高。

生产运动猛烈地展开，困难把咱们吓不倒。

没有房子，搭起帐篷；没有蔬菜，打野羊啊；

没有工具，自己制造；没有土地，咱们来开荒。

劳动的双手能够翻天地呀！戈壁滩上盖花园。”

每天下来，五区队每人每天开荒5分地的任务都能提前完成。

为推进开荒进度，教导团开展了劳动竞赛，要求队、排、班、个人每天公布开荒成绩，评比先进。从此，五区队战士们的干劲儿越来越大，凭着一股不服输的劲儿，开荒成绩直线上升，每人每天平均开荒达到七八分地。

那段时期的草湖，每天重复看到的都是一个场景：无数战士的身体弯成牛的形状，留下一道道血印的肩膀拉紧绳子，一人倾身推着犁杖，用炮弹片打造的犁铧深深插进板结的石砾浅土，缓缓地前进。更多的战士没有犁杖，只能挥动坎土曼步步前移。一道道黑土溅着汗花向地平线延伸，天地间只有“吭哧吭哧”的喘息声和铁器碰撞戈壁的沉响。傍晚，夜色渐浓时，飘着红绸的老军号吹响了，战士们甩着大把汗水欢叫起来……

用坎土曼挖芦苇根很费体力，时间一长，战士们的两个臂膀都肿了，双手也磨起了很多血泡。傍晚放工后，为保证劳动的持续性，队里命令战士们都要把血泡挑破，为防止感染，还要求大家把酒精直接抹在上面。一时间，剧烈的疼痛让战士们抬着的双手颤抖不已，近1个小时后，疼痛才缓解。第二天早上，战士们又照常下地劳动。长此以往，每位战士的手掌上都结出了一层厚厚的老茧。

在劳动竞赛中，各区队稍不注意，就会被别的区队赶超，这给各区队长带来很大的压力，张富清也不例外。每天，他除了要组织区队开展劳动比赛及时完成任务外，还要带头完成三人小组的任务。如果区队小组有人掉队，他就会安排人或自己去帮助跟上。每天放工后，张富清手上的血泡比其他人都要多几个。在他的示范带动下，每次全团区队评比，五区队都排名靠前，取得这样的成绩实属不易。

开垦初期，由于长时间的高强度劳动，战士们都十分疲惫。吃饭时，有的战士吃着吃着就打起瞌睡来，迷迷糊糊中馒头就掉地上了，回神后捡起来继续吃，吃着吃着发现放到嘴里的竟是块土疙瘩。不仅如此，部队的伙食也跟不上，战士们很少能吃到油和肉，严重缺乏营养，这导致愈来愈多的人患上了夜盲症，太阳一落山就什么也看不见了，一走路就摔跤。这些情况报告上级领导后，部队买了许多动物肝脏和一些羊肉，让战士们偶尔能吃上一些，夜盲症的状况才逐渐好转。

教导团进入喀什时，天气还比较寒冷，战士们都穿着厚厚的棉衣。可到了五六月份，天气热了起来，每位战士都面临着一个很大的考验：在草湖这个地方，到了夏季，蚊子特别多，个儿还特别大，近 2 厘米长。不小心被蚊子叮上一口，身上就会起大疱，如不及时消毒就容易感染，严重了还有生命危险。天气刚热起来时，因不知这里蚊子的厉害，被蚊子咬伤后，少数人因感染严重医治不好而牺牲了。因大多数战士没有单衣，穿的还是棉衣，天热了，大家没有办法，只好把棉衣脱掉，光着身子劳动。为防蚊子叮咬，战士们就在身上抹满泥巴。战士们吃饭或开会时，为防止蚊子“包围式”叮咬，只能待在蚊帐里吃饭或开会。

在开垦期间，因天气原因而不能劳动时，全团便以区队为单位，把全部帐篷集中起来，搭成大棚，集中全区队的人员在里面开展政治学习。团里要求区队长讲党课或人人发言谈思想，谈开垦生产体会，开展批评和自我批评。这种经常性的学习及思想政治教育，让区队官兵及时克服了厌战情绪，时刻以积极向上的心态轻装上阵，投入开垦生产中。经过 3 个月的集中垦荒，教导团靠人工在草湖开垦荒地6000亩，并将其全部种上了小麦和水稻。

为保证庄稼及时得到灌溉，接下来的时间里，张富清又带领五区队的战士开始兴修水渠，开展了水利设施建设……

1950年秋，昔日一片荒凉的大草湖发生了翻天覆地的变化，这里已是旧貌换新颜，一片片麦浪滚滚，瓜果飘香，到处洋溢着丰收的喜悦。陶峙岳看了欣然作诗："昔日皆漠野，今日变田园。看看成乐土，景物更鲜妍。"

因为此处多为沙土，靠近水源，盐碱低，养地和治草时间相对较短，庄稼出苗和粮食产量也相对较高。这一年，教导团开垦的荒地产出粮食10.5万公斤，皮棉2000公斤。当年，战士们便吃上了自种的粮食、新鲜蔬菜和瓜果，物资供应得到很大的改善。

在开垦生产期间，张富清获得了由西北军政委员会颁发的"解放西北纪念章"[①]和"人民功臣"奖章[②]。

1951年4月，已是第2军教导团第3营第九队副连长的张富清，离开了日夜奋战一年的草湖地区，随教导团回到了喀什。在这里，他们开展了为期一年的营房建设。

营房是在原国民党部队的旧营房地址上重新建设的。张富清和战士们刚到达时，旧营房早已残破不堪，无法入住，他们就在旧营房外搭帐篷，长期住在帐篷里。

喀什常年少雨，即使下雨也是小雨，天气干燥，昼夜温差较大。时间一长，帐篷不遮风、不保暖、不隔热的弊端开始显现。张富清和战士们住在里面饱尝了冰与火的滋味，于是他们在修建营房的空闲时间，也修筑了土坯房作为寝室。

---

① "解放西北纪念章"是西北军政委员会为纪念西北五省解放，向参加西北解放战争的第一野战军指战员；曾经在第一野战军建制下进行作战后又划归其他部队的指战员；曾在支前民工支队中工作过的民工干部和立功民工功臣颁发的纪念章。

② "人民功臣"奖章是西北军政委员会为了表彰奖励在解放大西北中作出突出贡献的人民解放军官兵颁发的。

1951年5月15日，第2军军长郭鹏、政委王恩茂为第2军军人签发了军人证明书，主要是希望战士家乡的当地政府，按照革命军人家属优待条例，给其家属以适当照顾。张富清也得到了一份由中国人民解放军第2军政治部印制的军人证明书[1]。

1952年3月，营房建设任务圆满完成后，张富清所在的第3营成为边卡营，接手了边疆防守任务[2]。此后，他一边开展军事训练，一边开展军事防务和边境布防工作。

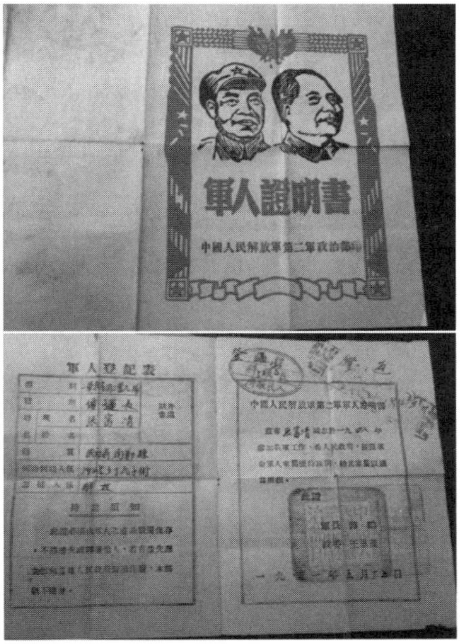

1951年，二军军长郭鹏、政委王恩茂为张富清签发的军人证

响应援朝 “长征”进京

1952年12月，朝鲜战场上的上甘岭战役[3]结束后，中央军委决定从部分军区抽调150多名具有丰富作战经验的连职到团职一线指战员，准备援朝参战。

12月底，喀什军区接到新疆军区的命令后，派人到第2军教导团抽调人

① 张富清这份军人证明书一直由其本人保管，既没有给老家洋县当地政府展示过，也没有给复员转业后的当地政府展示过，从未因为有这个证明书，而要求当地政府给其家属适当照顾。

② 1952年3月，新疆军区以第2军教导团第3营组成边卡营接管南疆各边卡防务。电影《冰山上的来客》就生动地反映了这一时期边防斗争的真实景象。

③ 1952年10月14日到11月25日，在朝鲜五圣山的上甘岭约3.7平方公里的阵地上，发生了一场举世震惊的大厮杀。这是由中国人民志愿军与以美国为首的“联合国军”所进行的一场拼死搏杀。原本是一个局部规模的战斗，竟发展成了一场著名的战役——上甘岭战役。

员。张富清等符合条件的指战员都被集中到团部开会。军区来的一位首长向他们传达了上级的精神，并动员他们响应国家“抗美援朝，保家卫国”的号召，报名援朝参战。这位首长最后对他们说：“这次抽调人员入朝，充分尊重本人意见。去，我们欢迎；不去，也不强求，继续留在这儿工作。”

听完军区首长的动员讲话，张富清等人都很明白：如果选择援朝参战，就很有可能要牺牲；不去，留在这儿工作，至少没有生命危险。何况，通过部队两年的开垦建设，这里的生活条件得到了很大的改善，吃、穿、住、行、医都比较好了。

去还是不去呢？部分与会人员犹豫不决。

“我报名去！”坐在最后一排的张富清站了起来，大声地对军区人员说。军区首长和教导团领导都向他投去了赞许的目光。见张富清主动报名，会场上又接二连三地有人站起来说“我报名去”“我也去”……

1953 年 1 月初，经过喀什军区的最终研究，确定张富清等十多名指战员援朝参战。喀什军区对他们做了相关信息登记，并要求他们办好部队的交接手续，做好随时出发的准备。

1 月 15 日，第 2 军教导团政治处为准备奔赴朝鲜战场的张富清补发了立功证书[①]。

1953 年 1 月下旬，教导团接到喀什军区命令：要求抽调的援朝参战人员

① 据张富清口述，在解放战争中，由于新中国还没有成立，共产党领导的人民解放军在当时各方面条件都很困难。打仗荣立战功后，部队授予的军功章，都是塑料做的，远没有新中国成立后用铁或铜做得精致。他在战斗中多次获得一等功、二等功，发给他的军功章都是塑料的，后在“文化大革命”中全部遗失，这成了他心中最为遗憾的事。张富清保存的立功证书，不是 1948 年就有的，而是新中国成立后，1952 年底，国家统一印制的。立功证书的最后一页也是统一的内容，上面是中国人民解放军总司令朱德亲自书写的“发扬革命的英雄主义”几个草体字。张富清的立功证书倒数第二项写着：“张福清同志在战斗中、行军中、生产中、学习和工作中一贯表现优异，经审查属实，特授予立功证书以作纪念。”根据张富清的立功情况及他保存的塑料军功章，教导团政治处在立功证书上给他补记了立功的情况。“张福清”即指张富清。

去北京集中，统一入朝。张富清一行十多人便从喀什出发，中途汇集从新疆军区其他部队抽调的人员共计40多人，一同向北京进发。

喀什到北京有4000多公里的路程。由于新疆境内地广人稀，大部分地区没有通公路，即便是通公路的地方车辆也极少。张富清一行人要出新疆很多时候只能靠徒步。带着行军的背包、干粮、武器等近50斤的负重，他们沿着1950年入疆的道路又再一次开始了“长征”。

张富清等人向阿克苏方向行走的途中，要再次经过塔克拉玛干大沙漠边缘。在途经风沙腹地时，张富清一行人两次遇到沙尘暴。刚开始起风时，太阳挂在高空还能看见，但风越刮越狂，瞬间风沙便铺天盖地，就像山洪暴发一般，呼啸着，奔腾着；大漠也像海浪一样，一排沙浪推着一排沙浪。风卷着沙，沙涌着风，顿时就天昏地暗了。一行人的衣服被风吹得鼓胀胀的，走不动也站不稳。

大家只好聚在一块手挽着手以免被风沙刮散，迎着风沙时，连眼睛都睁不开。一行人只好从衣服或裤管撕扯下布条，护住双眼并在后脑勺打上结，透过布条上的线网顽强地往前踉跄徐行。一阵强劲狂风吹来，险些把他们吹倒，于是蹲在地下，但不能趴下，因为只要一趴下，沙子就会把人活埋。他们都亲眼看到过，刚才还是一道沙沟，眨眼间就被填平了，继而成了沙丘。沙尘暴中，张富清和战友们的手挽得紧紧的，如果稍一松手，就会被风沙卷到天空去。暴怒的风沙下，只觉得沙子往袖口里灌，往衣领里钻，往眼缝里钻，想喊，却喊不出……

水是生命之源。在沙漠中行军，一行人遇到的最大困难就是缺水。在茫茫沙海中行走，缺水断炊是一件再普通不过的事，但是缺水时刻考验着一个人的身体极限。

张富清等人领教过1950年入疆时渴得实在受不了的痛苦滋味。这次尽管他们出发前为解决饮水的问题做了充分的准备，但行走几日后，他们带的水也只是杯水车薪。很快，缺水问题再度成了他们行军中的最大“拦路虎”。每个人水壶中的水要等到渴得实在受不了时才舍得喝一小口。中途遇上连续几天都补给不上一壶水的时候，一行人只能储存尿液用来湿润干裂的嘴唇，甚至解渴。艰难抵达下一个宿营地后，大家便第一时间分头四处寻找水源，每个人都不想吃饭，只想喝上水。在一望无际的沙海和戈壁行程中，张富清和战友们的鼻子、嘴巴全都干裂得流出鲜血，时常有人晕倒在地，被战友们叫醒后，又坚持站起来，相互搀扶着艰难前行。

一路上，张富清的一双脚已走到严重变形，针刺般的疼痛时常让他跪倒在地，身体蜷成一团。每至此刻，战友们要扶着他走，他都不让。稍微缓解后，他便顽强地站立起来，一瘸一拐地艰难前行。

在行军最困难的时期，“到北京去、到朝鲜去”的号召时刻激荡着这批军人的血性。尽管每个人的身体都到达了疲惫的极限，但他们依然凭着坚定的信仰和顽强的意志在支撑前行。

经过最艰苦的沙漠路后，张富清一行在有卡车的地方就搭车在土路上一路颠簸，在没车的地方就继续向前暴走。艰难行军近一个多月后，他们终于从祖国最西边的喀什如期抵达北京。

这是张富清第一次来到首都北京，来的过程艰辛无比。毕竟是血肉之躯，他的身体此时已极度疲惫，一双脚已肿胀得无法行走。同行的战友也是一样，身体疲惫得都达到了极限。张富清随部队一路征战的这几年，行军几乎全凭两只脚板。从渭北的一个塬到另一个塬，从秦岭的一个沟到天山的一个川，从南疆的戈壁沙漠到首都北京，行程几千公里，其间跨过了千山万水，历经了千难万险，最终练就了他最能吃苦、最能忍耐、最能战斗的军人作风。

到达北京的第二天，中央军委的相关首长接见了张富清等人。见他们一个个筋疲力尽的样子，首长很心痛，便安排他们集中休息一周，待身体疲劳缓解后再入朝参战。

谁料朝鲜的局势云开见日。几天后，传来消息：朝鲜战争形势得到缓和。得知此情况后，中央军委便决定这批被抽调来的一线指战员暂缓入朝，留在北京休整待命。

随后，张富清一行人便在北京休整了一个多月。这段时间，是张富清最轻松惬意的时光。除了生活上得到很大改善外，组织还安排他们到天安门广场、长城、故宫、颐和园等名胜古迹游玩，感受了历史名城的魅力和新中国成立后的发展变化。

对于这批军人来说，突然清闲下来，都感到很不习惯，觉得一个多月的时间很漫长。在众人焦急的等待中，最终得到朝鲜战争的形势已彻底缓和的消息。

这批从部队中抽调的精英已不需入朝参战。于是中央军委作出决定，将这批人员安排到中国人民解放军防空部队文化速成中学去补习文化。自此，张富清迎来了他人生中第一个正规地接受文化教育的机会。

速成中学　补习文化

新中国成立初期，人民解放军指战员的文化水平普遍偏低。据统计，在战士中初小以下文化程度的占 80%；在干部中，高小以下文化程度的占 68%，其中仅文盲和半文盲就占了 30%。新中国成立后，军队开始有计划地普及中小学教育，在全军掀起了学习文化热潮。

1950 年 8 月 1 日，中央军委发出关于在军队中实施文化教育的指示，提出全军除执行作战任务和生产任务外，必须在一个相当长的时期内着重学习文化，以提高文化为首要任务，组织广大指挥员和战斗员，尤其是文化水平低的干部，参加文化学习，使军队成为一所巨大的学校。

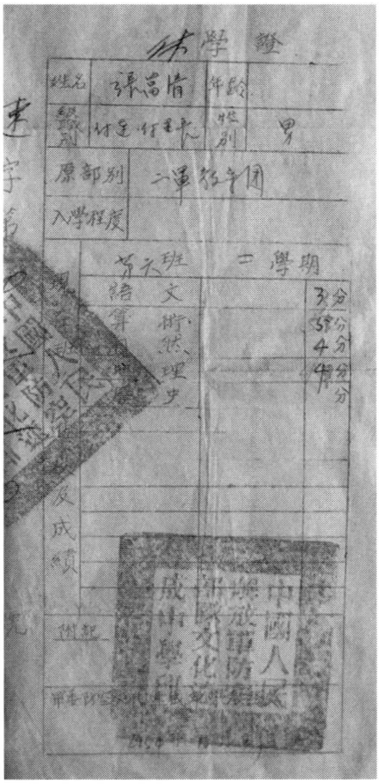

张富清在部队速成中学第二学期成绩单

1950 年 10 月，总政治部提出了 1951 年部队教育实施方案，并制定了速成的、联系实际的但又正规的教育方针。

1952 年 5 月，中央军委又颁发了《部队文化教育大纲》，“决定从 6 月 1 日开始的训练年度，要以文化教育为中心，文化教育时间要占全部训练时间的 50% 以上”。这是人民解放军历史上第一次全军性的系统的文化教育学习。

1953 年 4 月，张富清被安排到中国人民解放军防空部队文化速成中学[①]学习文化。

出身佃农的张富清，从没有踏入过学堂。他虽在战争中受过较多的思想政治教育，但从未受到过正规的文化教育，能说不能写必将成为他在以后工作中的一大瓶颈。在部队中，张富清深知学习文化的重要性，但因行军打仗和屯垦戍边一直没有机会学习。这次中央军委安排他们这批人员进入速成中学补习文化，对他来说无疑是一个最好的机会。他暗下决心，一定要像打仗攻坚一样去攻下书中的每一个“碉堡”。

这批学员进入文化速成中学后，先后被安排在 3 个不同的地方学习：1953 年 4 月至 7 月在天津；1953 年 9 月至 12 月在湖北武昌；1954 年 2 月至 5 月在江西南昌；1954 年 7 月至 12 月又在湖北武昌。

张富清因入学前属文盲，他在速成中学经历了 4 个学期，上课时间累计 1 年 6 个月。1953 年 4 月到 12 月两个学期，他实际上学的是速成小学的课程，主要是以语文、算术、地理、历史、自然为主，考试为 5 分制。后两个学期

---

① 文化速成中学办学的方针是：速成，联系实际，但又很正规。这个方针体现了实事求是的思想和解决不同矛盾用不同办法的辩证观点。学员的年龄大都在三四十岁，都是有着丰富生活和战斗经历的一线指挥员，理解能力强而记忆力相对较差，感性认识强而理性认识相对较差，这就为“速成”提供了依据。因此，办学理念必须强调正规，循序渐进，但又不能照搬地方中学的模式。文化速成中学的学制为 1 年 2 个月，分 3 个学期，每期 4 个月，共 48 周，240 个训练日，1920 个学时。课程设置和普通中小学相差无几，又增加了军事和政治教育。速成中学共开设军事、政治、语文、算术、几何、三角、地理、生物、物理、化学、历史 11 门课程，其中文化课占 84%，计 1620 个学时；军事和政治教育各占 8%，各用 150 个学时；其余 3 个月作为复习、考试、总结和休假。速成小学的课程主要是以语文、算术、地理、历史、自然为主。考试分 5 分制和百分制两种。

以速成中学课程为主，考试为百分制。

进入速成中学后，张富清被编入第6班，该班有学员30人，都属于文盲。班主任名叫申建中，三十多岁，是一名大学毕业生。第一个学期时，这班学员因刚从战场或从生产一线下来，进入教室后很不习惯，特别是面对年龄比他们小很多的教员，感到很尴尬。但很快，学校的管理及教员的教学方法，让他们安下心来做一名“小学生”，从“零”开始。

尽管张富清之前下了很大的决心，一定要好好学习，但真正面对书本上的文字和数字后，便是鸭子听雷——听了也不动（懂），学习上遇到了上课听不懂、下课看不懂、作业不会做、处处是难点的困难。第一个月的考试，他门门功课不及格。他一时束手无策，心急如焚，内心几次产生退学回到新疆部队的念头。

班主任申建中了解到张富清的情况后，及时耐心地和他谈心，鼓励他要多问教员，多与学员们交流。申建中的一席话让张富清茅塞顿开、重拾信心，意识到学习不是打仗，仅下笨功夫是不行的，“孤军深入”也不对，还要多问多交流，多背多琢磨。

从那以后，他拿出“人在阵地在”的精神去攻克文化“堡垒”。在学习时间充分保证的基础上，他开始学习其他学员的好方法，比如一节课堂结束后及时做课后小结，一个单元结束后及时做单元小结；从概念开始一丝不苟地按照大纲学习；不懂多问并上课积极回答问题……就这样苦读硬拼加巧学，张富清的学习成绩上升很快。第二学期期末考试结束后，他取得了语文3分、算术5分、自然4分、地理4分的好成绩。

1954年2月初，张富清在速成中学学习已进入第三学期，此时，他的学习地点在江西南昌。1954年2月下旬的一天上午，他和学员们被学校告知，有一个慰问团[①]要来慰问他们这批学员，让他们在操场上列队等候。上午 10 点，慰问团来到操场，对张富清等学员进行了集中慰问。慰问团的领导首先讲了话，说明这次慰问的目的和意义，然后赠给每位学员一组慰问品：纪念章一枚、搪瓷缸一个、慰问手册一册。

纪念章的正面是一个图案：内圆为红五星、天安门、交叉的冲锋枪和象征胜利的月桂枝，中环为银色倒五角星，外环为金色正五角星。背面铭文：全国人民慰问人民解放军代表团赠，1954.2.17。

搪瓷缸一面印着天安门、和平鸽的图案，一面印着“赠给英勇的中国人民解放军”“保卫祖国　保卫和平”“全国人民慰问人民解放军代表团赠”几行字。

慰问手册为深绿色封面，上面印着毛泽东主席的头像，里面写着新中国成立 4 年以来经济建设的伟大成就等内容。

张富清得到这一组纪念品后，感到无比荣耀，他视这三样纪念品如生命一样宝贵，小心翼翼地保存了起来。

---

① 1954 年 2 月 5 日，中国人民政治协商会议全国委员会常务委员会和中国人民抗美援朝总会常务委员会举行联席扩大会议，会议决定组织“全国人民慰问人民解放军代表团”，分赴各地慰问解放军，并推选董必武为慰问团团长。全国人民慰问人民解放军代表团奔赴各地慰问人民解放军，深入边疆、海岛及青藏高原，向部队传达了党、政府和全国人民对解放军的关怀，宣传 4 年来经济建设的伟大成就，配合“总路线”学习，鼓励全军积极支援和参加祖国社会主义建设，以保卫祖国安全和世界和平。各部队依照总政治部关于以实际行动迎接祖国人民慰问团的指示，热情地接待了慰问团。

第四章
响应号召　奉献异乡

响应组织号召，毅然选择到湖北最边远最贫困的来凤县。在这里，虽然工作岗位几经变换，也有一同来的战友申请调走，但是他为贫困地区奉献的赤子之心从未改变。

回家探亲　收获爱情

1954 年 6 月，部队速成中学第三学期结束后，张富清向学校请了探亲假，回到了阔别 8 年的家乡。自他 1946 年 8 月离开家后，体弱多病的母亲张周氏对他日思夜想，十分挂念。1948 年 12 月下旬，家里收到西北野战军政治部寄来的报功书后，张周氏才知道儿子元生（张富清的小名）参加了解放军，并立了功。但自那以后儿子又是几年杳无音信，张周氏内心十分着急，成天心神不定。一旦有部队路过或有人从部队回来，她就跑去打听儿子的下落。但屡屡打听都没有结果，她感到绝望，以为儿子元生已经不在人世了，经常独自一人坐在门前哭泣。直到前一年收到儿子在文化速成中学的来信后，她才知道儿子还活着，并在部队的学校读书。

张富清到家乡的那一天，天下着蒙蒙细雨，他穿着新式军装，撑着一把黄色油纸伞，一路风尘仆仆，从城固县方向绕道而回。当张富清出现在自家院子里的时候，母亲张周氏简直不敢相信自己的眼睛，她仔细打量眼前这位穿着军装的“陌生人”，貌似熟悉，但又不能确定。“是元生？”张周氏急切地问了一句。

“娘，是我啊，我是元生啊，我回来了！”张富清激动地对母亲说。

“真是我的元生啊，是我的元生回来了啊。”

张周氏喜极而泣，张富清也忍不住流泪，母子二人抱头痛哭，久久舍不得分开。哥哥张茂茂和嫂子方娟凤见兄弟回家了，也高兴得不得了，连忙宰杀了一只鸡做饭。

久未相见，张富清告诉母亲及哥嫂，自己这么多年经历的事情。一家人听后时而流泪时而大笑，张周氏一直在念叨：“回来了就好！回来了就好！”

张富清回家后，发现家乡已是旧貌换新颜，发生了很大的变化，家里的情况也比他离家之初有了根本性的改善。解放后，家乡经历了清匪反霸、减租减息、土地改革。按照生产资料占有及被剥削的情况，张富清家被划为贫农阶级。县人民政府给农民发放了土地所有证，变封建土地私有制为农民个体所有制，保证了土地所有权，保护了农民的劳动所得，提倡艰苦奋斗，生产致富。张富清家按劳力和人口计算，已分得2亩田地用于自家栽种，实现了“耕者有其田”。与此同时，村里还成立了临时互助组，调剂使用农民剩余的人力、畜力，村民组织起来一起走互助合作道路，既提高了劳动效率，又加强了农民的集体观念。

就在当天，张富清回家的消息不胫而走，迅速传遍了整个村。乡亲们纷纷来到张家，想看看元生发生了怎样的变化。当乡亲们亲眼见到他后，都感到眼前的张富清与过去相比简直判若两人。过去那个身材矮小、黄皮寡瘦的模样已荡然无存，现在的元生身强体壮、精神抖擞，一身合体的军装衬托着他的英俊威武，让前来看他的人不禁啧啧称赞，感叹解放军的神奇。

“张家元生有出息了，听说还在部队当了官。”

“听说他在很远的江西部队上读书，成了文化人，毕业后要到大城市工作！”

“元生这次回家，可能是要把他娘接到大城市去享福呢。”

“元生是穿着军官服回来的，好神气！”

…………

一时间，张富清成了村民们茶余饭后的话题。儿时的伙伴、亲戚、邻居，去看他的人络绎不绝。张周氏的脸上挂满了笑容，仿佛一下年轻了十多岁。张富清回家，也受到了另一个人的特别关注，这个人就是与他同村的姑娘孙玉兰。

这一年，孙玉兰刚满 19 岁，是一名共青团员，还是村妇联副主任。就在前不久，她曾代表组织去慰问过张富清家（军属家庭），给他家挂光荣军属牌，并送去了半斤盐的慰问品。这次听说张富清回来了，满心好奇的她就跟着乡亲去看他。自小就对军人怀有崇敬之情的她，见到穿着军装的张富清，心中产生一种莫名的好感。

在刚回来的几天里，亲朋好友都想知道张富清在部队的情况，众人的问话让他应接不暇。好不容易回答完部队生活的情况，接踵而至的就是成家没、找没找媳妇等问话。当有人问到这个话题时，母亲张周氏、哥哥张茂茂、嫂子方娟凤、妹妹张润莲等人也特别关心，都想知道家里这个有出息的人的婚姻状况。

“还没有成家，也没有心上人。”张富清难为情地回答。

听张富清这么说，在场的人都一阵失望，尤其是张周氏。

“男大当婚，女大当嫁，元生都 30 岁了还没成家，这要是放在以前，30 岁未成家就注定找不着媳妇了。”张周氏内心开始着急，脸上的皱纹仿佛又增加了一道。

张富清也表示挺无奈，这么多年都待在部队，能活着回来就不错了，哪还指望完成婚姻大事。不过，毕竟时代不同了，如今新中国已经成立几年了，各行各业开始复苏，张富清也该找个媳妇成家了，好让母亲心安。

两天后，表哥周金元找到张富清说：“元生弟，我给你介绍个对象，看你中意不？”张富清难为情地说：“可以是可以，但是……”一旁的张周氏见一贯热心的侄子这么说，连忙催促他不要卖关子赶紧说。

周金元说："咱家元生弟呀现在出息了，讨媳妇当然也不能差，四组农会主席孙瑞祥的大丫头孙玉兰怎么样？懂事能干不说，长得也俊。"

"可以，可以。"除了张富清外，在场的人一致认可。张富清心里却犹豫了一下，不禁想起他第一天回家，有一个大方漂亮的女孩来看过他，当时有人给他介绍说，这个女孩叫孙玉兰，是村里的妇联副主任。

见元生心不在焉了，周金元打断他的思绪说："对了，你回家那天见过她，还有没有印象？"他一边说还一边比画着当天的情形和孙玉兰的样子。

原来表哥介绍的对象是她啊！张富清的内心第一次荡起了爱情的涟漪。"可以啊，麻烦金元哥牵线做媒！"张富清当即表了态。张周氏见儿子同意，赶紧催促侄子周金元尽快去孙家提亲。

在张周氏的眼里，孙玉兰在双庙村可是个人见人夸的好姑娘，长得好看又明事理，曾代表组织到她家慰问过，给她留下了极好的印象。"如果元生能娶玉兰做媳妇，那真是太好了，可元生都 30 岁了，两人相差十来岁，玉兰和她的父母能同意吗？"张周氏心里没底。

自从那天见过张富清，回到家里后，平时活泼开朗的孙玉兰开始变得若有所思。母亲高易华几次叫她，她都没反应，还有两次叫她去拿东西，她都拿错了。细心的高易华觉察到孙玉兰这几天的不同寻常。晚上她给丈夫孙瑞祥说了女儿的事，孙瑞祥说他也有同感。难道有了心上人了？那天从张家回来就这样，是否对他家元生有意？高易华脑海中闪过这个念头，可心想着现在人家出息了，以后会留在大城市，哪会看得上我们家玉兰。这样一想之后，她也就不再琢磨了。

第二天清晨，几只喜鹊叽叽喳喳地把孙瑞祥一家闹醒。"今天喜鹊叫得这么厉害，难道是家里有什么喜事不成？"孙瑞祥这样想道。吃罢早饭，孙瑞祥正准备上工，同组的周金元来到了他家。周金元对孙瑞祥和高易华说明了来意，两人听后都是一阵惊喜。孙瑞祥对周金元说："现在是新社会，又不能包办婚姻，我和她娘没有意见，主要看玉兰是什么意思。"

当即，母亲高易华给大女儿孙玉兰说了张家提亲的事儿。孙玉兰腼腆地向母亲袒露了喜欢张富清的心声："这个人，一点儿不炫耀。我看中他思想纯洁，为人正派，是一个先进的军人。"见女儿早已钟情于张富清，孙瑞祥和高易华便对周金元回话说："玉兰答应了。"

见这个媒做得很顺利，周金元赶快向孙瑞祥告辞并来到了姑姑家，向姑姑和张富清道喜。张周氏听侄子这么说，喜不自禁，脸上笑开了花，说："太好了，太好了，元生有福了，张家有福了！元生你今天就去孙家走走，我们早点把这门亲事定下来。"看到母亲那么心急，张富清只好腼腆地笑了笑，却也按捺不住喜悦之情。

带着母亲的"旨意"，张富清当天就去见了孙玉兰。几次来往后，本来就一见钟情的两人迅速点燃了爱情的火花。

双方家庭都看好这门亲事，想着赶紧把两人的婚事定下来。没过几天，按照当地的风俗，挑了一个好日子，张富清与孙玉兰定了亲。在众乡亲的眼里，他俩真是郎才女貌，双方家长都喜不自胜。作为当地农会主席的孙瑞祥思想也很开明，他与亲家母商量："元生在部队，不能经常回家，干脆挑个日子让两个年轻人完婚吧。"

见孙瑞祥如此耿直，张周氏更加高兴，连忙说："好，好，我全听亲家公的。"回到家里，她立即张罗起来，准备卖掉自家的一头大肥猪，按当地风俗给张富清和孙玉兰举办一场婚礼。

谁知好事多磨，还没等到两人举办婚礼，张富清就接到学校的电报通知，让他迅速赶到位于武汉的部队速成学校报到。部队的通知就是命令，军人以服从命令为天职，张富清匆匆与家人及未婚妻孙玉兰依依不舍地道别后，就赶到武汉武昌，提前开展了第四学期的文化补习。孙玉兰仍留在村里。其间，两人心心相印，进行着简单的书信往来。纵然相隔千里，两人的心却越走越近。

面临转业　毅然抉择

1954 年 12 月，张富清在武昌完成了全部学业，以优异的成绩拿到了中国人民解放军防空部队文化速成中学的毕业证。

这个时期，我国国民经济已经得到全面恢复并初步发展，社会较为安定，国家全面转入社会主义经济大建设。按照规定，包括张富清在内的这批学员要全部转业，投入国家经济建设。组织上对这批学员做了动员，号召大家去国家最艰苦、最缺干部的地方支援建设。

对张富清而言，转业后面临着几种选择。一是留在大城市，那里海阔天空，发展空间更大。他在战争中立下赫赫战功，又是中央军委培养的干部，留在大城市工作组织上是会同意的。二是回到陕西老家，毕竟是 30 岁的人了，与未婚妻孙玉兰组成温馨的小家庭，一起赡养对他望眼欲穿的老母亲。三是响应组织的号召，到最艰苦的地方、祖国最需要干部的地方去支援建设。

组织上动员后，张富清打听湖北哪里最艰苦，有人告诉他说恩施地区[①]是大山区，在湖北是最贫困、最缺干部，生活、交通条件最差的地方。这是张富清第一次听说湖北有恩施这个地方。

在确定转业去向前，张富清一时犹豫不决。对他来说，转业后最想去的地方还是陕西洋县老家，离家那么多年，母亲一直盼望着他能回去。回家成了家，也能为母亲及岳父母颐养天年出一份力。但组织上有明确的号召，自己是一名共产党员、革命军人，怎能不听党的话，不听组织的号召？

“组织上号召去的地方，就是共产党员、革命军人最应该去的地方，个人的需要必须服从组织的需要，不能讲任何条件。”经过一番激烈的思想斗争，张富清最终拿定了主意。当学校领导找他谈话，征求他的意见时，他决定响应组织的号召，到最艰苦的地方去，到最需要他的地方去。他说：“党叫我去哪里，我就去哪里！既然组织号召我们去最艰苦的地方搞建设，那我就去恩施工作！”见张富清选择去恩施，学校领导对他表示赞赏，几个要好的学员也对他表示敬佩。

---

① 恩施，湖北省唯一的少数民族聚居地，位于湖北省西南部，东连荆楚，南接潇湘，西临渝黔，北靠神农架，面积 2.4 万平方公里，辖 8 个县。

学校领导对学员们动员时还曾说："你们转业去哪儿，有家属的可以把家属带去。"

张富清给学校领导报告说："我老家有未婚妻，我想带她去恩施。"见张富清选择去恩施的态度十分坚决，学校便将他纳入转业去恩施工作的名单，并以组织的名义写了一封信至陕西洋县双庙村，叫孙玉兰赶往武汉。

1954 年底，已是临近阳历新年，在双庙村忙于工作的村妇联副主任孙玉兰收到了一封部队速成中学的来信。信中内容大意是：张富清同志即将从防空部队文化速成中学毕业，马上要转业到地方工作，请她速去武汉。

看完来信后，孙玉兰一时拿不定主意。对于学校来信叫她去武汉，她有两个猜测：一是学校叫她去武汉与张富清结婚安家；二是让她去学校接张富清，随他转业回洋县。

孙玉兰去问管理区的华区长，看组织上批不批准她去。华区长告诉她说应该去。孙玉兰担心自己去的时间长，组织上不同意，她对华区长承诺说只去一个月。但华区长是个明白人，打趣地说道："你这个傻丫头，你去个把月？两年能回来一次都不错了，你这次去肯定要留在武汉这个大城市了。"

"我也不清楚，恐怕回来的可能性要大些。"孙玉兰害羞地说，内心对去武汉充满了憧憬。

华区长为孙玉兰去武汉学校开具了证明，并为她办理了相关手续。

去武汉前，孙玉兰掏出攒了多年的积蓄，给每一位家人都做了一件新衣服，并特意去看望了张富清的母亲，和家人一起吃了一顿团圆饭，然后背上几个馍馍就上路了。

陕西洋县到湖北武汉约 1000 公里，路途十分遥远。这是孙玉兰第一次出远门，走出洋县。她就近在城固县搭上一辆货车，迎着寒风，翻过秦岭，中途几次换乘车辆，朝着武汉疾驰而去。一路上，本来就晕车厉害的孙玉兰，坐在车上感到天旋地转，极为难受，一直呕吐不止。经过几天的长途颠簸，终于辗转千里来到了武汉。此时，孙玉兰的一双手脚冻肿了，脸也被寒风吹得没有一点血色，犹如生了一场大病。

张富清在武汉汽车站接到了孙玉兰，见到心上人一路受苦挨冻，他心都疼了。他把孙玉兰接到学校，将她的手紧紧地捂在怀里，直至暖热。

同班的一些学员得知孙玉兰的到来，自发地买来小镜子和一些糖果来看望她。在学校休息了两天，张富清带着她在武汉逛了一阵子，虽然天气寒冷，但两人在一起却感到格外温暖。

12 月底的一天，张富清对孙玉兰说："组织上要求我们结婚，然后转业到地方去。"孙玉兰说："你是组织上的人，听组织的安排吧。"张富清接着说："根据组织的号召，转业后我要到恩施那边去工作，那边是山区，十分贫困，条件艰苦，你跟不跟我去？"孙玉兰不假思索地说："你去哪儿，我就去哪儿。"

孙玉兰的回答让张富清既惊喜又庆幸，惊喜的是玉兰毫不犹豫地答应跟他到恩施去，没有其他的想法，思想觉悟很高；庆幸的是找到了一位通情达理、支持理解自己的好伴侣。

这一天，张富清和孙玉兰在武汉离学校就近的民政部门办理了结婚登记。1955 年元旦，他俩在老师和同窗学员的祝福声中举行了一个十分简单的结婚仪式。结婚的婚房，是部队学校的一间单人宿舍，里面没有任何装饰，仅一口皮箱、一张军用床，还有一床叠得比豆腐块还要整齐的军棉被"见证"了他俩的幸福时光。结婚后，孙玉兰很快发现张富清的右腋窝下部一大片都是黑沉沉的，她便好奇地问："你右腋窝下是怎么回事？怎么那么黑？"

张富清回答说："之前在一次战斗中，被敌人的燃烧弹烧伤的，治好后就成了这样。"

孙玉兰心疼地问道："你以前打过仗？那里现在还疼吗？"

张富清回答说："1948 年打过仗，现在没有事了，早就不疼了。""你以前打仗立过功吗？"孙玉兰好奇地问道。

"立过功，都过去了，提起这些事，就会想起牺牲的战友，很难过，我不愿回忆那段岁月。"张富清轻描淡写地回答。

"对不起，富清，我提起你的伤心事了，过去的事就让它过去，以后只要你不愿说的事，我也不会问，都听你的。”孙玉兰对丈夫张富清说。

“谢谢你，玉兰，能娶到你，是我上辈子修来的福分！”张富清看着孙玉兰，心怀感激，深情地将她拥进怀里。

1955年1月23日，是农历大年三十，张富清同妻子孙玉兰及学员们在一起度过了一个难忘的除夕之夜。2月初，这批学员即将正式转业奔赴各地，转入地方工作，开启人生道路的新征程。在转业的选择中，大部分学员选择到武汉及周边城市，一部分选择回老家，少部分如张富清等则选择到贫困的山区。离开学校前，学校为学员们举行了一个隆重的欢送仪式，学校领导叮嘱学员们说：“大家到了地方，工作任务、工作环境、工作对象都会有变化，但不管怎样变化，我们作为曾经的军人，革命的理想信念、为民服务的思想、克服困难的意志、吃苦耐劳的本色绝不能变。到了地方，大家要努力工作，期待你们在新的工作岗位上大显身手，为国家作贡献，为人民立新功。”

在这批学员中，同张富清一样选择到恩施工作的共有7人。送行仪式上，学校领导对这7个人给予了表扬和鼓励。仪式结束后，学校领导还特意留下他们，嘱咐他们到了恩施，如工作不适应或有特殊困难，可以向组织写申请调走。7名学员对学校及组织上的关心都表示由衷的感谢。

离校临走前，张富清用一块小红布，包好用生命换来的军功章，放入在江西部队速成中学时买的一口皮箱内，自此封存了自己戎马倥偬的岁月。然后，他带着妻子，背着简易行装，和其他6名学员及其家属在战友们的一片依依不舍的祝福声中，坐上汽车，离开学校大院，来到汉口船运码头，登上了汉口开往重庆的轮船。随着“嘟——嘟——”几声长鸣，轮船起航沿着长江溯流而上。张富清和孙玉兰都是第一次坐轮船，两人放好行李，来到了甲板上，兴致勃勃地欣赏着长江两岸的美景，早春二月的风，裹挟着股股寒气打在两人的脸上……

两天后，轮船到达恩施巴东县码头。船刚靠岸，突然，码头边传来一阵阵“嗨嗬，嗨嗬”的声音，孙玉兰听到后吓得直往后退，以为外面发生了什么事。张富清向船上一工作人员问清缘由后，释然一笑，轻声地给妻子解释道："这是码头工人搬运重物时喊出的劳动号子，号子一喊，干活有力，劲就往一处使，搬运重物就容易些。"听丈夫这样说，孙玉兰才安下心来下船上岸。

张富清等人爬上长江堤，找人打听后才知道，巴东仍然没有到恩施的汽车。他们问清道路，便徒步向恩施进发。沿途的地貌让一直生活在平坦地方的孙玉兰十分好奇，她第一次看到这么多、这么大、这么高的山。"我们那都是平坝坝，这里到处都是山！"一路上，孙玉兰多次对张富清感叹道。

一行人朝着建始方向，翻越崇山峻岭的巫山山脉腹地，沿着崎岖的山路行走了两天，终于到达了恩施城。

到恩施报到后，张富清听说来凤县①是恩施地区最偏远、最困难、最缺干部的地方时，他再次向组织提出："我去来凤县工作。"在他们7人当中还有一个叫王近宝的学员，曾是部队上的一名排长，也选择到来凤县工作。组织上尊重了他俩的选择，给他俩开具了去来凤县工作的介绍信。

张富清和王近宝在恩施没有过多地停留，便继续从恩施向来凤徒步进发。他们沿着恩施到咸丰、再从咸丰到来凤的道路，又经过两天的艰难跋涉，终于来到"一脚踏三省"的来凤县。到达城北的观城坡时，张富清等人俯瞰到整个来凤县城。视野之内，可见县城所处位置地势平坦，四面都被翠绿的群山环抱，一条大河从县城南边流过。进入城内，他们看到的景象却是市井残破，街道狭窄，两旁的房子大多为木瓦房，一栋连着一栋，自然形成了一个商贸集散中心。

张富清带着妻子孙玉兰来到了一个和他老家相隔千里又十分陌生的地方，他不清楚在这里工作将面临什么困难，但他清楚自己的职责与使命。作为一名共产党员，既然选择来这里工作，纵有千难万险，他也不想当"逃兵"。自

① 来凤县是恩施所辖的一个县，位于湖北省的最西部，处于湘、鄂、渝三省市交界处，素有"一脚踏三省"之称，以凤凰降临栖息的美丽传说得名。西南邻重庆（原四川省）酉阳县，东南邻湖南省龙山县。全县面积1342平方公里。全县共有26个少数民族，其中以土家族为主的少数民族人口占全县总人口的62%。

到达来凤的这一天起，张富清就把自己在解放战争中立下的赫赫战功以及受中央军委重点培养教育的这段特殊经历全部封存，压至箱底、心底。然后，他拿着转业证、介绍信，以一个普通军转干部的身份出现在湖北省最西端的来凤县。

粮店主任　不知“变通”

1955 年 2 月 11 日，张富清和王近宝到达来凤县。2 月 12 日，他俩到来凤县委组织部报了到，组织上把张富清安排到县粮食局工作，把王近宝安排到公安局看守所工作。

张富清刚到县城的第一天，就听人对他大致介绍说：“来凤县城总共不过三街九巷，人口稀少，大约只有 5000 余人。最繁华的两条街道分别叫盐街和常德街，每遇赶集日，周边县市的生意人及各乡镇的群众会云集在这里，甚是热闹。来凤农村‘天无三日晴、地无三里平、人无三分银’。全县没有工业，生产落后，经济凋敝，民生困难，一穷二白，建设和发展任务极其繁重。”

之前在部队走南闯北时，张富清也看到过很多地方。他认为来凤县与甘肃、新疆一些地方相比还算较好的，但总的印象还是属于很贫困的地方。

“自己就是奔着最贫困的地方来的，不贫困组织上需要我来干什么？”张富清认为自己选对了地方，他没有埋怨这里的条件差，而是很乐意地来到县粮食局报了到。县粮食局办公室主任赵景忠在县城盐街给他安排了一间宿舍。张富清同妻子来到盐街，宿舍离集市不远，又恰逢赶集日，集市上人头攒动，甚是喧闹。如同在部队每到一地宿营一样，在这里，张富清带着妻子把几件行李——一口皮箱、一床铺盖，还有几件小物件搬进宿舍，简单地收拾了一下，就算“安营扎寨”了。

宿舍里没有床，热心的赵景忠便到粮食局协调了一些木板和两条长条木凳，让张富清搭了一个简易床。因宿舍太狭小，床搭好后，房间里面已没有多余的位置。孙玉兰见这个“床”不像床，“家”不像家，一切都简陋至极的新家，连连摇头，表示不理解丈夫为什么要到这个地方来。看到妻子对现状不太满意，张富清难为情地安慰她说："玉兰，让你失望了，跟着我到这里来受苦，不过这条件比部队要好，一切都会好起来的。"见丈夫这样说，孙玉兰也没有多说什么，只好既来之，则安之。

张富清报到后的第二天，县粮食局便任命他为城关粮店主任[①]。

第三天早上，张富清要去城关粮店上任，县粮食局便安排赵景忠送他去。赵景忠说话像放"机关炮"，响亮且絮叨，一路上，他给张富清介绍了一些来凤县粮食局的情况。他说的是来凤本地方言，让张富清听得云里雾里，多数都没有听懂，只能根据他的手势大致猜测其中的一些意思。语言上的沟通障碍，让张富清认识到，这是他到来凤县后所遇到的第一个难题。语言不通，怎么能搞好工作呢？他暗下决定，一定要尽快地学会当地的语言，融入当地的生活习俗。

城关粮店距离县粮食局仅有一里路，在赵景忠嘴上一路不停的"机关炮"中，他和张富清不知不觉地来到了城关粮店。刚到大门口，他俩就遇到城关粮店副主任兼会计魏锁，一个个子瘦高的中年男人。

赵景忠向魏锁介绍说："这是张富清，是新来的主任。"魏锁很热情地同张富清握了手，表示欢迎。随即赵景忠吩咐魏锁安排好张富清，就回局里了。张富淸正式在转业后的第一个工作岗位走马上任。

接下来的几天，张富清通过魏锁和其他人了解到，他这个工作职位压力很大，工作很不好干。这几年，由于农业生产严重滞后，加之 1953 年底国家开始实施粮食统购统销政策，来凤县各粮店的粮食供应不足，加之稻谷加工设备也十分落后，远远不能满足人们的生活需要。城关粮店理所当然地成为粮食供求矛盾的集中之地，粮店主任这个岗位更是处于"风口浪尖"。之前的主任承受不了这个压力，辞去这个职务，好说歹说就是不干了。组织上正好

① 城关粮店主要保障干部职工及非农业人口的粮食。在粮食短缺的年代，城关粮店主任一职是个很重要的职位。这个职位掌管着城镇干部职工及非农业人口的吃饭问题，因此工作岗位职务虽然不大，但"权力"很大。

将张富清安排到这里，接上了粮店主任这个职位。

了解到这些情况后，张富清感到工作中的困难特别多，自己肩上的担子一点儿也不轻。“我到来凤县就是奔着这里贫困来的，工作上没有困难，组织上叫我来干什么？”张富清提醒着自己。很快，他沉下心来，进一步了解了城关粮店方方面面的情况，明确了自己的工作内容及工作重点。然后，他把全部精力投入新的工作之中，开启了人生道路的新征程。

1955 年，是新中国成立后第一个五年计划的开启之年。各级各地发展工业、开展合作化运动刚刚兴起，来凤县也不例外，各行各业都在为经济建设承担着工作职责。城关粮店承担着来凤县城干部职工及非农业人口粮食的供应保障重担。

张富清到这来之前，城关粮店用于加工精米的只有一台柴油碾米机和几个用马拉的石碾和水碾。碾米设施的落后和不足难以保障精米的供应，没有办法，只能将精米和未完全脱皮的粗米按比例供应。很多城镇居民拿着粮票却买不到精米，买粗米又不愿意。有时，人们按城关粮店规定的比例买到的，几乎有一半是粗米，就更不满意了。这种供求关系让前来买米的人对城关粮店存在很大的意见，经常有人与粮店门市部的工作人员发生冲突。

张富清刚来不久，正是精米供应矛盾十分突出的时期。一些购粮干部职工和居民气冲冲地找到他，要他解决问题。面对购粮居民的唠叨甚至无理取闹，张富清只好不厌其烦地给他们讲店里的实际困难和执行的政策，希望他们谅解。见刚来的主任也解决不了问题，有人就对张富清说了一些不满和刺激的话：“你不给我卖精米，那就是你的问题。你管着国家的粮食，你说给卖就卖，不给卖就不卖！你叫我们老百姓怎么过日子……”

“不是我不给大家卖的问题，而是我们条件有限，你们全要精米我也做不了主，大家都要讲实际情况。目前我们店能做到的就执行，做不到的没办法执行……”张富清一再苦口婆心地解释。一些懂道理的人见他都没辙，只好按粮店供应的政策购了粮食就离开了。但还有一些蛮不讲理的人仍纠缠着他，仿佛就是张富清故意不卖给他们精米似的。刚到地方就遇到这种情况，让一贯替他人着想的张富清内心很难受，但他对这种现状一时也无法改变。

一天上午，魏锁把一个前来买米的人带到了张富清的办公室。他说这位同志一定要找主任解决问题。来人主动表明了自己的身份，他是县公安局的一名协理员，说是领导安排他来城关粮店购粮食，希望给他们全部供应精米。此前，他还和粮店门市部的工作人员大吵了一架，于是便嚷着要见主任，要主任解决问题。见到张富清，这位协理员仍是一副高高在上的态度。

“现在没有多余的精米，肯定要搭一部分粗米。城关粮店都是按比例供应，对大家一视同仁，不能说你们特殊就照顾，全要拿精米是不可能的。”张富清对他说。

“我只要精米，这是领导特意吩咐的，完不成任务我也交不了差！”协理员的口气很强硬。

“不仅你们需要精米，来这购粮的居民都需要精米，但每天精米就加工这么多，我们只能按规定供应，给你们供应了，其他人就没有了。你先回去，等有了多的精米再通知你。”张富清仍耐心地给他解释。

张富清的答复令这位协理员既无语又不满，一脸的不高兴，他生气地说：“我今天必须要精米，不然和你没完！就算你们用锤子锤，也得把壳锤出来，供给我们精米！”

张富清被这位协理员的蛮横无理激怒了，他毫不示弱地对他说：“你们要吃饭，别人就不吃了吗？我这是按规矩办事，你今天要是在这里捣乱的话，连粗米也没得供应！”

协理员见说硬气话也没有用，便冷冰冰地对张富清抛下一句“我要去县里告你”就走了。

张富清见这个人愤愤地离开，还说要去县里告他，并没有在意，毕竟粮店没有照单满足部分单位或人员供应的要求，少数购粮的人说一些过激的话也在情理之中。在部队时，张富清养成的办事作风是人人平等、不搞特殊、按规矩办事、按上级政策办事，到了地方他仍是这种办事风格。

当天和张富清拌嘴的协理员果真到县里告了张富清一状。晚上，赵景忠听说此事，他找到张富清好意提醒他：“工作上原则是要讲，但有时也要看对象，适当‘灵活’一下，以免给自己工作带来被动。”对于赵主任的提醒，张富清只是笑了笑，没有说话。第二天，县里一位分管粮食部门的副县长亲自来到城关粮店，找到张富清，“提醒”他说：“该照顾的单位，还是要照顾一下。”

“你看看这加工条件，我照顾了他们，别人怎么办？”张富清毫不松口。

副县长见自己说话被张富清顶了回去，有点生气地说：“你怎么这么犟呢，就不能开点窍，用个变通的办法，给特殊部门照顾照顾？”

“供应上我一视同仁，要精米的人那么多，不能特殊，搞特殊的事情我不会做。”张富清仍固执地说。

这位领导见自己亲自来做工作都不好使，内心很不高兴，他很纳闷，怎么来了这么一位一根筋的粮店主任，谁的账都不买！临了，他对张富清也无可奈何，抛下一句“哎呀，你这个人，好机械！怎么说都不听”就愤愤地离开了城关粮店。

事后，张富清想：“我刚到地方，把部队上的作风带到地方，难免会得罪人，以后工作还是要讲究方式方法，要尽量减少矛盾，不然今后自己的工作不好搞。现在的问题是精米加工的产量不高，当务之急是要想方设法地提高碾米量，这才是解决问题的关键。”接下来的几天，他蹲点在精米加工处了解实情，查看情况。通过深入思考，改变精米加工现状的工作思路在他心中有了点眉目。

张富清召集城关粮店的同志开会，要求大家都出谋划策，想办法解决眼下的困难。会上，魏锁等人说出了一些好点子，有些和自己的想法一致，张富清决定采纳并形成集体意见予以实施。张富清的方法是除了粮店所有的加工设备全力加工外，还要请当地一些群众帮忙加工，家里有石臼的就用石臼舂米，有碾子的就用碾子碾米，力争多方面提高精米加工的产量。另外，筹集资金再去买几台碾米机，把加工厂建起来，就能完全解决精米供应不足的问题。

说干就干，张富清首先发动当地一些群众帮忙加工，然后向县粮食局申请购买碾米机的资金，经几次辗转，先后买来两台新碾米机。不到一个月，城关粮店红红火火地办起了粮食加工厂，张富清带着粮店职工夜以继日地加工粮食，精米的数量一下子提高了好几倍，供求矛盾很快得到了解决。从那以后，城关粮店的门市部再也不见人吵架了，前来买米的人也是高兴而来满意而归。

那位曾跟张富清争吵过的协理员，后来到门市部买米时遇见张富清，自觉理亏，主动地向张富清道了歉，还一个劲地跟旁边人夸赞说："这个从部队下来的干部就是不一样，是个好干部，做事利索，这么快就帮大家解决了难题。"

1955 年 5 月，张富清在城关粮店工作了 3 个月后，来凤县党总支委员会委托粮食局党支部对张富清的工作进行考察。得到的考察结论是：该同志"能够带头干""群众反映极好"。1955 年 6 月，张富清被提拔为副区级干部，组织上任命他为县粮食局副局长。

此时，张富清仍旧住在盐街那间狭小的房子里，妻子孙玉兰已有了身孕，丈夫被组织提拔为副局长，她也替他高兴。"富清在这工作两年，如果能调回老家，那该多好啊。"孙玉兰时常这样想。在这里，自己毕竟是个外地人，语言不太通，认识的人不多，生活也不习惯。自 1954 年 12 月离家已是大半年了，她对远方的亲人十分想念。

1955 年 11 月，张富清迎来人生中的一件大喜事。妻子孙玉兰生下一女婴，让他第一次体验到了做父亲的甜蜜滋味。他给孩子取名为张建珍。从此，在盐街那间狭小的房子里，有了小孩的哭声、笑声。每次下班后，张富清都抱着小建珍逗她玩，孙玉兰则忙着做饭。尽管在来凤县没有亲戚，刚来不久朋友也少，但一家三口的日子过得简单、快乐而温馨。

与张富清一同到来凤的王近宝工作也很努力，休息时间，两人经常在一起交流工作和生活体会。一天晚上，王近宝来到张富清家对他说："我已打算向组织上写申请调走，今天特意来给你说一声。"

"你在这工作还不到一年，怎么就要调走呢？当初我们不就是奔着这里艰苦、缺干部来的吗？”张富清不解地问道。

“我的妹妹出嫁了，家里仅父母二人，他们身体不好，我在这里工作离家太远，照顾不了他们。”王近宝解释道。

“哦，是这样啊，那你写申请调走吧。”张富清有些失落地说。

“富清，你家的情况和我差不多，听你说过，你妈的身体也很不好，嫂子在家是老大，在这里也照顾不了父母，你就不打算调走？”王近宝关心地问道。

见王近宝这样问，在一旁一直听他俩说话的孙玉兰看着丈夫，眼神中对他充满了期待。到来凤县已经一年了，在这无亲无故的地方，丈夫去单位上班后，她在家里连个说话的人都没有。平日除了照料几个月的女儿和参加一些义务劳动外，生活单调无趣，她也希望丈夫向组织提出申请调回老家。

“我暂时还没有这个打算，家里的困难都可以克服。”张富清沉默一会儿，说道。

“那好吧，我也不劝你，往后工作和生活遇到困难，你想调走也有机会，去年我们来时学校就是这么说的。”王近宝略显遗憾地说完就离开了。

孙玉兰见张富清没有写申请调走的意思，虽然内心感到很失落，但她尊重丈夫的意见，没有向他提及内心的想法，她将自己对亲人、对家乡的思念之情埋藏在心里。

不久，组织上同意了王近宝的调走申请。1956 年 2 月的一天，他离开来凤县时，张富清和孙玉兰为他送了行。离别之际，王近宝还是希望张富清能早日调回老家，这让孙玉兰的心里瞬间就掀起了一层波浪，但当着丈夫的面，她并没有表现出任何异样。

1956 年 4 月初，张富清被调到县纺织公司任经理，并任县百纺公司和县纺织品公司联合党支部书记。其间，他做的主要工作是根据县政府的要求，将来凤县两家大的私营染坊——“合记染坊”“大生织布厂”并入国营染织厂。后来，县里将厂址设在城关镇老虎洞处的国营染织厂搬迁到县城西和平路，为来凤县纺织品的发展打下了良好的基础。

选入党校　学习两年

1957年3月，张富清获得了他人生中第二次长时间的学习机会，他被来凤县选派到地委党校[①]学习两年。此时，他的大女儿张建珍不到两岁，妻子孙玉兰又怀有身孕。如果把她娘儿俩留在来凤县，这里没有亲朋好友的照顾，张富清难以安心学习。权衡再三，他决定把她娘儿俩一起带到恩施去，平时也好有个照顾。

张富清给组织报告了他的家庭情况，征得组织上的同意后，他便带着妻子、女儿来到恩施，在党校附近租了一间小房子。把妻子和女儿安顿下来后，他就到地委党校报到，开始了为期两年的学习生活。

1953年4月至1954年12月，张富清曾在中国人民解放军防空部队文化速成中学补习文化，因着重于文化补习，对党的基本理论浅尝辄止。他深知自己文化底子薄、理论水平浅，跟不上社会主义建设发展的需要。这次组织上又给了他一个学习马克思列宁主义、党的路线、政策及党的建设基础知识[②]的机会，他对此十分珍惜。在开学典礼那天，学校领导做了动员讲话，强调党校的教学方针是：学习理论、联系实际、提高认识、增强党性，并对学员们提出认真学习党的理论，增强党性修养的要求。

张富清之前在部队行军打仗、开垦生产，包括转业后到地方工作的这两年，所接受的党性方面的教育都是零星的、分散的。这次到党校接受正规的、系统的党性教育，让他甚是期待。他决心静下心来，认真学习，勤于思考，进一步提高对党的认识，增强自己的党性修养。

张富清所在的班级共有45人，班主任张华山是一名大学毕业生，理论功

---

① 1952年11月24日，恩施地委党校成立，定名为“中国共产党恩施地方委员会党校”，简称“中共恩施地委党校”。

② 1956年2月，中共中央发出了《关于加强初级党校工作的指示》，明确指出初级党校要对学员进行马克思列宁主义基础知识、党的路线、政策及党的建设的教育，以提高他们的政治思想水平 。

底十分扎实。听他说话，给人的感觉是理论水平很高，还深入浅出。张富清很羡慕张老师的言谈，他心想，政治理论如能达到张老师那种水平就好了，给单位讲党课、说道理就容易多了。

按照学校的统一安排，这批学员在党校学习的时间是两年。学习课程是：辩证唯物主义与历史唯物主义、政治经济学、中共党史、党的建设、中国近代史、国家建设和世界近代史等12门功课。教学方式是：教员采取既有系统又有重点的讲授为主，学员自学、讨论与教员辅导相结合。在教员的辅导上，一方面是进行经典著作解说，以帮助学员理解原著，消化理论；另一方面是问题解答，及时消除学员的内心疑惑，以助于下一步的学习；中途有计划地配合以展览、参观、电影等辅助教育。这样的教学辅导方式，让张富清这批学员受益匪浅。特别是张富清之前在部队经过战争洗礼，经历丰富，在学习中，他把过去在战场上的亲身经历和亲眼看到的共产党员总是冲锋在前的实践与所学的党的理论结合思考，从内心深处认识到，中国共产党是中国人民事业的领导核心，是为中国人民谋幸福，为中华民族谋复兴的，只有共产党才能救中国。自己要更加坚定地永跟党走，听党的话，党叫自己干啥就干啥，任何时候都不能动摇对党的忠诚。也正是基于这种坚定的信念，在党校这所学校里，党的教育和党性锻炼让张富清对党的认同感和忠诚度达到了高度统一。

这期间，张富清如饥似渴地学习理论，认真地聆听教员的辅导讲解，每次测试或考试，成绩都位居中上。让他收获更大的是，随着党的理论水平的提高，自己的头脑中有了“货”，说起党的理论也能像班主任张华山那样出口成章了。

1957年10月，张富清又一次迎来人生中的一大喜事——妻子孙玉兰生下一个男婴。张富清将孩子抱在怀里，心中乐开了花。恰逢国家建设的火热年代，经过一番琢磨，他给孩子取名建国，希望孩子长大后能有一番作为，为国家建设作贡献。

张建国出生后，孙玉兰就更辛苦了，平时就她一个人照看两个小孩，没有人帮她拉扯孩子。“自1954年底从老家出来后，已4年多没有回去了。爹、娘和孩子的奶奶都还好吗？如果有他们在身边帮忙照看孩子该有多好啊。”一种不能割断的亲情让她时常夜不能寐。

张富清有几次从学校回到家里，孙玉兰都莫名其妙地冲着他发脾气。对于妻子的这些举动，张富清没有计较，每次都任由妻子发泄，妻子不向他发泄向谁发泄呢？张富清内心明白，妻子跟着自己从武汉到来凤已几年了，一定是太想远方的亲人了。于是他给妻子承诺，一定找个机会带一家人回老家去看看亲人。

1959 年 1 月底，已进入农历腊月二十，在恩施地委党校最后一个学期结束前，张富清向组织请了探亲假，决定带妻子和两个小孩回老家一趟。

一家四口从恩施出发，乘坐“解放”牌汽车，一路翻山越岭，中途几次换乘，经过四天的长途颠簸，终于到达了洋县双庙村。母亲张周氏见到儿子、儿媳带着孙女、孙子回家，高兴得合不拢嘴，抱着建珍、建国亲了又亲，舍不得放下。晚上张富清、孙玉兰和母亲、哥嫂等人有说不完的话，唠不完的嗑，直到深夜仍意犹未尽。

第二天，张富清带着一家人来到岳父家。岳父孙瑞祥、岳母高易华见到外孙女和外孙，欢喜万分。他们心中虽对女婿、女儿在外地结婚、安家，又几年不回老家的做法有些不满，但女儿一家人真的回来了，一切不快都烟消云散，于是老两口喜气洋洋地张罗着做一桌团圆饭……

回到老家的第三天，张富清和二哥张茂茂一起去了一趟离家较远的洋县金水镇，在那里他专门为母亲买了一副上好的寿木料。毕竟母亲已经 60 多岁了，身体也不怎么好，提前把这些准备到位对张富清来说也能心安一些。这么多年来自己一直没有在家尽孝，他的内心对母亲有一种深深的愧疚。

没过几天就到了大年三十，除夕之夜，一大家子团聚在一起，开开心心地过了大年。这是张富清自 1945 年被抓了壮丁，13 年后第一次在家陪母亲过的一个特别难忘的年。

张富清在老家待了 20 多天。其间，母亲张周氏详细地询问了他在恩施来凤生活的情况。在母子的交谈中，母亲还是希望儿子能调到老家洋县来工作，自己可以帮忙照看两个小孩。张富清明白母亲的真实想法，他没有直接对她说不行之类的话，而是宽慰母亲说："我回去向组织汇报，争取调回来。"

在孙家，岳父孙瑞祥、岳母高易华也多次将这个话题摆上桌面，希望女婿能够早日调回老家，彼此之间好有个照应。

孙玉兰理解父母的心情，但她更了解丈夫的想法。每次父母提起这事，都是她在中间替丈夫"解围"，她安慰父母道："他在来凤工作几年，有机会我就催他向组织申请，调回老家来。"

1959 年 2 月中旬，离开老家的头一天晚上，张、孙两家一起聚餐为张富清送行。吃完饭后，孙瑞祥和高易华郑重地对张富清说："你先回去，玉兰和两个小孩留下，你回湖北向组织申请调回来吧。"见岳父、岳母给自己出了"难题"，下了"最后通牒"，张富清感到措手不及，不知如何回答是好。孙玉兰看见丈夫左右为难，便对父母说："爹、娘，你们就别为难他了，明天我们娘儿仨要跟他一起回去。"见女儿开口这样说，孙瑞祥、高易华包括张周氏都露出了失望的表情。这一夜，三位老人辗转难眠，在漫漫长夜中一直煎熬到天亮。

第二天一早，张富清一家就要返回恩施了。出发前，三位老人对建珍、建国又亲又抱，难舍之情全写在脸上，亲人们的眼睛都湿润了。母亲拉着张富清的手再三嘱咐："元生啊，我和你岳父、岳母年龄都大了，身体也不好，你可要带玉兰、建珍、建国多回来看看哪！时间一长，我们也想建珍、建国啊！"说完，母亲的眼泪像断了线的珠子似的流了出来。张富清怕母亲等人太过留恋、伤心，迅速把建珍、建国抱在身上就出发了。一路上，孙玉兰的眼泪一直没断过……

1958 年腊月底，张富清夫妇回老家与母亲张周氏的留影

第五章
一门心思　为民造福

深入基层一线，长年累月驻村扎点，一心一意为百姓造福。相继为老百姓解决吃饭、饮水、用电、生产、农田灌溉等方方面面的难题，用实际行动诠释了他对党对组织的绝对忠诚，诠释了一名共产党员的本色初心。

分管财贸　扭亏为盈

1959 年 2 月底，张富清结束了恩施地委党校两年的学习，携着妻子、儿女又回到了来凤县。新年伊始，正是他向组织写申请调走的最好机会，而他却很犹豫，一直难以作出决定。

“回去后，一定要想办法早点调回来，好有个照应。”

“你是个公家人，在外面的日子也不短了，跟国家提个请求，回来吧。”

…………

就在前几天，从老家回来时，母亲、岳父、岳母反复叮嘱要他调回家乡工作的话时常在脑中萦绕着。妻子孙玉兰也几次提醒他：“三位老人在老家期盼着一家人回去呢！”

“党组织选派我在党校学习两年，刚结业，就向组织上写申请调走，对得住党组织的培养吗？我还是一名共产党员吗？”张富清扪心自问。

经过几天的冷静思考，张富清对妻子说：“玉兰，我是党的人，当初响应组织号召，自愿来这里工作。党组织很重视我，给我提级，让我进党校学习，我不能辜负组织对我的培养，还是安心在这儿工作，调走或调回老家的事暂时就不要提了。”

“党员要都把自己家摆在前面，那群众咋信你？咋跟着你？我入党宣誓的那一天，就把自己全部交给党了，随时准备为党为人民牺牲一切。组织上要求我到哪儿，我就到哪儿，我不能向组织提要求。”张富清进一步对妻子说明自己的决定。

“好吧，听你的，你说咋样就咋样。”孙玉兰见丈夫决定留在来凤，便依从了他，没有提出反对意见。

1959 年 3 月，张富清被安排到来凤县三胡区①工作。组织上考虑到张富清在城关粮店、县粮食局、县纺织品公司工作期间，工作热情高，又踏实肯干，在较短的时间内都干出了出色的成绩，而三胡区贫穷落后，急需像他这样有能力的干部去工作，改变那里的贫困面貌。县领导找他谈话时，他毫不犹豫地说：“坚决服从组织的安排，组织上让我去哪儿我就去哪儿。”

三胡区位于来凤县西北部，属来凤县的“西伯利亚”，是全县穷得出名的地方。一些干部常把“穷三胡富卯洞”“三胡的群众一年四季只能喝稀饭，在城里只要看到衣服上有稀饭渍的肯定就是三胡人”挂在嘴上，张富清等外地来的干部都有所耳闻。有人听说他被调到三胡区，便好意提醒：“你要是去那穷得拉屎不长蛆的地方，有你受的。你是外地干部，又有两个小孩，何不向组织提个要求，不去或另换一个条件好的地方？”

---

① 1952 年，来凤县对区村行政区划做了调整，全县改划为 7 区 1 镇。三胡区是来凤县第二大区，除了管辖如今的三胡乡所有村之外，还管辖如今革勒车镇 18 个村中的大地龙村、三房沟村、桑树坪等 13 个村。1958 年，成立农村人民公社，实行政社合一，区和镇全部改为人民公社，三胡区改为三胡公社。1961 年 7 月，恢复区制，三胡公社改为三胡区。本书统一使用三胡区这个名称。

“嘿嘿，不要紧，那里苦，那里累，共产党员不去哪个去啊。”张富清憨笑着说。见张富清“不开窍”，提醒他的人也只好摇摇头，对他这种家庭情况去三胡工作表示担忧。

回到家里，张富清征求孙玉兰的意见说：“组织上现在派我去三胡区工作，你和孩子是继续住在县城，还是跟我一起去？”

“还是那句老话，你到哪儿我就去哪儿。”孙玉兰回答得很干脆。

“那好，你们娘儿仨跟着我去三胡，我工作也安心些。”张富清实话实说。

接到组织调动通知的第二天，张富清便带着简单的几件行李来到三胡区公所报到。随后，一家四口住进了集镇胡家沟区公所宿舍，一间不到10平方米的土坯瓦房，房内摆下一张床和一张吃饭的小桌子后，就已显得格外拥挤。没有做饭的地方，张富清便在室外过道上搭了一个简易土灶。

百闻不如一见，来到三胡区后，通过多天走访，张富清看到很多群众家里都揭不开锅，几乎顿顿以菜代饭，天天以青菜、萝卜缨子、野菜充饥；很多人衣不蔽体，“用线把一些烂布片连起来遮丑”……张富清终于知道了，之前听到的传闻一点儿都不假。他感到自己肩上的担子很重很重。

“组织上把我派到这里来，我一定要尽职尽责地把工作做好，改变这里的贫困面貌，给老百姓搞碗饭吃！”张富清暗下决心。

张富清来到三胡区工作不到一个月，组织上便任命他为三胡区党委委员、财贸科科长。不久，他又被任命为三胡区副区长，分管机关和财贸工作。因机关的工作较少，他将工作的重心全放在抓全区的财贸工作上。

刚接触一些单位，张富清就发现三胡区的财贸工作情况十分糟糕，如事关全区财贸工作发展好坏的主要单位——三胡区供销社[①]，每年不仅完不成营业销售任务，还年年亏损。对于亏损的状况，往届的分管领导及供销社的干部职工都习以为常，没人去思考为什么亏损，也没人去思考如何才能扭亏

① 这个时期，还没有三胡区供销社这个名称，而是叫三胡商店。因三胡区管辖面积大，三胡商店在革勒车、文坪、三堡岭、猴立堡等地都设有分店，其干部职工数量在三胡区是最多的。本书统一使用三胡区供销社这个名称。

为盈。

这个在老百姓眼里最吃香的单位，所经销的物品都是国家统购统销，既不存在竞争，也不存在让利销售，怎么会亏损呢？这让张富清大惑不解。通过走访了解，深入调研，他发现问题主要出在管理方面，从领导到职工，工作积极性不高，责任心、事业心不强，普遍存在“崽卖爷田不心疼”，亏集体无所谓、只要不亏自己就行的思想。

了解到这些情况后，张富清感到自己的工作压力陡增。

“自己现在作为分管领导，如果不能扭转这种局面，组织上要你来干什么呢？压力再大，困难再多，也要想办法把这块‘硬骨头’啃下来。”面对自己来到三胡区遇到的第一个棘手并且必须完成的工作任务，张富清别无选择，只有迎难而上。

借助自己在城关粮油所、县纺织品公司实行的“三步工作法”，张富清一头扎入了工作之中。第一步，他深入三胡区供销社及各分店了解经营情况，深入一些大队、生产队了解群众生产生活方面的需求情况，广泛征求供销社总店及各分店供货、销售方面的意见，并很快找到了三胡区供销社在管理上的短板和亏损方面的症结。第二步，他从抓管理入手，召集了供销社书记、主任开了亏损分析整改会，要求三胡区供销社及各分店针对管理上存在的问题，及时进行整改，把各项制度建立起来，照章执行，补齐各项管理上的漏洞和短板；提出了“精打细算，开源节流，扭亏为盈”的思路，要求供销社总店及各分店制定出扭亏为盈的具体措施；以分店为单位，实施成本核算到个人，谁亏损，找谁的原因，查谁的账。第三步，他在用人和调动干部职工的工作积极性方面下足了功夫。将部分肯干事、能干事的干部职工重用起来，充分发挥他们的主观能动性，在各分店中开展“比学赶超”等销售、服务竞赛，在全区供销系统营造了“人人争先进、力争全面满堂红”的工作氛围，把干部职工的工作积极性调动了起来。

刚开始推行这些措施时，不少人有抵触情绪。但张富清自身过得硬，带头执行各项规章制度，工作中身先士卒，与干部职工打成一片，起到了示范带头作用。他的工作身影时常出现在离三胡集镇很远的分店，不知道的还以为他是一名普通职工。为了把各项销售业务开展起来，他经常带着供销社负责人向启胜、丁世峰等人送货下乡，登门服务，发动各分店职工送货到食堂、工地、田间地头，方便广大干部职工和群众的生活。

俗话说："村看村、户看户，群众看干部。"在张富清的带领下，半年核算时，三胡区供销社及各分店的营业销售一举实现了扭亏为盈，各项工作有了很大的起色。1959 年，三胡区供销社被来凤县财贸战线评为先进单位，张富清也被评为先进个人①。

两封电报　忠孝难全

1960 年 5 月中旬，为提高全区财贸线上干部职工的业务技能水平，张富清征得区委的同意，组织全区财贸线上的干部职工开展了一次为期 4 天的业务技能培训会。这是三胡区财贸战线多年来开展的第一次大规模技能培训。区委对这次培训高度重视，专门从县里请了几名老师前来授课。

---

① 在上报县里的先进事迹材料中，对张富清的事迹客观地写了 6 条：

1. 政治思想可靠，执行党的政策坚决，立场坚定，对坏人坏事敢作斗争。

2. 对干部的政治思想教育工作深入摸底，经常下基层去了解工作情况与干部职工的思想状况，虚心对干部职工政治教育，及时解决思想问题，处理问题果断，对干部鼓励很大，使干部职工安心工作，力求进步很大。

3. 培养了两个先进单位（两个分门市部），先进人物三个，现在他们在群众中树立了先进示范，同时是三胡商店门市部的学习榜样。

4. 三胡商店的工作比以往大有不同，变成了一派新气象，个个职工干劲冲天，信心百倍，人人争先进，力争全面满堂红。

5. 领导方法正确，办事民主，处理问题不主观，有事和群众商量，经常召开职工代表会研究。这样，职工都愿意主动地向他反映思想情况与业务变化状况，同时都愿意靠近他，只要经过他教育的职工，政治思想大有提高，工作积极性高涨，改变了落后门市部与落后人员，现在工作大有转变，干劲十足，力争赶上先进。

6. 在工作中组织性强，坚持原则，正确执行了国家政策。

5月16日，是培训会的第一天，张富清在会上做了动员讲话，他要求参训的干部职工珍惜难得的机会，认真学习，努力提高业务技能水平。他的讲话刚结束，会场外就来了一名邮递员，说要找张副区长。张富清走出会场，邮递员对他说："张副区长，你有一封电报[①]，我给你送来了。"

"我的电报？"张富清不由得心里一紧。

他从邮递员手中接过电报，迫不及待地看了内容："母病危速回。"内容只有5个字，是老家二哥张茂茂发来的。

看完电报，张富清心里仿佛被什么东西猛地刺了一下，十分难受。"一年前回老家时母亲都好好的，不承想说病就病了，还病得这么重。"他感到这个消息来得太突然，一时还无法接受。

"我该怎么办？一边是母亲病危，一边是离不开的培训会。是请假回去，还是继续主持培训会？"张富清陷入了两难境地。于是，他把正在培训的妻子孙玉兰叫出来商量。

得知婆婆病危的消息，孙玉兰也十分着急，她觉得不容商量，应该马上赶回老家去。

张富清对她说："那么远的路程，我如果回去，不是一时半会儿能赶回来的，培训会怎么办呢？我的工作无人替代，区里这一段时间，人员少任务重，一个钉子一个眼，一个萝卜一个坑。"

"如果回去，至少也要10天才能回来，这边又离不开你。"听丈夫这样说，孙玉兰也感到犯难。

到底该怎么办呢？夫妻俩一时都难以作出决定。

"这边脱不开身，我还是不回去了，汇些钱回去，叫二哥给母亲治病，家里有钱没？"张富清作出决定后问妻子。

"家里没钱，两个孩子小，要请人照看，开支又那么大。"孙玉兰说出让

---

① 20世纪六七十年代，电话尚未普及开来，电报仍是百姓与外界联系最为快捷的通信工具。但不是大事一般不会发电报，谁要接到电报，就像发生了天大的事情。

张富清失望的回答。

“要不我去找区里借些钱，寄回去吧。”张富清征求妻子的意见。

“那也只好如此了，你快去吧。”孙玉兰催促着丈夫。

张富清急匆匆地向区公所走去，在区公所的大门口，他正好遇见下乡回来的区委书记田维恒。

“田书记，我刚才接到家里人的电报，说我母亲病危，这边培训会正当紧，我不打算回去了。我想到财务室借200元钱汇过去，给我母亲治病。”张富清着急地对田维恒说。

田维恒听张富清说完其家中的突发情况，关切地对他说：“你母亲病危，理应让你回家一趟，但区里这段时间人员少忙不过来，你那块工作又确实没人可以代替，我同意你的决定，我和你一起去财务室吧。”

“谢谢田书记。”张富清感激地对田维恒说。俩人一起来到区委财务室，张富清打了一张借条，借了200元钱。

三胡区没有发电报和汇钱的地方，只能去县城的邮电局。张富清快步走了两个多小时来到县邮政局，向老家汇了200元钱，并给二哥发去电报：“工作忙离不开，钱给母治病。”

回到三胡区，张富清将对母亲的牵挂藏在心里，再没有向其他同事提及，继续组织培训会。

每天回到家里，他和妻子都心神不定，担心着母亲的病情，祈祷着她能挺过这一关。

“你去了那么远的地方，娘身子骨差，怕是看你一眼，就少一眼啊。”想起一年前从老家回来凤时，母亲对他掏心窝子说的话，张富清感到十分内疚。自己十多年来一直在外，没有对母亲尽到孝心，深深的自责让张富清食不知味，时常失眠。

培训会结束不久，由于三胡区已连续一个多月没有下雨，多地出现了较严重的旱灾。为抗击旱灾，减少损失，三胡区委决定所有班子成员蹲点旱情严重的一些大队，带领群众抗旱救灾。张富清主动选择了旱情最为严重的大塘大队。

进驻大塘大队的第二天上午，张富清正在和大队书记唐飞礼、民兵连长龙学松等人商量抗旱救灾的事情时，一名社员将前不久给他送电报的那位邮递员带到了他的面前。见到这位邮递员，张富清突然有一种不祥的预感。果不其然，这位邮递员又给他送来了一封电报。

张富清赶紧接过电报，见仍是二哥张茂茂发给他的。他心跳加快，赶紧打开电报，只见上面写着："母已去世，速回办丧事。"

看完电报内容，张富清顿时感到天旋地转，悲伤之情瞬间涌上心头。但当着龙学松等人的面，他强忍住了泪水。

因为母亲去世，张富清给大队几名干部简单地交代了一下就回到了区里。他给区委主要领导报告了自己母亲去世的情况，区委书记田维恒、区长王仕才听后都劝他回老家一趟。

"回去路程太远，往返要近 10 天时间，现在又处于抗旱救灾的关键时期，怎么能离开呢？何况上次汇给老家的钱，全是借的，现在家里也没钱，连回老家的路费都没有，怎么回去？"张富清再次面临两难选择。作为儿子，在母亲生前一直没有尽孝，现在她却永远地走了！此时此刻，张富清多想回去见母亲最后一面啊，哪怕她再也不能说话！

"我如果回去这么多天，抗旱救灾工作怎么办？一个大队十来个生产小队近千名群众的饮水是天大的事，这个时候，我回去了，能安心吗？如果回去，也需要 4 天时间，赶到家时，母亲也应该下葬了，又有什么意义？"张富清思来想去，艰难地作出决定："不回去了！"

他将自己的想法告诉田维恒和王仕才，他俩尊重张富清的决定，并安慰他节哀顺变。

离开区委办公室后，张富清找了一个没人的地方，放声大哭了一场，并向着老家的方向磕了三个响头，敬上三炷香，烧上一叠纸钱，内心一直念叨着："娘啊，儿子不孝，对不起你啊，原谅你这个不孝子元生吧……"

自古忠孝难两全。一阵伤心欲绝的痛哭后，张富清再次来到县邮电局，犹豫再三，给二哥张茂茂发去电报："工作忙，不能回，望原谅！"回到三胡后，张富清茶饭不思、夜不能寐，母亲的音容笑貌历历在目，他不止一次地幻想能够立刻回到老家为母亲操办丧事……

第二天一早，张富清回到了大塘大队，唐飞礼、龙学松等人见他没有回老家去，都非常吃惊，连忙问他为什么不回去。他说："路程太远，即便我赶回去，估计母亲也早已下葬，何况这里抗旱当紧，我回去时间这么长，完不成任务怎么办？"唐飞礼等人听张富清这样说，都对这位外地来的干部肃然起敬。

按照老家操办丧事的风俗习惯，在母亲出殡的前一晚上，张富清通宵没有睡觉。他面朝老家的方向跪在地上，不停地磕着头。泪水不断地顺着他的脸颊汩汩流下，悲伤、自责、无助的心情齐聚心头，让他对母亲的怀念达到极致。妻子孙玉兰见丈夫这样，多次劝说都无济于事，只好任由他跪在地上悲痛到天亮。

探洞引水　筑坝修渠

1960 年 5 月至 6 月，三胡区又连续干旱了 42 天，大有赶上 1959 年那场大旱[①]的趋势。一些地方如大塘、胡家沟、三堡岭等地人畜饮水告急，群众的生产生活再次陷入困境。

张富清蹲点的大塘大队，属喀斯特地貌，地面无河，地下有阴河，天一下雨，水都流进地下。当地有谚语："大塘地皮薄，雨在团转落，河里涨大水，田里干起壳。"平日里群众饮水都很困难，一旦遇旱更是水贵如油。1959 年的那场大旱已让大塘大队的群众吃尽了苦头。

面对这种地貌，张富清也深感无奈。他和大队唐飞礼、龙学松等人商量，

① 1959 年夏天，来凤县遭遇了百年以来的最大旱灾。6 月 30 日至 9 月 20 日的 83 天内，每天烈日炙烤着大地，水田龟裂，禾苗枯焦，三胡区很多地方农作物颗粒无收，人畜饮水特别困难。那场旱灾后，三胡区尽管下了几场雨，但都是小雨，河里也没有涨水，一直处于干旱之中。

决定发动群众上山找水，发现水源后及时报告。

随后，张富清和大队干部带头上山寻找水源。那些天，他和唐飞礼、龙学松等人带着绳子、刀子等工具，一路翻山越岭，满山遍野地寻找，几乎把大塘境内找了个遍，但都无功而返。看着社员们失望的眼神，他的内心如汤煮般焦急。

一天晚上，张富清从区公所开完抗旱救灾会后回到家里，两个小孩已熟睡。妻子孙玉兰见他神色疲惫且焦躁不安，便关心地问道："看你心事重重的，发生了什么事？"

"旱情严重，如果再找不到水，我蹲点的大塘大队的老百姓就没有办法生活了！"张富清着急地说。

"天灾哪个都没有办法，你也不要太着急，注意身体，早点休息吧。"孙玉兰安慰丈夫。

已至深夜，张富清在床上辗转难眠，翻来覆去地想着水的问题。突然他脑中闪出一个念头："大塘境内没有找到水，那邻近的石桥大队境内有没有呢？如果有，想办法引过来不就行了！"想到这儿，张富清像哥伦布发现了新大陆一样，他立即起床，拿上手电筒出门，向石桥大队方向急匆匆地赶去。孙玉兰知道拦不住他，只好心疼地说了一句："路上小心点！"

凌晨 1 时许，张富清来到距三胡区公所十来里路的石桥大队书记刘平安家。刘平安早已睡下，见张富清三更半夜来找他，他心头一震，以为发生了什么大事。听张富清说明来意后，刘平安被他一心为老百姓着想的情怀深深地感动了。

刘平安叫醒年近 80 岁的父亲刘志武，问他石桥大队境内的水源情况。刘志武说："离这 2 公里的半山湾山上，有个麻坑洞，那里可能有水。但那个洞很危险，上代人传说洞内有蟒蛇在守护阴河，我长这么大，还没听说有哪个人敢进那个洞的。"

张富清听说麻坑洞可能有水，立即来了精神，他对刘平安说："刘书记，你明天找个熟悉路况的人带路，我们一起进洞看一下。"

“好嘞，张副区长。”刘平安爽快地答应。

“你们最好不要进洞，那个洞从没有人进去过，很危险的。”刘志武担忧地说。

“不要紧，只要有水，即便是有蟒蛇，我们也会把它赶走。”张富清坚定地说。

“爸，张副区长这时到我们家，说明他找水的决心是很大的，我们明天多去几个人，进洞小心些便是了，你不用担心。”刘平安对父亲说。

“谢谢您，老人家，给我提供了这么重要的信息，这时来打扰你们父子俩休息，真不好意思。”张富清很抱歉地对刘平安父子说，说完他就道别回家了。

第二天上午，张富清准备好探洞的绳子、手电筒、火把等。他还邀请大塘大队民兵连长龙学松、三胡区驻石桥大队干部李兰清一起来到了刘平安家。

刘平安对他们说：“我们大队民兵连长邓明成从小在半山湾山一带放过牛、打过柴，他对那里的情况很熟悉。我已跟他说好，请他带路。”说完刘平安就带着张富清等人来到离他家不远的邓明成家。见到邓明成后，刘平安特意向张富清介绍说：“邓明成在海南那边当了7年兵，前年才从部队转业回来，我们推荐他当了大队的民兵连长。”

张富清见邓明成魁梧高大，有一股军人气质，他便和邓明成聊了几句，了解了他的一些情况。随后，邓明成向张富清等人简单地介绍了麻坑洞的情况，然后拿着一把镰刀就带着四个人出发了。一路上，他们沿着布满荆棘的小路前行，走了十多分钟，便来到半山湾山下。半山湾山在石桥境内是一座海拔比较高、山体比较大的山，山上全是茂密的树林，麻坑洞就在半山腰上。去麻坑洞没有路，张富清一行手拿镰刀一路披荆斩棘开辟了一条小路，最后终于爬到了离地面200多米高的麻坑洞前。

一行人站在离麻坑洞前10米处，邓明成介绍说：“听祖辈讲，麻坑洞里有大蟒蛇，我们以前在这打柴、找山货都会离这洞远远的，怕里面突然出来个什么怪物，从来没有人敢接近这个洞。”听他这么说，一同前来的刘平安、龙学松等人都感到内心发虚。张富清说：“不要怕，到时我走前面，你们都跟在我后面，我不相信有什么蟒蛇之类的东西。”

刘平安等人见张富清胆子大，不信邪，都对他很佩服，也都壮起胆来。

麻坑洞的洞口之前从来没有人走近过，洞口前全被荆棘之类的茂密灌木遮挡，如果要进洞，必须从灌木丛中砍出一条路。

“先在洞前砍出一条路吧，不然进不去。”张富清对其他四人说，随即他便先砍了起来。刘平安等人见张副区长性急，也一起动手往洞前开辟道路。“蛇！好大一条蛇！”正在砍荆棘的李兰清突然大喊了一声。张富清等人顺着他指的方向，看见一条两米多长的乌梢蛇正快速地往旁边的草丛中爬行，并很快消失。

“大家小心点，这个地方石多草杂，的确有蛇。”张富清提醒着。“每个人砍一根带叉的长木棍，往前面的草丛拍打一下，先把蛇赶走。”刘平安又对张富清等人说。

五人随即砍了木棍，一边拍打一边砍荆棘。其间，几个人又拍打出几条蛇，其中一条还是竹叶青之类的毒蛇。开辟近 10 米的道路，大家感到险象环生，时常惊出一身冷汗。刘平安不禁感叹着说：“今天莫非赶上了‘蛇开会’！”还没有进洞，就遇到这些情况，如果进了洞，将会遇到什么情况？大家心中都没有底。接近洞口时，一行人慢了下来。此时，传说中有大蟒蛇的麻坑洞洞口一览无余地显现在一行人眼前。洞口不太大，大约有 4 米多高，2 米多宽，从洞口看进去，里面黑黝黝的，似乎深不可测，格外瘆人。李兰清、龙学松都不由自主地往后退了一步。

张富清在最前面，离洞口最近，他走到洞门口，拿出手电筒往洞里面照了照，但里面很深，根本看不清楚，只能看见手电筒的光束。他对刘平安等人说：“你们点一个火把，我往里面去看看，看里面有没有水。”

“不行，张副区长，你不能去，里面情况不明，太危险！”刘平安、邓明成等人坚决反对。

“不要紧，我会小心的，你们把火把点燃后给我。”张富清不听另外四人的劝，坚持要进洞。为探明前面是否很深，他捡起脚边的几块石头朝里面扔去，石头在不远处发出了声响，他断定前面并没有大坑。

刘平安等人见张富清的决心很大，也就把火把点燃，相继来到洞口，准备同他一起进洞。张富清从刘平安手中接过火把走在最前面。他对刘平安等四人说："大家跟在我后面，注意安全。"于是，一行人便借着火把的光亮小心翼翼地试探着往前走。这个洞是个溶洞，越往里走，洞就越宽大。一行人走了 10 多米，发现洞内很潮湿，岩壁周围有很多钟乳石。

"啊，是什么东西，肉乎乎的，跳在我身上？"走在最后的龙学松突然声音颤抖地说。张富清等人一惊，急忙回过头来查看情况。

"不要怕，是石蛙[①]，不会伤人的。"刘平安看清后对龙学松说。

又是一场虚惊，一行人小心翼翼地继续向前挪动着。走了近 30 米后，前方的道路突然断了。张富清及时收住脚，他举着火把往下面看，只见是一个深不见底的大坑。

正当五人站在大坑前发愣不知怎么办时，张富清突然十分兴奋地说："你们仔细听，坑下面好像有水流的声音，下面有水！"

"是有水声，听声音水还不小呢。"邓明成补充了一句。

其他三人也听到了潺潺的流水声，大家顿时都兴奋起来。张富清用手电筒照了照大坑，但什么都看不见。"这里都能听到水流声，下面应该不太深，我下去看看，你们就别下去了。"他对刘平安等人说。

"不行，张副区长，你不能下去，下面不知有多深，太危险了。"

"下面情况不明，你是领导，万一有个闪失，我们咋向组织交代？"

刘平安、邓明成等人坚决反对。

张富清笑了笑，语气轻松地说："放心吧，我命硬，你们在上面用绳索拽着我，我把绳子拴在腰上沿着岩壁慢慢下。有你们在上面，肯定没事。"

见好说歹说都劝不住张富清，刘平安等人也只好按他的要求做，并对这个外地来的干部天不怕地不怕的胆量十分佩服。虽然弄不清楚张富清的胆量

---

① 石蛙，标准名为棘胸蛙，又名石蛤、石坑蛙等，是两栖纲无尾目蛙科的一种动物。

为什么这么大，但他们内心明白，他此时不听劝阻，且不顾危险一定要下去，是因为他满脑子都只有水——群众的救命水，也没有人能阻止他下去。

下大坑前，张富清先往坑下面扔了几块石头，判断大坑不是太深。此后，他将一根绳索绑在腰上，另一头系在一块大石上，然后由刘平安、邓明成等人死死地拉住。张富清沿着坑壁慢慢地试探下去，刘平安等人都为他捏了一把汗。往大坑下去约 6 米，张富清终于到了坑底。幸运的是，下面是一条小暗河，有一股小水桶般粗的水朝着前方流去，不知流向了何处，暗河的周边还有细沙，这一发现让张富清欣喜若狂。他给刘平安等人大声地打了招呼后，拿着手电筒沿着暗河走了近 20 米，看见前面隐隐有光，走近一看，是一个比较狭窄的洞口通往外面。他走到这个洞口边，发现暗河的水距洞口只有几米远，却朝洞口的另一边流去了。

“如果将水朝狭洞口这边引过来，穿过洞口的下方，不就将水引出去了吗？”张富清长舒了一口气，多日积压在他心中的大石头终于落地了。他弯着腰从洞口爬出，到了山的另一侧。站在洞口边，他观察了四周的环境，如果将水从洞中引出来，在山上筑个拦水坝是可行的。由于张富清担心刘平安等人为他着急，他没过多停留，便爬进狭洞原路返回。听到张富清在下面的喊叫声，刘平安等人焦急不安的心才安定下来，连忙把他拽了上去。张富清简单地将他看到的情况给刘平安等人说了，大家对今日的意外发现都感到特别惊喜。

90 岁的邓明成老人讲述当年同张富清一道探洞引水及修水渠的往事　邓永刚摄

“天旱这么久，竟还有这么

大一股水，平时水流量应该还大些。”

“是该把这股水好好地利用起来。”

…………

一行人在洞内七嘴八舌地讨论了许久，然后原路返回到洞口。待回到洞口时，不知不觉已过去了四个多小时，张富清来时买的一对新电池已消耗殆尽。此时已是下午四点钟了，一行人既累又饿。李兰清说：“我家就在离这不远的三堡岭大队，大家到我家吃饭去。”

对李兰清的提议，大家一致表示同意。一行人来到李兰清家，其家属很快便做好了饭。饭后，张富清为每人补交了三毛钱、半斤粮票的生活费①。用张富清的话来说，“这一顿是犒劳大家的”。但李兰清的家属不肯接受，张富清做了好一番工作她才勉强收下。

这次探洞，一行人虽然辛苦，并且还遇到一些危险，但收获特别大，终于为大塘大队的群众找到了救急的水源，大家都觉得很有成就感。第二天，张富清和龙学松等人发动大塘大队的干部群众，将麻坑洞的水朝狭洞口引了出来，在出口处筑了一个临时土坑坝，并就近砍了一些楠竹，把楠竹砍成两半接成竹渠，从半山腰把水引出来先救急，很快便在一定程度上缓解了大塘大队的旱情。此后，张富清安排石桥大队书记刘平安和大塘大队书记唐飞礼向三胡区委写报告，请求区委重视，好好利用这股水源。

1960 年 10 月，农闲季节到了，为解决大塘大队、石桥大队长久人畜饮水和农田灌溉困难的问题，张富清又建议区委在石桥大队麻坑洞的洞口处修建永久性的拦水坝，在半山湾山半山腰上修建引水渠，将麻坑洞的水引到大塘石桥等地。他的建议及两个大队的报告得到了区委的一致同意，区委安排他和分管农业的副区长赵德铨组织大塘大队和石桥大队的干部群众实施这两项工程。

---

① 当时一般干部的口粮标准是一个月二十多斤粮票，这一餐就吃掉了张富清近两天的口粮。在一碗饭可以救活一条命的年代，这是十分难得的一份情义。

张富清带领群众在麻坑洞狭洞口处修建的拦水坝

接受任务后，张富清带着人员在半山湾山上进行了前期勘探设计。种种情况表明，要在半山湾山修建这两项工程难度很大，施工面临诸多困难：主要是山上草木丛生、荆棘密布，没有上山的道路，材料运送不上去。此外，在修建水渠的半山腰上，有多处都是悬崖绝壁，人都难以爬上去……

前去勘察的人面对这一系列困难，大都打了退堂鼓。但张富清依旧信心满满，下定决心修渠。他想，再大的困难都可以想办法克服，老百姓没有水吃那才是最让人寝食难安的。

1960年10月下旬，经过区委和大队干部耐心细致的思想动员，大塘大队和石桥大队的400多名社员参加了拦水坝和水渠的修建。为了让两个工程得以有条不紊地实施，工程指挥部对两个大队的社员进行了分工，由大塘大队的社员修建拦水坝，由石桥大队的社员修建水渠。

1960年冬天，在整个半山湾山上，人们开山挖石，就地取材，日夜奋战。修建拦水大坝的工地上，飘扬着一面印着大塘大队字样的红旗。无数桌面宽的条石被大绳吊装下来，社员们四人一组用彬木杆传递着大石到工地上。修建水渠的工地上，飘扬着一面印着石桥大队字样的红旗。二百多名社员像蚂蚁搬家一样把修建材料及石板抬上去，运下来。一声声吆喝的号子声，一锤锤叮叮当当的敲击声，一阵阵震耳欲聋的放炮声交织在一起，形成了一幅幅热闹非凡的劳动画面。

张富清安排人员在一个地势相对平坦处，借助一块大石壁搭建了一间茅草房，作为办公、督战的简易指挥部，并将用木炭、硫黄、硝自制的炸药等重要物资放在里面保管。他既当指挥员，又当战斗员。平时为工程的实施进度统筹协调，排解困难。但在修水渠最危险的悬崖绝壁地段，他亲自上阵，和邓明成等人用绳子绑着身体，从山顶上吊下来，吊在半空中打炮眼。随着一声声天崩地裂的巨响，半山腰中阻碍水渠施工的巨石被炸开。人定胜天，五个月后，拦水坝终于在巨石的堆砌中形成，一条“悬挂”在半山腰上近6公里的水渠笔走龙蛇般地显现在众人面前。

1961年春，两项工程完工后，麻坑洞中的汩汩清水流向了大塘、石桥大队的千家万户，奔向了多个生产队的田间地头。这条“悬挂”在半山腰的水渠建成后，彻底解决了困扰大塘、石桥大队多年的人畜饮水和农田灌溉问题。

“三顾茅庐” 引进工匠

1961年春，三胡区委组织各大队及生产小队恢复农业生产。春耕时节，各地社员开始忙碌起来。但没过多久，一些大队干部就纷纷到区里反映：社员们春耕生产普遍缺乏“三小农具”[①]。三胡区派人到各大队了解情况，证实“三小农具”在三胡区各大队不仅是现在才缺，过去也一直缺乏。

三胡区委一班领导形成共识：“三小农具”的严重不足已成为制约粮食生产的瓶颈，是事关百姓吃饭的大事，这个问题必须得到解决。经过区委研究，决定由分管外贸工作的副区长张富清想办法解决这一难题，张富清接受了这项工作任务。

经过半天的实地调查，张富清了解到三胡区“三小农具”缺乏的主要原因是缺少打制小农具的铁匠。他认识到缺工匠的问题不是短时间就能够解决的，只能先从外面购买一批“三小农具”以解燃眉之急。但几番打听，全县其他区、乡及周边一些地方的“三小农具”最多也只能自给自足，并没有多余的出售。

组织交给的任务困扰了张富清好几天，他想完成却又无从下手。于是他

① 指农业生产中使用的可以随身携带的镰刀、锄头和铁锹。锄头有薅锄、挖锄，铁锹有钢钎、铧尖、钉耙、犁耙等。

来到供销社，发动所有人员都出主意，想办法。常年在外面跑业务的采购员李世万对他说：“张副区长，我们要的‘三小农具’湖南永顺县有，但也没有多少富余，每次采购，人家都对数量有限制。”

听李世万这样说，张富清看到了希望，他问李世万：“从三胡到永顺路程很远，交通不便，去一次不容易，能不能在那儿多住几天，给那边做做工作，多采购一些呢？”

“购买的农具多了，也没法运到三胡来，交通太不方便了，没有直达的长途汽车啊。”李世万回答说。

“运输问题也是一个很棘手的难题！”供销社书记向启胜感叹道。

“向书记，先不考虑运输问题，采购到较多的农具后我们再想办法。现在就派李世万到永顺县去采购。”张富清对向启胜说。

“好，李世万同志你做好到永顺县长住的准备，明天就过去采购。”向启胜当着张副区长的面，给李世万布置了采购任务。

湖南永顺县与湖北来凤县中间隔着湖南龙山县，龙山县城与来凤县城只是一水相隔。永顺县第二机械厂能够成批量地生产“三小农具”，因此武陵山区的一些县、市都到这里采购，该厂一个批次的产品往往一出厂就被一抢而空。

李世万带着任务来到永顺第二机械厂，因错过产品出厂时机而没有购买到产品，他只好在机械厂附近的旅社住下，等待下一批产品出厂。在此期间，见识多广、头脑灵活的他认识了第二机械厂的技术骨干杨圣。

杨圣，出生于一个铁匠世家，家住湖南省永顺县万坪镇，从小便学会打铁。之前他在湖南省的一个兵工厂工作了三年，从事过枪、炮生产。兵工厂厂区内实行军事化管理，内部保密要求十分严格，即便亲人前来看望也不能相见。这对年轻气盛、喜欢自由的杨圣来说，很不习惯。在那儿工作三年后，他便从兵工厂离职回到家乡永顺县。不久，他被招进永顺第二机械厂，靠着过硬的技术慢慢地成为厂里的技术骨干，并被任命为机械加工车间主任。

李世万经常同杨圣聊天，一来二去，两人慢慢地就熟络了起来，关系也越来越好。一天，李世万回到三胡区，他向张富清汇报了“三小农具”的采购情况。张富清见采购情况很不乐观，便把自己思谋已久的一个想法提了出来。他对李世万说：“你在外面搞采购，认识的人较多，能不能引进一个铁匠师傅来三胡？如果可能的话，问题不就从根本上解决了？”

李世万听张富清这样说，他马上想到了杨圣。他兴奋地一拍大腿说：“我倒认识一个人，他叫杨圣，是永顺机械二厂的，现在是车间主任，打铁的手艺是呱呱叫，不知道他愿不愿意到我们三胡来。”

张富清听说杨圣打铁技术过硬，便对李世万说：“你去做工作，想办法把杨圣‘挖’到三胡来，这个事我给区里汇报。”见张副区长把这个任务交给了自己，李世万虽然感到心里没底，但答应去试一试。

第二天，张富清向区委提出从外地引进铁匠师傅，建一个铁匠铺的想法。对于他的建议，区里的领导一致表示同意。从三胡目前的情况看，只有从外地“挖”铁匠过来，把铁匠铺办起来，才能从根本上解决三胡“三小农具”长期依靠从邻县购买、无法满足群众劳动生产和生活所需的现实问题。

得到区里的大力支持，张富清立刻派李世万去永顺县“挖”人。李世万到达永顺后，在一个餐馆请杨圣吃饭。吃饭间，他问杨圣：“你愿不愿意从这儿出来，到我们那儿去，我们那里极缺像你这样的技术人员。”

杨圣是个性格耿直的人，他回答说：“我倒是可以出去，可我怎么出去得了？我说了可不算，估计厂领导不会同意。”

随后李世万找到厂长，厂长一听，头摇得像拨浪鼓，表示坚决不同意。他说：“你们把我的技术骨干弄走了，我们厂怎么搞？总共就三个车间，两个锻造车间专门打铁，另一个机械加工车间就是他在负责，不行不行。”眼看做不通厂长的工作，李世万又去找厂里的书记，结果也被书记一口回绝。

李世万很失望地回到三胡，并把“挖”人的情况向张富清做了汇报。张富清说：“我们不能放弃，你再去，找厂长说，找书记说，一次不行，两次，两次不行，三次……”带着张富清的授意，李世万像跟屁虫一样又找到了厂长、书记说：“你看，你们第二机械厂，也不缺他一个人，技术也是现成的，工人也熟练，我把杨圣请过去，就是请他去当带头人，把来凤县的‘三小农具’搞起来，在哪儿都是干革命工作，在我们那里是解燃眉之急……”

多次“跟屁虫”式的说服，李世万让厂长、书记的耳朵都起了茧子。最后厂长、书记也被他这份真诚和执着所感动。慢慢地，他俩都松了口，同意让杨圣到三胡去。

李世万兴冲冲地找到杨圣，告诉他厂长、书记已同意他去三胡的消息。谁知杨圣此时心有顾虑又不同意了，他对李世万说：“我刚结婚，到你们那儿去，肯定要把老婆带上，可我们是两个省，迁户口不好弄，我不想去了。”

李世万对杨圣说：“如果能把你的户口迁到我们那儿去，你去不去？”杨圣说：“只要把我和我老婆的户口迁过去，我愿意去。”

李世万连忙回到三胡向张富清汇报了杨圣的想法。张富清表扬了李世万，并对他说：“杨圣的户口问题不要紧，我去请示分管县长，相信他会同意我们引进这个人才的。”

说去就去，当天，张富清就到来凤县城找到分管县长，向他汇报了此事。分管县长也知道三胡的实际情况，决定特事特办，不仅答应给杨圣解决户口，还破天荒地答应给他解决工人身份。张富清连夜回到三胡，叫李世万第二天一早再去永顺县请杨圣。

李世万怕迟则生变，第二天一早便出发赶去永顺县。见到杨圣后，李世万对他说：“我们张副区长专门到县里请示了你的事情，分管县长都已经同意了，你的户口不成问题，任何手续都不要，过去了直接上，还给你解决工人身份。”

“好，那我就去你们那儿吧。”杨圣看自己的后顾之忧没有了，还给解决了工人身份，便爽快地答应了。

1961 年初夏，在和机械厂进行一番交接后，杨圣带着妻子和另一名帮手来到了来凤县三胡区。张富清迎接了他，对他来到三胡区工作表示了由衷的感谢。

杨圣到三胡区后才知道，这里的“三小农具”确实产量不足，不仅铁匠少、炉灶少，而且一般铁匠一天只能打四个小农具，最多也才打五个，远远满足不了当地的生产生活需要。

三胡区供销社很快在靠北的街头建起了铁匠铺。在杨圣的精心操持下，打铁的炉灶架了起来。随着风箱呼哧呼哧地拉动以及叮叮当当打铁声的响起，往日寂静的三胡集镇顿时热闹起来，从此有了能自给自足的铁匠铺。他们很快生产出了大量“三小农具”……由于技术好，效率高，一天下来，他们可以打二十几个，而且质量也很好。

从此，三胡的老百姓再也不用为买不到“三小农具”而发愁了。按照张富清“前门开店、后门办厂”的设想，供销社将两间铁匠铺扩大为四间，还为杨圣招了两个徒弟。铺子大了，人力足了，他们在满足农民购买“三小农具”和生活用具所需的同时，又开始加工菜刀、锅铲、铁瓢、犁杖等工具。就这样，三胡区的“三小农具”生产能力直线上升，由最初的供应不足很快实现自给自足，后来还可以外销县城及其他乡区。张富清见三胡区“三小农具”的问题得到彻底解决，心中的大石头总算落地。

三胡供销社主任丁世峰空闲时经常去看杨圣打铁。但在杨圣眼里，丁世峰是个话痨，说话有点儿讨厌，还喜欢指指点点。时间一长，杨圣只要见他说话就感到心烦。一次，见丁世峰无端挑刺，杨圣不服气就和他顶了起来，两个人谁也不让着谁，于是便大吵了一架。杨圣一时气急，扔下铁锤就要离开三胡，回老家永顺去。

供销社书记向启胜知道情况后，急忙赶过来做工作。他一边批评了丁世峰，一边调解两人之间的嘴巴“官司”，安抚杨圣。但在气头上的杨圣根本听不进他的劝。眼看自己劝说不顶用，向启胜便急忙跑去向副区长张富清报告情况。

张富清听说后，也连忙赶来做杨圣的工作。他说：“小杨你别走，就留在这里，在三胡，党委和区公所信任你，三胡人民需要你。我们以前的采购员常年在外购进小农具，都满足不了这里的春耕生产需要。你来了，发展了几个炉子，就解决了我们的大困难，满足了三胡区的生产需要，现在甚至已能外销了。你在这里那么重要，我们好不容易把你请来，怎么能走呢……”

听了张富清的一席劝，杨圣的火气也渐渐消了，他对张富清说：“对不起，张副区长，让你操心了，我不走了，在这儿好好干。”事后，杨圣在和向启胜聊天中进一步得知了他被请到三胡的内情：“三胡区缺‘三小农具’的这个困难，困扰张富清副区长一段时间，后来李世万提及你，张副区长特别爱惜人才，是他想办法把你请来的，这个难题才得到解决。”杨圣听说自己到三胡区来，张富清做了大量协调工作，他对张富清更加敬重了。从那以后，杨圣再也没有说过要离开三胡之类的话了，从此在三胡扎下了根。

缺吃少穿　驻队解决

20 世纪 50 年代末 60 年代初，正值国家历经三年困难时期。来凤县同全国绝大多数县市一样，遭遇了严重的经济困难，国民经济比例关系遭到破坏，农业大幅度减产，市场供应紧张。这种情况对于三胡区来说，显得尤为突出，粮食绝收，饥荒严重，大多数群众食不果腹，许多人得了浮肿病。群众的生活本来就很困难，遇上这种情况无疑是雪上加霜。

三胡区委一班领导看在眼里，急在心上。为了不让老百姓继续挨饿，当务之急是要想尽一切办法发展粮食生产。为此，区委作出决定，所有领导班子成员都必须进驻粮食生产困难的一些大队，想方设法地帮助这些大队和各生产小队把粮食生产搞起来。班子会上，张富清主动选择了最困难的一个大队——文坪人民公社[①]大地垄大队。

三胡区文坪人民公社离三胡区公所有二十多公里路，这里山大人稀，地理位置十分偏僻，老百姓的日子过得特别苦。在主粮不足的情况下，很多家庭常年生活都是“低标准、瓜菜代”，没有瓜菜吃野菜，一些群众甚至吃稻草、糠、树皮做成的饼类食物……

---

① 1961 年，来凤恢复区制，将城关、三胡、旧司、大河公社改为区，区辖公社、大队、生产队。卯洞为区级公社，社辖管理区。摘自 1990 年版《来凤县志》。

张富清在三胡区文坪公社大地垄大队第 10 生产队曾住过的谢银书家

1962 年 3 月的一天下午，家住大地垄大队第 10 生产队的谢银书家里，来了一位外地口音的陌生人，还带着被子之类的行李。这个人是三胡区文书姚道生和大队支书李福田、副书记姚学权三人带过来的。

谢银书是当地的土家汉子，35 岁，父母亲过世得早，家有四口人，除妻子杨茂云外，还有两个小孩。

李福田给谢银书介绍说：“这是区里的张副区长，他到大地垄大队蹲点驻队，准备在你家住下来。”

听说这个区里的大干部要住自己家，在一旁的妻子杨茂云连忙拉开谢银书，两人低声商量了一阵儿。随后，谢银书对李福田等人说：“不行，不行，我家在这个队里最穷，要住让他住条件好一点的去，住我家绝对不行。”

见谢银书不答应，张富清便指着他家屋檐下的过道说：“如果没有住处，我就在你家屋檐下的过道开个铺睡觉，只要不被雨淋到就行。”

谢银书听他这么说还是把头摇得像拨浪鼓。姚道生看见这种情况也很为难，他对张富清说：“这栋房子是过去一个地主修的，解放后分给了四家人住，一头住着周光静和周光明两家，另一头住着谢银书和他哥哥谢华生两家。这里住的人多，地方太狭窄，没有多余的房间可住，能不能换家条件稍好的住？”

“我就住他家吧，不去别家了。”张富清对姚道生等人说。

张富清仔细打量谢银书一家人破烂的穿着，的确感到在这个生产队，谢银书家算最困难的，这让他更加坚定了住在他家的决心。

来到这个生产队之前，张富清就给李福田、姚学权等人说了自己的想法："我蹲点进驻你们大队，希望同你们一起想办法把粮食生产搞起来。区委要求班子成员与老百姓同吃同住同劳动，我想住在你们这生活最困难的一户群众家里，把那家帮起来，然后把大家都带起来。"

李福田、姚学权等人见张富清提出这个要求，也心存疑虑。"他住最困难的一家，吃得了这个苦吗？他有能力帮助我们把粮食产量提高？这个外地来的干部莫不是吹牛的吧！"

可张富清是区里的领导，不按他的要求做又怕把他得罪。于是，姚道生、李福田和姚学权便决定把张富清带到了第10生产队最困难的谢银书家，想让他知难而退。谁知张富清不听劝，还要"强行"在谢银书家住下来。三人见张富清已作出决定，也不好再说什么，都给谢银书做工作，要他同意张富清在他家住下。谢银书架不住众人的劝说，只好勉强答应让张富清在他家住下。他心想："他要住就让他住下吧，这个干部肯定受不了苦，过不了几天，就会离开。"

张富清见谢银书虽然同意了，但对自己还是爱理不理，他就把行李放在过道处[①]。见谢银书家的确没有房间可住，张富清就在他家过道处铺上干稻草，打了个地铺正式住了下来。两个孩子站在院子里看着他忙活。杨茂云走过来问道："区长同志，你吃饭怎么搞？"

张富清抬起头用当地话答道："在你家搭伙吃，按区里规定，我每天的伙食费三毛钱，一斤半粮票，一个月三两油票。我跟你家五天结一次账，你看行吗？""可我家没得粮食供你吃啊。"杨茂云为难地说。

"你们吃什么，我就跟着吃什么。"张富清说。

当天晚上，杨茂云做了用洋芋、菜叶子煮成的"饭"，张富清同他们一家四口吃了饭，又同谢银书闲聊一会儿后，就到地铺上休息了。

---

① 房子的一头住着谢银书、谢华生两家，一家住一间正屋，一家住一间厢房，正屋和厢房中间隔开的地方即为过道。

第二天清晨，谢银书睡眼惺忪地从屋里出来，眼前的情景叫他一怔。

院子里的杂草被清除得一干二净，农具、家什被摆放得整整齐齐，整个院落像换了人间。谢银书走到张富清睡的过道处，看见一床叠成豆腐块、打了无数补丁的旧军被，整齐地码放在稻草铺上。他四处看了看，不见张富清的人影。

谢银书从家中走来，看见张富清正弯着腰在不远的菜地里刨土，地里的土坷垃被掀起，立刻又被锄头砸碎，推成细土。

谢银书诧异地问："张副区长，你这是干么子？"

"起床了没有事，闲着也是闲着，把地刨出来帮你家多种点菜，地别荒着。"张富清看了他一眼回答说。

谢银书蹲在地头，掏出烟杆含在嘴里说："干部下乡走过场，三五天便打道回府，你也干不了几天就会走吧？"

张富清一边干着活儿一边说："我也是农民出身，是不是走过场，你从我住的日子长短数着看。"

听张富清这样说，谢银书的眉头一下子松开，他把烟杆别在腰上，拿起锄头跟张富清一起刨了起来……

吃完早饭，张富清按规定交了伙食费。此后，他每五天交一次，他交的伙食费，远比吃到他嘴里的要多。张富清叫杨茂云用他交的伙食费去购买玉米、红苕、洋芋，勉强够他和谢银书一家填饱肚子。

往后的日子，让谢银书没有想到的是，这位区里来的大干部，没有一点干部架子，待人十分和气，在他家从不闲着，不是帮着挑水就是帮着种菜。一日三餐，张富清都和他家四口人一起吃，不仅没有给他家添麻烦，而且是在想着法子帮他家渡过难关。这位纯朴的土家汉子对张富清心存感激，主动要将自己住的房间让出来给张富清住，但张富清说什么也不同意。谢银书实在过意不去，就腾出小孩住的小房间，一家四口挤进大房间，好说歹说地让张富清住进了小房间。

张富清进驻大地垄大队的主要任务就是抓粮食生产，解决老百姓的吃饭问题，可这对他来说是一个巨大的挑战。经过几天的走访调查后，他发现生产队群众思想不统一、吃“大锅饭”思想太严重、群众生产积极性普遍不高是影响和制约粮食生产的主要原因。找到了症结，他决定深入群众，参加第10生产队的劳动生产，用自己的实际行动，以点带面，影响、带动生产队的其他群众。

可是第一天参加劳动，他便遇到了初次与谢银书见面时的情况。一些群众根本就不理会他，少数群众甚至对他冷言冷语，他们认为张富清是区里来的干部，干不了农活儿，就是到生产队来添乱的。

在大地垄大队等一些偏远的山村，群众平时很少见到区里的干部，他们对干部的印象还停留在只会说不会做甚至帮倒忙的认识上，因此这里的群众对干部并不信任。尽管大队干部对群众多次宣传，这次干部驻队是来帮助他们发展粮食生产的，但群众始终不相信驻队干部有那能耐，可以帮助他们发展粮食生产。

参加劳动受到群众的冷遇后，张富清认识到：群众的不信任是摆在他面前最大的困难。要得到群众的信任，要群众听自己的，光说不练不行，仅靠宣传党的政策也远远不够，必须密切联系群众，与群众多交流，向群众多学习，同群众一起多劳动。

俗话说“人心齐，泰山移”。几个月前，张富清组织两个大队的群众在石桥大队麻坑洞处修拦水坝和水渠时，积累了与群众相处以及做群众工作的经验。那时，他既当指挥员，又当战斗员，在攻坚阶段率先示范，赢得了人民群众的信任和尊敬，激发了广大群众的施工积极性，圆满地完成了修建任务。这次蹲点驻队帮助大队发展粮食生产，解决群众的吃饭问题，是一项比建坝修渠更大更复杂的民心“工程”。只有把自己融入群众中去，做深做细群众工作，把群众团结起来，让他们心往一处想，劲往一处使，提高他们生产积极性，才能把粮食生产搞起来。

明确了指导思想，厘清了工作思路后，张富清带着极大的耐心融入生产队的生产生活中。起初，他怕惹群众不高兴，集体劳动时群众的东西尽量不去碰，而是自己带上农具，群众去哪儿他就跟着去哪儿。

连着几日下来，慢慢地，群众也就习惯了张富清的存在，任他自己忙活。张富清学着按照群众的习惯、方法去干农活儿。不仅如此，他还处处以身作则，在数量和强度上干得比别人更卖力。于是，土挖得多了，手上磨出了厚厚的茧子；肩挑背扛得多了，肩膀上长时间都是红的，旧皮盖着新皮，有时还磨出了血；囤积农家肥时，挑得多了，身上洒的全是粪……

张富清的陕西口音重，怕群众听不明白，他总是放缓语速，慢慢地说话，让大家都能听懂他的意思。在和群众的交流中，他也学会了当地的一些方言，按照发音，比如“吃饭”叫“逮馒馒”，“地方”叫“郎场”，“热”或“烫”叫“奈”或“巴”，称呼自己则叫“各人”，喜欢说大话的人就叫“泡巴”等，不一而足。张富清尽量用当地方言与群众交流，这样群众也愿意同他说话了。有时，张富清的夹生方言还会惹得群众忍俊不禁。

日久见人心。没过多久，群众发现张富清并不像他们想的那样“金贵”。这个干部没有什么架子，也不会颐指气使，和普通老百姓一样，挖土、育种、薅秧、插秧……样样农活儿都拿得下来，并且干活儿十分卖力。平时不管多苦、多累、多委屈，他一天到晚总是乐呵呵的，给群众做工作或交谈时也常是一脸笑容，让群众在轻松愉快的氛围中了解了党的政策和外界的一些新观念。

春风终化雨，张富清用真情和行动打动了群众，群众由开始对他的防备和排斥，转变为接受和欢迎。群众也觉得这个操着外地口音的干部有意思，有人干脆玩起了鹦鹉学舌，活跃劳动气氛。大家一致认为他很接地气，能干活能吃苦，是真心实意为大家着想的好干部。渐渐地，无论是大队干部、生产队队长，还是普通群众都发自内心地听从张富清的建议和工作安排。

借此机会，张富清利用晚上的时间，或组织大队干部、生产队长召开粮食生产研究会议，或组织群众会议，向社员们宣传党的政策，号召大家团结一致，自己动手，丰衣足食。在此期间，他一方面要求各生产队在生产环节的各个具体工序中，实行定工序、定人员、定数量、定时间，然后核计工分，实行按劳分配、减少“南郭先生”的措施；另一方面要求大队组织和发动各生产队之间开展粮食生产比赛，邻队与邻队之间互相发起挑战书。这些措施和办法极大地提高了社员们的生产积极性，提高了劳动效率。

一时间，大地垄大队、各生产小队到处都是热火朝天的劳动场面，人们对收获季节的来临充满了希望。几个月后，种下的庄稼比上年有了近一倍的丰收，各生产队除交完公粮（稻谷）外，群众也能分到了不少余粮（稻谷），添上杂粮（玉米、红薯、土豆等），每家每户都能勉强生活，告别了“瓜菜代”的日子。此时，广大群众发自内心地认识到：张富清很不简单，的确有一套，他到这儿来是一心一意为老百姓的吃饭问题着想的。当初到来之时，为了能把老百姓的思想统一起来，团结一致战胜饥饿，他承受了太多的委屈和劳累！

张富清在大地垄大队蹲点近一年时间，除工作上的艰难外，生活中也有不少小插曲，让他尝尽了其中的酸甜苦辣。

张富清刚到大地垄大队不久，便听到当地流传着一个方言“顺口溜”：“早上浑个个，中午剁一剁，晚上现场合”，意思是一天三顿都是变着花样地吃洋芋。他通过实际了解也的确如此，家家户户几乎没有大米，只有洋芋、红薯、玉米等数量不多的杂粮。群众吃洋芋本来就吃不饱还不抗饿，劳动量一大，身体就吃不消。有时在一起劳动时，只要有群众说“我太饿了，干不动了”的话，就会产生“破窗效应”，很多人都会把锄头一扔，不再劳动。实际上，张富清同大家一样，他在谢银书家里也吃不饱，可当着群众的面，他不能表现出来。有时饿得难受，他就一个人跑到水井旁，舀点水喝，然后接着干活儿。

刚开始在谢银书家住着，张富清不仅吃不饱，还睡不好。随着天气渐热，蚊子、跳蚤也就多了起来。晚上，他睡在地铺上，只要一躺下，埋伏在稻草里的跳蚤和暗夜里的蚊子便对他开始“联合攻击”。他拿手帕、衣服驱赶，不一会儿，蚊子、跳蚤又发动了更猛烈的进攻。见实在赶不走，他干脆就把手帕盖在脸上睡。第二天早上，他浑身都是红色疙瘩。没有蚊帐，多个夜晚，他一直都在和蚊虫“搏斗”，打持久战。他怕打扰谢银书及其他群众，这些情况他从不对人说。一天，他和群众在一起劳动时，有人发现张富清的手上脚上到处是红色的疙瘩，经多次询问，他才说实情。于是，有的群众就送来六六粉叫他撒在地铺上，有的送来家里的旧蚊帐，这样他才睡上了安稳觉。

张富清驻队的时间一长，人们都发现他有一个特点：见困难就上，见好处就让，吃亏从不在意。如果哪一个生产队的生产遇到困难，只要给他汇报了，他便不遗余力地去帮忙解决。

1962 年农历九月的一天晚上，第 10 生产队的社员在畜牧厂（文坪公社所在地）砍红苕藤子[①]，张富清也参加了。砍完后已是后半夜。为了犒劳大家，队里准备了宵夜，煮的是一大锅红苕饭。此时大家都饥肠辘辘，每人都想吃上一碗红苕饭填饱肚子。吃宵夜时，由于队里没有安排好，任由群众自己排队盛饭，大伙一拥而上，排在前面的人就多盛了些，很快一锅饭被盛了个精光，排在后面的人就没有了。张富清拿着一个空碗排在队伍的最后，见没有饭了，他只好点燃一把干稻草落寞地朝谢银书家走去……

一天傍晚，三胡区通知住在大地垄大队的张富清回区里开紧急会议。那天白天他干了一天农活儿，还没有来得及吃晚饭就往区里赶。走了二十多里山路，路过一座窄木桥时，又累又饿的他一头栽进了河里。同行的李福田等人赶紧把他救了上来。虽然躲过一劫，但也受了伤，张富清住进了三胡区卫生所。

得知丈夫受伤的消息后，孙玉兰赶到卫生所，心疼地对他说："这次只是受伤，命算大的，如果你有个三长两短，你叫我和孩子们怎么活啊！"张富清安慰妻子说："受点小伤不要担心，我身子硬朗着呢。"见张富清一副乐观的样子，孙玉兰只好摇了摇头，叹了一口气。

1962 年底，张富清圆满地完成在大地垄大队蹲点抓粮食生产的任务。回到区里，区委准备派他到另一个困难大队驻队蹲点，仍是同样的任务。有了这次在大地垄大队蹲点驻队的经验，他已做好从一座山头搬到另一座山头，

① 喂猪的食材，砍细后榨在一起贮备。

从一户困难群众家搬到另一户困难群众家，到处打“攻坚战”的准备……

土苗山寨　亮起电灯

1963 年 3 月 10 日，三胡区狮子桥大队狮子桥刘家坝处人声鼎沸、锣鼓喧天，呈现着一幅热火朝天的劳动场面。这天，由三胡区副区长张富清主导修建的狮子桥水利水电站[①]破土动工了。他带领着 400 多名社员拿着锄头、钢钎、撮箕等简单的劳动工具在工地上挥汗如雨……

这个水利水电站的修建还得从 1960 年说起。那年 6 月，张富清带着 4 名干部群众在石桥的麻坑洞找到水源后，当年冬天便带领社员在此处修建了拦水坝和水渠。从那以后，他多次路过石桥大队去查看水渠的运行情况。

1962 年 10 月的一天，张富清在查看水渠的返程中，路过狮子桥刘家坝时，他出神地看着流经此处的那条老虎洞河，若有所思。片刻，他头脑中突然冒出一个想法：“1959 年、1960 年大旱，刘家坝、官坟山这一带的几千亩农田几乎颗粒无收，让这里的老百姓受尽饥饿之苦。这里地势较高，河水从狭窄的山间穿过，如能在这个地方筑个坝，修上水渠和电站，不就能够解决下游刘家坝、官坟山一带几千亩农田的灌溉问题吗？还能让三胡区集镇居民和这里的老百姓用上电，岂不是很好吗？”想到这里，张富清十分兴奋。在部队多年，见多识广的他，认定自己的这个想法具备可行性，他想把这个设想变成现实。当年自己带领战士们在新疆开荒期间搞过多次水利设施建设，一年前又在半山湾带领 300 名社员修建了拦水坝和水渠，张富清自信有成功经验，组织社员开展更大规模的基础设施建设应该是不成问题的。

张富清兴冲冲地来到狮子桥大队，找到大队干部宋胜元、张文科、曾庆文等人，将自己的想法给他们说了，想征求他们的意见。旁边的一个社员好奇地问：“张副区长，电灯是个什么东西？”

---

① 狮子桥（刘家坝）水利水电站是恩施地区乡镇的第一个水利水电站，三胡区集镇也是全县首次亮起电灯的乡镇。水利水电站建成后，影响很大，受到上级水利部门的表彰，地级、省级媒体对此也纷纷做了报道。

张富清回答他说：“电灯在来凤县城有，晚上用于照明，安上电路，接上玻璃灯泡，一拉就亮了，比我们现在用的煤油灯要亮多了，也方便多了。”

众人听张富清这么解释，还是不太明白。但大家都知道张副区长是外地干部，见过大世面，既然他说电灯好，那肯定就是好。

张富清提出的这个设想，宋胜元等人都感到十分新奇。

在三胡区集镇，居民晚上照明，不用说张副区长刚才说到的电灯，就是煤油、火柴等供应都很紧张，需要凭票才买得到。每个家庭每月定量半斤煤油用于照明，一些条件差的家庭在多数时间晚上只能“打黑摸”。对于像狮子桥这样的山村，社员用煤油照明就更困难了。听张富清说还有这么好的事，大家都纷纷提出了自己的看法。

“这个想法好是好，就怕工程太大，实现不了啊！”

“三胡区从来没有搞过这么大的工程，老百姓也很穷，不知道县里支不支持？”

“要把河从中拦截筑坝，恐怕不可能吧？”

“张副区长，你是为我们好，我们都听你的，你叫我们干，我们绝不会拉稀摆带！”

…………

张富清见大队干部群众对自己提出的设想虽有顾虑，但热情很高，他更加坚定了信心。回到区里，他给区农业水利站站长向世端及一些工作人员也说了自己的想法。向世端等人对他的设想很赞同，但心中也有较大的顾虑。张富清对他们说：“要实现这个设想，困难肯定很大，我们不能因为有困难，而不敢去想去做。”说完他要求向世端与县农业水利局等相关部门予以衔接，并立即开展前期勘察工作。

经过几天的实地勘察，向世端向张富清汇报了勘察情况，认为在狮子桥刘家坝处建大坝，地理位置得天独厚。在坝的下面修水渠，不仅可以灌溉几千亩农田，而且还可以发电，是一举两得的好事。张富清听完向世端的汇报后，十分高兴，他对向世端说：“前两年的干旱让这几千亩农田颗粒无收，在此建坝能一举几得，那真是太好了。”

1962 年 11 月初，在三胡区委的一次会议上，张富清向区委提出在狮子桥刘家坝处修水利水电站的建议，得到了区委书记汤其贤、副书记田维恒、区长倪学仕等人的一致赞同。汤其贤对张富清说：“你的这个建议很好，如建成了，解决几千亩农田灌溉问题，对三胡的老百姓来说，是千百年的好事。你搞这项工作比我们熟悉，就牵头完成这项工程的前期准备工作。在实施之前，建议你先到县里老虎洞电站[①]考察一下。”

“好的，汤书记，我明天就带队去考察。”张富清果断地回答。

第二天，张富清带着向世端等人重点考察了老虎洞电站，在那里，他们得到了很多启发和收获。因是同一条河流，并且所建地理位置存在相似性，老虎洞电站的规划、设计等极具参考性。

考察完老虎洞电站后，张富清相继到县农业水利局等有关部门申报狮子桥水利水电工程的立项，并找专业人士做了规划、设计和预算。经过两个多月的筹备和协调，他将《来凤县三胡区狮子桥水利水电工程 1963 年度预算书》分别呈报三胡区委及来凤县人民政府研究，均获同意。整个工程项目预算为 16.27 万元，国家投资 14.27 万元，群众自筹 2 万元，分为四个单项目实施：在狮子桥处修建高 8 米的引水土石重力大坝一座；修建官坟山水渠 600 米，用于发电和灌溉；修建刘家坝发电厂房一座；安装配套输电线路工程。

1963 年 3 月，三胡区成立狮子桥水利水电工程指挥部，张富清任指挥长，区农业水利站向世端、闵柱生及狮子桥大队干部宋胜元、张文科等人任组长及施工队长，并请来县农业水利局工程师汪国胜做技术指导。指挥部一声令下，从三胡区各人民公社中抽调了 400 多名青壮年和 20 多名石匠参加到工程建设之中。一场史无前例的“战役”即将全面打响，当地土苗儿女对电灯及

① 该电站建在发源于三胡石桥的老虎洞河下游，位于县城西 1 公里处的虎耳山下，系利用老虎洞灌渠水发电，为来凤县及恩施州的第一个电站。工程自 1956 年 1 月动工，1958 年 3 月发电。电站落成时，轰动了鄂、湘、川边区各县，引来大批参观者，《湖北日报》《恩施报》均做了专题报道。摘自 1990 年版《来凤县志》。

农田灌溉有了盼头。

张富清对于水利建设的组织实施有着较为丰富的工作经验，在他的多方协调下，指挥部设在狮子桥大队队部，下辖工程技术、财务后勤、宣传发动等工作小组。抽调的社员按民兵建制以公社为连，分别设立连部、排部，驻扎在刘家坝一带的民房内，以连为单位设食堂，集体食宿。相关保障和人员到位后，重力石坝和水渠同时施工，这项声势浩大的民心工程正式拉开了序幕。

自 1963 年 3 月 10 日起，每天天不亮，各食堂就已亮起了灯火，社员吃完早饭后，扛着锄头、挑着撮箕、抬着抬杠，不约而同地来到工地。在刘家坝附近 500 米范围内的河道、山头上摆开战场，挖的挖、挑的挑、抬的抬、敲的敲、打炮眼的打炮眼、凿石的凿石……忙得不亦乐乎。

为让整个工程有条不紊地实施，张富清通过多方协调，为指挥部借来一台老式柴油发电机，发电后可带动高音喇叭。有了这个先进“武器”，整个工地的劳动作息便由宣传发动组用高音喇叭统一指挥。劳动之中，高音喇叭放着充满豪情的战歌，给社员们提气鼓劲。

由于仍在三年困难时期，人们的生活还很艰难。各个食堂的伙食都很差，几乎顿顿是水煮菜，没什么油，社员们刚吃完饭不久又觉得饿了，从事繁重的体力劳动，有时全靠毅力支撑。工地上的高音喇叭常常放出“有条件要上，没有条件创造条件也要上”的一些口号，激励着忍受饥饿的社员们。张富清也时不时地在广播中表扬一些“突击队”“尖刀班”，为社员们加油打气。参加建设的社员们虽然生活过得艰苦，但很少有人叫苦、叫难，大家劳动起来仍然干劲十足。

在施工的一些重点工地，所需要的设备奇缺，不仅没有大型“洋”设备，就是小型“土”设备如板车，也是屈指可数。社员们只能靠挖锄、钢钎、抬杠等简单工具，在吃菜团、喝稀汤的艰苦条件下，抢修引水渠，大战稀泥坑。工地上经常出现“上工点着灯，下工满天星”的劳动场面。一些社员纵使手上裂口、脚上打泡、肩头磨破皮，也只是稍作休息，没有一个人因轻伤而下火线。张富清作为指挥长，经常和社员们一起抬石头、下基脚，手上的血泡很少间断过。

经过日夜奋战，苦战数月，1963 年 8 月，工程挖填终于全部完成。此后社员们开始用土办法上马，使用抬杆、钢丝绳、板车、大木棒等简单工具，集众人之力，把一块块重达几百斤甚至上千斤的大石头放入河道中砌起来。

在决战时刻，工地上来了许多义务劳动者。三胡区的知识青年们来了，学校的师生们来了，机关里的干部们来了，人们都以参加修建狮子桥水电站为荣，运沙石、搬水泥、填土方，怀着“敢叫高山低头，定让河水让路”的豪情支援建设。

在这些人群中，有一位特殊的人员也来参加了义务劳动，她就是孙玉兰。此时的她已辞去公职，正跟着裁缝师傅严邦达学裁缝手艺。见妻子也来参加义务劳动，张富清微笑着对她说：“你要注意安全，不要干重活儿，谢谢你！”

1964 年 12 月初，社员们顶着凛冽的寒风，终于把最后一块石料堆砌在大坝顶部时，一时间，欢声雷动，鞭炮齐鸣，整个工地沸腾了。人们看着雄伟的大坝和宽敞的水渠流出了激动的眼泪。开闸放水，满渠的水流向下游，流进这一带几千亩农田，此情此景，让无数社员站在田埂上笑开了花。

在大坝和水渠建成的同时，刘家坝发电厂房也已建成。张富清通过县农业水利局协调，将一台 30 千伏的发电机购买到位，安装到了发电房，另外还装上了水轮机、电力表、配电盘等必不可少的设备。

在输电线路工程方面，安装了两台变压器，为三胡集镇和附近两个生产大队架设了输电线路，没有电线怎么办？指挥部和专业技术人员决定使用 8 号铁丝。入户线路没有预算资金，只能号召胡家沟集镇和附近两个生产队自筹资金。其中，有一个生产队卖了 1 头牛，卖得 110 元，为生产队的各家各户架设了入户电线。简易的木质电线杆上，穿着脚扣的技术人员安装着两根电线，架设到各户门口。

那一段时间，不仅张富清每天忙到两头黑，技术人员汪国胜及发电员杨松柏、闵柱生等人也忙得不亦乐乎。他们将发电房的发电机、水轮机、电力表和配电盘以及外面的线路设施都安装到位。

万事俱备，只欠东风。1964 年 12 月 16 日，三胡区集镇的居民和两个生产队的社员得到通知：今晚要发电了，大家做好准备。一时间，人们既兴奋又好奇，都急切地等待着那激动人心的时刻。

“其他乡镇集镇上都没有电灯，我们这山头角落真的能用上电灯？”

“这个玻璃灯泡通电后就能够亮？真是稀奇事！”

“电灯真的比煤油灯亮吗？”

“电灯能不能点烟呀？”

很多人心里充满着各种疑惑。

晚上 7 时，随着发电员杨松柏、闵柱生在发电房的一番操作，张富清将电闸刀往上一合，各家各户室内挂着的电灯泡居然神奇地亮了，比火把还要亮！人们都看得目瞪口呆，宋胜元、张文科等人带头高呼：“毛主席万岁！共产党万岁！社会主义万岁！”社员也跟着一起高呼，呼声响彻了整个土苗山寨，下至被妇女抱着的小孩，上至八九十岁的老人，脸上都堆满了笑容。兴奋之余，人们自发地集中到一起欢快地跳起了土家摆手舞，狂欢至深夜。照上电灯，是这些土苗儿女祖祖辈辈多少年来想都不敢想的事情，现在居然实现了！

三胡区里的干部和居民看到集镇胡家沟开天辟地亮起电灯，都十分高兴，一个个笑逐颜开。一些人像“刘姥姥进大观园”一样，看着电灯提出了许多稀奇的问题，大家在交谈和兴奋中一夜无眠。

狮子桥水利水电站的建成，既实现了农田的灌溉，又给当地百姓送去了第一盏灯，这让张富清充分感受到了人民群众的智慧和力量。

张富清深切体会到做任何工作，只要敢想敢干，不怕困难，就能获得意想不到的效果；做任何工作，只要是为了人民，不谋私利，就会赢得人民群众的支持和拥护；做任何工作，只要依靠人民，凝心聚力，就能创造人间奇迹。

为让人们记住水电站的来之不易，张富清安排人在刘家坝发电机房洁白的墙壁上写下了毛主席语录：

“下定决心，不怕牺牲，排除万难，去争取胜利！”

“人民，只有人民，才是创造世界历史的动力！”

决战大坝　提水灌田

自1962年起，三胡区大部分生产大队的粮食生产，在区里驻队干部的帮助下，都有了较大的起色。作为副区长的张富清相继蹲点驻队了3个困难的大队。在他的带领下，这3个大队的粮食生产逐渐摆脱困境，走上了正常化的生产道路。

1965年初，张富清又接受了新的任务，负责蹲点革勒车人民公社光明大队。

“又是一块难啃的硬骨头！”对于这个地方，此前不少干部对其是谈虎色变。

张富清初步了解到，光明大队地处高山峡谷之间，可谓“八山一水一分田”。因为大部分稻田都在山上，生活在这里的人们注定要靠天才能吃饭。

光明大队书记田余才等人听说张富清要到他们这里来蹲点驻队，都感到十分高兴并特别期待。这位外地干部在另几个大队的好口碑，他们已早有耳闻。

不负田余才等人的期待，张富清很快将“阵地”移到光明大队，并进入工作角色，帮助大队协调解决了种子、肥料、铧犁、锄头等农资农具方面存在的困难，处理了一些大大小小的生产纠纷。

1965年7月的一天，田余才陪同张富清到光明大队第5生产队覃家坝去查看稻谷的长势情况。站在田坎上，田余才介绍说：“革勒车公社就数覃家坝这片稻田面积最大，有400多亩。年成好的话，生产的粮食在革勒公社要占很大的比例。但这片田位于二高山上，靠天收粮，遇到天旱，粮食产量就要大幅度减少。1959年的那场大旱，就让这里颗粒无收。今年又出现旱情，现在田里都没有水了，再这样旱下去，情况就要糟糕了。”

张富清听田余才这么说，不禁皱起眉头，他急切地问田余才："这一片田的水从哪儿来的？附近有没有水源？"

"这片田附近只有几股小水源，如果天旱，水源就会干。"田余才说。

"如果能想办法把河里的水搞上来就好了，山下离这片田不到100米就是革勒车河。"田余才补充说道。

张富清听田余才说这里离河不远，便叫田余才把他带到河边去看一看。田余才将他带到山下二龙山①处的河边，张富清在此边看边思考，凭着当年在新疆开荒引水的经验，一个大胆的念头在他的脑海里闪现。

"覃家坝那片稻田离河这么近，如果在河床旁建水轮泵站，把水从河里倒提上去，不就能解决灌溉问题了吗？"想到这，他兴奋地对田余才说："我想到了一个办法，如果实现了，可以解决覃家坝那片农田和附近农田的灌溉问题，你马上把大队的其他干部都叫到这里，我们一起来商量这个事。"

田余才听张富清说有办法解决农田的灌溉问题，连忙去大队叫人。很快，大队副书记姚贤金、民兵连长田万福、会计杨家旺等人都赶到二龙山。

张富清见大队干部都到齐了，便对他们说："在河里建一座大坝，坝的旁边建导流渠，再建一个水轮泵②站，利用导流渠中水的落差，将水倒提上山，灌溉农田。"接着，张富清还向田余才等人科普了水轮泵的原理。

几位大队干部听后都赞同地说："如果按照张副区长这个想法，把提水工程建成，就能长久解决这一带二高山上近千亩农田的灌溉问题了，对老百姓来说是天大的好事。"

---

① 二龙山是一个地名，在革勒车河一河床边有两个小山包，两个山包连在一起形状像龙，故名二龙山。

② 靠水力驱动的提水机械。主要由水轮机和水泵组成，水轮机的转轮由水流驱动旋转，再由转轮驱动水泵叶轮，进行提水作业。水轮泵中的水轮机一般为轴流式，离心泵的压出室一般采用蜗壳式。泵设在水轮机之上，整机全部淹没在水中运转，因此无须吸水管。泵和水轮机之间采用水润滑轴承。水轮泵结构简单，制造容易，操作方便，维修费用很低，特别适合于山区农村使用。

“这个工程很大，能不能建得成呢？”田余才等人提出内心的担忧。

“困难肯定大，但只要我们有信心，齐心协力，什么困难都难不倒我们，前两年狮子桥水利水电站不是建起来了吗？”张富清鼓励大家说。

“张副区长，你带领大家干吧，我们都听你的，你把狮子桥水电站都建成了。二龙山这个地方石头多，修建大坝和水轮泵站可以就地取材，也肯定能建成功。”田余才、姚贤金、田万福、杨家旺都异口同声地表了态，然后个个摩拳擦掌，恨不得张副区长马上下令开工。

“大家不能着急，这个设想还要请人勘察和设计，然后提交区委讨论。我相信只要是为老百姓的长远利益着想，区委是会同意的。”张富清对几名大队干部说。

田余才等人对张富清投去期待的目光，他们相信张副区长能说到做到。

1965 年 10 月，经张富清提议，三胡区委研究，决定利用二龙山处丰富的石材资源，在此修建土石组合坝及水轮泵站。

这项工程比较大，为此三胡区成立了工程指挥部，已任三胡区区长的张富清再次挂帅担任指挥长，一名副区长及光明大队干部田余才、姚贤金等人任副指挥长、施工队队长等职。从光明大队各生产小队共抽调 300 余名社员参加工程修建，并集中革勒车人民公社罗冰清、黄金楼、姚明德、姚岐山、姚有阶等 20 余名石匠开采及加工主要用于建坝的石料。

一场硬战又一次摆在了张富清的面前。

1965 年 11 月初，进入农闲及枯水季节，抽调的全体社员扛着锄头、箩筐、大锤、钢钎等劳动工具进入二龙山工地。张富清做了动员和施工安排。此后，在河内大坝沿线及河岸两边的石山上，红旗招展，人头攒动，整个劳动场面热闹非凡。在挖、挑、抬、凿、锤中，人工号子声、大锤打在钢钎上发出的当当声、钢钎碰在石头上发出的咚咚声汇集在一起，奏成了一曲战天斗地的赞歌。

大坝的建设施工在大家的努力下，有条不紊、如火如荼地开展着。其间，部分社员的手掌被磨破、手背被冻裂，但为了工程质量和进度，很少有人叫苦。大家从上到下齐心协力、攻坚克难，整个工程进展较快，不久，便进入工程的第二阶段：砌坝。

此时，大坝工地上面临一个很大的难题：从石山上开采出来的石头，经石匠加工成长条四方形后一般都重达千斤以上，众人抬的话十分不好操作，把它分破吧，石头小了建坝又不行。没有大型起重机械和运输工具，全靠人工搬运这些巨石，气力再大也无济于事。

俗话说："只要思想不滑坡，办法总比困难多。"困难终究会被解决，张富清及时组织大队干部及罗冰清、黄金楼、姚明德等部分石匠开会商量，征求好的建议和办法。最后，集大家智慧想出了一个办法：不断地在石头前垫着圆木棒，用钢钎把石头挪在木棒上后，前面的人用绳索套着石头拉，后面的人用钢钎拗着石头往前推，这样前拉后推，石头在圆木棒上慢慢地前移，就能够到达目的地。社员们按照这种办法，众人合作，试了一下，果然灵验。于是，大家如同蚂蚁搬家，将一块块重达千斤的石头全都移到了砌坝的指定位置。

1966 年 1 月下旬，也是农历的正月初，工程进入了攻坚阶段。但此时工地上出现了一种不好的苗头：返回工地的部分社员产生了懈怠情绪，有的出工不出力，有的思想开了小差，有的找各种理由不上工，导致工地施工社员士气不振，给工程施工带来了消极影响，也延缓了工程的进度。指挥部也发现了这个情况，现在正处在大坝筑坝的关键时刻，士气低落怎么行呢？一旦汛期提前到来，后果将不堪设想。张富清为此心急如焚，眉头紧皱成一个"川"字。

出现了问题必须果断解决！

一天晚上，张富清组织所有施工人员开了一个大会。会上他向社员们讲明了春汛期要到来的严峻形势："大坝即将要筑坝了，如果现在不抓紧施工，开春后汛期一到，可能导致大家奋斗一冬的心血付之东流。更严重的是，导流洞如被汛期的大水把乱石杂物冲在里面堵塞，将为继续建设设置巨大的障碍……"然后，他鼓励大家一鼓作气完成大坝的修建，早日建成，早日灌溉农田。

尽管在攻坚时，张富清同大家一起抬石头，挖坝基，起到了带头作用，绝大多数社员都听从他和大队干部的指挥，但仍有少数人不买干部们的账。张富清话音刚落，台下不是传来掌声，而是传来少部分人发牢骚、讲怪话的声音。会场出现了一些不和谐的杂音，这让张富清及在场的大队干部都很尴尬，一时下不来台。

见这些人为难张富清等人，石匠黄金楼猛地站了起来，大声地对那些人说："张区长是区委的大干部，到这里来是一心为我们造福的，不是来受大家的气的。大家看到了，他是国家干部，经常在工地上挑啊抬的，非常辛苦，你们还说三道四，良心都到哪儿去了？"

黄金楼说后，罗冰清、姚明德等人也纷纷站起来指责那些"肇事"者。

那些开小差、说怪话的人见不是干部的石匠黄金楼、罗冰清等人都这么说，并且句句在理，他们自知理亏，也就不再出声，表示服从施工安排。

事后，张富清见黄金楼在社员中威信较高，会讲道理，便把他从石材组调出来当宣传员，专门在工地上宣讲党的政策，鼓舞工地士气，发动更多的社员参与到大坝的修建上来。

黄金楼按照张富清的要求做起了宣传员，他采取多种方式在工地上进行宣传发动，把大家的劳动积极性都调动了起来。不仅如此，在他的发动下，当地的一些社员也自发地给工地上送来开水、茶水，革勒车公社的一些干部、居民也积极参加义务劳动，整个大坝的施工又呈现一片热火朝天的场面。

很快，施工到了最难的大坝合龙阶段。那些天，张富清几乎日夜没有离开过工地，实在困了就在工地的地铺上休息一下，直到大坝顺利合龙，他才如释重负地松了一口气。

大坝完全建成时，已是 1966 年 3 月初，正好是万物复苏、春耕播种的时节。通过 4 个多月的艰苦奋战，高大的土石组合坝，横截了十多米宽的革勒车河，巍然屹立在二龙山处。不仅如此，水轮泵安放的导流渠及通往覃家坝农田的提水管道工程亦齐头并进，相继建成了。

张富清此前通过县农业水利局协调购买的一台水轮泵，也很快安装到位，因为水的落差大，调试后的运转效果非常好。正式抽水那天，参加工程建设的社员不约而同地前往二龙山看热闹。当看到河中的水通过水轮泵、提水管源源不断地涌向覃家坝及周边的农田时，大家欢呼雀跃，奔走相告。这是一个值得纪念的日子，每个人的脸上都挂满了笑容。

从此，光明大队位于二高山的农田灌溉问题得到了彻底解决，生活在这里的老百姓不“靠天”也能吃上饭了。

技术改造　一箭三雕

1966年春，三胡区革勒车公社二龙山提水灌溉工程建成后，三胡区区长张富清经常到这里查看水轮泵的运行情况。一天上午，他来到坝边，看到流经导流渠的河水下落到水轮上，发出“轰轰”的巨大响声。此情此景与狮子桥水电站发电时的情形，简直如出一辙，这让他浮想联翩。

“这两处坝的大小规模差不多，那里能发电和灌溉，这里却只能抽水搞灌溉，而没有其他用途，这么好的坝，这么好的水，不是就浪费了吗？能不能将水轮泵进行改造，让它不仅能抽水，还能够碾米和发电？”

张富清看着正在运转的水轮泵不停地思考这个问题。在工作中善于创新的他，一旦有了好的“点子”，就会在脑子里挥之不去，也一定会想方设法地去实施，这是他一贯的工作作风。

“去区里农机站问问，那里有两个专门搞农业机械的，这里的水轮泵就是他们安装的，看他们能不能改造？”想到这里，张富清急切地想知道答案，他三步并作两步，走了20多里路，来到区农机站。他找到那两名技术人员对他们说：“前不久，你俩在革勒车二龙山安装的水轮泵，只能抽水，你们看能不能将它改造一下，不仅能抽水，还能碾米或发电呢？”

两名技术人员见张区长找他们请教专业问题，都深感荣幸。他俩讨论思考一会儿后，对张富清说：“对不起啊，张区长，这水轮泵是厂家制造的，我们只会安装使用，如果想改造成你说的那样，我们没有办法。再说了，专业的设备是不能改的。出了问题，我们都负不起责。”

张富清听两人这样说，虽有点失望但也没有一点不高兴，毕竟是技术方面的问题，不是一般人说能改造就能改造的。他从农机站出来往区公所走去，中途路过杨圣的铁匠铺，看见杨圣和他的几个徒弟正在忙活。张富清突然想道：“听李世万说杨圣之前在兵工厂工作过，机械方面他很在行，他能不能改造呢？”张富清刚刚失望的心情瞬间又燃起了一丝希望，他恨不得马上从杨圣那里得到满意的答案。但见他拿着铁锤叮叮当当地打个不停，脱不开身，张富清就决定晚上空闲时再去找他。

吃罢晚饭，张富清来到离自家不远的杨圣家。“杨师傅，在家呢。”他敲开了杨圣家的木门。

“哟呵，张区长怎么，今晚走错路了？走到我这来了。”杨圣开玩笑地说。他和张富清平时关系不错，说话也很随便。

“我可是专门来找你，商量个事情的。”

看着张富清一脸认真的样子，杨圣调皮地回答道：“你莫黑（吓）我呢，有么子事要和我商量啊？”

张富清对他说：“革勒车二龙山那边有个水轮泵，只能抽水，我想把它改造下，农忙季节用于抽水，平时可以为老百姓碾米，还可以发电……”

“那你找错人了撒，农机站有专门搞农业机械的，你去找他们。”杨圣一口回绝。

“我已经找过他们了，他们说不能改，改不了，我只好来找你想办法。”张富清期待地看着杨圣。

“专业的都不能改，我一个打铁的怎么会改？”杨圣摇了摇头。

“哼！你别推，我还不知道你！你在兵工厂干过，在永顺县第二机械厂的时候就是技术骨干，一个水轮泵应该难不倒你，你肯定能行的。”张富清给杨圣戴了高帽子。

杨圣说：“打镰刀、锄头、镐头、菜刀这些都难不倒我，水轮泵我确实没搞过。”杨圣实话实说。

“李世万说你车、铣、刨、磨、钳样样都会，改造水轮泵，我想也能行。”张富清强调。

“关键是水轮泵我一次也没搞过。”杨圣没有底气地说。

“你肯定有办法把这个水轮泵改造出来，改造好了，也是给当地老百姓造福。我有这个想法，但没有这个技术，只好请你出马啊，你莫再推辞了。”张富清认定杨圣能行。

杨圣见张富清诚心诚意地请他帮忙，觉得再推辞就不好了，于是表态说：“那行，你把详细情况说说，我想一下有没有可能改造，但花钱的事我可不管。”

张富清见杨圣松了口，笑着对他说：“开支的事不需要你管，我叫水泵站站长田万福负责，你就只管把水轮泵给改造出来。详细情况是这样的……”

听完张富清的详细描述，杨圣心中大致有了数，考虑一会儿说：“我想了一下，照你说的情况有可能改造，但我改不了，因为没有车床、刨焊、电焊等机械设备。”

“这样，我俩明天到二龙山水轮泵站去，你实地察看下，然后区里给你和田万福开个介绍信，你俩到县机械厂去改，你管技术，他为你搞好后勤保障。”张富清对杨圣说。

杨圣见张富清对他如此信任，也就硬着头皮接了活儿。

第二天一早，张富清带着杨圣一路翻山越岭，踏着羊肠山道，来到二龙山水泵站。张富清向田万福介绍了杨圣，说明了他俩的来意，并要求田万福搞好配合。张富清一心为老百姓着想，让田万福对其十分敬佩。杨圣仔细查看水轮泵后，凭着之前在兵工厂制作机械的经验，脑海里浮现出了改造方案。他拿出纸笔，记录数据，并画出了改造图纸草稿。

回到集镇，杨圣和田万福拿着区里的介绍信，搭上一辆货车到达县机械厂。他们找到一个姓杨、一个姓张的技术员，拿出介绍信并说明了来意。这两人把杨圣画的图纸看了后，连连摇头，一致表示这个不能改。杨圣又做了详细介绍，姓杨的技术员对他说：“这个真不能改，改不了，改了也不行，你们不是开玩笑吗？我们县里没这个先例！”

听他这么说，杨圣心里顿时凉了半截，他和田万福回到三胡对张富清说："区长，让你失望啰。县机械厂的技术员都说不能改，和三胡农机站讲的是差不多的，我也无能为力啊！"

张富清听说不能改造，还是不甘心。他对杨圣说："我就不信这个邪，你俩去趟隔壁龙山县机械厂，看那里行不行，如果那里还是不行，我再也没有二话说了！"

见张富清对改造水轮泵的事那么执着，杨圣和田万福只好拿着介绍信前往龙山县机械厂去碰碰运气。

由于来凤县和龙山县没有客车来往，他俩到来凤县城关渡口，乘渡船过了西水河，然后步行到龙山县机械厂去。

路途中，杨圣对田万福说："估计我俩到龙山机械厂去，又是瞎子点灯白费蜡，同来凤机械厂是一个故事。张区长硬要坚持，我们去也只是顺他的意，让他彻底死心罢了。"田万福点头表示赞同，两人对此趟龙山之行也没抱任何希望。

一路走了七八公里，俩人不知不觉地来到了龙山县机械厂。走进车间，杨圣忽然看到一个熟悉的身影，他上前一看顿时傻了眼。

"修雷，是你啊。"杨圣对那人说。

"咦！杨圣，你怎么到这里来了，稀客稀客！"修雷满脸惊讶。

原来他俩曾是在兵工厂一起干过三年活儿的同事，也是当时玩得最好的朋友。在两人的寒暄中，杨圣得知修雷也离开了兵工厂，现在是龙山县机械厂的技术负责人，他向修雷说明了来意，并将介绍信和改造图纸递给了他。

修雷对图纸看了一会儿，很果断地对杨圣说："这个可以搞，怎么不能搞呢？但目前有个问题，我们现在人员紧张得很，抽不了人。不过，机械设备有多的，你是内行，可以自己动手加工，需要啥设备你尽管用，需要的材料这里也有。"

杨圣一听喜出望外，随即问："那收费怎么算？"

修雷想"关照"一下，就对杨圣说："那就收材料钱，其他的就算了。"

杨圣说：“那不行，按你们的产品核算，公事公办，只要你这能改造加工，该怎样结账就怎样结账。”

“先不说收费，按你的要求，改造加工完了再说吧。”

杨圣见修雷还是那么爽直，也就同意先按他说的办。

水轮泵改造的事终于有了转机，杨圣和田万福兴冲冲地赶回三胡，给张富清汇报了情况。张富清听说水轮泵可以改造，他高兴地对二人说：“你俩现在就把需要改造的部件带过去，在那里住下来，改造完后再回来，我相信你们能圆满完成任务。”

受到张富清的肯定和鼓励，杨圣和田万福到二龙山水轮泵站量好机械的相关尺寸，带着需改造的水轮泵部件到龙山县机械厂住了下来，专心进行改造。

按照自己设计的改造图纸，并综合修雷提出的一些可行性改造建议，杨圣借用龙山机械厂的刨床，加工了轴承、齿轮、皮带轮等一众机械部件，前前后后忙活了半个多月，终于将水轮泵零件加工改造完毕①。看着自己半个月以来日夜加工改造的新式“机器”，杨圣对它信心满满，恨不得立刻赶回三胡二龙山去安装，才不辜负张区长对自己的信任。

与龙山机械厂结算完毕，杨圣对修雷表达了感谢，并与他道了别。他和田万福把改造加工好的部件架上人力推车，一路高高兴兴地推回来凤三胡区。

两天后，这些部件被运至二龙山水泵站。张富清对此格外期待。他私人出钱请杨圣和田万福进餐馆吃了一顿饭，算是对两人辛苦那么多天的犒劳。

在杨圣看来，接下来的安装应是很简单的事儿，毕竟是自己设计、加工改造的机械。但出乎他的意料，“简单的事”也花了他好几天的时间。他将水轮泵与机房里的一台碾米机接好后，一番调试运行，稻谷很快被碾成了大米，效果出奇地好。张富清看着机械运转，啧啧称奇，对杨圣忍不住地称赞叫好。

---

① 改造后的水轮泵大致工作原理是：两个伞形齿轮将之前“直转”改变转向为“横转”，轴承应用木头卡住、螺丝锁紧，在横轴上加两个皮带轮，一个轮可以带动碾米机，另一个轮可以带动小型发电机。带发电机的皮带轮直径也是经过改造加大的，由大带小，发电机的转速才能加大，这样才能达到发电的要求。（84 岁时的杨圣口述）

85 岁的杨圣老人讲述当年他在革勒二龙山改造水泵的往事 杨天忠摄

不久，张富清通过协调，购置了一台小型发电机。安装完毕后，通过皮带传动，发电机的发电效果居然和狮子桥水电站不相上下。在场的人员都喜出望外，张富清更是高兴得合不拢嘴。

就这样，一台平平无奇的水轮泵，几经周折，摇身一变，终于成为一机三用的宝贝，实现了张富清当初的设想。

兴奋之余，张富清安排光明大队在水轮泵站旁修建碾米房和发电房。按照狮子桥水电站附近两个生产队的用电照明模式，为二龙山附近的第 5 生产队五六十户人家架设了输电线路和入户电线，用上了电灯，让这台改造后的水轮泵发挥出了最大效益。

改造后的水轮泵运行情况比人们想象的还要好。需抽水时，水轮泵依旧发挥着抽水灌溉的主要功能。多数时间，水轮泵带动碾米机为老百姓碾米，解决了革勒车人民公社 5 个生产大队老百姓长期碾米难、碾米路程远的问题。到了晚上，以大轮带小轮，发电机发出的电又给周边老百姓带来了光明。

水轮泵改造的成功，让张富清从中得到了很大的启发，只要水源好的地方都可以依照二龙山水泵站这样做，让更多的老百姓受益。在他的下一步工作计划中，离三胡区比较偏远的几个大队，如太平、古架等，农田灌溉等也存在很大的困难，那里可以建更大的水电站，并改变当地贫穷落后的面貌。正当他准备再次大展宏图时，受“文化大革命”的冲击，这些想法没能付诸实施，从而成为他心中的一大遗憾。

第六章

家有贤妻　患难与共

在工作和家庭的天平上，张富清几乎将全部精力倾向于工作。在他身后，是妻子多年来的理解、支持和付出。不管家庭困难有多大，贤妻始终坚忍顽强、无怨无悔地将四个孩子拉扯成人。

动员妻子　辞去公职

“听诊器（医生）方向盘（司机），人事干部售货员。”这是 20 世纪 50 年代末至 80 年代初来凤县流传着的一句顺口溜，表明上述几种职业在社会上是最“吃香”的。

1959 年，孙玉兰跟随丈夫张富清到了三胡区，按照优抚政策，她被安排了正式工作，在三胡区供销社当上了一名售货员，每月定额工资 19 元。从事着最“吃香”的职业，风吹不着、雨淋不着、太阳晒不着，每月还能拿上近 20 元的工资[①]，她的这份工作，怎能不让人羡慕呢?

孙玉兰对这份工作十分珍惜和热爱。工作期间，她很快学会打算盘、记

---

① 1960 年前后，一般工人的工资一个月也就几元钱，高的也才有十几元钱。

账等各种业务技能。按照三胡区供销社的安排，她相继在革勒车及三堡岭等分店工作，主要向当地群众供应日用百货、服装鞋帽、毛巾手帕、书本文具、搪瓷铝制品、糕点烟酒、副食杂货等物资。工作中，孙玉兰认真负责，积极肯干，一丝不苟，从来没有出现过款物方面的差错。她对前来购物的群众的态度也很和气，像亲人般对待，受到当地群众的一致好评。

1961 年，正值国家“三年困难时期”。因此，这年 6 月中共中央发出通知，对精减职工工作进行部署[①]，各级党委依照执行。

来凤县按照上级通知执行政策，在各区陆续精减干部职工，压缩商品粮销售，动员部分干部职工家属和城镇居民自谋出路或者到农村生产。三胡区按照县委的要求执行上级政策，这项棘手的工作任务落在了张富清的肩上。这是端掉别人饭碗的事儿，涉及个人切实利益，工作难度极大。特别是三胡区供销社人员众多，是属于这次精减人员的重点单位，考虑到妻子孙玉兰也在供销社上班，张富清执行这项政策时总觉得束手束脚。

《来凤县干部职工精减方案》有条款明确规定：“精减的主要对象，是一九五八年一月以来参加工作的来自农村的新职工（包括临时工、合同工、学徒和正式工），使他们回到各自的家乡，参加农业生产。原先就是城市居民的职工，不论新老，一般的都不精减。但是，某些一九五八年以来参加工作的新职工，如其因为家务需要或者其他原因，确实自愿回家，回家之后生活又有保障的，也可以准许离职回家；没有田土的外来干部的家属，通过组织核实清楚，可以不被精减。”

孙玉兰属城镇居民，并且是没有田土的外来干部家属，按照这次精减的政策，张富清也知道自己的妻子不属于精减对象。但在三胡区供销社召开精减人员动员会后，精减人员的事一下子在供销社干部职工中炸开了锅，好不容易得到这个“吃香”的工作，哪个愿意被精减下去呢？

---

① 1961 年 6 月，中共中央发出通知，对精减职工工作进行部署。精减对象主要锁定在“1958 年 1 月 1 日以后参加工作的来自农村的新‘职工（包括临时工、合同工、学徒和正式工）’”，而“原先就是城市居民的职工，一律不予精减”。

“哪个把我搞下去，我要和他拼命！”

“把我减下去可以，某某的爱人也在这里，她不下去，我也不会下去。”

“我才搞两年工作，又叫我去搞农业生产，没门儿！”

“某某的爱人和我一起进来的，她不下去，我死也不下去！”

…………

一时间，供销社被精减的对象纷纷站出来强硬地表达自己的态度，并且都含沙射影地盯着孙玉兰等区委干部的家属。一些人将张富清团团围住，与他据理力争，也有人哀声求情，希望组织能考虑他们的实际情况。

张富清深感无奈，苦口婆心地给他们讲了很长时间的道理，说得口干舌燥，但根本不起作用。有的人见张富清软的不行就来“硬”的，带着威胁的口气对他说：“你爱人也在供销社，那我们就看她的了，她下来了，我们也不说二话！”“还有某某的老婆也在供销社，你看着办！”

公说公有理，婆说婆有理。但归根结底，被精减的对象还是舍不得这份工作，更不想回到生产队去搞农业生产。为避免发生冲突，有利于解决问题，张富清任凭众人说道、唠叨、埋怨、指责，一直耐心地给他们做工作。

“要‘端掉’别人的饭碗，还不允许别人发点儿牢骚？他们对我态度不好也是可以理解的。”张富清这样想。随后，他带着工作人员挨家挨户去家访，单独做工作，但任凭嘴皮子磨破，也没有一个人心甘情愿被精减。几天下来，他们在多处吃了闭门羹。眼看又过去了几天，离规定的时间越来越近，而精减工作却没有一点进展，张富清心急如焚。

“不管有多大的困难，党的政策必须坚决执行，组织交给的任务必须坚决完成，不破楼兰终不还！”张富清心中自有一杆秤，在接受这项任务时就已下定了这个决心。

要完成这项艰巨的任务，必须如同在战场上突击一样，找到突破口。张富清在矛盾中纠结了几天，最终决定这个“突破口”从自己的头上找，动员妻子孙玉兰先“下去”。

张富清怀揣着“心事”回到家里，准备向妻子“进攻”。孙玉兰知道他这几天被供销社精减人员的事搞得焦头烂额，见他表情凝重，便安慰他说："问题迟早要解决的，你自己要注意身体……"

张富清见妻子这样贴心地说，好几次话都到嘴边了，又犹豫着没有说出口，看着妻子的眼睛也不由得夹带些躲闪。

张富清的内心很清楚，相关文件和通知上已明确，妻子不属于精减对象。但很多人不知道他家的情况，误认为妻子孙玉兰是来凤本地人，也是来自农村的职工，所以眼睛都是盯着她的，她如果下来了，其他人再也没有什么理由可讲了。

"这么多年来，妻子跟随自己到来凤，吃了很多苦。这两年有了正式工作，生活条件才好了一点，她工作得也很开心。如果让她离职，她能接受得了吗？在这儿又没有田地，以后生活怎么办？"张富清面对妻子，总开不了这个口，内心十分挣扎，怎么办呢？他反复问自己。

"组织上的事是大事，个人的事相对组织上来说再大也是小事，何况我有工资，目前的生活能基本保障。"想到这儿，张富清不再犹豫，鼓起勇气对孙玉兰说："玉兰，你莫去上班了，就在家里专心带孩子吧。"

孙玉兰见丈夫突然对自己这样说，一脸惊愕，不敢相信他说的话。

"你叫我下来？我没有犯错误，没差过款，也不属于精减对象，你啷个（咋个）让我下来？"孙玉兰质问丈夫。

"你下来，我才好动员别人，你如果不下来我就不好搞事（开展工作）。"张富清说。

丈夫突然叫自己辞去公职，丢掉"铁饭碗"，孙玉兰的内心十分委屈，也很不理解。她对张富清说："你看我一个人，又是百货，又是文具，上百种商品要负责，既没有差过款，又没有卖错过东西，怎么非要我下来。再说我下来了，一家人吃什么。母亲去世时，找区里借的200元钱都还没还完，你一个人的工资怎么养得活一大家人？"

张富清知道妻子的内心一时难以接受，便将前几天给属于供销社精减人员做工作的情况向孙玉兰详细说了，最后他请求妻子支持他的工作，完成三胡区执行精减人员政策的任务。他对孙玉兰说："你在工作上没有犯任何错，也没有任何问题。你下来了，我才好去做别人的工作；你不下来，组织上交给我的任务就完成不了。我是共产党员，一切必须以组织为重！党的政策必须执行到位！"

见丈夫说到这种份儿上，孙玉兰也就不再说什么。她对张富清说："我不想让你为难，那我就下来吧。"说完，她背对丈夫，流出了委屈的眼泪。

自从与张富清结婚，一晃已过6年，孙玉兰知道他是个最讲组织原则、最听党的话、最能吃亏的人。"现在丈夫在工作上遇到难处了，我不支持他谁支持他呢？不支持他，当初我也不会跟他到这穷乡僻壤来。"尽管她一万个不情愿放弃自己的"铁饭碗"，但她还是无条件地选择支持丈夫的工作。

在张富清给她做工作的第二天，孙玉兰找到三胡区供销社书记向启胜、主任丁世峰，主动提出把她纳入这次精减名单之列。向启胜和丁世峰对孙玉兰提的这个要求感到十分惊诧，他俩对孙玉兰说："这次人员精减，你既是城镇居民的职工，又是没有田土的外来干部家属，根本不属于精减对象，你为什么要这样做？"

孙玉兰对他俩说："把我列入吧，原因我家老张要给你们说的。"

向启胜和丁世峰找到张富清问缘由，张富清对他俩说了自己的想法。两人听后，十分佩服张富清往自己头上"开刀"之举，对他更加敬重了。

没过两天，孙玉兰就到三胡区供销社正式办理了离职手续。一些不知情的同事都感到吃惊，问她为什么要离职。她就勉强微笑着说道："我的孩子小，我家老张要我在家带孩子。"

"请个保姆不就行了，怎么要辞去工作呢，多可惜啊！"几个要好的同事劝她说。

"辞了就辞了，等孩子大点再说吧。"孙玉兰对他们说。

说完，孙玉兰的眼睛湿润了，在同事们惋惜的眼神中，她匆匆地离开了供销社。

回到家里，孙玉兰愁眉不展，以后的日子咋过啊？瞬间，委屈、失落、伤心一股脑儿地涌上了心头，她不禁趴在床上，蒙着被子大哭了一场。

已上学读一年级的建珍见母亲的眼圈都哭红了，不知道她为什么哭了。张富清回到家里，建珍告诉父亲说母亲哭得很伤心。张富清深感对不住妻子，他安慰孙玉兰说："玉兰，让你受委屈了，往后我们节约点，一家人的生活还是过得去的，等孩子大点，再找事做吧。"

孙玉兰没好气地回了他一句："都是你，要我怎样便怎样！"那一夜，夫妻俩一夜未眠。

其身正，不令而行；其身不正，虽令不从。张富清从自己头上首先开"刀"，让自己的妻子离了职，很快，国家的精减政策在三胡区顺利得到执行。之前多次找张富清诉过苦、求过情甚至威胁过他的精减对象及家属，看到孙玉兰都下来了，知道再找他的麻烦也是自讨没趣，于是不再抵触，纷纷离了职，自谋出路。他们中的大部分人回到了农村务农生产。

三胡区执行人员精减政策工作结束后，精减下来的人员只有孙玉兰一人既是城镇居民，又是没有田土的外来干部家属。其他人员全部是 1958 年 1 月以来参加工作的来自农村的新职工。同张富清家庭情况类似的好几个外地干部的家属都没有被精减。

三胡区供销社的职工及街坊邻居对孙玉兰离职的事众说纷纭，看法不一，很多人都说张富清、孙玉兰"傻"，但真正的原因也只有他们夫妻俩才清楚。

家庭生活　陷入困顿

张富清到三胡区工作的前两年，正值国家"三年困难时期"。他一家属于城镇居民，生活上都是靠工资购买计划粮和副食品。夫妻俩都是国家公职人员，两人工资相对都较高。尽管 1961 年 3 月，他们的第三个孩子张建荣出生，家里又多了一口人，但他家的生活在当地还算过得去。

1961 年下半年，孙玉兰辞去公职，无奈成为在家带小孩的家庭主妇。她的处境变得十分尴尬，在三胡区既无田土可种，又不能加入当地生产队劳动生产，凭挣工分分粮食。一家五口的唯一生活来源就是张富清每月扣完借款后剩下来的工资[1]，从此，家里的生活状况发生了根本性改变。

张富清每月的工资到位后，预留出党费后，剩下的全交给孙玉兰用于买米、面、油、盐等生活物资，把生活必需品安排完后就所剩无几了。考虑到孩子需添置衣裳，并且年幼时常生病，还得攒点钱以备不时之需，在生活中能够节省下来的就省下来，尽量做到少花钱。

1962 年 11 月，家中再添一丁，第四个孩子张健全出生，从此一家有了六口人，变得家大口阔。张富清的工资渐渐只能维持全家最基本的生活开支，日子过得捉襟见肘。每次做饭，由于担心口粮吃不到月底，孙玉兰抓上来的一把米总得松一下手，让米粒再漏下一点，摆上桌的饭，红薯、洋芋越来越多，米饭越来越少。

张富清平时的生活爱好就是抽上一支烟，喝上一口酒。但妻子离职后，囊中羞涩的他舍不得花钱买烟买酒了，他决定把烟、酒戒掉。可对于一个多年抽烟喝酒的人来说，一时想戒掉很不容易。

经过一段时间的忍耐，酒算是戒掉了，可是烟还是难以离手。他对烟已形成了心理依赖和行为习惯，时间稍长，如果不抽烟，他就会感到坐立不安，浑身难受。

孙玉兰打心底里心疼丈夫，每逢赶集日，便买点三胡当地比较便宜的叶子烟[2]让他过过瘾。张富清回到家里后，自己动手做了一个卷烟的工具，把烟叶切成细烟丝，并买来卷烟纸，自己做“香烟”，抽起来感觉和买的香烟差不多。

但好景也不长。没过多久，来凤县提出农业生产“以粮为纲”，各地大大减少了烟叶等经济作物的栽种。烟叶的价格也水涨船高，一涨再涨。张富清狠下决心，索性连叶子烟也不抽了，从此便彻底地戒掉了烟。

---

① 母亲于 1960 年过世时，张富清找区财务借的 200 元钱，每月还要从工资中扣除一些还款，一直扣了两年多才还完。

② 叶子烟是来凤县民间对晒烟的俗称，也有人将它称为“土烟”或“旱烟”。因这种烟相对香烟价格便宜，并且很实惠，当地农民都是抽这种烟。

为了贴补家用，待孩子稍微大一些，离职后的孙玉兰到处找活儿干，打零工。她到供销社打零工，上山砍柴卖，挖野菜、捡稻穗等。4个孩子就由大的照看小的，有时候懂事的建珍上学去了，迫于生计，孙玉兰只好把另外3个孩子锁在家里。

眼看着几个孩子黄皮寡瘦、营养不良，孙玉兰心疼不已。她从生活开支中挤出一点钱买来一头猪仔，周围没有猪圈，只好将猪仔喂在自家的灶台前，白天把它赶出去放养，晚上一路吆喝再找回来。建珍、建国背着小背篓到处割猪草，寻猪食，将这头猪慢慢地喂养大。年底，家里终于吃上了肉，并存了一罐猪油。

女本柔弱，为母则刚。勤劳能干的孙玉兰，拉扯着4个小孩，无早无夜，任劳任怨，把苦都咽进肚里。张富清每次回到家里，看到妻子劳形苦心，打心底里心疼她。

1963年，孙玉兰找到三胡区小有名气的裁缝师傅严邦达，请求拜师学艺。严邦达知道她家的情况，二话没说，便爽快地答应了。

孙玉兰向来心灵手巧，加之师父严邦达对她实打实地教，半年后，她便可以独立做工了。不久，三胡区成立了手工联社，凭着学到的手艺，她加入手工联社，成为里面的一名员工。

手工联社是按件记工，孙玉兰平均每两天做一件衣服，每卖出一件能得40%分成，一天平均能挣到3毛钱，多的时候一月下来可挣近9元钱。在孙玉兰眼里，这已算不错的收入。

冬去春来，一边是张富清夫妇忙碌的身影，一边是孩子们在慢慢长大。在父母的耳濡目染和言传身教下，四个孩子自记事起就懂事听话，读书回家后都自觉承担起家务。因家境拮据，他们很少与同龄人玩耍，很少享受同龄人踢毽子、丢手绢、跳房子、滚铁环的快乐。为贴补家用，放学后或者寒暑假期，他们都去地里捡漏，捡废品、捡煤渣、割马草，上山砍柴更是家常便饭的事。他们晚上还要给母亲打下手，做些钉扣眼之类的针线活儿。

在一家人最为艰难的日子里，建国打听到三胡朱家坳道班铺垫公路需要碎石，5元钱一方收购。他瞒着母亲，带着妹妹、弟弟到三胡集镇边的胡家沟河去背石头。他们背着石头要爬上一段陡坡到公路，然后用铁锤在特定的工具上把石头打碎。为能多挣几毛钱，兄妹三人从早到晚不停地背，不停地打，几个幼小的身躯穿梭在河岸和陡坡之间，每人的肩膀都背出了一道道血印，手上打起了一个个血泡。尽管如此，一天下来，三兄妹敲碎的石头，数量还不到一方的五分之一。

手工联社的一名员工从胡家沟河路过，见孙玉兰的几个孩子在玩命地背石头。他将此事告诉了孙玉兰，孙玉兰连忙放下手中的活儿，急急忙忙地跑到河边，看见几岁的建荣、健全正吃力地背着石头爬坡上坎。她的眼泪忍不住地直往下流，连忙帮他们把石头背上公路，不允许他们再去背了。

身在困境中，四个孩子童年和少年的成长过程与当地贫困农家的孩子没有两样，日常生活中，他们在吃穿住用等方面尝尽了酸甜苦辣。

在吃的方面。饿，吃不饱饭，这让他们十分难受，也成了他们成长中刻骨铭心的记忆。由于经常饿肚子，在家中简单的餐桌上会出现这样的一幕：每次孙玉兰盛饭，四兄妹都瞪大眼盯着桌子上的碗，看哪个稍多一点就先下手为强。张富清很多时候则是把自己碗里的饭菜给小孩拨一点，孙玉兰再往他碗里拨一点，在孩子面前他俩总是吃上几口就“饱”了。在最困难的时候，没有吃的，饿得实在受不了，建国和父亲、母亲还曾多次吃过“观音土”。①

在住的方面。一家人住在三胡区公所旁边一座土墙瓦房里面，里外有两间房，里屋挨着开了三个铺，外屋作灶房，每到雨季，屋里潮湿得能踩出水来，时间久了，地上被踩出一个个鸡蛋状的小土包。下雨天，青蛙、虫子到处都是，甚至还有蛇出入。在“文革”期间，一家人住在一个破旧的木瓦房子里，房子歪斜着，为防止倒塌，张富清用几根大木柱子把它支撑着。房子仅隔一层板壁就是一个铁匠炉，日久天长，房子的里里外外都被烧过的煤尘

① “观音土”特指在旧社会和“三年困难时期”，穷人在青黄不接时或灾荒年间，为求活命食用的土。“观音土”不能被人体消化吸收，少量吃不会致命，但会腹胀，难以大便。

厚厚覆盖着。因为屋顶上瓦片稀少，遮阳尚可，一旦下雨，屋内到处漏雨，家里的脸盆、水桶、面盆全部用上了还不够，每次都是“室外下大雨，室内下小雨”。没有办法，孙玉兰只好在床的上方搭上胶纸护住睡的地方，并在房子中间挖了一个排水沟，将水排出去。屋子漏雨倒也罢了，最可怕的是刮大风加下大雨，一家人都提心吊胆，担心房子倒塌。每遇这种情况，一家人夜里都不敢睡觉，坐在床上，一有风吹草动就往屋外跑。

在穿的方面。一年到头，四个孩子很少添置新衣裳，平常穿的衣服，大都是补丁摞着补丁。不仅如此，他们穿衣往往都是小的捡大的旧衣服穿。有一段时期，三胡区供销社销售一种日本生产的尿素，装尿素的袋子也可以当作一种布料。孙玉兰经常叫建国、建荣去供销社排队，花小钱买来一些尿素袋子，经过染色后给孩子们做了一些衣服和裤子。可是印在袋子上面的字迹无论怎样洗都难以洗掉，即使染上颜色也遮掩不了，旁人一看就知道是尿素口袋做的。健全的两条裤子，屁股后面就印有“尿素”两个字，童年的他们时常遭受小伙伴的取笑。

在用的方面。家中别无长物，平时一家人的生活开支都是紧巴巴的，几个小孩的零用钱几乎没有。健全喜欢看小人书，但买一本小人书需要 1 毛到 2 毛钱。没有钱买，放学后，他就去捡废品卖，然后买自己喜爱的书，日久天长，他竟积攒了一小箱小人书。

那些年，一家人虽然过着拮据的日子，但家庭一直和睦，生活有苦也有甜。

高兴之时，张富清给妻子和孩子们唱上几句秦腔；孙玉兰也给孩子们唱上一段陕北民歌，比如《兰花花》：青线线（那个）蓝线线，蓝格莹莹（的）彩，生下一个兰花花，实实的爱死人。五谷里（那个）田苗子，数上高粱高，一十三省的女儿（呦），就数（那个）兰花花好……

一次，张富清在外出差开会，会议期间，会务组给每个与会人员发了一个苹果。他舍不得吃，将苹果带回家中，叫妻子和孩子们分着吃。而细心的孙玉兰想到再过十来天就是张富清的生日，她打算一家人在丈夫生日的时候一起吃。可又担心时间一长，苹果会烂，就把苹果放进装有茶叶的盒子里，她知道茶叶有一定的保鲜作用。张富清过生日的那天，吃完晚饭，孙玉兰取出苹果，全家人高高兴兴地一起分享，笑声和歌声充满了整个房间，一个苹果就让一家人感到格外温馨。

女儿重病　永留遗憾

1963 年，对于张富清和孙玉兰夫妇俩来说是永生难忘的一年。一次家庭变故，让他俩的心里留下了永久的伤口。随着时间渐行渐远，这个伤口不仅无法愈合，反而越撕越痛。

这一切，都要从大女儿张建珍说起。1963 年，建珍已在胡家沟小学读三年级。

建珍不仅生得水灵，还聪明伶俐，是夫妻俩的掌上明珠，也得到学校老师的偏爱。每当张富清在家时，女儿“爸爸，爸爸”的叫声让张富清心都酥了。她那双犹如葡萄般的大眼睛，忽闪忽闪地透着无穷灵气。张富清最喜欢看建珍那张天真的笑脸，每次她一笑，脸蛋上就绽开两个甜甜的酒窝，笑声像阵阵风铃声一般，无邪欢快。

平时放学后，建珍就会早早地回到家，照看弟弟妹妹，做一些力所能及的家务活。张富清平时不在家，她见母亲孙玉兰成天劳累，总会说上一些贴心话，让孙玉兰感到很欣慰。在邻居眼里，建珍就是活脱脱的一个模范生，懂事得让人心疼。邻里还经常和孙玉兰开玩笑说，等建珍长大了，要是当了自家的儿媳妇那可就有福享了。

乖巧懂事的建珍就是孙玉兰的贴心小棉袄，日子虽然过得苦了些，但她对女儿有盼头。

天有不测风云，人有旦夕祸福。建珍突如其来的一场重病，将孙玉兰的盼头击了个粉碎，也给家庭带来了无情打击。

1963 年 7 月的一天深夜，还在忙活的孙玉兰突然听到床上传来建珍阵阵痛苦的呻吟声。她放下手里的活儿，赶紧来到床边，眼前的场景让她大吃一惊，只见建珍的整个身子紧紧缩成一团，脸上的表情十分痛苦，眼泪和汗水浸湿了枕头。

“建珍，建珍！”孙玉兰喊了两声，女儿没有应声。她下意识地摸了摸建珍的头，不摸不知道，一摸吓一跳，女儿的额头烧得发烫！

“妈妈！妈妈……”

建珍迷迷糊糊地叫着，全身不停抽搐。

“怎么办？怎么办？”孙玉兰不知所措。

第一次见女儿病得这么重，孙玉兰一时急得六神无主。情急之下，她背起建珍朝着离她家300米远的区卫生所一路小跑。途经师父严邦达家时，她疾声呼喊师父帮着照看另外三个孩子。

三胡区卫生所是1958年从三胡区下辖的革勒车公社迁过来的，条件比较简陋，只有几张床位。

到了卫生所，孙玉兰一阵急切叫门，门开了，是一位吴姓的女医生。

“吴医生，请你给我女儿看看，她得了什么病？”孙玉兰着急地说。

见张建珍发烧得厉害，一番诊断后，吴医生给她打了一支小针。孙玉兰焦急地等待着，希望建珍的高烧马上退下来，但一个多小时过去了，高烧仍是原样，其他症状也没有得到缓解。可怜的建珍全身仍烧得发烫，蜷缩成一团，恍恍惚惚地一直叫着：“妈妈，爸爸，我好难受……”孙玉兰抚摸着女儿，紧咬着下唇，除了流泪便是抽泣。

要是富清在这里就好了！

而此段时期的张富清，正在距三胡区公所20多公里的长太坪大队蹲点驻队。这一年，他的工作任务特别繁重。一方面，他要负责狮子桥水电站的立项、上下协调及动工修建；另一方面，还得驻队帮助当地群众发展粮食生产。他时常在狮子桥大队和长太坪大队之间来回穿梭，工作应接不暇，每月在家待的时间屈指可数。

卫生所没有其他的药可用，见建珍的高烧退不下来，吴医生只好用一些土办法尝试着给她降体温，但收效甚微，症状始终不见好转。

又是两个小时过去了，见孩子还是高烧不退，吴医生无可奈何地对孙玉兰说：“重感冒的药已经打过了，不能再打，这里条件差，没有什么药，我尽力了……这孩子能不能挺过今晚，就很难说了，你可要做好心理准备啊。”

孙玉兰听吴医生这么说，心里猛地像被针扎了一下，随即她控制不了自己的情绪，握着孩子的手大哭起来，哭得撕心裂肺。一切都来得这么突然，她感到一种绝望。

如果丈夫张富清在家，想办法连夜把孩子送到县医院去治疗，也许女儿的病很快会好转，可丈夫已经很久没有回家了，送孩子去县城治疗只能是她的幻想。自打她辞去公职，一人在家无早无夜地拉扯着四个年幼的孩子，亲戚们都在千里之外的陕西洋县，在三胡区集镇也没有什么深交的朋友。女儿深夜突发急病，让孙玉兰第一次处于“叫天天不应，叫地地不灵”的绝望之中。

“建珍，你可千万不要有事，不然你叫妈妈怎么活啊！”孙玉兰祈祷着。

“富清，快回来救救咱们的女儿，她病成这样我该怎么办啊！”孙玉兰内心无数次地呼唤着丈夫。

她将建珍抱在怀里，一遍遍轻轻地抚摸，身上的衣服干了湿，湿了干。

在伤心、痛苦、无助的绝望中，孙玉兰煎熬了整整一夜，眼泪流干了，声音嘶哑了。

万幸苍天有眼，冥冥之中给人带来希望。历经一夜的高烧，第二天早上，建珍的高烧退了下来，她幸运地从“鬼门关”走了回来。

见建珍情况好转，一夜神经紧绷的孙玉兰终于长长地松了一口气。

此时，建珍已经睡着，师父严邦达来到卫生所看望孩子。孙玉兰请他照看着建珍，她回家去将另外三个孩子安排好，并托人带信叫驻队的张富清回家一趟。当她返回到卫生所时，发现建珍又开始发起了高烧，卫生所的另一位医生给她打针，并采取物理降温办法，却都无济于事。孙玉兰见孩子又处于昏迷状态，她再次陷入担忧、无助之中。张富清得到女儿建珍重病的消息，便急匆匆地赶到卫生所，看见躺在病床上的建珍，心痛不已。为尽快医治好女儿的病，他迅速将女儿转至位于半边城的县人民医院医治，孙玉兰则在家照看另外三个孩子。

经县医院医生确诊，张建珍得的是病毒性脑炎，病情相当严重。万幸，经过医生的不懈努力，3 天后，她的体温才恢复正常，病情得以好转。看着熟睡中的女儿，已几天没有合眼的张富清才眯了一会儿，等他醒来，他看见女儿正睁着眼睛望着他。张富清习惯性地逗了一下她，但建珍却没有什么反应。张富清很快发现了女儿的异常：平时口齿伶俐、活泼聪明的建珍，此时变得目光呆滞，反应迟钝。

“医生，医生，我女儿是怎么了，情况不对啊。”

值班医生给建珍检查了一番，对张富清摇了摇头说：“这孩子发高烧的时间太长，虽烧退了，保住了一条命，但落下了病毒性脑炎后遗症。”[①] 听医生这么说，张富清向医生详细询问了病毒性脑炎后遗症的后果。听完医生的解释，心情刚刚好转的他，一下子又变得沉重起来。他怔怔地看着女儿，伤心、痛苦全部涌上心头。

那段时间，张富清陪着女儿，内心一直经历着痛苦的煎熬。

自建珍长至 3 岁后，他这个当父亲的就很少在家陪过她。他也很想在家陪陪女儿，但总是抽不出时间，对女儿的愧疚、思念时常折磨着蹲点驻队的自己。

有一次，他已有很长时间没有刮胡子，回到家里，建珍呆呆地望着他，竟没认出他是谁。

“建珍，是你爸爸呀。”在一旁的孙玉兰提醒。

建珍一下反应过来，见眼前的人确实是日思夜想的父亲，就立即扑了上来，要抱抱。张富清将建珍抱在身上，她像一只叽叽喳喳的小鸟对他问这问那，许久不肯着地，此时便是父女俩最快乐的时光。每次当他离开家时，建

---

① 病毒性脑炎后遗症的症状是癫痫。癫痫病俗称羊角风，症状表现为运动、感觉、意识、植物神经、精神等不同障碍或可兼而有之，临床上表现为突然意识丧失，突然跌倒，四肢抽搐，口吐白沫或口中怪叫。

珍总会流露出难舍的目光，泪水不停地在眼眶里打转。

想起父女在一起的生活点滴，张富清背地里默默掉泪，他多么希望建珍能好起来，能再发出她那天真无邪的笑声，能再像以前一样伸开手臂兴奋地扑向自己，能再像以前一样“赖”在他身上不肯下来啊。

病魔无情地摧毁了张建珍的人生，从此她告别了她喜欢的校园、喜欢的课堂、喜欢的老师和同学。

病毒性脑炎后遗症不但夺走了建珍之后天真烂漫的生活，也给张富清的家庭笼罩上一层厚厚的阴影，对这个原本清贫的家庭来说，无疑是雪上加霜！但为了女儿的未来，张富清和孙玉兰下定决心：“哪怕是砸锅卖铁也要把女儿的病治好！”

从那以后，夫妻俩四处求医，为医治建珍的病花了不少钱。虽然看了很多医生，民间偏方也几乎用遍了，但都不见任何好转。

无情的病魔让建珍留下了严重的脑炎后遗症。由于大脑受损严重，从此她变得痴痴傻傻，时常瘫倒在地，四肢抽搐，生不如死。她的智力也始终停留在 6 至 7 岁，生活很难自理，落下了终身残疾。

两斤清油　情重如山

1963 年至 1964 年，三胡区狮子桥水电站的建设不仅让抽调来的社员在工地上挥汗如雨，也时刻牵动着集镇居民及周边老百姓的心。在指挥部的宣传发动下，一些集镇居民及附近社员在农闲时也三五成群地加入施工队伍，参加一些力所能及的义务劳动。

1964 年 8 月，水电站历经一年多时间的建设，已进入筑坝的关键时期，大坝的整体轮廓越来越清晰。一天，孙玉兰再次来到工地参加义务劳动。

狮子桥大队支部书记宋胜元等人见到孙玉兰，一脸惊讶，迎上前热情地打招呼：“嫂子，你咋来了？建荣、健全他们岂不是没人照看？”

“没事，锁家里了，建国带着他们一起玩儿。我来看看有啥我能做的。宋书记，看看哪有空缺？给我安排个事做。”孙玉兰对宋胜元说。

宋胜元看着眼前这位张副区长家的贤内助，不禁心生感动，心想目前工地上主要是抬石头等繁重的体力活，女同志吃不消，就让她发挥下特长吧。他对孙玉兰说：“嫂子，你去厨房帮忙做做饭，咋样？体力活还真不适合你，这次你得听我的。”

说起洗菜切菜、烧火做饭，孙玉兰可是样样拿手。孙玉兰望向不远处的简易工地厨房，冲宋胜元一笑：“好嘞，我听你的安排！嫂子今天给你露一手，尝尝我做的饭菜。”

说罢，孙玉兰拍了拍手，摆出要大干一场的架势。宋胜元将她带到厨房，给厨房的几个人做了交代。

工地厨房是搭建在工地附近的一个简陋棚子，已被熏得漆黑的棚子下面是用石头和泥巴搭建的原始灶台。镶嵌在灶台的两口大锅，一口用来煮饭、一口用来炒菜。灶旁堆放着一些干柴和红薯、南瓜等食材。砧板是直接放在地上的，旁边放着一个小板凳。

孙玉兰同厨房的几个人打过招呼，便轻车熟路地干起了活儿。红薯、南瓜洗切完毕，孙玉兰主动请缨要掌勺。身边的大姐看着她这股能干劲儿，乐呵地答应，连忙起身去烧火。

这是孙玉兰第一次在丈夫工作的地方做饭，能让丈夫和大伙儿吃上自己做的饭，她心里也是喜滋滋的。本想让大伙儿吃上一顿可口的饭菜，可眼前的现状又让她犯难了。

米袋里的米快见底了，油壶中的油早已经见底了。从旁边的大姐口中了解到，工地上吃的是用玉米粉、红薯及少量米煮成的“红薯玉米饭”，已有很长一段时间了。新谷还没收割，眼下正是青黄不接之时。厨房最缺的还是油，每天的炒菜用油已节省到了极限。

巧妇难为无米之炊，无奈之下，孙玉兰按照一定的比例，煮了一锅红薯玉米饭，又用油壶中仅剩的一点油，做了一锅有盐但几乎无油的水煮南瓜。考虑到没有其他的菜可以下饭，她盛出南瓜，将油壶刮了几遍，把刮出的一点油放入锅中，放入茶叶稍稍炸一下，再掺入一锅水，放入一些盐，熬了一锅“做法很不地道”的油茶汤。虽说是“油茶汤”，但几乎是清水汤，更像一锅茶水，离油茶汤的标准还差得远。

忙活了一个上午，饭做好了，孙玉兰抽身去工地寻找丈夫。张富清在工地上一眼就认出了妻子。孙玉兰见到丈夫朝她走近，迎上前去，准备道别回家。

与张富清同行的宋胜元急忙对孙玉兰说：“嫂子，你忙活了半天，怎么饭也不吃就走啊，工地也不差你的一口饭哪。”

孙玉兰急着解释：“家里还有孩子等着我去做饭呢，我就到家里吃，吃完了下午我还要来呢！”其实，孙玉兰在说这话时，心里想的却不一样，如果在工地上吃饭，总感觉是占了公家的便宜。况且大家本来都吃不饱，应该让干体力活儿的人多吃点。

见丈夫和工地的社员干着繁重的体力活儿，吃着无油的饭菜，一个上午，孙玉兰的心里都不是个滋味。

“干这么重的活儿，长时间吃着水煮无油的瓜菜，是铁人也受不了啊！”

张富清见妻子若有所思的样子，关心地问道：“怎么了？要不你就留下吃饭？”孙玉兰没有回答。她将丈夫张富清拉到一边，低声细语地对他说：“你们吃饭，一点油也没有，社员干那么重的活儿怎么受得了，我想把家里的两斤清油送到工地，让大家吃上点油，干活儿才有力气。”

张富清听妻子这样说，心里咯噔了一下，一下子不知怎么回答。

“你同不同意？说句话啊。”孙玉兰催促着丈夫。

“家里生活如果熬得过去的话，你就送来吧，我没意见，家里的事你做主。”张富清十分感动地对妻子说。

孙玉兰作出这样的决定，让张富清不能不感动。要说自己家不困难是假的，妻子没有工作，自己一人的工资要养6口人，况且还要给大女儿建珍治病等，他为自己有这样深明大义的妻子而骄傲。

“那就这么定了，我下午把那点清油送到工地上来。”孙玉兰对丈夫说，说完她不顾宋胜元等人的挽留就离开了。

回到家里，孙玉兰第一时间走到屋内的一个角落，在那里，她打开一个木箱，里面有一个小罐子，罐子里面装着两斤多清油，这是她辛辛苦苦积攒了近 3 年的“家当”。平时无论生活多么艰苦，她都没舍得动用，只有万不得已时才用它。

孙玉兰对着罐子怔怔地看着，突然小儿子张健全的哭声把她从思绪中唤回，她又将木箱锁上，一边照看健全，一边开始做午饭。

待孩子吃完午饭，孙玉兰再一次打开木箱看了许久，眼里露出些许留恋。

下午，孙玉兰提着装油的罐子，把两斤清油送到了工地厨房。管着后勤的大队会计张文科见她把自家的清油送到了工地，连忙对她说：“不行，不行！”紧接着，他跑去工地给大队书记宋胜元说了这事。

一会儿，宋胜元来到厨房，隔着老远他就大声地对孙玉兰说：“嫂子，你这样做不行，你家的困难大伙儿都是知道的。你没有工作，四个孩子都小，这么贵重的油送给工地，那你家怎么办啊？大伙儿承受不起，还是留着给孩子吃吧。”

孙玉兰对宋胜元和张文科说：“你们这吃饭，菜和汤都是清汤寡水，没有一点油腥，你们怎么干得了重活儿呢？我和老张商量了，把这点儿油送来，你们把油分下去，为水电站建设表示我们的一点心意。”

听她这么说，宋胜元还是不同意，要她把油提回去。

“该说的我都说了，既然送来了，哪有再拿回去的道理！”孙玉兰语气坚定地说。

见孙玉兰坚持不肯把油拿走，宋胜元等人只好把油收下。张富清、孙玉兰的高风亮节，让他们感动得无以言表。

次日，宋胜元安排张文科请人写了一封感谢信，做了一朵大红花[①]，准备下午放工后去孙玉兰家表示感谢。

---

① 当时的人们，不讲报酬，不讲奖金，只要能够得到一封感谢信、一朵大红花或一纸奖状就觉得是最高的荣誉和最好的慰藉。

下午工地放工后，宋胜元、张文科带着十多名施工社员，一路敲锣打鼓，来到了孙玉兰家。三胡集镇的居民不知道孙玉兰家发生了什么事，大人、小孩片刻将她家围了个水泄不通。

起初，孙玉兰也不明所以。人群中，宋胜元抬手示意，锣鼓声暂停。他先将一朵大红花戴在了孙玉兰的胸前，孙玉兰则一脸受宠若惊的表情，羞答答地戴上了大红花。

宋胜元大声地说："嫂子，这是你应该戴的，快让大伙儿看看。"然后当着众人的面，他一字一句地宣读起感谢信：尊敬的孙玉兰同志，感谢你为狮子桥水利水电站施工工地送来了两斤清油……

围观的人们此时才知道，孙玉兰不顾自家的困难，给水电站施工工地送去了两斤清油。当宋胜元读完感谢信时，人群中爆发出雷鸣般的掌声，经久不息。

"自家都快揭不开锅，还能想到工地上的困难，舍得把那么贵重的东西送出去，孙玉兰这个外地女同志真不简单。"集镇的一位老人见人就这么说。

此后，受孙玉兰的影响，狮子桥水利水电站施工工地食堂不时收到附近一些群众、三胡集镇居民送来的土豆、南瓜、冬瓜、辣椒等蔬菜。水利水电站的向世端也将自家唯一一块腊肉送到了工地。他说："张副区长为水利水电站的建设操碎了心，他家那么困难，都舍得把两斤清油送到工地，我作为水利水电站的一员，为建设出点力也是应该的。"

就这样，在大坝建设进入攻坚的关键时刻，大家捧土成墙，共度时艰，在建设工地上谱写了一曲互助互爱、无私奉献的最美赞歌。

身陷困境　艰难决定

1967 年的春天，对于张富清来说可不是春天，而是从来没有遇到过的"寒冬"。时任三胡区区长的他，同三胡区的几名主要领导一道，被作为"走资本主义道路的当权派"被打倒。此后，他被撤销党内一切职务，被扣发工资，只保留基本生活费。一家六口，突然失去主要的生活来源，让张富清夫妇成天忧心忡忡。

这一年，大女儿张建珍 12 岁，大儿子张建国 10 岁，二女儿张建荣 6 岁，小儿子张健全 5 岁。张富清被打倒后，一家人被迫从三胡区委的那间宿舍搬了出来，住进了一个四面漏风、摇摇欲坠的小木瓦房。

突然遭遇的多重变故，让张富清和孙玉兰无论是在精神上还是身体上都受到了极大打击。眼下的日子也越来越艰难，看着几个孩子都瘦弱到一根大筋挑着脑袋，身子越发单薄，夫妻俩的精神几近崩溃……

一天中午，张富清回到家，建荣和健全看见他回来，老远就都跑了过来，一个劲儿地翻他的衣袋，并对他说："爸爸，我饿！"张富清把他俩抱在身上说："好好，爸爸给你们弄吃的。"走进屋里，他看到妻子孙玉兰正愁眉苦脸地坐在那里发呆。

"怎么了？玉兰。"张富清关切地问道。

孙玉兰见丈夫回来了，叹了一口气说："没有吃的了，日子难挨啊。"

"一点都没有了吗？"张富清在屋内到处看了看。

"就只有一点红苕了，这几天都是吃那个，孩子都受不了了。"孙玉兰无奈地说。

看着四个又黑又瘦的孩子，张富清的内心无比难受。"暂时先到你师父家去借点米吧，孩子们都饿了。"他与妻子商量。

"也只好如此了，我多争取点活儿来做，再还上。"孙玉兰说着带上布袋便向师父严邦达[①]家走去。

张富清放下建荣和健全，开始生火。不一会儿，孙玉兰借回一小袋米。几个孩子看见后，都很高兴，奢望着能吃上一顿红苕饭。

随后，孙玉兰煮了一锅红苕饭。在吃饭的时候，张富清和孙玉兰盛饭时只挑着红苕块盛，少许米饭全留给了孩子。看着孩子们狼吞虎咽的样子，张富清若有所思，突然脑中闪出了一个念头："我现在是这种情况，全靠玉兰拉

---

① 严邦达后来成为张建国的岳父。1982 年，张建国与其三女儿结婚。

扯孩子，送个孩子到老家去！”他看了看孙玉兰，欲言又止，他怕妻子接受不了。

吃完饭，等孙玉兰收拾完毕，张富清把她拉到一旁鼓起勇气说：“照这样下去，几个孩子都不一定活得下来，我们把老二建国送回陕西老家吧，送到二伯家，那里还有外公、外婆等亲人，让他在那里生活，保住我们的一条‘根’！”

孙玉兰听他这么说，久久没有说话，她看着骨瘦如柴的建国，泪水像断了线的珠子似的流了下来。

“那就依你吧。”孙玉兰无可奈何地说。

见妻子同意，张富清便思考着如何将建国送走，此时他的内心也经历着无比痛苦的煎熬。儿子建国还不到10岁，懂事听话的他，时时处处都在为母亲分担着家庭的重担，打柴、挑水、做饭、照看弟弟和妹妹……父亲不在家，他俨然已成家中的“二把手”。

“妻子怎么舍得让建国离开呢，这不是割她的心头肉吗？”张富清感到非常痛心、内疚，也非常自责。

自打同意丈夫将建国送回老家后，孙玉兰再看建国时，眼神中就多了一份不舍和忧郁。建国也察觉到父母与往常不一样，但他不知道家里到底发生了什么事。

第二天早上，孙玉兰心事重重地来到了手工联社，师父严邦达察觉到了她的异样。“玉兰，家里出了什么事？怎么眼睛也肿了？”严邦达关心地问道。

“没有什么事情。”孙玉兰对师父小声地说。

“不可能，我还不知道你的个性？家里没有发生大事，你不会是这个样子，有什么事情给我说一下，看能不能帮上忙？”热心的严邦达追问道。

经不住师父的一再追问，孙玉兰向他道出了实情：“我们家老张处于现在这个情况，再这样下去，几个孩子都难养活，我俩商量，准备把建国送回老家去。”

“这么小的孩子离开了父母怎么行呢？你们怎么忍心送走他？生活实在

困难大家帮，相信饿不死！你家老张走没？我去和他说。”严邦达火急火燎地说。

“他还在家吧，今天打算向革委会请假，回老家一趟。”孙玉兰回答。见师父这么说，她又犹豫不定了，作为一个母亲，她怎会舍得将儿子送走。

“我去给他说！”严邦达说完，赶紧出门去找张富清。

经过一夜的反复考虑，张富清心意已决。他去向区委革委会请假，想办法借点钱把张建国送回老家。

在区委大院门口，严邦达遇上张富清并对他说：“听说你俩想把老二送走啊，那怎么行？孩子还那么小。”

“如果不送回老家，在这儿不一定养得活，我现在又是这个情况。”张富清无奈地说。

“我建议你还是不要把他送回老家，那么小，多可怜，情况会好起来的，即便有困难，我们也都会拉把手。”严邦达直率地对张富清说。

…………

一来二去，两人站在一起交谈了很久。在严邦达苦口婆心地劝说下，最终张富清接受了他的建议，答应不把儿子张建国送回陕西老家。严邦达当即表示，有困难大家一起想办法，他不会置之不理。

在往后的日子里，孙玉兰从手工联社接下更多的活儿，没日没夜地加工，争取多一点收入补贴家用。严邦达对张富清家十分照顾，给予了很多帮助。三胡集镇的一些居民和周边的一些老百姓也记得张富清的好，隔三岔五地偷偷送来米、面、油及蔬菜。很多时候，孙玉兰早上一开门，便发现自家门口放着一些米、面和蔬菜，她也不知道是谁送来的。这让孙玉兰十分感动，她暗下决心，即使日子再艰难，她也会把几个孩子拉扯大。

全家福照　独缺父亲

1968 年，张富清再次蒙冤，有人欺负他是外地人，诬陷他谎报个人历史，谎报个人成分。在那段特殊的时期，他百口莫辩。随后，他被扣上“五类分子”[①]中反革命分子的帽子，下放到三胡区最边远的生产队进行监督劳动改造[②]。妻子孙玉兰拉扯着四个孩子在三胡集镇胡家沟艰难度日。

1968 年 8 月，为方便三胡区老百姓照相，县城一名照相馆的师傅来到三胡集镇胡家沟，临时找了个地方暂住下来，为这里的居民和周边大队的群众集中照相。

在这个交通闭塞的地方，照相对这里的人们来说是一件很稀罕的事情。照上一张全家福，是很多家庭的愿望。如果能照上一张单人照，那更是许多人的奢望，拿到照片不知要到处炫耀多久。

这位师傅将暂时居住的地方布置成临时照相馆，虽然条件简陋，但来这里照相的人很多，特别是逢上赶集日，照相还要排起长长的队伍。渐渐地，照相馆成了一个热闹的场所，一些大人、小孩经常聚集在那里看热闹。

一天，张建荣和弟弟张健全到照相馆旁玩耍。他俩看到一些同龄的小伙伴和父母一起来照相，也跟随他们一起走进照相馆看热闹。在一处印着“毛主席头像的书，发出万丈光芒”的背景布前，那些小伙伴和家人在镜头前摆着各种姿势，照相师傅不断地说着：“注意了，不要眨眼睛，好好，就这样……”随着“咔、咔”几声快门按下的响声，这些家庭就都照了全家福，有几个小伙伴还单独照了相。张建荣姐弟俩看得心里直痒痒，双眼闪烁着渴望、羡慕的目光。

“我们回去给妈妈说，也来照相吧。”张建荣对弟弟说。“好，我也想照。”张健全迫不及待地说。

姐弟俩一路小跑回到家里，见母亲孙玉兰正准备出门，他俩一人拉着她的一只手央求地说：“妈妈，我们也去照一张相吧，可神气了，好多小伙伴家里都照了。”

孙玉兰见俩孩子一副可怜的样子，心里仿佛被什么东西刺了一下。她何

---

① “五类分子”是对地主、富农、反革命、坏分子和“右派”五类人的合称，即“黑五类”。

② 监督劳动改造：即在群众的监督下，在生产队劳动，按时汇报思想，外出要请假。

尝不想一家人去照一张合影，但听邻里说照相的价格不便宜，现在家里有时都揭不开锅，实在是拿不出多余的钱去照相。另外，丈夫张富清下到生产队劳动，已经很久没回家了，照全家福怎能少了他！

“等爸爸回来了，我们一起去照。”孙玉兰对孩子们说。

“我好想爸爸快点回来，现在就去照相。”建荣自言自语。

孙玉兰看着她急切的样子，心里很不是滋味。

前几年，丈夫因为工作忙，一年到头在家待不了几天。4个孩子相继出生，夫妇俩就一直想找机会到来凤县城去照一张全家福，可这想法一直到现在都没有实现。如今4个孩子都长这么大了，一家人都还没有照过一张合影。

“富清，你在那里还好吗？想不想我和孩子？”丈夫几个月没有回家，让孙玉兰十分牵挂。

突然一个念头在她脑中浮现：“我和孩子们为何不去照张相？他想我们的时候可以看看照片呀。至于钱的事儿，找人借点，待自己手头做的货交出去后，再还上。”

想到这，孙玉兰连忙对几个孩子说：“不等你爸爸回来了，妈妈答应你们，也去照相。”

几个孩子见母亲突然改变了主意，答应去照相，高兴地跳了起来，口中直呼：“照相啰，照相啰！”

看见孩子们蹦蹦跳跳的样子，孙玉兰露出了久违的笑容，心想再苦再难，也要满足一次孩子们的心愿。她进屋找出四个孩子平常最好的衣裳，让他们穿上，犹如过年一般，把每个孩子都收拾得整整洁洁的。她自己也穿上平时舍不得穿的那件白衬衣。孩子们第一次见母亲穿得这么漂亮，对她看了又看，仿佛不认识一般。

穿戴完毕，孙玉兰领着孩子们去照相馆。建荣、健全照相心切，几乎是一路“冲”了过去。

照相馆的师傅见孙玉兰带着几个孩子来照相，热情地将他们带到背景布前，让他们站好，并摆好姿势。正当他要按下快门时，看见建荣和健全突然

1968 年 8 月 27 日，张富清家照的一张缺少他的“全家福”

背转身对母亲孙玉兰说着什么，他走上前去问明缘由。原来建荣和健全嚷嚷着也要像先前照相的小伙伴一样，拿着一本毛主席语录小册子照相。照相师傅开着玩笑说：“你俩那么小就知道学毛主席语录，听毛主席的话，长大肯定要做毛主席的好战士呢。”说完，他拿出两本小册子递给二人。建荣和健全很自豪地拿着小册子，重新摆好了姿势。

照相师傅抓住时机，按下快门，4 个孩子和孙玉兰如愿以偿地照下了这张缺少父亲张富清的“全家福”，这是他们幼年时期与母亲的唯一留影。

照完相，孙玉兰叫照相师傅洗两张照片出来，她打算家里留下一张，另一张则托人给张富清带去。

9 月初的一天，张富清收到孙玉兰托人带来的照片，他感到特别高兴，对照片看了又看，摸了又摸，仿佛妻子和几个孩子来到了他的身边。从此，他把这张没有自己的合影照视为珍宝，放在自己随身携带的一个包里，在劳累和寂寞的时候，就拿出来看一看、摸一摸，一切疲惫和烦恼就会随风而去。

儿女“探望” 父爱无声

1969 年 8 月底，立秋时节的空气中夹杂着一丝清凉。熟悉的三胡集镇少了往日的自在安闲和热情亲昵，每当张建国走过街道时都备感拘束局促，不禁低着头避开他人的异样眼光。

已到胡家沟小学开学时期，建国即将升入小学四年级，建荣、健全也一同准备进入小学一年级。学校报名时，已经明事理的建国见父亲张富清处于那种情况，又长期不在家，母亲孙玉兰一人忙里忙外，十分艰难。他对母亲说："妈，我不想读书了，在家帮你做事吧。"

"是学校有人欺负你，还是有人不让你读书？"孙玉兰见儿子有这个想法，连忙问他。

"没有，主要是爸爸处于这个状况，你那么累，我想在家帮忙。"建国说出了内心的真实想法。

听了儿子的话，孙玉兰心里有些犯难了。家庭的实际情况的确需要有个人帮帮她，哪怕帮上一点儿。但建国才12岁，不读书也不行啊。她正犹豫不定时，恰好当天丈夫张富清有事请假回了趟家。得知情况后，张富清果断地对她说："怎么能不读书呢？一定要让几个孩子读书，不能因为我的事耽误了他们！"小时候没能踏入过学堂的张富清，参加革命工作后有幸获得两次学习文化的机会，深知文化知识对一个人成长的重要性。"家里再困难，也不能误了孩子上学读书。"他再三对孙玉兰强调。

孙玉兰十分理解丈夫的想法和心情，答应丈夫不管日子多苦多难，都不会误了孩子上学读书。随后，建国三兄妹都相继踏入了学堂。

孙玉兰在家咬紧牙关，省吃俭用，省下一点是一点，留作孩子的学费。每当临近开学时，她时常为凑齐三个孩子的学费犯难，不得已时甚至找邻居东拼西凑。有人见孙玉兰如此执着，虽心生怜悯，但也忍不住地劝导她说："你看，在我们乡下，只有鼎罐煮'馒馒'[①]，哪有鼎罐煮文章？饭都吃不上了，还读什么书哟？"在这些人眼里，送孩子读书远不如让其打柴务农和做家务重要。但孙玉兰始终遵照丈夫的嘱咐，坚定地送孩子上学。

由于是"黑五类"分子的子女，在学校读书期间，三兄妹多多少少地被同学贴过标签，受到过排斥、白眼甚至欺辱，在他们年幼的心里埋下了阴影。孙玉兰心疼孩子们，也明白孩子们在学校的处境，于是经常教育和开导他们。三兄妹在母亲的教导下，潜移默化地学会了包容和隐忍。他们将委屈化作学习的动力，不仅学习成绩一直很优异，而且每一个人的身上都有一种超越年

① "馒馒"是当地方言，意思是指饭。

龄的成熟。

“文革”将一家人生生地分离，长久地置于两地，隔空相望。尽管如此，但浓浓的亲情和无限的思念始终割裂不了。

1970年3月的一天，学校放假两天，三兄妹帮母亲孙玉兰做针线活儿。一家人正埋头忙活，建荣突然问母亲孙玉兰：“妈妈，爸爸什么时候回来？我好想他啊！”她嘴里吐出“爸爸”二字时，声音不禁颤抖，眼泪也不禁浸湿眼眶。

建荣刚说完，建国、健全也异口同声地说：“我也想爸爸！”“我也想见爸爸！”

孙玉兰见几个孩子都说想父亲，情绪一激动，鼻子一酸，眼泪差点掉了下来。她赶紧转过身去佯装拾东西，不让孩子们看到她流眼泪的样子。她又何尝不思念丈夫呢，平日里只能装作云淡风轻的样子，带着孩子重复着简单平淡的生活，很少向孩子提起他们的父亲。

但孩子不会压抑自己的感情，经常问她：“爸爸为什么不回家？”“爸爸什么时候回来？”

唉，孩子们已经很久没有见到他们的爸爸了，长久的分别将思念拉得很长很长。丈夫不在家终究还是显得空荡和冷清。虽然这几年里，她和孩子们已习惯他不在家的日子。

“妈，我想去看看爸爸！”建国打断了母亲的沉思。

“我也要去。”“我也要去。”建荣、健全争先恐后地说。

“不可以。你们还小，我不放心！”孙玉兰如往常一样，一口回绝。

孩子们哀求着，眼中流露出失落，孙玉兰再次陷入纠结之中。丈夫近一年没有回家了，不知道他在那里过得怎么样？她无时无刻不在牵挂着，孩子们也非常想念他。

建国见母亲不同意，便安抚着妹妹、弟弟说：“爸爸说不定哪天晚上就会回来。”他知道父亲在之前下乡驻队时，经常是晚上回到家里。

见建国安慰弟弟、妹妹，孙玉兰突然意识到建国长大了，瞬间她有了一个想法："孩子们经常念叨着去看他们的爸爸，建国懂事了，就让他带建荣、健全去看看吧，应该不会出什么意外。丈夫很久没见到孩子了，在那肯定也很想念他们。"

孙玉兰犹豫再三后作出决定，她在建国耳边细声地说："建国，下午你带妹妹、弟弟去看你爸吧，把你爸的那套旧衣服也带去。"建国见母亲同意了，掩饰不住内心的喜悦，蹦跶起来，对妹妹、弟弟说："你们听我的话，就带你们去见爸爸！"建荣、健全迟疑地望向母亲，见母亲微微点头，一下子都高兴得跳了起来，一边跳一边兴奋地喊着："哦！哦！去看爸爸啰……"

出发前，孙玉兰担心建国不记得路，反复提醒要怎么走，其实建国早已心中有数。孙玉兰一再叮嘱建国，路上要照顾好建荣和健全，路上要防恶狗咬人，若有人问你们去哪儿，就说是去李家院子走亲戚。

建国带着弟弟、妹妹从三胡集镇出发，朝着父亲住的地方——三胡四季沟李家院子走去。

每路过一户人家时，建国就得准备着一根木棍，以防被蹿出的恶狗追咬。三人沿着弯曲的山间小道，一路翻山越岭，路过了一些人家。其间，一条恶狗蹿了出来，差点咬了建荣一口，建国很机灵地将恶狗打跑。一个多小时后，三兄妹都走得汗流浃背，筋疲力尽，特别是不到 8 岁的健全感到越来越吃力了，步伐也渐渐地慢了下来。建国见妹妹、弟弟行走吃力，于是便走一程，歇一脚，踉踉跄跄地到达了四季沟。

当走到离李家院子还有一段路的一户人家时，天色已渐渐暗了下来。这户人家的女主人见三个小孩正吃力地拖着步子在路上行走，便问他们是谁家的孩子？准备到哪去？张建国心有芥蒂，支支吾吾地回答说是去李家院子走亲戚。

一阵儿交谈后，女主人问建国："你们的爸爸是不是张富清？"

张建国没有回答她。女主人见建国没有否认，已大致猜了个明白。她热情地对兄妹三人说："你们的爸爸是个好人，也是个老实人！你们在这歇一下，我家蒸了红苕，你们吃些填填肚子，一会儿我送你们去李家院子。"说罢，女主人便叫丈夫取出一些蒸好的红苕，给建国三兄妹吃。

面对此番热情，建国三兄妹不知如何感谢，心里满是感激。建国从女主人的口中得知，父亲张富清曾经帮助过她家，她一个劲儿地念叨着父亲的好。这让建国内心忍不住为父亲感到委屈，鼻子像闻到青橘一般酸酸的。

三兄妹吃完红苕，女主人和丈夫准备了两个火把，背上建荣和健全，带着建国一起朝着李家院子走去。一行人踩着寂静的夜色，交谈声萦绕在沉睡的山间丛林中。不到半个小时，他们已到李家院子李国明家，张富清就住在那里。建国按捺不住内心的激动，本想告知弟弟、妹妹马上就能见到爸爸，结果他发现弟弟、妹妹已经在那夫妇俩的背上睡着了。

微黄跳跃的烛光映照在窗户上，屋内传出稀稀疏疏的说话声。此时正赶上李国明家吃晚饭，女主人的丈夫在外喊了一声："张哥，在屋里没？"

屋内传来一声："在在在，你哪个？快进屋。"

建国听见熟悉的声音，这就是久违的父亲的声音。门开了，暗黑中一个瘦弱的身影走了出来，建国一看便知是父亲。

"爸爸。"建国叫了一声。身边的夫妇在旁补充道："是你儿女看你来了，张哥。"

"建国！"张富清惊喜地喊了一声，声音带着细微颤抖。"你咋来了？快请叔叔、阿姨进屋坐。"

走上前来，张富清发现建荣、健全趴在夫妇俩的背上睡着了，连声道谢，感谢他们把孩子送来。

时隔近一年，张建国见到的父亲，仍穿着下乡前的黑色旧衣服，蓬头垢面，任由胡须在脸上放肆，整个人一副不修边幅的样子，让他感到既熟悉又陌生。

随着屋里的一阵热闹声，张富清和李国明从那夫妇俩背上抱下建荣、健全时，两人才从睡梦中醒来。夫妇俩没有坐，随即便道别转身回家，张富清将他们送出了门口。

"建荣，健全。"张富清来到他俩身边轻言细语地叫了一声。

建荣、健全睡眼惺忪，怔怔地、怯生生地看着他。他俩没认出眼前之人就是日思夜想的父亲。建国轻拍了一下弟弟、妹妹说：“这是爸爸！快叫爸爸。”

姐弟两人迟疑着相继叫了声：“爸爸……”

一股莫名的心酸涌上了张富清的心头，不知不觉已泪湿眼眶，他伸出双手，建荣、健全立即扑进了他的怀里，再也不想离开。

一阵儿熟络后，张富清和孩子们很快恢复了往日的欢声笑语。此刻，他内心有一种说不出的高兴，所有的烦恼都因孩子们的到来而烟消云散。

房主李国明和妻子姚碧香都替张富清感到由衷的高兴，他们与张富清相处近一年了，从来没见他这么高兴过。

自张富清下放到他们生产队劳动，住到他们家后，夫妻俩看到他的做事和为人都特别实在、贴心，他们对张富清打心底里佩服、敬重。

张富清平时乐观豁达，从容淡定，一句牢骚话都没有，和生产队的群众上至老人下到小孩都相处得很融洽。日常种庄稼、种菜、喂猪、挑谷、扛重物，什么重活儿、累活儿都干。生产队哪家有困难，他都竭尽所能去帮。前不久，李国明和另一名群众挑油柿子到来凤县城去卖，他还将自己仅剩的一斤粮票和一元钱给了他俩，让他们在城里吃了午饭再回。平时，李国明等人在和张富清的交谈中，能感受到他虽然处于逆境和困难之中，但他对党对国家始终忠诚，从来没有任何怨言。他经常挂在嘴边的口头禅是：“我们都要相信党，相信国家，困难很快就会过去的！”生产队和周围的群众在茶余饭后的闲聊中也经常提起他，都说他是个忠厚老实人，一个大好人。

对于张富清来说，自从下到生产队后，置身于最基层的普通劳动者之中，在这里他找到了自己的根。在逆境中，他不仅感受到了人民群众带给他的温暖，也收获了劳动的快乐。

姚碧香见三个孩子既可怜又可爱，一边一个劲儿地夸赞孩子，一边去给孩子们盛了玉米红苕饭。孩子吃完后，她还去屋里给每人抓了一把花生。

久未相见，张富清和孩子们有聊不完的话题。在建国眼里，此时的父亲一改往日的严厉形象，像一个邻家哥哥般亲切。张富清问了家里的情况，也问起了三兄妹的学习情况。三兄妹争相给他做了“汇报”，孩子们你一言我一语，时不时惹得他大笑不止。

让张富清最牵挂的还是孩子们的学习情况，三兄妹虽给他做了“汇报”，但到底情况怎么样，他还得亲自检查检查。于是，他对孩子们说：“我给你们出一些题，看你们答得对不？”

三兄妹都一致说好。随后，张富清给他们出了一些语文题和数学题，几个孩子都对答如流。见孩子们读书很用功，张富清既高兴又欣慰。他对孩子们说：“你们读书用功，是爸爸最高兴的事，我不在家，你们在家里要听妈妈的话，在学校要听老师的话。你们回家告诉妈妈说我在这很好，让她不要为我担心。我的情况也是暂时的，要相信我们的党，相信我们的国家。”三兄妹都懂事地点了点头。

李国明一家在旁忙完家务活后，已到平日休息的点。在农村，为节约煤油，通常早睡早起。张富清见孩子们均已困倦，于是让建国同他一起睡，建荣、健全同李国明家的小孩睡。

建国跟着父亲前往平时睡觉的地方，那是李国明家的吊脚楼。刚走到那里，建国就闻到了一股股牛粪、猪粪的臭味。进屋后，在煤油灯的光亮中，建国看见父亲在吊脚楼的木板上打了一个地铺，没有密封的木板下不时传来猪、牛的叫声，牛粪和猪粪的臭味充满了整个房间。同父亲一同睡下后不久，建国发现被子中有很多跳蚤，脸部有蚊虫开始叮咬他。走了半天的路，虽然很疲惫，但跳蚤、蚊虫的叮咬，还是让他辗转反侧难以入睡，而此时的父亲可能因劳累和习惯早已打起了鼾。被蚊虫、跳蚤几乎折磨了一晚，建国终于在迷迷糊糊中睡着了，等他醒来后，已不见父亲，床边放着一包新鲜的茶泡[①]。

李国明的父亲告诉他说：“那包茶泡是你爸爸一早上山为你们摘的，他已上工去了，厨房里给你们留了早饭，快去吃吧。”

---

① 茶泡是茶树上茶子（果实）的变异体，可以吃，果肉特别厚，味甜，松脆，很爽口。

三兄妹吃完早饭，便带着那包茶泡依依不舍地准备回家了，李国明的父亲送了他们一程。此次和父亲相聚，虽然时间短暂，但在三兄妹的心目中显得尤为珍贵。

回到家里，张建国将看望父亲的过程和父亲的情况告诉了母亲，孙玉兰听完后长叹了一口气，对丈夫张富清更加挂念。她坚信丈夫是个坚强的人，能够战胜各种困难，能够早日回到家中。看着眼前的几个孩子，孙玉兰重新收拾好心情，又开始忙碌起来。

新买棉袄 送给他人

1971 年，9 岁的健全和 10 岁的建荣在同一个班级，就读于胡家沟小学三年级。这年立冬后不久，三胡区迎来了一个格外寒冷的冬天。一天晚上，凛冽的北风不断嘶吼着，静夜里积雪压垮树枝的声音格外清晰。孙玉兰和孩子们挤在一床，相互取暖，挨过了极为寒冷的一夜。

第二天，天微亮，孙玉兰便起早做饭。推开门，只见门外漫天大雪，胡家沟一带的山头已是白雪皑皑。由于气温骤降，地冻天寒，孙玉兰不禁打了一个寒战。她用火钳刨开掩埋在火坑中未熄尽的火星，引燃油灯，点旺灶中的柴火。

做好早饭，孙玉兰一个劲地催促孩子们赶紧起床，并叮嘱孩子们多穿一点。建国平时穿的是父亲的旧棉袄，建荣则穿的是大姐建珍穿不了的一件旧棉袄，可健全没有棉袄，只能多套了几件哥哥、姐姐穿不了的旧单衣。考虑到姐弟俩下身均是薄棉裤和单鞋，孙玉兰担心姐弟俩在学校冻着，于是让建国将家中的一个破洋瓷洗脸盆，用钉子在边沿扎了几个眼，穿上几根铁丝，临时给弟弟、妹妹做了一个简易火盆①。孙玉兰将火炉中的柴火夹入盆中，并往火盆里夹了些不容易熄灭的木炭及茶枯，让姐弟俩提到学校去，两人轮换着取暖。

---

① 20 世纪六七十年代，在来凤农村小学读书的小学生，家庭条件普遍较差，寒冷的冬天没有什么保暖的衣服可穿，只能靠火盆烧柴或烧炭取暖。

下午放学后，建荣提着火盆回到家里，火盆中的木炭早已全部燃尽，没有了一点火星。健全跟在后面，被寒风吹得瑟瑟发抖，脸、手都被冻得毫无血色，生有冻疮的地方皮肤粗糙且红肿，鞋子也几乎湿透了。

“妈，好冷！”声音颤抖的健全回家后，第一时间便坐在火坑旁烤火。见儿子冻得直哆嗦的可怜模样，孙玉兰十分心疼。她摸了摸儿子穿的衣服，发现都是纽扣在胸前正中的对襟衣，加之衣服偏大一号，寒风直往衣服里边钻，难怪儿子的肚皮都是冷飕飕的。

孙玉兰不禁责怪自己粗心大意，同时内心很是愧疚：“健全一直都是穿哥哥、姐姐的单衣，冬天只是多穿了几件，一直没有给他买棉衣，今年冬天这么冷，还是得给他买一件棉衣才行，不然身子都要冻坏了。”孙玉兰盘算了一下家庭的必需开支，省着点用还是能够挤出一件棉袄钱的，她决定去供销社给健全买一件棉袄。

“你们几个在家烤火，我出去一趟。”孙玉兰对几个孩子说。她没说出去做什么，想着给健全一个惊喜。出了门，孙玉兰迎着寒风和雪花向集镇供销社快步走去，不一会儿就到了。见她来买小孩的棉袄，售货员给她推荐了一款花棉袄。她拿在手上仔细查看了一番，见这款棉袄的尺寸很适合健全，便付了钱拿着棉袄回家。此时，雪越下越大，寒风吹打在孙玉兰的脸上，让她感到窒息。当她路过住在三胡手工联社旁边的滕祥云[①]家时，听到屋内传来一阵大人、小孩的哭声。“莫非祥云家发生了什么事？”屋内的哭声让孙玉兰停住了脚步，她走到滕祥云家的房前并敲门。不一会儿，门打开了，只见滕祥云眼含泪水怔怔地看着她。“怎么了，家里出了什么事，祥云？”孙玉兰关切地问道。

“唉！今天崽崽娃儿在学校冻得走不了路，我才去接了回来，他看到我后就一直哭个不歇气。”滕祥云心疼地说。

---

① 三胡区胡家沟一个生产队的群众，丈夫常年卧病在床，家庭生活十分困难。孙玉兰在手工联社做事时，和她相识并熟络。她的儿子和健全同龄，也是同班同学，两人十分要好，经常在一起玩耍。

孙玉兰走进屋内，看见一个小男孩正在火坑边不停地哭泣。让她感到震惊的是，这么冷的天，他身上仅穿着一件旧单衣，衣服上的纽扣已掉光，一条稻草索在腰中系着。她蹲下身仔细一看，孩子的脸、手、脚冻得比健全还要厉害，虽然烤着火，但整个身子依旧缩成一团，不由自主地打战，脏乎乎的脸已哭花。旁边还有一个小女孩，蜷缩成一团，情况和男孩差不多。

孙玉兰摇了摇头，叹了一口气说："这么冷的天，孩子穿得那么少，真是造孽！"

"家里没有衣服了吗？"她问道。

"哪里有啊，这几年我那口子病成这样，做不了活儿，吃的都没有，哪有钱买穿的！我也是伤心哪……"滕祥云说着说着，又开始抽泣起来。

对于她家的这种情况，孙玉兰深感同情和无奈。她看了看眼前的孩子，又不由自主地看了看手中刚买的棉袄，随即作出了一个决定。"我刚才在供销社买了一件棉袄，给你家孩子穿吧！孩子和我家健全一样大，穿着合适。"孙玉兰说着便将棉袄披在那男孩的身上。

"那使不得，使不得啊！玉兰姐，你家也困难，这棉袄给我的孩子，健全咋办？我还能想办法的……"滕祥云一个劲儿地推辞。

"不要紧，我家健全有衣服，他哥哥、姐姐还有些旧衣服可以穿。祥云，拿着吧，莫把孩子冻坏了……"孙玉兰说着已将棉袄给小男孩穿上，小男孩停止了哭泣，眼中露出了惊喜的目光。

"玉兰姐，你真是好人啊，叫我怎么感谢你呢……"滕祥云见盛情难却，眼泪再一次哗地流了出来。

"有困难大家帮，我家也有很多困难是大伙帮着解决的。"孙玉兰也忍不住地落泪，说完，她便回家了。滕祥云目送着孙玉兰离开，直到她的背影消失在风雪之中。

孙玉兰回到家里时，健全和哥哥、姐姐正围在火坑边烤火。

"本来健全是有新棉袄的，可现在却没有了。"孙玉兰感到内疚。

"健全没有棉袄，也没有钱再买了，怎么办？"孙玉兰反复问自己。她急得在屋内来回走动，猛然间，她想起自家还有一顶烂蚊帐，脑中灵光一闪，有了主意。“把用不了的烂蚊帐剪下几块，染上颜料，中间铺一层旧棉花，再用缝纫机把它缝紧，这样不就可以给健全做一件‘棉袄’了吗？”孙玉兰为自己想到这个办法而兴奋，反正自己是裁缝，不需要求别人。她找出烂蚊帐，立即裁剪起来。凌晨三点多钟，一件新“棉袄”便在她裁、剪、铺、染、缝等多道程序中完成了。第二天早上，健全欣喜地穿上“新棉袄”，虽然款式很“土”，但穿着很暖和。吃过早饭，他和姐姐建荣高高兴兴地上学去了。

不久，张富清请假回家探望，孙玉兰将买的新棉袄送人及自己的“发明创造”告诉了丈夫。张富清深情地对妻子说：“玉兰，你做得对，辛苦你了，我帮不了你，也帮不了家庭，真是对不起你，但我相信困难很快就会过去的。”

“你在那儿要保重好身体，家里的事有我呢！我和孩子等你平安回来。”孙玉兰坚定地对丈夫说。

一封家书　千里解围

岁月无痕，沧桑有迹，时间一转眼间来到了 1974 年的第四个季度，国家的政治风向出现了向好的端倪，也即将迎来充满希望的春天。

张富清自 1967 年被扣上“反革命分子”的帽子后，下放到三胡区狮子桥四季沟、深坨、长太平、桐麻坪、文坪等地监督劳动改造已近 7 年。其间，他与外界几乎失去了联系。

1974 年 10 月中旬的一天上午，住在桐麻坪大队的张富清像往常一样下地劳动。一名邮递员找到他并对他说：“你有一封信，我给你送来了。”

“我有一封信？是谁写来的？我已经多年没有收到过信了！”张富清纳闷着接过信，第一眼便看到了信封上的几行字，“寄湖北省恩施地区来凤县三胡区，张富清收，陕西省汉中地区洋县马畅双庙大队张茂茂”。

是二哥寄来的信！张富清顿时激动得不知所以，一双手不停地颤抖。他手忙脚乱地拆开信封，发现里面不仅有一封信，还有一份证明及一份报功书[①]，他先打开信迫不及待地看了起来。

“元生弟，惊闻你在湖北来凤被划为‘反革命分子’，没了工作。我在村里给你打了一个证明，连同当年部队寄给家里的一份报功书给你寄来，希望能证明你的清白……”张富清一口气看完了信，泪水悄无声息地从眼中涌出，润湿了指间的信笺。泪眼蒙眬中，他的思绪一下子回到了14年前，母亲去世的前后往事一幕幕地仿佛浮现在眼前。

1960年4月底，母亲张周氏卧病在床，张茂茂多方求医，病情一直不见好转，他对母亲说：“发电报叫元生回来看看你吧，你也很想他。”

“不让他回来，也不要对他说我病了，他是公家人，工作肯定忙，那么远，回来一趟耽误他的工作。”母亲连忙对张茂茂说。平时，这位深明大义的母亲就以小儿子元生能为国家做事为荣。她常对张茂茂、张润莲等人说：“元生自小在外面吃了不少苦，现在成了国家干部，在外地工作，照顾不了我和家里，你们要多理解他。”

到了5月中旬，张周氏的病情突然加重，既吃不下饭，也喝不进水，每天陷入深度昏迷中。张茂茂、张润莲等人日夜守候在她的床边。昏迷之中的她一直不停地在小声叫着：“元生，元生……”见此，张茂茂连忙给远在湖北来凤县的兄弟张富清发了一封电报，叫他火速赶回老家见母亲最后一面。

张富清接到电报，心急如焚，但因工作脱不开身，没有回家，便给二哥回了电报，并汇去200元钱。

张茂茂收到弟弟的电报后，他和妹妹张润莲都感到生气。“母亲一直不停地念叨着‘元生’好几天了，而他居然说工作忙不能回来！都这个时候了，到底是工作重要，还是自己的母亲重要？那么多年都不在母亲身边陪伴尽孝也就罢了，现在母亲病危，最大的奢望就是想见他最后一面，他都不回！”

① 指1948年12月西北野战军寄到张富清家中的那份特等功报功书。1954年6月，1958年12月，张富清两次回家，他的母亲、二哥和妹妹都不知道报功书的分量，也没有对张富清说起此事，这份报功书就一直在他的老家保存到1974年。因他的母亲、二哥和妹妹均已过世，报功书接收的过程无从知晓。

看着母亲仍旧不停地叫着“元生”，张茂茂、张润莲等人心中不是个滋味。他们不知怎么给母亲说，只好给她编造了一个善意的谎言：“娘，元生已经在回家的路上了。”张周氏听儿女们这样说，眼睛突然睁大了些，露出了期待的眼神。但又是好几天过去了，元生一直没有出现，她的眼神暗淡下来，但嘴里一直不停地小声念叨着“元生”，最后她张着嘴已经发不出任何声音，一双眼睛一直睁着，眼角时不时地挂着泪水，挂满想念。待眼泪流干后，她最终带着未见到儿子元生的遗憾离开了人世。

母亲去世那天，张茂茂再次给张富清发来电报，告诉他母亲已经去世，叫他立即回家办理丧事。

接到电报，张富清考虑到抗旱工作及路途遥远等因素又没有回去，并给张茂茂回了电报。

处于悲痛之中的张茂茂见到弟弟发来的电报，一股怨气涌上心头，当即就把电报给撕了。在场的亲朋好友见此，都纷纷摇头，责怪张富清变了，变得不知孝道，就连自己的母亲去世都不回家。张富清的岳父孙瑞祥、岳母高易华见女婿、女儿都不回家，深感失望。

母亲入棺时，眼睛仍旧睁着，没有闭上。张茂茂含泪用手把母亲的眼睛抹闭上。送殡的亲朋好友，都知道这位一生劳苦的母亲，至死都在牵挂着在外未回的小儿元生，没有见上一面，死不瞑目啊！

自那以后，张茂茂及亲朋好友与张富清就很少有书信来往了。张富清给二哥写过几次信都石沉大海。他内心明白，哥哥张茂茂等亲人在母亲病重及去世这件事上，对自己是有很大的意见的。

毕竟是血缘关系，浓浓血脉千里连心，久未相见的亲人始终在相互挂念着。随着时间的流逝，张茂茂理解了弟弟张富清当年的工作处境，对他也没有意见了，还经常念叨着他一家。张富清在内疚之中也时常思念着远方的亲人，夜深人静时一想到母亲去世而未能归家就泪满眼角。无数的爱、恨、悔、苦、怨、忧……在心中交织如麻，挥之不去。

转眼间已是 14 年过去了，张茂茂对远在湖北的弟弟张富清越来越思念。

“元生一家过得还好吗？怎么多年他不回来？也不见他的来信？”张茂茂时常对妻子方娟凤及妹妹张润莲念叨。1974 年 10 月的一天，通过多方打听，张茂茂终于得知弟弟张富清在来凤县被划为“五类分子”中的“反革命分子”，下放生产队劳动已多年了。

“我们上几代都是穷苦人家出生，解放后我们的成分也是划的贫穷，怎么会把他划为‘反革命分子’呢？”张茂茂百思不得其解。

知道弟弟张富清的遭遇后，张茂茂十分着急，他立即找到双庙村的大队干部，请求大队给弟弟出一个家庭成分和社会关系证明。双庙村的大队干部随即给他写了证明。

在回家的路上，张茂茂想起了一件事：“1948 年，元生的部队不是给家里还寄了一封报功书吗，这不是能够证明他是好同志吗？”想到这，他赶紧回到家里，翻箱倒柜地找了大半天，终于把那封报功书找到了。1974 年 10 月初，张茂茂托人写了一封信连同证明及报功书一起寄往来凤县三胡区。

张富清把二哥的来信看了一遍又一遍，想起当年母亲去世自己没能回家的无尽遗憾和自己现在的处境，心里就像打翻了五味瓶，很不是滋味。不过，意外收到二哥的来信，是他多年以来感到最高兴的一件事情。

张富清打开那份特等功报功书，看了里面的内容，事隔 26 年，他才知道当年西北野战军给他记了特等功，还给家里报了喜。拿着这份报功书，他感慨万千，过去经历的一切，如今已成为过眼云烟。

“我把这份证明交给组织，可以证明我没有谎报家庭成分，没有谎报历史。”不知受了多少委屈的张富清这样想着。当天，他赶到三胡区公所，把二哥寄来的证明交给了三胡区革委会。报功书没有交，他自己保存了起来。不久，他的这份证明摆到了时任来凤县委书记刘启政的案头。刘启政是一名务实的领导，他对张富清在三胡区为老百姓造福的事也了解一些。出于对同志、对事业的高度负责，他要求组织部门派人到张富清的老家洋县双庙村去，把他的真实情况调查核实清楚。

1974 年 11 月初，来凤县派去陕西洋县双庙村的 2 名干部如实向组织汇报：张富清同志于1924年出生在陕西洋县马畅双庙村的一个佃农家庭，祖上几代都是穷苦人。他从小没有上过学，做了多年长工，被抓了壮丁，后来参加了解放军。从调查核实的情况看，他没有隐瞒个人历史，也没有谎报阶级成分。

1974年11月15日，三胡区委会根据调查核实的情况，对张富清的问题重新进行审查，作出其不属于“五类分子”的结论。三胡区委将结论上报中共来凤县委后，来凤县委予以批复，同意三胡区委对张富清同志作出的结论。不久，在桐麻坪大队劳动的张富清得到组织通知，恢复他的干部身份及职务，调到卯洞公社任革委会副主任。

恢复工作的张富清此时百感交集、思绪万千，他内心明白，是二哥的那封信把他从困境、委屈和迷茫之中“解救”了出来。

第七章
一腔热血　不减当年

虽年过半百，但英雄不减当年勇。每至一个新的工作岗位，甘于奉献，干劲十足，为自己当年的无悔选择交上了圆满的答卷。

一纸建议　发展油桐

1974 年 12 月，已经 51 岁的张富清到卯洞公社报到上任，这既是他人生中的又一次转折，也是他一家人走向新生活的开端。一家人从三胡区搬迁至卯洞公社，住进了公社机关（万寿宫[①]）宿舍。因为住房太紧张，单位在一楼给他家安排了两间房，外面有一过道，没有厨房，只好在过道上搭建一灶台将就，过道旁边是一个天井。而在宿舍的楼道上下，还住着董香彩等 3 个外地干部及其家属。两间房屋的面积虽然不大，但比在三胡的房子不知要好多少倍。住在这里，一家人不用再害怕寒风呼啸、大雨滂沱的夜晚了。

① 万寿宫即为新中国成立前一座面积很大的古老寺庙，分为前庭和后院，房子均为两层的砖木瓦房。20 世纪 80 年代前，卯洞公社党政机关由于没有修建办公场地和职工宿舍，便将这座规模较大的建筑作为办公和职工居住之所，其中前庭作为公社机关办公场所，后院供外地干部及家属居住。

公社班子很快对工作进行了分工，张富清分管机关、财贸、供销社和生资部门。卯洞公社有 11 个管理区，按照要求，每一位班子成员都要蹲点负责一个管理区。考虑到张富清分管机关，在班子成员中年龄又最大，公社就没打算让他蹲点。但张富清不想搞特殊、要照顾，他据理力争，主动要求蹲点，还选择了离公社最远、条件最差的高洞管理区。这一举动令其他班子成员都对他刮目相看。

张富清已经多年没有做过行政工作了，内心对工作无比渴望，对重新工作的机会十分珍惜。他暗下决心，一定要把失去的工作时光追回来，多为老百姓做点事。领导班子分工的第二天，他便积极工作起来。

机关工作不太多，张富清便把工作的重心放在了财贸工作上。他找来公社财贸方面的相关资料，将公社的经济收入来源梳理了一遍，发现公社往年的经济收入中，油桐、木材、船厂的收入占比较大，特别是油桐占有举足轻重的地位。但近两年油桐收入占比大幅度下降，只占到了总收入的 5%，已不及前几年收入的三分之一。

"这是什么原因？油桐生产可是公社经济收入的主要来源啊！"张富清感到很纳闷。

之前在三胡区工作时，张富清就清楚，来凤县是湖北省重点桐油基地之一，来凤桐油的主产区就是卯洞公社。卯洞桐油历来质量上乘，色泽又亮又黄，被称为"金丝桐油"[①]。

"卯洞公社有这么好的油桐资源，两条河流汇集卯洞集镇流向湖南洞庭湖，桐油贸易往来也方便，从桐油方面抓经济收入本来大有文章可做，可现在却大大缩减，得找出原因，恢复以往的收入比例才行。"经过一番思考，张富清决心弄清油桐生产下降的原因，用好"金丝桐油"这一张响亮名片，发

① 卯洞公社种植油桐有着悠久的历史。全社 318 个生产队，队队有油桐林，1969 年产量达七千多担，年产万斤以上桐油的生产队就达 18 个。卯洞桐油在我国享有很高的声誉，1953 年曾出席全国桐油生产会议，荣获政务院奖励，在 1969 年的全省桐油质量鉴定中，荣获全省第一。

展油桐生产，增加老百姓的收入。

按照自己一贯的工作风格，与其纸上谈兵不如实地调研，张富清决定带人到公社油桐的几个主产地去了解情况。

1975 年 3 月初的一天，他带着公社企管站的两名同志到第一站——月亮管理区去了解情况。三人跋山涉水地行走了 20 多里路来到月亮管理区，稍事休息后，管理区书记邢朝发将三人带往月亮大队。

一路上，邢朝发给张富清介绍说："月亮大队曾流行一句'千棕万桐，世代不穷'的民谚，意思是说家里种有一千株棕树、一万株桐子树，世世代代不会受穷。前些年，这里有 5 个生产队桐油产量都在万斤以上，这两年减少了，主要是一些人借口生火烧柴困难，在冬季油桐树枯枝落叶时期乱砍滥伐。"

张富清听邢朝发这么说，急切地问道："为什么不制止这些人乱砍滥伐油桐树？"

"这两年公社和管理区的一些干部'重粮轻桐'，认为发展油桐生产会影响粮食生产。许多群众认为油桐树遮挡了庄稼地里的阳光，影响庄稼生长，把油桐树砍掉一些理所当然。今年的'坡改梯'[①]也砍了些。"邢朝发实话实说。

不知不觉中，一行人已经来到月亮大队第 14 生产队。

"张主任，快看，这里河两岸的山头上到处都是油桐树，桐子花要开了，一旦桐子花开，漫山遍野都是花的世界，特别漂亮。"邢朝发饶有兴趣地指着沿河两边的山头说。

张富清沿着他手指的方向看去，只见沿河两边的山头上，到处都生长着大片大片的油桐树。一行人急匆匆地走进一片油桐树林查看，张富清第一次

---

① "坡改梯"，即把坡度不陡的山坡地改为梯田。1975 年，受"以粮为纲"思想的影响，来凤县大搞"坡改梯""旱改水""园田化"的农田基本建设，"向荒山要粮""向河滩要地"。在农田基本建设中也出现了一些失误，一些地方将桐山用来开田，其结果是开出的田不长庄稼，最终导致植被破坏，水土流失，桐油生产受到影响。摘自 1984 年版《来凤县志》。

看到这么多油桐树，不由得心旷神怡。

正当他陶醉在这一片油桐树林时，突然听到前方不远处的山坡上传来“咔咔”的声响，一棵油桐树轰然倒下。

“怎么回事？”

张富清快步上前，只见几名群众拿着刀子正在剔除油桐树的枝丫，不远处还倒着两棵油桐树。

“好好的油桐树，你们怎么给砍了？”张富清顿时心头火起，质问着那几个人。

“是我们队长叫砍的，你是哪个？多管闲事！”一个人理直气壮地回答。

“这是公社的张主任，今天下来检查工作。”邢朝发介绍道。

听说是公社下来的干部，几个人的态度软和了些。其中一个年长的人解释着：“我们生产队要在这里搞‘坡改梯’，队长叫我们几个把长在这里的油桐树全砍了。”

张富清听说是生产队队长叫砍的，火急火燎地对邢朝发说：“走，找生产队长去。”

张富清等人在第 14 生产队的仓库找到该生产队队长陈大全。陈大全解释说：“上级要求搞‘坡改梯’，我们生产队那片坡地比较适合‘坡改梯’，要完成任务，就只好把坡上的油桐树全砍了，不仅是我们，有好几个生产队都在砍。”

“还有几个生产队也在砍油桐树？”张富清听他这么说，更加焦急，叫上邢朝发找到大队书记林益和，让他带自己到那几个生产队去查看。

果然如此，他们所到的第 3、第 4、第 5、第 7 生产队都出现了类似的情况，所幸这些生产队砍油桐树进行“坡改梯”才开始，所损失的油桐树数量并不大。

“月亮大队出现的这种情况，在公社的其他大队肯定也有。”想到这里，张富清的心凉了半截。

“情况十分糟糕，必须马上想办法制止。”带着急迫的心情，张富清和企管站的两名同志赶回公社。他第一时间向公社书记、革委会主任段锡禄做了情况汇报，并将内心的工作想法一并道出。

段锡禄对张富清了解到的情况十分重视，考虑再三，他安排第二天召开班子会议讨论研究。

回到办公室，经过认真思考，张富清连夜给公社拟写了一份建议，准备在第二天的班子会上提交。这天晚上，他彻夜难眠，白天看到的情景一遍遍地在脑海中回放，久久不能散去。

第二天，公社书记、革委会主任段锡禄主持召开班子会议，对“坡改梯”毁油桐树及一些地方乱砍滥伐油桐树的现象进行研究讨论。会上，张富清最先发言，他将在月亮大队了解的情况向公社领导班子做了汇报，然后阐明了自己的观点和建议：

“同志们，卯洞‘金丝桐油’是经过卯洞公社历届领导班子和人民群众自20世纪50年代起长期努力创响的‘牌子’，如果不制止当前一些生产队‘坡改梯’毁油桐树的行为，不制止乱砍滥伐油桐树的行为，这块‘牌子’可能就会失去，这将会给公社造成多大的经济损失？这块招牌绝不能毁在我们手中啊！

“‘坡改梯’‘旱改水’‘以粮食生产为纲’是县里要求执行的政策，我们要坚决执行，但在执行政策的过程中也要实事求是，不能盲目地搞一刀切，油桐树对我们公社来说也十分重要。其实，在有油桐树的山坡上套种庄稼，对粮食生产并没有影响。我建议有油桐树的山坡尽量不要改，要坚决制止以‘坡改梯’的名义乱砍油桐树的行为。

“我们要认真贯彻‘以粮为纲，全面发展’的方针，但要克服‘重粮轻桐’，认为发展油桐生产会影响粮食生产的错误倾向。我建议从现在起，要坚决制止损毁和砍伐油桐树的行为，对各生产队损毁的桐林实行垦复，出台油桐生产的管理制度，坚持常年种，常年管……”

张富清一口气说出了自己的观点和建议。

与会人员见他发自内心地提出有理有据的观点和建议，都被他对事业认真负责的工作态度深深地感染。他的观点和建议获得了班子成员的一致赞同。

公社书记段锡禄说：“近一两年来，我们没有认真贯彻‘以粮为纲，全面发展’的方针，单打一，粮食生产越抓越着急，结果粮食产量上不去，多种经济比例大下降。桐油是卯洞的王牌，全国有名、广交会上有号、政务院（1954年9月后改称国务院）有奖状，可是我们不重视，喊口号、放空炮，关键时刻不抓，平常布置流于形式，致使荒的荒、死的死、砍的砍，桐油产量大大下降，有的管理区竟下降了50%……

“张富清同志深入生产队调查研究，提出的观点和建议我完全同意。从现在起，公社党委要切实把油桐生产列入党委议事日程，纳入‘农业学大寨’的轨道，做到指挥生产上有油桐的位置，组织措施上有抓油桐的专门班子。我提议公社由张富清同志主抓这项工作，各大队、生产队都要有名副书记或副队长具体抓。”

这次班子会议不仅同意了张富清提的建议，还研究出台了一系列发展油桐的措施和制度，让他心中悬着的一块石头终于放下了。

会后，公社各班子成员及时到蹲点管理区传达了公社的决定。很快，全公社一些生产队以“坡改梯”为由损毁油桐树及乱砍滥伐行为得到了有效制止。

在接下来的工作中，作为主抓全社油桐生产的张富清，带领工作专班下到各管理区及大队、生产队，从油桐树的垦复、管理、桐籽的剥出、收购、桐油的加工和外销等方面出台了一系列硬性措施和管理制度①，并相继在安抚司、枫洞、荆竹等几个管理区办起了桐油加工厂②。日常工作中，张富清经常

① 1975年，卯洞公社建立健全桐林资源的管理及护林制度，严禁乱砍滥伐，把保护桐林资源和保护森林资源结合起来。公社、大队要定期召开林管员会议，表扬先进，交流经验，对破坏桐林和其他树林的行为严厉打击。各生产队比照公社、大队制度执行，大部分生产队还实行了“每砍一根，罚栽三根，包栽包活，罚款5元，罚款的50%奖励护林有功者”的制度，有效地保护了桐林及森林资源。

② 1975年至1976年，张富清主导在卯洞公社进行桐油加工技术改革，举办短期培训班培训加工人员，树立为革命多打油，打好油的思想，掌握“一碾、二蒸、三踩、四打”操作过程，扩大单圈薄饼等先进技术，提高桐籽出油率。委托卯洞农机厂制作桐籽剥壳机，促进桐籽加工机械化和半机械化，为社、队节约劳力。1981年，来凤县农机研究所对张富清主导研制的桐果剥壳机进行改进，获得了国家经委优秀新产品金龙奖。

下到各管理区、大队及生产小队去检查督办油桐生产落实情况，有时便住在老百姓家里，同他们一起栽种和管理油桐树。看到一片片油桐树长势喜人，一年赛过一年，张富清打心底里高兴，工作越干越有劲。

为巩固油桐发展效果，公社组织了宣传队，让诸如“发展油桐莫忘纲，肥料增加产量上，有粮有桐贡献大，支援建设出力量”等标语在广大群众中广为流传，让油桐生产深入人心。

辛勤的汗水换来沉甸甸的收获，卯洞公社的油桐产量自 1975 年起又逐年得到了较大幅度的增产。当年产量是 1974 年的两倍。1976 年，扩大新油桐林一万亩以上，总面积达到五万亩，比 1969 年的最好时期增长了 20%。桐油收购量达到 8233 担，占公社总收入的 20% 左右，还为农业提供了饼肥、桐壳肥和奖售化肥 2.5 万担。公社结合垦复桐林，利用 2/3 的油桐林轮换种上杂豆、花生等矮秆作物，收获粮食 900 万斤，占粮食总产量的 1/3 左右，获得了粮食、油桐的双丰收。

1976 年 11 月，在湖北省工业用油生产、收购经验交流会上，来凤县卯洞公社革委会做了典型经验交流发言。

随着油桐产量的增长，张富清主抓的财贸工作也是百尺竿头更进一步。油桐给大部分生产队都增加了两三千元以上的年收入，人民群众生活有了较大改善。在张富清和公社一班人的不懈努力下，卯洞公社“金丝桐油”这块金色招牌在全省乃至全国越擦越亮。

身中漆毒　不下火线

1975 年下半年，卯洞公社为落实党中央“绿化祖国，实行大地园林化”的指示精神，决定消灭荒山，发展林业生产，大办林场。公社采纳了革委会副主任张富清和公社林业站提出的相关建议，在全公社进行大规模的荒山造林。为此，公社要求这项工作由各管理区的蹲点领导负责组织实施，要面对面、点对点地搞好造林指导，高质量地完成公社下达的造林计划。[①]

张富清蹲点的高洞管理区有3个大队，共有荒山2000亩，按照公社下达的任务指标，今冬明春要完成1000亩的造林任务。接到任务后，张富清深感压力大，任务重。高洞管理区属喀斯特地貌，同时属高山地带，地皮薄，存不住水，当地更有“高洞岩老壳，雷在中间打，雨在周边落”的说法。荒山土质多以岩石为主，要保证造林90%以上的成活率难度极大。

秋收刚过，张富清便在高洞召集管理区干部及一大队代芳斌、邱德大，二大队奉民良、王恩根，三大队焦清权、宁忠北等干部开会，向他们传达了公社荒山造林的精神和要求，并下达了公社分配一大队从拐枣树至砍柴塆400亩、二大队砍柴塆至老岩孔200亩、三大队笔架山至竹园坪400亩的造林任务。

“同志们，这次公社下给我们管理区的任务很重，要求我们从现在起就要组织发动群众，抓好秋季‘炼山’[②]，为冬季整地打窝，来年春季栽苗做好准备。”张富清郑重地对与会人员说。

“我们这里的荒山植树造林不好搞啊，主要都是些‘岩老壳’[③]，要保证造林质量和树苗的成活率必须比其他地方付出更多的代价！”一大队书记代芳斌提出了自己的看法，其他人也随声附和。

“公社下达的硬性任务，再困难我们都必须不折不扣地完成，还要保证质量，大家一起努力想办法。从现在起，我就住这里，同大家一起来完成这项

---

① 根据各大队的实际情况下达造林任务指标。荒山多的大队以造杉木、松柏林为主；没有荒山的大队以垦复油桐林为主；有一部分荒山的大队实行垦复油桐林和造杉木、松柏林相结合。全公社要在1980年前完成所有绿化荒山任务。今冬（1975年）明春要完成造杉木、松柏林12000亩，其中公社各林场5000亩，各大队7000亩。完成高标准垦复桐林6000亩。

② 炼山：为了造林或使森林更新，把山上的杂草、灌木或采伐剩余物用火烧掉，谓之“炼山”。

③ “岩老壳”即石头，当地方言。

任务。”张富清语气坚定地说。

3个大队的干部见张主任打算住下来，带领他们荒山造林，都纷纷表态按照公社的要求努力完成任务。

张富清在区公所住了下来，组织发动群众开展秋季“炼山”。通过几天的宣传发动，高洞管理区组织了近千名社员投入劳动，一场声势浩大的“炼山”之战在各个生产队打响了。

“炼山”任务部署完毕，张富清每周抽出3天时间轮流到3个大队各生产队去检查督办，其余时间则是加入垉木坪生产队同大家一起劳动。晚上，他经常性地召集管理区及几个大队的干部开会，传达学习上级文件精神，通报阶段性的“炼山”进展情况。

1975年10月下旬的一天，张富清与代芳斌、邱德大等人同群众准备到后庙山的荒山上去“炼山”。此处生长着一种漆树，虽然矮小但数量很多。上山之前，邱德大对张富清说：“张主任，你对漆树过不过敏哟？这里漆树很多呢，小心碰上。”见邱德大这么说，代芳斌也对张富清说：“这里漆树多，张主任您就别上去了，以免漆过敏，那东西一旦沾上，十分难受，严重的全身肿胀，呼吸困难，特别严重的甚至还有生命危险。”

张富清往山上看了看，微笑着对代芳斌等人说：“你们是吓我的吧，怎么会怕漆树？我小心点便是，在三胡区那么多年，我又不是没见过，还不是一样没事。”

见张富清执意要上山，大伙儿也不好阻拦，便同他一起爬到山上开始劳动。邱德大主动给张富清讲了避开漆树以及防过敏的方法，张富清一一记在心间。劳动时，他对有漆树的地方也格外小心，一天下来，相安无事。走在放工的路上，张富清还自信地对代芳斌等人说：“你们说的那种漆树并不可怕，只要小心点就没事！”

谁知天意弄人，到了晚上，张富清的手臂上开始出现一粒粒小小的红痘，像是被蚊子叮咬过一样，微微发痒，他不经意地挠了多次。对这点痒，他也没太在意，以为很快就会好。

第二天，张富清仍旧和社员们到那片山坡上劳动，身上出现的情况他也没有告诉代芳斌等人。第二天晚上，张富清的身上、脸上就出现了红斑并开始发痒，他这才意识到可能是漆过敏了。但这种情况在他身上之前从没有出现过，他也不知道漆过敏有多严重。

第三天上午，情况继续恶化。代芳斌、邱德大等人见张富清的脸上和手上都起了红斑，便着急地对他说："张副主任，你已经中了漆毒，今天不能再上山，好好休息吧。"

"这不碍事，身上不疼只是有点痒，我休息它也要痒，我要到另外两个大队去看看，出点汗说不定就好了。"张富清故作轻松地说。

代芳斌见劝说不了，只好任由张富清去另外两个大队督办检查工作。

到了晚上，张富清身上的漆毒症状不仅没有缓解，反而更严重了，他全身都出现红斑颗粒，并开始肿胀，奇痒无比，异常难受。这一夜，他坐立不安，躺下也一直挠痒，身上的漆毒让他彻夜难眠。他这才意识到，自己中漆毒的原因可能是这里的漆树分布密度过大，不同于在三胡区遇到的通常是单株生长，他开始反思自己的经验主义和固执己见。

第四天上午，代芳斌等人见到张富清这种情况，无论如何也不许他再工作。他们用当地的一些土办法给他解毒，但各种办法使尽，都无济于事。张富清全身浮肿得越来越厉害，连眼睛都睁不开了，手指肿得连正常的握拳和伸直都不能，并且全身奇痒难当，手臂、前胸、后背、脖子等部位的皮肤均被抓破了皮，渗着淡黄色的组织液。

到了中午，张富清十分痛苦，身上的漆毒不见一点好转。代芳斌看着心急不已，找来担架，选了5个力气大的群众准备将他送到卯洞集镇医治。

张富清见别人要用担架抬他去卯洞集镇，他坚决不同意，愧疚地说："高洞到安抚司的路那么难走，怎么能让你们受苦呢？我只是身上难受，脚还是能走的。不能因为我这点伤，影响了'炼山'进度，把大家耽误了。"

代芳斌好说歹说，张富清始终不同意群众用担架抬他去医院。

"你看你的眼睛都肿成这样了，一个人回去，鸡爪山那段险路我们实在不放心，我和邱德大陪你走路到卯洞集镇，这样总行了吧。”代芳斌只好出此下策，再退一步。

“好吧，你俩把我送到安抚司就行了。”考虑到下高洞的路的确危险，自己的眼睛肿胀，不太看得清路，张富清便没再推辞。

代芳斌给张富清找了一根木棍作为拐杖。一行3人从垉木坪出发，由于全是下坡山路，代芳斌和邱德大用木棍[①]小心翼翼地牵着张富清。通过最危险的鸡爪山地段，张富清手脚并用，走得颤颤巍巍，很是吃力。一行3人走到安抚司集镇，平常只需一个半小时，这次却用了两个多小时。到了那里，张富清再也不要他俩送了，要他们回去带领群众继续“炼山”，自己则慢慢地朝卯洞集镇方向走去。

就在这天下午5点多钟，孙玉兰从安抚司管理区一名到卯洞集镇办事的干部口中得知丈夫中了漆毒的消息，她心急如焚，急忙叫上女儿张建荣往安抚司方向去接他。当她们走到沙道塆的一段田埂路时，迎面遇见了一个人，张建荣见那人的脸肿得很大，眼睛都眯成了一条缝，身材和样子又很熟悉，便对他多看了几眼。

“你们娘儿俩干什么去啊？”那人问道。

“妈，是爸爸！”听到熟悉的声音，张建荣惊讶地对母亲孙玉兰说。说完她跑上前去准备用手牵他。

“不要过来，离我远点儿，这漆毒会传染。”张富清对女儿说。

张建荣听父亲突然这么说，只得停下脚步仔细打量着他。

孙玉兰走近些心疼地对丈夫说：“你怎么搞成这个样子了，我们都没有认出你，肿得那么厉害还不回来治疗？”

张富清说：“下面的事情多，之前也没想到会这么严重，就没在意。”

孙玉兰气不打一处来，叹了一口气说：“就你工作多，不回家还好，自己的命都不想要了！你工作上的事我管不了，但你的身体让我担心啊！”说完就

---

① 不能用手直接牵，漆毒具有较强的传染性。

忍不住委屈地哭了。一旁的张建荣心疼父亲，也忍不住流泪。

张富清连忙安慰她们说：“不要紧的，你们看我都是自己走来的，只是痒得很难受，身体没多大问题。你俩别哭了，我这不是赶着去医院打针嘛。”

约一个小时后，三人来到了公社卫生院。接诊的尹医生对张富清说：“你中的漆毒比较严重，再不治疗是很危险的！”

当天晚上，张富清住院治疗，妻子孙玉兰陪护。第二天治疗了一天，第三天早上，张建荣去医院看父亲，当她走入病房时，却看见他正在收拾东西。

她吃惊地对他说：“爸，你都没有好，准备到哪儿去？”

张富清见女儿来了，亲切地看着她说：“已经好多了，下面还有事，你给你妈说一声，我到高洞去了。”

“你又要去那儿，休息两天再去吧。”张建荣央求道。“你不懂，下面离不开我，今天必须回去了。”张富清没有给女儿留下商量的余地，说完他走出卫生院，朝安抚司方向走去。

张富清当年带领高洞群众在荒山种植的树苗已成树林
谭少奎摄

对于父亲的这股犟劲，母亲孙玉兰都没辙，张建荣更说服不了他。她只好目送着父亲离开，直到父亲的背影消失在视野中。不知不觉，她的眼泪像断了线的珠子似地掉了下来。

1975年冬至1976年春，住在高洞管理区的一冬和一春里，张富清带领近千名群众在三个大队的大面积荒山中完成了“炼山”、打窝、栽苗三步走，不折不扣地完成了公社分配的造林任务，让高洞管理区初步实现了园林化。[①]

住洞修通 "挂壁"公路

"红薯个个清水汤，土家儿女饿得慌，生活年年老模样，修通公路才解放。"这是卯洞公社高洞管理区的老百姓中间普遍流传着的一首歌谣。

高洞管理区地处湖北省与四川省（现重庆市）的交界处，同该省酉阳县村连村、田连田、山连山。那里"望到屋，走得哭"，出门全是靠走，喊人全是靠吼，在卯洞公社属于一个自然条件十分恶劣、山高路远的偏僻乡村。

高洞下辖 3 个大队，30 多个生产队，有 2000 多口人。那里所有的村寨都在三面悬崖的高山界上，距最近的集市安抚司也有 15 里。人们赶集便是到位于悬崖下方的安抚司。因为交通条件极差，人们来回赶集爬坡上坎都必须经过悬崖间的一条羊肠小道。这里的土家儿女世世代代出行都极为不便，所有物资往返运送全靠肩挑背驮，因不小心人畜摔下山崖的情况时有发生。正因为如此，这里的人们很少与外界联系，到安抚司赶集的次数都极少，一般小孩长至十多岁，都不知外面的世界有多大。

张富清第一次来到高洞的时候，那悬崖间十分难行的羊肠小道便给他留下了深刻印象。

"我没有挑东西都感到难走，老百姓往返要肩挑背驮重物怎么走？"张富清不禁感叹。因工作关系，他往返过高洞多次，每次去，看到老百姓背着重物攀爬在悬崖间窄道上的情形都让他感到很揪心。此时，他想得最多的就是为这里的老百姓修一条出行路。但由于公社经济条件有限，公社集镇到安抚

① 时至今日，张富清当年带领群众栽下的树苗，有的已长成参天大树，造林的荒山也成了一片片金山银山。目前，山清水秀生态美已成为恩施地区的一块金字招牌，这一大片"印"在湖北版图上的"绿肺"，就是当年许许多多张富清式的干部坚守和奉献的结晶。时光虽然已经远去，但他们那一代人的贡献不能被人淡忘。好在现在的百福司镇，即原卯洞公社，依稀可见当年留下的条条标语："山上多造林，犹如聚宝盆""要想富，栽桐树""吃饭靠种田，种树管用钱"……

司的路都还未修通，他知道这个想法向公社提出也没有用。

机会终于来了！1976年，来凤县提出社社通公路的目标，全县掀起兴修公路的热潮。这一年，卯洞公社集镇至安抚司的简易公路修通了。借此时机，张富清向公社提议将高洞到安抚司的公路纳入计划，公社领导班子开会研究予以通过。作为高洞的包片领导，由张富清负责这条路的申报及协调工作。

这条路计划从安抚司修到高洞的肖家坝，全长7.5公里。张富清多次往返县城向县交通部门积极申请，上下协调，最终县交通部门将其列入了“民办公助”简易公路计划，即由卯洞公社组织劳力修建，国家只给予一定的补贴，统筹调拨炸药、雷管等修路必备物资，而非完全由财政拨款的“国家工程”。尽管如此，张富清也深感欣慰，修这条路终于有了眉目。更让他感到高兴的是，1977年这条路就被县交通部门纳入了修建计划。

1977年下半年，张富清请来工程技术人员到现场进行实地勘测，做这条路的规划设计。他们连续几天在鸡爪山的悬崖小道上测量相关数据。

“张主任，这条路有近2.5公里在悬崖峭壁上，勘测和设计都难，修的难度更大，这可是我在来凤见到的难度最大的一条路啊！”一位技术人员对站在身旁的张富清说。

“难度再大，也要把它拿下来，这里的老百姓出行太难了，我们修路难一时，不能让他们出行难一世！”张富清坚定地说。

见张富清的决心如此之大，工程技术人员加快了规划设计进程。很快，这条路的规划设计及实施计划书就出台了。与此同时，张富清也着手筹集资金、协调物资、发动群众，做好修路的相关准备工作……

1977年10月初，张富清将修路的前期准备情况向公社领导班子做了汇报。听了他的汇报后，所有班子成员都意识到修建这条路的难度极大。主要是因为它要通过1.5公里的鸡爪山绝壁，这里全是岩石，必须全程爆破。在没有任何机械设备的情况下，要全凭钢钎、大锤、锄头、撮箕等简单工具硬生生地在绝壁上凿一条路，谈何容易！

大家担心归担心，但都同意修路。最后，公社研究决定由张富清全权负责组织修建，他欣然接受了这项工作任务。

“张主任，修这条路难度这么大，是一块极难啃的硬骨头，你身上的担子可不轻啊，在修建的过程中遇到什么困难，公社会全力支持的。”公社书记杨斌儒郑重地对张富清说。

“杨书记，你放心，不管遇到什么困难，我都会想办法克服，自打公社和县里同意修这条路，我就已经下定决心，纵有千难万险，都要把这条道修通！”张富清对杨斌儒许下承诺。

万事俱备，只欠东风。1977 年 10 月上旬，卯洞公社一声令下，从安抚司、枫洞、荆竹、观音坪、河东、三坝、兰河等其他管理区抽调精干 500 余人，从高洞管理区抽调 400 多人，按照民兵建制以管理区为队，分别设立队部，驻扎在安抚司及高洞管理区一带的民房内，以队为单位设食堂，实行集体食宿。

一场艰苦卓绝的攻坚战正式在高洞鸡爪山一带打响。

1977 年 10 月 16 日，施工队伍全部进入工地，近千人排兵布阵在 15 里路的三个路段，沿线男女老少齐上阵，同时破土动工。鸡爪山绝壁路段是修建的重点难点，人力、爆破物资安排得相对要多一些。

张富清将工程指挥部设在高洞管理区。近千人的队伍到工地上同时施工，后勤保障、物资调配、工地管理、人员安全等一系列问题都得全盘考虑。为此，他多次召集管理区干部、大队干部开会商讨，最后决定成立后勤、宣传、保障、安全、综合 5 个工作专班，确保整个工程在保障安全的前提下，有条不紊地实施。

指挥部离最远的工地有十多里路，习惯靠前指挥的张富清要求高洞一大队书记代芳斌为他在工地的不远处找一个安全的地方驻扎下来，以便于及时掌握施工情况。代芳斌告诉他说：“在鸡爪山旁不到 50 米的地方，有一个山洞，人们叫它桃子洞[①]，那里比较适合办公，躲炮都行。”

① 桃子洞，洞口不大，约一人多高，如桃子形状，因此而得名。洞内较宽，洞内低矮处，有山泉水流出。此洞冬暖夏凉。

张富清听说有这么一个好地方，便叫代芳斌带他去。看到洞后，他感到很惊喜，此洞确是躲炮的绝佳位置，如果在里面铺上木头、木板，开会、办公、休息都很方便，真是踏破铁鞋无觅处，得来全不费功夫。张富清立即安排人进行布置，很快，一个天然的“办公室”和材料“保管室”就此建成。支上木板、铺上稻草也可在此休息。此后，张富清便将此洞作为靠前指挥的办公室，很多工作指令都在此发出。

这条路大部分地段全靠炸石，县里供应的炸药不足，为保障修路进程，张富清便安排专人到卯洞船厂附近的三间瓦房里用锯末和硝铵炒制炸药。炸药制成后，用船装着沿怯道河逆流而上，从卯洞船厂运至安抚司，然后由年轻力壮的坳木坪大队社员廖大友等人挑至桃子洞“保管室”。

自开工后，安抚司拐枣树至鸡爪山再到坳木坪肖家坝沿线，每天的劳动场面十分壮观。社员们使用简单的劳动工具，按照各自的分工，挖、抬、挑、打，每一个人都是以革命加拼命的精神奋战在工地。

施工进度要抓紧，但安全重于泰山。之前，在三胡区工作时，张富清曾带领几百名社员多次修水渠、建大坝。他在安全管理方面，很有一套工作经验。此次修建这条难度极大、危险系数很高的“挂壁”公路，施工人员的数量及施工难度远远超过了他曾经组织实施的其他工程。经过深思熟虑，张富清安排安全专班请来周二美[①]，把一台放电影用的老式发电机抬到与鸡爪山相邻的后庙山山顶上，安上高音喇叭，工地作息便由高音喇叭统一指挥。

因为施工规模特别大，指挥部决定每天上午 11 时和下午 5 时放炮，全线分 3 处连续放炮，每次放炮时间都长达半个小时以上。放炮前，必须由周二美通过高音喇叭通知多遍，让工地上的人都撤至安全地带躲炮，防止因人工喊声音小而发生任何意外。此外，因高洞管理区的办公地、小学及附近民房离放炮的地方太近，放炮约半小时前，近 500 名学生及 100 多名干部群众都躲进一个大天坑之中。天坑下面不深，里面有一个天然形成的洞穴，十分宽

① 周二美系高洞老岩孔大队人，是安抚司放电影的专职放映员。

敞，可以装下上万人。每到放炮时间，周二美用高音喇叭一喊，学生、群众就及时躲进天坑，工地上的大部分人迅速撤离现场，也进入天坑，只留少数身手敏捷的人员点炮，点完炮也快速撤至安全地带。不一会儿，工地上万炮齐鸣，地动山摇，空气中充满着浓烈的硝烟味，一块块石头如炮弹一般飞得漫山遍野。半小时后，所有炮响完毕。“大家可以出来了”，周二美的声音又在高音喇叭里响起，憋了很久的人们从天坑钻出来，很快又恢复了正常生活。

在施工前线，张富清既当指挥员，又当战斗员，成天忙得不亦乐乎。“大家都抓紧！要致富先修路，路早通早好！”他时常这样给大家鼓着劲。很多时候，他都参与点炮，躲进桃子洞。炮响完毕，他继续带着大家清除放炮炸下来的石头渣子，有时干得实在太晚，就直接到桃子洞睡觉休息，第二天又重复昨天的事。

在鸡爪山路段，要在悬崖峭壁上开炸近 2000 米，为保证安全和进度，工程采用由两端向中心爆破掘进路槽的办法组织施工。因此，在这一路段，打炮眼是主要施工手段。因为没有施工人员支撑站立的地方，一般都是两人一组，系着安全绳，一人撑钢钎，另一人抡着大锤打。安排在此路段打炮眼的都是些年轻力壮的人，但时间一长，他们的身体都出现了疲劳状态，炮眼的数量打得少了，工程进度也越来越缓慢。

“修通这条路的成败就在这个地方，如果这段绝壁路打不通，一切都是徒劳。”张富清对主修这段路的高洞管理区负责人代芳斌、奉民良等人说。

“主要是中间那段太危险了，胆大的几个人因为打炮眼手都破皮了，加之长时间撑钢钎、抡大锤十分疲劳，他们需要休息。”代芳斌无奈地说。

“你们再去挑选一些人，我带他们上去打，不能因为这段路修不通，前功尽弃！”张富清果断地说。

“张主任，你准备带人上去打炮眼？不行！不行！您这么大年纪了！”代芳斌连连摇头。

“不用担心我，我以前在三胡区修渠时在悬崖上打过炮眼，有经验。这个时候我作为一名共产党员不上，作为一名干部不上，难道都叫社员上吗？你们不用多说了，按我说的去办。”张富清对代芳斌等人下了命令。

一众大队干部见张富清不像是开玩笑，便分头找来吴国树等一些年轻人，代芳斌、焦清权、王思根等一些年轻的大队干部也加入其中。张富清将他们分成若干组，自己和代芳斌一组，立即投入悬空打炮眼的危险工作中。

在鸡爪山的崖壁上，几根粗大的三角木桩被大锤砸进了岩缝中。多条粗大的麻绳绑在了崖壁的树枝及结实的木桩上。张富清和众人身系大绳，足蹬草鞋，紧抠崖壁的缝隙，奋力攀登，他们半个身子悬在空中，一人抓钎，另一人抡锤，顽强地凿着崖壁……

人们看到张富清和大队干部及社员轮换撑着钢钎、抡起大锤，配合着打炮眼，都为他们捏了一把汗。一旦不小心从上面掉下来，非死即伤。有时出现石头掉下的情况，更是让人心惊胆战。

连续多天，人们都看到已经 53 岁的张富清腰间系着绳索在悬崖绝壁上手脚并用的身影。很多人都不明白，他为什么这么胆大，天不怕地不怕的？他是一名国家干部，指挥一下就行了，怎么还要亲自去做这么危险的事？他年纪这么大了，还是一个外地来的干部，仅是高洞管理区的包片领导，为什么对修这条路这么上心？经常和他在一起的代芳斌等人清楚：不修通此路，他寝食难安。

俗话说：火车跑得快，全靠车头带。张富清在整个工程中上下协调，靠前指挥，在最危险的地段身先士卒，在施工社员出现厌战情绪时耐心细致地做思想工作。他这个“车头”影响和带动着全线施工的社员，大家心往一处想，劲往一处使，让整个工地持续地呈现着战天斗地、热火朝天的劳动场面。后庙山山顶上，高音喇叭时常放着充满豪情的战歌和宣传队员提振士气的歌声，张富清等领导还时不时地讲一些鼓舞人心的话，通报修路中的一些喜讯和先进事迹，让全线施工人员更加干劲十足，工程进展得也很顺利。

1978 年春，在没有大型修路机械和国家专项经费的情况下，经过千名社员 120 多个日日夜夜的艰苦奋战，这条全长 7.5 公里的“挂壁”公路终于修通了。公路开通这天，住在这里的 2000 多名土苗儿女，迫不及待地走上新路，跳起了土家摆手舞，尽情地享受道路修通后的喜悦。

张富清和代芳斌、焦清权站在桃子洞前，看见挂在鸡爪山半山腰上的公路蜿蜒起伏，一直通向山下；看见自行车、马车、手扶拖拉机开进了高洞管理区的土家山寨；看见高洞社员载歌载舞地在公路上欢庆，此时此刻，他们感慨万千。

“张主任，您带领大伙儿在这里创造了一个奇迹，圆了我们高洞老百姓通上公路的世代梦想，我们现在可以把烤烟、生姜、藤茶运送下山，可以将种子、化肥、生活用品直接接回来了，高洞老百姓都要感谢您啊！”代芳斌含泪对张富清说。

张富清当年带领群众修通的“挂壁”公路

“老代，你刚才说路修通了是个奇迹，我认为还有一个奇迹，张主任带领上千人修这条挂壁公路，没有一例伤亡事故，甚至连骨折、重伤的情况都没有发生过，这也是一个奇迹呢！”焦清权感慨地说。

“是啊，是啊，张主任在这里创造了两个奇迹！”代芳斌随声附和。

“这些都是我们当干部的应该做的事情，这条路修通了，我也能睡上一个安稳觉了。”张富清谦虚地说。

说完三人相视一笑，走到公路上，加入了欢庆队伍……

深更半夜　赶路送行

1979 年 6 月 15 日，高洞管理区总支书记廖习堂、主任田强福接到公社办公室的电话通知：公社 14 日接县委组织部调干令，张富清同志调离卯洞公社到县城工作。因张富清长期蹲点高洞管理区，请管理区的两名主要负责人下午到公社开会，并办理有关交接事项。

廖习堂和田强福接到通知后，放下手中的工作就朝公社赶去。

“张主任要调走了？”住在管理区旁边的一大队书记代芳斌很快得知了消息，他连忙到管理区办公室去核实。

“是真的要调走了，廖书记、田主任接到通知后已赶去公社开会。”管理区一工作人员告诉他。

“张主任是个好人，好干部！怎么说调走就调走了呢？”得到确切消息，代芳斌感叹地说。说完他陷入了许久的沉默和离别的伤感中，这几年，张富清在高洞工作的点点滴滴像放电影一样在他的脑海之中不断浮现。

张富清来高洞之前，一大队除了交通出行极不方便外，吃水也特别困难。由于该大队所处地全属喀斯特地貌，到处是天坑，山体存水能力极差，当地群众常说“听得到，吃不到”，意思是听得见水声，却吃不上水，水都从山体的缝隙间流走了。平常吃水，家家户户都在低洼处筑一池子，靠天下雨积满池子，遇上多天不下雨，老百姓就必须到几公里外的地方去挑水吃，一天只够几个来回。辛辛苦苦挑回来的水尤为金贵，一盆水，往往是客人洗了老人洗，老人洗了年轻人洗，最后倒给牲畜喝掉，一滴水都不舍得浪费。

张富清来后了解到这个情况，他带着群众，穿梭在悬崖峭壁、天坑地缝之间，循着隐隐传来的流水声，四处寻找水源。最后在几处地缝的底部，找到了水源，然后组织群众修建通往地缝底部的简易通道，将地下水引了出来，各大队又修筑了蓄水池。从此，大家再也不用翻山越岭地到几公里之外挑水吃了，800 多名群众从中直接受益。

1975 年冬至 1976 年春，他带领近千名干部群众在 3 个大队的荒山之中植树造林。其间，他身中漆毒，仅在公社卫生院治疗了一天就又赶回高洞，生怕影响造林任务的进度。

1977 年冬至 1978 年春，他四处奔走，带领近千名群众修通安抚司至高洞的公路，彻底解决了群众出行难的问题。

这五年间，他沉下心来，经常住在 3 个大队不同的群众家，带领一方百姓发展粮食和烟叶生产。

…………

“张主任为高洞的老百姓办了那么多好事、实事，我们都还没有来得及给他说声谢谢，他就要调走了。我好想去参加今天下午的会啊，代表一大队老百姓当面给他说声谢谢，也感到心安些。可公社只通知管理区书记和主任两人参加……”

自打代芳斌听到张富清调走的消息后，他就一直心神不宁，深感失落。

这一天，张富清要调走的消息很快传遍了高洞的村村寨寨，很多人都同代芳斌一样，念叨着张富清的好，舍不得他调走。下午，垉木坪生产队的廖成金找到代芳斌说：“听说张主任要调走了，之前我家的一些困难都是他帮忙解决的，我想明天到公社去看下他，跟他说声谢谢。”见廖成金有这个想法，代芳斌也正有此意，两人一拍即合，说好第二天一起去公社看望张富清。

晚上 9 点多钟，开完会的田强福回到了管理区。听说他回来了，代芳斌也来到管理区，向他打听张富清的情况。

“张主任调走，公社的很多干部都很舍不得，包括公社书记杨斌儒，他在会上对张富清给予了高度评价。组织委员董香彩代表组织给他写了一个鉴定材料，全面反映了他在公社这几年的工作情况，与会人员听了都很感动，都认为张主任是个一心为民的好干部。”田强福对代芳斌说。

“是啊，张主任为高洞老百姓办了很多实事、好事，他调走了，大家都舍不得。我打算明天和廖成金去公社同他道个别。”代芳斌感叹地说。

“你俩明天去有什么用？他家明天一早就走了，进城的车都找好了。我本来打算留下来为他送行的，因管理区有一项当急工作要做，廖书记就留下了，明早为他送行。”田强福说。

“明天一早就走了？”代芳斌怀疑自己的耳朵听错了。

“是明天一早就走了，他说因时间来不及，不能到高洞来，拜托我替他给高洞的干部和群众道个别，问声好。”田强福肯定地说。

确信张富清第二天一早就要离开卯洞，代芳斌匆匆地与田强福打了声招呼就径直朝廖成金家走去，他要告诉廖成金明日的计划有变。

廖成金家离这不到一里路，代芳斌很快就走到他家。此时，廖成金正在洗脚准备歇息，见代芳斌这时来他家，便知道可能有事。

“刚才田强福主任告诉我说，张主任明天一早就走了，我俩白天商量好明天去看他，看来搞不好了，你看怎么办？”代芳斌对廖成金说。

“他走得那么急，那么早啊！这儿离公社又太远，一时半会儿又赶不到，如果不去送送他，我内心真的过意不去。”廖成金感到左右为难。

“我是一定要去送他的，你看这样行不，我俩现在休息几个小时，凌晨两三点钟，我们从这里赶去为他送行？”代芳斌以商量的口气说。

“可以，凌晨两点左右我来叫你，赶去正好合适。”廖成金果断地回答。

两人说好后，代芳斌就回家休息去了。凌晨一点多钟，廖成金便到代芳斌家叫醒他，两人准备了一支手电筒和两个火把。廖成金拿着一把自己做的木椅，代芳斌提着一小袋花生和十多个鸡蛋，打算送给张富清。两人打着火把就从高洞出发了。

如果是在之前，家人是绝不允许两人这时去公社的，主要是要经过鸡爪山那段悬崖路，白天行走都很危险，何况是晚上。如今去安抚司的路已天堑成通途，即便是晚上行走，也不再有危险。加之两人是去为张主任送行，他俩的家人都欣然支持他们去。

公路修好后，高洞到卯洞公社集镇约 34 里路。代芳斌和廖成金都正当壮年，两人在一路闲聊中走得很快，不知不觉，两个多小时就到了集镇。

此时孤星冷月，薄雾微笼，天还没有亮，但东方已开始发白。两人走过集镇静谧的街道，来到张富清住的宿舍附近，准备在那儿等到天亮。让他俩没有想到的是，已有几个人在那等候。他俩上前一打听是另一个管理区桐油厂的人，也是半夜赶来送张主任的。于是，大伙儿坐在街边的石阶上边聊边等。

天渐渐地亮了，此时前来送行的人越来越多，已有三四十人，有的拿着鸡蛋、花生、面条，有的拿着苞谷粑粑、米豆腐，有的还拿着木椅、竹椅……

因为要离开卯洞公社，张富清和妻子孙玉兰很早就起了床，将包好的衣物、被子放进装肥皂用的木头箱子，把皮箱拿下来仔细捆好。屋子中间放着几个行李卷，几捆书和多个装肥皂用的木头箱子，这是一家人在三胡区、卯洞公社用了多年的碗柜，里面装满了锅碗瓢盆。这些东西都是昨晚整理好的。

张富清站在屋子中间两手叉腰地打量四周，孙玉兰对他说："突然要走了，这还有点舍不得了。"

"是啊，你和孩子们在这住了五年呢，住得有感情了。"张富清也感叹地说。

听到屋外人声嘈杂，孙玉兰连忙去开门，她拉开门后一怔，发现门外站满了人。

张富清走到门口一看，也吃了一惊。

一张张熟悉的面孔，有桐油厂职工、高洞的农民、集镇居民、公社及管理区的干部等，见张富清家开了门，他们的脸上都挂着笑容。

"听说张主任调到县里去了，我们来送送。"屋外的人看见张富清，纷纷给他打招呼。

"打扰各位了，让各位受累了，谢谢大家对我及家人的关心。"向来不愿意给人添麻烦的张富清见这么多人来为他送行，便难为情地说，并走出来和大家一一握手、打招呼。他发现代芳斌、廖成金和一些离公社较远的人也在场时，更是感到内心不安。

"你们那么远赶来，我真是不好意思，太麻烦你们了！"张富清握着他们的手说。

代芳斌道："您说到哪里去了，您为老百姓做了那么多的好事，感谢您都还来不及呢，走点路算什么！"

廖成金道："您驻队住在我家，省下自己的口粮帮助我家，让我渡过了难关，我是来感谢张主任的，必须来送送。"

张富清说："这些都是党组织安排我为老百姓做的事，是我应该做的工作，你们不必谢我，我承受不起啊。”

在说话的同时，人们纷纷将带来的山货特产往孙玉兰和三个孩子手里塞。

“这是我从家里带过来的一点吃的东西，是我的一点心意。”

“这是我昨晚做的苞谷粑粑，你们带着在路上吃！”

“这是我自己做的木椅，拿着啊！”

…………

孙玉兰和孩子们连忙推辞。

张富清伸出双臂阻拦说：“不行，不行，大家的心意我领了，东西不能收，真的不能收，我会记得大家的。”

“咋？要进城了，瞧不起我们了？”

“如果不收下，那我们就坐拖拉机给您送到县城里去。”

人们七嘴八舌地“威胁”孙玉兰和几个孩子把东西收下。

这时，公社组织委员董香彩挤进人群对张富清说：“既然大家诚意来给你送行，他们的这点心意你就收下吧。”

“我惭愧啊，我还有很多工作没做好。”张富清对大家说。

代芳斌说：“你带领大家把高洞的路修通了，这不就是最大的好事吗？没有这条路，我们那里的山货也运不出山啊。”

“是啊，是啊，你这几年为我们做了这么多好事，大家都感谢你。”众人都说着张富清的好。

“我为群众做了一点事，群众对我这么好。”群众的热情犹如股股暖流，流进了张富清的心田，他的眼眶禁不住湿润了。

一辆解放牌大卡车开了过来。

人们拥进屋帮忙把收拾好的东西搬上了汽车。

孙玉兰和建珍在人们的簇拥下坐进驾驶室。

张富清带着建荣和健全在人们的帮助下爬上车厢，坐在行李上。

汽车开动，送行的人们有的开始落泪。代芳斌、廖成金等人围着车争相和张富清握手，依依不舍地同他道别。直至车子在视线中消失，他们还久久不愿离去，离别的伤感尽在不言中。

四处奔波　开辟货源

1979年，改革开放的春风吹遍神州大地，各族人民精神振奋，勇于开拓。乘改革开放之东风，各地大力发展对外贸易，各行各业的发展出现前所未有的大好形势。来凤县也借力东风，盘活经济，对内改革，对外出口。

这年6月，在三胡区和卯洞公社辗转工作了20多年的张富清，被组织上的一纸调令调回到县城工作，并被任命为县外贸局副局长。

6月18日早上，张富清来到县外贸局办公室报到。令人意想不到的是，接待他的是老熟人张绪启局长，他为了迎接张富清特意赶早来到办公室等候。

原来，两人已相识了20年。1959年，张富清在三胡区分管财贸时，张绪启在卯洞公社分管财贸。那时，两人在县里开会时经常遇见，因年龄、参加工作的时间都差不多，亦是本家，交谈起来十分投缘。交谈中，张富清得知张绪启是东北人，比自己小两岁，也是1948年3月参加工作。

“欢迎，欢迎啊！老伙计，星星月亮没盼来，倒把你盼来了。都知道你搞工作认真踏实，点子多，你来了，外贸局的工作定会有好的发展，我真是高兴啊。”一见到张富清，张绪启就握住他的手，热情地对他说。

“哈哈哈……绪启，别和我客气！以后我就改口叫张局长了，我到这里来，请你安排工作，我坚决服从，一定把工作做好。”张富清见到老熟人还成了自己的领导，心里很是激动。

张绪启见张富清对工作还是那股认真劲儿，一阵寒暄后，便转入工作话题，向他介绍外贸局的情况。

“县外贸局于1976年3月成立，现有工作人员8人，领导班子之前一直没有配齐，你来了也只有两人。由于成立的时间不长，工作及业务都处于初步发展阶段，这两年，外贸业务一直处于亏本状态……”

张富清听完张绪启的简单介绍，他对外贸局的工作有了一个初步认识，深感自己日后的工作担子并不比在乡镇轻，无形的压力瞬间袭来。

张绪启作为局长，这两年虽对外贸工作有一番激情，并想在事业上有所作为，但他的身体一直不好，在一定程度上，心有余而力不足，拖了工作的后腿。这次组织上给他调配了一名强力副手，他希望张富清能扛起重担，配合他把外贸工作抓起来。

在班子分工时，张绪启让张富清主抓外贸业务工作。他十分郑重地对张富清说："现在全县的工作重点都转移到经济建设上来了，县领导非常重视，外贸工作以外贸业务为中心，以出口工作为重点，主要是多收购、多出口、多创汇。这项工作干好了，既是对县里的经济建设作贡献，又能增加全县老百姓的收入。老伙计，我们一定得唱好这出戏，多想想办法把这项工作抓起来。"

"张局长，你安排的我都没意见，我俩相识这么多年，现在能在同块瓦片下工作更是缘分，我一定会全力以赴、不遗余力地工作，保证完成工作任务！"张富清毅然接受，再次拿出突击的气势。

唯有行，才有果。虽然面对的是新的工作环境，但是直面困难、寻找突破是张富清一直以来的工作方式。在短暂的时间内，他把外贸局的业务资料翻了个遍，并通过与局里几名业务人员交谈，对外贸业务工作有了细致的了解。

1976年，外贸局刚成立这一年，收购、出口的农副土特产品种为24种，收购额为34.26万元。至1978年，每年收购额同往年相比，增幅不足10%，1978年全年收购额也未突破40万元。这几年外贸业务始终处于亏本状态，主要存在的问题是货源品种不多、业务量不大，来凤县的几个品牌如桐油、蚕茧、藤制品没有较好地利用和整合起来。

了解到这些情况后，张富清给自己定了一个短期工作目标：从开辟货源入手，在货源出口数量上做文章，力争年底实现扭亏为盈。

好在有多年在乡镇分管财贸的工作经历，张富清对全县农副土特产的基本情况了如指掌。为抓好外贸业务工作，经过盘算后，他打算把三种骨干货源品种作为工作的突破口：

其一，桐油，特别是卯洞的"金丝桐油"。其质量为全省之冠，历年调往省里销往英、美、苏联等国。这个品牌新产品还需追加措施，提高产量及收购量，加强出口力度。

其二，蚕茧，特别是来凤旧司区水田坝蚕茧。其颜色洁白、光泽好、蚕层量和茧丝量较高，1 担鲜茧可加工 40 斤左右干茧，调往省进出口公司后，部分外销日、美、苏联等国家。这项新产品虽已于前两年开发成功，但苦于无技术、无设备、无经验，产量一直上不去。面对如此现实的“三无”问题和困难，必须多方协调，分批次解决。

其三，藤制品。藤制套箱、书架、靠椅、床头柜、椅子等产品，造型新颖、工艺精巧、花色多样、质地坚韧、美观实用，受到外商喜爱，主要销往法、美、荷、加等国。但生产这些藤制品的几家企业普遍缺乏资金，各自为政，产品质量参差不齐。需将这几家企业的藤制品加以整合，统一生产标准及出厂规格，并帮企业争取注入资金以便扩容扩产，最终实现提质提量的目标。

张富清与工作人员及时将工作想法和思路形成详细的工作方案，向局长张绪启做了汇报。张绪启听后表示赞同，拿着方案对张富清说：“富清，你干事我放心。你尽管放开手脚、甩开膀子，县里领导那里我去汇报。只要我们工作做到位，不管遇到什么困难，相信县里都会酌情考虑解决的！”

“请局长放心，我们一定按照方案不折不扣地抓好落实。”张富清坚定地说。

此后的每个月，除了与上级外贸部门工作衔接及与相关人员接洽外，其他时间，张富清带着局里一众业务骨干频繁地往返奔走于来凤各乡镇、厂、社队，湖南大庸县[①]等地，力争把货源生产、开发货源、协调收购、加大出口等每一个环节的工作都做细做实。

关于桐油，他们深入走访生产队及群众家，鼓励群众管理好现有的油桐树，同时发展新林，多产桐籽；在卯洞公社，一行人还积极协调前几年由张富清主导兴办的几家桐油厂改进了榨油技术，改善了生产管理，进一步提高了桐油的质量和产量。

---

① 大庸县现在已改名为张家界市。

关于蚕茧，他们从外地引进桑籽 500 多斤，大桑苗 1.2 万株，小桑苗 5 万株，蚕种 7000 多张，发展桑园 2000 亩；走遍旧司区水田坝、大河区黑家坝等 25 个大队 130 多个生产队，帮助或协调这些生产队新建改建蚕房 223 间，因地制宜地发展桑蚕生产。在大家的努力下，旧司区、大河区分别成立了蚕茧收购烘炕站，聘请桑蚕技术人员 10 名，培训收、烘技术人员 30 余人。

关于藤制品，他们多次调研县藤竹工艺厂、大河区及卯洞公社藤竹厂，通过与轻工局、企管局、土产公司等部门多方协调，为县藤竹工艺厂解决低息贷款 5 万元，为大河区及卯洞公社藤竹厂各安排周转资金 1 万元，解决了这 3 个厂基础设施建设、购置原材料等问题，为开发藤制新产品，提高藤制产品的产量和质量提供了保证。

经过张富清等人的多方协调，来凤外贸局同咸丰外贸局一道在湖南大庸县共同出资修建了 400 平方米的仓库，60 平方米的生活用房，正式建立起外贸转运站。从此，两县的商品出口由之前的汽车运送武汉，改由经大庸火车运送，加速了商品的流转，节约了大笔运杂费支出。

…………

一分耕耘，一分收获。张富清没日没夜地工作，换来了全县外贸出口业务的蒸蒸日上。1979 年底，外贸局便一举扭转了之前的被动局面，实现了扭亏增盈。在往后的日子里，张富清虽然已年过 55 岁，但他就像一台不知疲倦的机器，历经白昼的喧嚣和忙碌。人生路上，他又一次出色地完成了组织交给的工作任务。至 1980 年底，全县农副土特产收购额达到了 67.4 万元，超出 1978 年 30 多万元；蚕茧收购由 1978 年的 183 担上升到 502 担；收购藤制产品 6910 件，收购额达到了 24.22 万元；所有外贸业务均实现了 20% 以上的正增长。由于巩固了多个骨干品种的货源，县外贸局的工作实现了县里提出的“三多一超”[①] 工作目标，圆满地完成了上级核定下达的各项经济指标。

① 多收购、多出口、多创汇，超历史。

最后一站　披荆斩棘

1981 年，随着农行、工行、建行等金融单位的恢复和成立，来凤县形成了以人民银行为中心、专业银行为基础的金融体系，金融工作逐步向专业化方向发展，呈现一派新的工作气象。为进一步开放搞活全县经济，发挥经济的杠杆作用，各家银行都在改革管理体制，改进工作方法，按照“宏观调控，微观搞活”的原则，拓宽业务范围。

1981 年 9 月，57 岁的张富清调离了工作了两年的外贸局，被任命为建设银行来凤县支行副行长，主持全面工作。

还有 3 年就离休了，调至建设银行来凤县支行可能是张富清工作的最后一站。按理说他已年近花甲之年，完全可以退居二线，做好平稳离休的准备。但组织宣布任命、找他谈话的那一天，张富清不仅压根儿没有这么想，相反他再次向组织作出了“坚决服从组织安排，保证完成工作任务”的承诺。他把工作的最后一站当作最后一“仗”来打，任何时候都必须取得胜利，完成组织交给的任务。

之前从事了多年行政管理，现在突然从事金融工作，行业的跨度对张富清来说无疑是很大的。毕竟是 57 岁的人了，以前也没有金融工作的经历，但组织的工作必须无条件服从，没有任何价钱可讲，他毫不犹豫地走马上任。

建设银行来凤县支行是 1960 年 3 月成立的，1963 年并入县财政局，1979 年 1 月恢复单设，主管全县建设资金。到任后，张富清见到的来凤支行情况比他想象的还要糟糕。可以说，他看到的来凤支行就是一张“白纸”：主要是运行体制不健全，只有 6 名职工，人少事多，职工素质参差不齐，同时连个独立办公的地方都没有，更不用说有营业所、储蓄所之类的了。

一切都得从零起步，这又是一场“硬”仗！

“经历了这么多年的工作磨砺，哪个岗位没有困难，没有困难组织上还派你来干什么？”张富清面对这张“白纸”时刻提醒着自己。

“我们要做好艰苦创业和勤学业务技能的思想准备，齐心协力从零开始，力争在较短的时间内把我们的业务发展起来。”在建行职工第一次工作会上，张富清鼓励大家。

没有办公的地方，张富清找到分管金融的县领导，通过协调借用了位于翔凤镇精神堡处县财政局的一间土瓦房用于办公，暂时解决了来凤支行“住”的问题。接下来还有一道道坎摆在张富清的面前：怎么组织分工、怎么贷款、怎么贷得正确、怎样才能收回来……必须一一解决才算工作起步。

既然要尽快开展来凤支行的业务，首先就要解决职工的业务能力问题，就算摸着石头过河，也得大致清楚这河里有没有石头。张富清认识到，要想提高业务能力，就得从抓学习、抓培训开始。就在借用的办公室里，他从县财政及县农业银行来凤支行请来专业人员给职工讲解“拨改贷”政策和业务……

与此同时，他多次给职工做思想政治工作，号召大家团结一致向前看，给职工讲解改革的重要意义，让大家清楚地认识到做好建行工作的责任担当。通过这一系列“组合拳”措施，建设银行来凤支行的职能已由单一履行财政职能向履行财政和银行双重职能转变，“拨改贷”改革由点到面地逐步展开。

建设银行来凤支行要发展起来，当务之急是要把贷款业务做起来。可是“巧妇难为无米之炊”，建行没有一点自有资金，这让一众学会业务知识、摩拳擦掌的职工急在心头。

资金成为来凤支行最需要攻克的难题。职工急，张富清更是急得夜夜难眠。

一天，张富清打听到县财政局有一笔几十万元的资金在账上，他十分兴奋，决定从县财政局寻找突破口，把这笔资金争取过来，作为银行运转的启动资金。于是，他走进了财政局局长办公室，局长叫田运成，曾是他在卯洞公社的老同事。

一阵寒暄后，张富清对田运成说：“老伙计，我在支行‘无米下锅’，你可要支持我的工作啊！”

田运成：“怎么个支持法？”

张富清："你把你们局里账上那几十万元资金，以无息贷款、计息贷款的形式划给建行代管，让我们'有米下锅'。"

田运成："这可有风险呢，我如果划给了建行，你怎么确保这笔资金的回收？"

张富清："这个问题你放心，我们一定制定责任制，把每笔贷款都落实到人，绝不容许出现呆账、坏账。如果年底钱出了问题，由我张富清承担责任。"

田运成："那你们尽快拟定一个资金代管的具体方案，拿给我看。"

张富清："好，我马上回去拟订方案。"

回到办公室，张富清将全行6个人召集在一起，集大家的智慧迅速拟订方案，送到了县财政局。田运成组织班子会讨论通过了方案，同意将几十万元资金以无息贷款、计息贷款的形式划给建行来凤支行代管。

这笔资金到位后，建行来凤支行帮财政局管理资金的同时，可以利用这笔资金开展贷款业务。就这样，建行来凤支行终于"有米下锅"了，艰难地将贷款业务开展起来。

怎样才能将贷款的风险降到最低，年底避免出现呆账、坏账呢？这又是张富清面临的难题。他深知有压力才有动力，银行工作容不得丝毫懈怠和马虎。为了保证放出的贷款如期收回，保证用好政策资金，他主导并亲自参与制定了贷款责任制，把每笔贷款的贷出和收回责任都落实到人，自己则带头盯着大额贷款，绝不允许刚刚起步的贷款业务出现任何闪失。

来凤县田坝煤矿是一个小型国有煤矿，为了扩大生产经营规模，该煤矿在建行来凤支行贷了一笔数额较大的款项，成为建行最大的贷款客户，也成为张富清紧盯的对象。

为保证这笔贷款的安全，张富清经常去田坝煤矿了解其生产经营情况。

煤矿的销路怎么样？生产安全怎么样？有没有什么其他的问题？对于这些事情，他都要做到心中有数。为了得到真实的情况，他经常走进黑漆漆的矿井，和一线工人交谈。时间一长，张富清跟煤矿里的很多工人都熟络了，一些工人还以为他是矿上的领导呢！

从来凤县城到田坝煤矿有 20 多里路，刚恢复不久的来凤支行一穷二白，连自行车都没钱买上一辆。张富清去煤矿大部分时间都只能走路，偶尔搭乘一段客车。每次去煤矿，他都是脚穿一双解放鞋，手上拎着一个包，包里揣上两个馒头，热天头戴一顶草帽，冬天戴着一顶鸭舌帽。

回到家里，张富清的身上时常沾满煤灰，搞得一身脏兮兮的。孙玉兰忍不住抱怨："你又去钻煤矿了，早上换的干干净净的衬衣还管不到一天！"

"您这么大年龄了，一趟又一趟地来回跑，不累吗？"同事们关心地问他。

"这有啥累的？以往比这累的事儿多的是哦！"张富清笑着说。

每到年底，为确保煤矿按时还款，张富清索性打起背包，在煤矿临时支了张床住下来，与工人们同吃同住，帮助煤矿出主意、抓生产、促销售，随时掌握煤矿的生产、销售动向。在他看来，只有真正了解企业贷款客户的生产经营情况，才能从根本上防止银行出现呆账、坏账。他的不懈努力和辛勤付出得到了很好的回报，当年支行贷出的款项不仅全部收回，也实实在在地帮助了煤矿的生产经营，并产生了良好的经济效益。

正是张富清这种工作理念和认真踏实的工作作风，在他任副行长主持工作期间，他与支行职工拧成一股绳，心往一处想，劲往一处使，在贷款业务从无到有发展起来的同时，所放出的贷款没有出现过一笔呆账、坏账。由此，支行的贷款业务产生了良好的经济效益，他们很快有了自有资金，在经营上形成了良性循环。

至 1984 年底，建行来凤支行相继盖起了办公楼和全县最好的职工宿舍楼。全行职工也由当初的 6 人增加到 40 多人。支行的各项业务越做越大，经济效益也越来越好，实现了跨越式的发展。

张富清再一次圆满完成了组织交给的任务。1985 年 1 月，张富清站完工作中的最后一班岗，光荣离休。

第八章
心中无我　至公无私

心中时刻装着老百姓，很少顾及自己和家庭。老百姓的利益受损，他会毫不留情地对人“开刀”。对家庭困难和个人升迁，他从不向组织提任何要求；对子女就业及工作分配、调动，他从不向组织和个人打招呼。好不容易得到提档增薪的机会，他却高风亮节，让与他人。

盼被招工　求父“碰壁”

1975年7月，张建国从卯洞三中高中毕业后在家待业。这一年，他18岁，正值人生青春年华。可他此时却对人生感到迷茫，原因是他是城镇户口，如果在城市还有进工厂就业的机会，但他所在的卯洞公社只有一个船厂和一个藤竹厂，进厂都是干技术性的活儿，并且两个厂里面的人员已经过剩。如果是在农村，他也不必纠结，毕业后直接进入生产队劳动生产。

在家待着，张建国除了做些家务活儿，便没有其他事情可做。家里6口人，大姐建珍20岁，三妹建荣14岁，四弟健全13岁，都是长身体的年龄，一家人的生活主要靠父亲张富清的工资，过得十分拮据。加之母亲孙玉兰的心脏病越来越严重，有时一发病，几个月都下不了床。张建国无比渴望有一份工作，为家庭减轻生活负担，但苦于没有门路，暂时只能在家待业。时间一长，他感到越来越迷茫。

7 月底的一天，张建国和几个毕业的同学在一起玩，其中一位同学透露了一个信息：恩施市一家国营企业到来凤县招工，给了卯洞公社一个定向指标，这个指标就在公社相关领导那里掌握着。

“这是真的？”张建国有点不相信。

“是真的，我的一个亲戚是公社的一名干部，是他告诉我的。”那位同学说。

“这可是一个千载难逢的好机会，如果我能够招上，马上就能有一份正式工作，端上‘铁饭碗’，自食其力，可以为家里减轻很大的负担！”张建国暗自思忖。

“你爸爸在公社里面是当官的，我们还以为你知道。你如果想得到这个招工指标，是坛子里面捉乌龟——手到擒来啊。”几个同学都很羡慕地对张建国说。

“你们不知道，我爸这个人难搞，我们家里的事，都是我妈在管，他很少过问。”张建国无奈地说。

尽管张建国一再说自己不一定有机会得到指标，但几个同学都认为他的机会最大。

回家的路上，张建国遇见一位姓刘的熟人，他是公社党政办的工作人员，他对张建国说：“建国，你待在家里没事，这次恩施市一家国营企业给卯洞公社一个定向招工指标，在你爸手中掌握着，你符合条件，何不向你爸争取下呢？”

“这个指标在其他领导那里，我还好去争取些，但在我爸那里，估计难搞。”张建国有些失望地说。“我去给你爸说哈，看他是什么意见。”刘姓工作人员说。

“谢谢刘叔叔。”张建国感激地说。说完两人就各自回家了。

那天晚上，张富清很晚才拖着疲惫的身体回到家里。张建国见父亲回来了，便迫不及待地问他："爸爸，听说恩施有个国营工厂在卯洞招工，有一个指标？"

"是有这么回事，你是怎么知道的？"张富清问儿子。

"别人告诉我的，他们都说你在公社当副主任，管机关，我获得这个指标的机会最大呢。"张建国暗示父亲。

"你很想去？"张富清问道。

"当然想去啦，我如果有了这份工作，可以给家里减轻负担。"张建国坦率地回答。

"你不能去！下午在办公室，有人对我说你符合条件，我就给否了。"张富清很干脆地拒绝了儿子的要求。

"为什么啊？爸爸，我高中毕业，身体健康，一切都符合招工条件，指标为什么不能给我？"见父亲这样回答，张建国焦急地说。

"你够条件，别人也够条件，但是你不能跟别人争，因为我是公社的领导，你是我的儿子，如果有好事，我就拿来照顾自己的孩子，群众会怎么看我？现在公社号召知识青年上山下乡①，我把指标给了你，让你在恩施有一份正式工作，那我怎么去号召其他知识青年下乡？"

"你现在高中毕业了，作为知识青年，8月，我打算让你带头上山下乡，到农村去劳动……"

张富清全盘说出不将那指标给儿子的道理。

"你只顾着你的工作，也只想着别人怎么看你，从来没想过我们当子女的怎么看你，更没想过我们跟着你这些年过的是什么日子。"建国有点火了。

张富清震惊地看着建国，在他的印象中这是儿子第一次顶撞自己。

"这些年，咱们家那么困难，我们几兄妹和妈很少吃到一顿饱饭。你常年不在家，为了贴补家用，我十岁就下河拣石头、砸石头卖钱，建荣、健全拣

---

① 知青上山下乡运动指的是20世纪六七十年代，中国在"文化大革命"期间，毛主席发出"农村是一个广阔的天地，到那里是可以大有作为的""知识青年到农村去，接受贫下中农的再教育，很有必要"的指示，政府组织大量城镇知识青年离开城镇，在农村定居和劳动。

煤渣、翻红苕、拾洋芋，为的是一家人能吃上一口饱饭，为的是让妈肩上的担子别那么重。现在我高中毕业，有了一个可以挣钱贴补家用的机会，因为你是公社的领导，就不让我去竞争这个机会？”建国干脆豁出去了。

张富清见儿子情绪激动，只是平静地看着儿子，内心也有了一种愧疚感。但他还是耐心地对儿子说：“你是我的儿子，你如果去，别人还怎么跟你竞争？我们当干部的，工作上有严格的纪律要求。如果这次安排你去，我的工作便不好开展，也完不成组织交给的任务。”

在旁边一直做着衣服的孙玉兰见父子俩发生争执，连忙对建国说：“建国，你就听你爸的安排吧，你爸今年才出来工作，我们全家都要支持他才行。”

张建国看了父亲、母亲片刻，无奈地说：“那好吧，听你的安排。”说完便闷闷不乐地睡觉去了。

张富清知道儿子的内心很不服气，但工作原则不能违背，只能委屈他了。

8 月初，卯洞公社动员知识青年上山下乡，张建国也到公社报了名。过了几天，他和十多名知识青年被安排在位于枫洞管理区的杂货溪林场从事劳动生产——开荒造林。

这是张建国长至 18 岁，第一次离开家来到一个陌生的地方独立生活。初到林场的那些日子，白天，他与知青们、林场工人们一起开荒劳动，种树育苗；晚上，没有住处，只好住在一农户家的“火坑”[①]楼上，那里没有楼板，铺的竹片、木条，不挡风也不遮烟。一旦下面生火，浓烟直冲上来，呛得人无法睡觉，不几日，他的被子就全被熏成了黑色。后来，大家一起动手，在林场附近放炮炸石，用石头修了一栋简易的房子，才终于有了一个干净点的住处。

林场的劳动生活，对于从小就吃苦长大的张建国来说，算不了什么，他很快就适应了。在他看来，每月有 30 多斤粮食供应，这里的生活条件比家里

① 火坑指的是恩施山区的群众在正屋或者偏屋的地上，挖出一个坑，用于日常生火做饭或取暖，故而得名。

要好多了，在家里从来没有吃过饱饭，在这里除了劳累一点外，至少还能吃饱饭，单从这一点看，张建国内心对父亲的那点怨气也就慢慢消散了。

和张建国一同来的一些知青，之前在家连家务活都很少做，要过饮食关、跳蚤关、劳动关等就有些困难了，有的知青甚至连做饭烧的柴都不会砍，往往是搂了一堆干草还烧不热一锅水。张建国很快便成为知青中的主心骨和带头人，每天带领着林场工人在林间种树育苗。春夏秋冬，林场的角落都留下了他们劳作的足迹。

1976 年 8 月，张建国被临时抽调至高洞猫湾林场，突击开荒种树 2 个月。在那里，他同其他林场人员一道，从下高洞往上高洞挑水泥、瓦片之类的重物，用于修建房屋。他每次都是挑着近 200 斤的重物，行走十多里的上坡崎岖小路，这让他经历了一段特别辛苦的日子。

张富清并非铁石心肠，他时常抽时间到林场去看儿子，并给他带去中学时用过的课本，要求儿子积极向上，在劳动之余，多读书看报，多学文化知识，不能虚度光阴。

于是，张建国便拾起课本，一边劳动，一边看书学习。

天上不会掉馅饼，成功无捷径，机会从来都是留给有准备的人。1977 年 11 月，张建国迎来了人生中的一个最重要的机遇——国家恢复高考[①]。面对这个改变自己命运的机会，他已等待许久，此时他终于明白父亲叫他不能丢掉课本的深意。

参加当年高考后，张建国顺利地考上了来凤县师范学校，结束了两年多的知青生活。

---

① 1977 年，由于“文化大革命”的冲击而中断了 10 年的中国高考制度得以恢复，中国由此重新迎来了尊重知识、尊重人才的春天。恢复高考的招生对象是：工人、农民、上山下乡和回乡的知识青年、复员军人、干部和应届高中毕业生。1977 年 10 月 21 日，中国各大媒体公布了恢复高考的消息，并透露本年度的高考将于一个月后在全国范围内进行。与过去的惯例不同，1977 年的高考不是在夏天，而是在冬天举行的，有 570 多万人参加了考试。按当时的办学条件，最终只录取了不到 30 万人。

老师眼中“干部家庭”

1975年2月，卯洞育红学校初中一年级向致春老师的班上转来两名学生，他们就是跟随父亲张富清到卯洞的张建荣和张健全。两姐弟就读一个班。报名那天，母亲孙玉兰将他俩送到学校，班主任向致春接待了他们。

向致春是一名土家族中年教师，说话带着一口卯洞方言，对人和蔼可亲。他见母子三人穿着都很朴素，张建荣和张健全穿的衣服、裤子打满了补丁，知道他们家的条件不是很好，内心顿时对这两个学生有了一种怜惜感。

“他俩叫什么名字，你们家住哪里？”向致春拿着报名表轻言细语地问孙玉兰。

“女孩叫张建荣，男孩叫张健全，我们家就住在公社集镇上的……”

向致春很快就将两个人的基本情况填写好了，为他们报了名。

“向老师，您尽管把他俩管严些，麻烦您了。”报完名后，孙玉兰对向致春说了一些感谢之类的话就离开了学校。

“你们家原来在哪里？爸妈是干什么的？家里还有些什么人？”为了便于管理好学生，向致春详细地问张建荣姐弟。

“我们家才从三胡区搬过来，住在公社万寿宫那里，爸爸张富清是一名国家干部，妈妈是个裁缝，家里还有一个姐姐，一个哥哥。”张建荣怯怯地说。

“你爸是一名国家干部？”向致春再次问道。

“是的。”张建荣和张健全异口同声地回答。

“他们家是个‘半边户’①，按理说条件应该算好的啊，班上有几个学生的家庭也是‘半边户’，穿着比这姐弟俩要好多了。”向致春心里有点纳闷。

了解两姐弟的家庭情况后，向致春把他俩带到班上，安排了座位。班上学生见来了两名“农村”来的同学，都没有格外关注。

---

① “半边户”一词出现在20世纪的70年代至90年代。它的解释是：在一个家庭中，一个男人在单位工作，属于国家干部，而女人在农村种着“责任田”，当农民，他们的子女一般也在农村，对这样的家庭，社会上当时称为“半边户”。

张建荣和张健全进入班级后，向致春对他俩留心观察了一段时间，他发现姐弟俩穿着一直很朴素，说话做事一点也不张扬，对同学礼让，对老师有礼貌。姐弟俩不仅没有班上其他一些干部子女表现出来的那种优越感，而且在学习上也很用功，几次测试，学习成绩都排在班上前列。

不久，通过学校的一次勤工俭学[①]活动，向致春对姐弟俩更是刮目相看。

那是开学不到一个月，学校要求各班级开展勤工俭学活动，向致春班上领到喂养一头小猪崽的任务。他在班上说："这次学校给我们班安排喂养一头小猪的任务，住在集镇上的同学，如果有愿意喂养的，请举手。"他连问了几次，住在集镇上的近30名学生都没有人举手。正当向致春有些失望的时候，张建荣和张健全同时举起了手。姐弟俩愿意喂养，向致春非常高兴，当即对姐弟俩提出了表扬，然后把他俩带到学校东北角的一间4至5平方米的小屋，里面关着一头不到10斤的小猪崽。

"你俩从现在起，每天就负责找猪食喂养这头猪崽，并把这里的卫生打扫好，学校教师食堂每天有些剩饭剩菜、泔水等，你们可以接来喂它。"向致春对姐弟俩说。

"好，向老师，您放心，我俩保证把它喂养好。"姐弟俩对向致春承诺。此后，姐弟俩一边读书，一边完成喂猪的任务。[②]

从那以后，向致春经常去查看姐弟俩喂猪的情况，每次去，见小猪都吃

① 20世纪七八十年代，农村各个学校的办学条件很差，国家允许各个学校以"勤工俭学"的名义给学生下达任务，学生上交一些学校要求的物品，学校把学生上交的各种物品变卖之后，把所得资金用来改善办学条件。这是特定历史时期的产物，"勤工俭学"因此成为一代人的记忆。

② 张建荣和张健全自接受喂养猪崽的任务后，他俩在学校教师食堂放了一个盆，每天接一些剩饭、剩菜和潲水等用于喂猪。随着猪崽渐渐长大，食量也增大，他俩便利用放学或放假时间，不管是晴天还是雨天，都在外面找猪草及别人不要的菜叶子，有时孙玉兰也帮忙找猪食。大半年后，这头小猪崽长到近200斤，他们把猪交给学校，受到了学校的大力表扬。

得饱饱的，屋内也打扫得干干净净，他对姐弟俩认真负责的态度十分赞赏。一次，他从学校校长口中得知，这姐弟俩的父亲张富清不是公社的一般干部，而是公社革委会副主任，并且还分管着公社机关、供销社、船厂等一些有钱有物的财贸单位。

“一般干部家庭的子女在学校都有一种优越感，公社有几名领导的子女在学校更像纨绔子弟，调皮捣蛋。可这姐弟俩怎么总是穿得那么朴实，还那么能吃苦呢？”向致春百思不得其解，他决定去他们家开展一次家访。

一天傍晚，向致春吃过晚饭出来，正遇张建荣和张健全喂完猪后准备回家，他对姐弟俩说：“我要去你们家进行一次家访，你们带我去吧。”

“不知我爸爸在不在家，他很少在家的，我家条件不好，向老师，您还是莫去了。”见向老师突然提出去她家家访，张建荣有些难为情地说。

“那不行，家访是我们当班主任必须做的工作，你们家我迟早也要去的，不如今天就去。”向致春说。

姐弟俩见向老师坚持要去家访，也没有再说什么，便忐忑不安地带着向老师回家。

“妈妈，向老师到我们家里来了。”刚到家门口，张健全便大声地叫道。

听说是建荣和健全的班主任来了，这天正好在家的张富清立即热情地走出来迎接，此时家里正等两个孩子回家吃晚饭。

“欢迎，欢迎啊，向老师，请屋里坐，两个孩子在学校给你添麻烦了。”张富清客客气气地将向致春请进屋，并叫建荣给老师倒水。

一阵寒暄后，孙玉兰准备重新去给向致春做饭，他赶紧阻拦，说：“莫客气，我已吃过，你们快吃饭。”“我上街去买点熟菜，向老师再吃点。”张富清说，说完他找了一个大碗准备出门。“我真吃过了，你如果要去端菜，我立马就走。”向致春将了一军。

张富清见向老师起身要走的样子，也不再客气，便坐下来同家人边吃饭边和向老师聊两个孩子的情况。在交谈的过程中，向致春仔细地观察了一下，这一家人的吃、穿、用情况都很简单，这让他感到惊讶不已。吃的方面，一家6口人，每个人的碗里都盛着为数不多的玉米饭，饭桌上放着一碗酸菜和一碗南瓜，吃得比普通老百姓家庭还差；穿的方面，每个人包括张富清身上都穿着有补丁的衣服或裤子；用的方面，屋内的设施十分简陋，没有一件像样的家具，碗柜仅是用几块小木板钉成的四处漏风的柜子。

“他家到底是个什么情况，哪里像一个干部家庭的样子？难怪张建荣和张健全在学校穿得那么朴素，原来家里真没有！”看到这家人的实际情况，向致春的心里更加疑惑，他不清楚这家人的生活为什么这么困难。

突然，一个突发情况打断了向致春的家访。已吃完饭的张建珍倒在地下，口吐白沫，全身抽搐，孙玉兰急忙找了一根竹筷塞在她的嘴里，以防她咬伤自己的舌头。见他家出现这种情况，向致春也没有久留，他向张富清告辞回学校，张富清向他表示了歉意。事后，向致春通过张建荣、张健全了解得知：张建珍从小得了脑膜炎后遗症，平时喜欢安静，如有陌生人到他家，说话稍微多一点，吵闹一点，她就容易发病。一旦发病后，则每天要接连发2至3次，这给全家人带来很大的心理伤痛。

“这个干部家庭生活得真不容易！”听到这个情况，向致春再次发出感叹。从那以后，他再也没去他家走访了。

张富清作为公社领导，分管着卯洞供销社、卯洞船厂、桐油经销等“肥缺”单位，可以说是坐在“金山”上，但他的家庭却这么困难，这令向致春始终比较疑惑。直至20世纪80年代中期，他心中的谜团才得以解开。

1985年，向致春在百福司镇（原卯洞公社）任镇长，通过与张富清之前分管过的单位负责人交谈，他得知张富清向来都是公私分明，从不利用职权沾这些“肥缺”单位的光，占公家的一点便宜。在那个经济欠发达的年代，干部待遇低，不少干部因为家大口阔都会向单位借钱，卯洞公社干部借支也比较普遍。1985年机构改革，向致春安排镇政府清理干部借支，但通过盘查清点，长长的借款名单中却没有张富清的名字！张富清在卯洞公社工作5年，从未向组织反映过任何家庭困难，也从未享受过组织的任何困难补贴。

为了百姓　两次发怒

卯洞公社党政办公室主任杨胜友是一名土生土长的干部，在他的印象中，公社革委会副主任张富清在班子成员中是最温和、最平易近人的一个，他与张富清一起共事5年，很少见到他在工作和生活中发过脾气。但在1977年4月至5月，杨胜友看到他接连两次发怒，他对张富清这两次发怒的印象十分深刻，并被他那种为民情怀深深地打动。

1977年4月，卯洞公社要求每个管理区完成3000亩水稻新式育秧技术[①]推广任务。这项任务完成后，每个管理区不仅可以节约3万多斤种粮，还能够大幅度地增加粮食产量。由于是推广新式育秧技术，考虑到一些生产队不容易接受，公社要求每个班子成员都下到管理区去督促这项工作的落实。张富清负责督促月亮管理区，该管理区有劫道河、木车坝、安抚司、活水4个大队。4月中旬的一天，张富清带着杨胜友准备到月亮管理区听取任务落实情况汇报。走到劫道河大队，为掌握工作落实的真实情况，他俩直接下到一些生产队查看。走了6个生产队，发现有4个生产队对新技术育秧还在犹豫，根本没有行动起来。接着他们又走到邻近的木车坝大队，发现的情况同样如此。

张富清对杨胜友说："这个情况太糟糕了，春播很快就要过季，再不抓紧任务就不可能完成了，走，到管理区去，马上想办法。"杨胜友知道他内心着急，也没多说什么，两人便急匆匆地赶到月亮管理区——安抚司集镇。管理区总支书记姚元正见到张富清和杨胜友，以为他们才从公社过来，准备向他们汇报新技术育秧的情况。张富清心急火燎地对他说："先不忙听汇报，你马

---

① 新式育秧技术分为两个阶段：第一个阶段是在温室里将谷种催成谷秧，待水田秧箱整好后，将谷秧一粒粒地摆在秧箱上，一改过去将谷种直接用手抛撒在秧箱上的传统方法。这种技术与传统手抛谷种相比，不仅速度慢，而且累人，但好处是节省了谷种，而且摆放均匀，秧苗生长好。第二个阶段是待秧苗长到两指高后，再把秧箱里的秧苗扯起来，移栽到大田里。

上通知各大队干部、生产队长明日上午到管理区开新式育秧技术会。”见张副主任安排的会议紧急，姚元正及时安排4名工作人员分别到4个大队去通知开会。

在吃晚饭时，张富清了解到，管理区对水稻新式育秧技术推广做了安排部署，出现这种情况，问题应在于部分干部的不作为和宣传没有到位，他决定在第二天的会上解决这些问题。

第二天上午，4个大队的干部及生产队长陆续到齐，张富清组织召开了水稻育秧新技术推广督办会。会上，杨胜友把在劫道河、木车坝大队看到的情况做了通报，张富清便开始向与会人员讲水稻育秧新技术推广的重要性。他先是心平气和地说了几句，然后他越说越激动、越说越生气，甚至大发雷霆，拍着桌子说：

“一些干部既不开会向生产队的群众宣传新式育秧技术的好处，又不将未完成任务的情况向上面报告，你们这是对老百姓负责的态度吗？水稻新式育秧技术在别的地方已证实能提高水稻的产量，是能让老百姓吃饱饭的，为什么你们不落实？

“有的同志在工作中遇到一点困难，就不想去做了，你遇到的困难再难能和革命前辈流血牺牲打江山比吗？关键是你是否能想办法克服困难，是否有勇气战胜困难。”

…………

“为了提高水稻的产量，为了能让老百姓吃饱饭，水稻新式育秧技术推广任务的困难再大，我们也必须在最近几天把它拿下来。”张富清最后斩钉截铁地说。

发了一通火，张富清冷静下来，就如何让生产队队长和群众心甘情愿地接受新式育秧，他掰着手指给大伙儿算了一笔账。月亮管理区有4个大队，共有3000多亩水稻田，按照传统做法每亩要20斤稻种，共需6万多斤种子。按新式育种方法，每亩只需8斤种子，整个月亮管理区就可以节约3万多斤种子。插秧后，水稻每亩产量可提高80斤，3000亩可增产30万斤左右。稻种减少，稻谷增收，哪种育秧方法更好，不言而喻。

理不辩不清，账不算不明。张富清讲完，场下一时鸦雀无声，每个人的心里都有了一本账。一些没有完成任务的生产大队的书记、队长们都纷纷表态，表示愿意采用新式育秧技术，回去一定想办法在规定的时间内完成任务。就在张富清在大会上发怒后没几天，月亮管理区便顺利地完成了当年水稻新式育秧技术的要求亩数，他的这次发怒对管理区水稻新式育秧技术的推广起到了很大的推动作用。

也就在杨胜友第一次见张富清发怒不到一个月，他又见识了张富清的第二次发怒。

1977 年 5 月中旬的一天下午，天下着蒙蒙细雨，张富清同杨胜友一起，披着蓑衣，戴着斗笠，穿着草鞋下乡检查农业生产情况。两人走在泥泞而崎岖的山路上，从高洞下到安抚司。张富清穿的一双旧草鞋经不住泥泞折腾，走到离安抚司不远时，草鞋的耳子及后跟都磨烂了，不能再穿着继续行走，他只好用几根巴茅草系着坚持走到安抚司供销社。杨胜友建议他在那里买一双新草鞋。

因不是赶集日，两人走进供销社，卖草鞋的柜台前并没有人。一名售货员见两个农民模样的人走了进来，爱搭不理地问道："你们要买什么？"

"买一双草鞋，多取几双，我们挑选一下。"杨胜友对售货员大声地说。

售货员便从柜台里取出几双草鞋放在柜台上叫他们挑选，然后坐在旁边的凳子上和另一名售货员闲聊。

"再取几双我们选选吧，这几双草鞋不是没有耳子，就是没有后跟。"张富清对售货员说。

"这批草鞋都是这样，你们要买就买，不买就算了！"售货员不耐烦地说。

"什么？这些草鞋都是这样？你们把这么破旧的草鞋卖给老百姓，让他们拿钱就买这些烂的？你们到底有没有良心，良心都到哪儿去了？"张富清顿时板起了脸，十分生气地对售货员说。

"你俩是些什么人，冒充干部到这里来教训我？"见两人披蓑衣、戴斗笠、穿草鞋，售货员断定两人就是刚收工的农民，还猪鼻子插大葱——装象（相），不屑一顾地质问他们。

“马上把你们这里的负责人叫来。”张富清见那名售货员是这种态度，越发生气地说。

“这是公社革委会张副主任，是管供销社的。”杨胜友向那名售货员介绍了张富清的身份。

“公社的干部？还是管着供销社的？是不是哦？”看着生气的张富清，那名售货员还在质疑。

供销社的负责人听到外面的吵闹声，走出来一看究竟，见是公社的张副主任光临供销社，便快步走到他面前说：“是张副主任啊，您什么时候来的？请到后屋坐。”

售货员见站在柜台前的人真的是公社领导，瞬间脸都红到了脖子，知道自己犯了事，急忙退到旁边站着，低着头等着责罚。

“你们怎么把一些劣质草鞋卖给老百姓？”张富清见负责人出来了，立马对他质问。

“张副主任，是我们错了，我们马上整改，重新调一批质量好的草鞋来。”供销社负责人连忙道歉，并说出了解决办法。

“我今天不来买草鞋，还发现不了你们将这种鞋卖给老百姓。这样为人民服务，人民群众能满意吗？你和这位售货员明天到公社供销社去接受处理。”张富清严肃地说。

听了张富清的一席话，供销社负责人和那位售货员认识到了错误，都连连点头表示立即整改，并愿意接受处理。

杨胜友也没有想到，张富清会为了一双草鞋发这么大的火，还严肃地要处理人。在回公社的路上，张富清几次对杨胜友说：“我们当干部的宁愿自己吃点亏，也绝不能让老百姓吃亏。”

“张主任心里任何时候都是装着群众的。”看着在前面行走的张富清，杨胜友由衷地感慨。

补丁裤子　终于“退役”

“新三年，旧三年，缝缝补补又三年”，这是20世纪70年代来凤县干部群众中的一句流行语。因处于计划经济的时代，也是物质匮乏的年代，人们穿旧衣服、穿带补丁的衣服是件很平常的事。

在三胡区劳动监督改造期间的张富清，全身家当也就几件换洗衣物和部分个人物品，所以爱护衣物就像爱护自己的眼睛一样。为尽量避免磨损衣物，他出门劳作时尽量把裤管卷至膝盖以上；砍柴割草时，宁愿自己被刺、草划伤，也不愿让衣物受损，毕竟伤口几天就可以愈合，而衣物烂了就真的烂了。尽管张富清十分爱惜，但是多年下来，身上的上衣、裤子已经破烂不堪，手肘、屁股、膝盖等处叠着多个螺纹补丁。

1975年，张富清调到卯洞公社工作时，穿的还是在三胡区时的旧行头。下至生产队时，群众第一眼看见他，都误认为他是一个普通得不能再普通的群众，经人介绍或通过他的讲话后才知道他是公社的一名“大干部”。群众眼里的张富清与“大干部”的样子差得太多：衣着简陋，身躯瘦弱，背已微驼，黑脸粗糙，手掌全是厚茧。从表面上看，多年的劳动监督改造已让张富清俨然一副农村辛苦耕种者的样子。在群众面前，他粗糙的黑脸笑起来是那样质朴诚恳，乡亲们不知道的是这副瘦弱的身躯里蕴藏着巨大的能量。

“爸爸的裤子破旧不堪，总是不停地补补补！干部就应该有点干部的样子嘛！”虽然一家人的衣物上都有补丁，但父亲那条重叠着碎布补丁的黑色裤子显得尤为扎眼，一直在建荣的脑海里挥之不去。毕竟今时不同于往日，与在“穷三胡”不同，如今在“富卯洞”工作，在女儿眼里，父亲的那条补丁裤子实在是显得太“寒碜”！

“你爸爸舍不得扔那条裤子，要从家里的生活开支中挤出一点钱为他做一条新裤子，他又不同意。”建荣多次听母亲这样说。

为让父亲的那条裤子光荣“退役”，建荣不觉动起了脑筋，琢磨着怎样才能挣一些钱，为他做条新裤子。

“前些年在三胡，假期通过割马草、背石头能挣点钱，不清楚在卯洞公社还行得通不？”建荣时常这样想。

等到学校放假，建荣觉得时机已到，她将心中的想法告知健全：“弟弟，我们想办法去挣点钱，给爸换条新裤子。”

“好啊，他就怕花家里的钱！”健全点头说道。两人一拍即合。

可哪里有挣钱的地方呢？才来了卯洞半年，平时在学校读书，对这个地方又不熟悉，健全嘀咕了一大堆也没说出个所以然来。建荣提醒他说：“我们在三胡不是割过马草，不记得啦？就是给供销社割的。明天我们去供销社问问，说不定有活儿干。”健全恍然大悟，拍着脑门说：“对哦！瞧我这记性。”

第二天上午，夏日的太阳早早地挂在了空中，把大地烤出阵阵热浪。建荣姐弟俩相约出门，来到了卯洞供销社。姐弟俩在门外徘徊了好一阵儿，建荣让弟弟进去问，弟弟不敢，可自己心里也没底，除了内心的胆怯还有不知去问谁的茫然。陆陆续续进出了不少人，两人始终未能开口。烈日爬升，眼看着就快到中午，姐弟俩站在门旁的绿荫里早已口干舌燥。

此时一个看似管理员的中年男子正从里面走出来，建荣鼓起勇气迎上前，向他喊了一声：“满满（叔叔）……”

那人看向建荣，迟疑地打量了一下姐弟俩，眼光又迅速锁定在建荣身上：“你是哪个？”

“满满……你们这……收不收……马草？”建荣声音颤抖地问，说完脸便不由得埋下，心脏仿佛快跳出喉咙。

那人回答建荣说：“妹妹，我们这里的马有固定的人割草，没从外面收呢。”由于看出了姐弟俩的拘束，他的声音里含着一分轻柔，同时脸上写着抱歉。

建荣、健全有些失望，正当那人准备离开，一旁的健全也鼓起勇气不甘心地开口问道：“那……你们这有没有其他的事，我们可以做的？”

那人向身后一指，说：“你们去后院问问向嬢嬢（阿姨），那里有选辣椒、晒辣椒[1]的活儿，看要不要你们干。”

“好，谢谢您！”建荣内心重燃希望，振作起精神，说完便和健全快步走进了供销社的后院。在那里，姐弟俩看到两个妇女正在选辣椒。

建荣问：“哪位是向嬢嬢？我找她问点事。”万事开头难，经过前一轮的历练，建荣已平复了心态，不再那么胆怯。

其中一位稍胖的妇女看着姐弟俩，说：“我就是，你俩有什么事？”

建荣开门见山地问道：“向嬢嬢，我俩想找点活儿干，你们这选辣椒还缺人手不？”

向嬢嬢看看两人，估计是在校学生，便好奇地问：“你俩多大了？”

“我 13 岁，她 14 岁。”一旁的健全抢着回答。

向嬢嬢接着问：“在哪儿读书，读几年级了？”

“在育红学校，读初中一年级，我俩一个班。”姐弟俩回答。

“哟呵呵，你俩是亲姐弟吧！”

向嬢嬢与姐弟俩聊起了天，另一位嬢嬢也加入进来，不知不觉中，话题越扯越远。

在两位嬢嬢时不时发出的爽朗笑声和平易近人中，姐弟俩放开了束缚的手脚，自觉地帮她们干起活儿来。向嬢嬢对建荣姐弟叮嘱说：“辣椒的气味怎样，受得了不？可要小心，千万别用手擦眼。”

“嬢嬢，不要紧，我们会小心的。”建荣对她说。姐弟俩宛如帮自家挑选辣椒一样，拿出一股子认真劲儿。没一会儿工夫，一小堆辣椒便挑选好了。这些都是早熟辣椒，此时还没有进入全面收购辣椒的时节，辣椒的产量相对较低。

向嬢嬢看了看晒席上的辣椒，拍了拍手，说：“今天选的辣椒就这么点，妹妹，现在还没到忙的时候，你俩过一个星期来，我给你们安排事情做。”

---

① 20 世纪 70 年代中期，来凤县的一些供销社开始大量收购生产队种的辣椒，经过人员挑选后，将其晒干后往外销售。1976 年来凤县外贸局成立后，各供销社的干辣椒业务扩大，开展了出口辣椒加工生产的业务。

“好，我们一定来，谢谢向孃孃。”建荣感激地说，说完便拉着健全屁颠屁颠地回家了。

一个星期在建荣眼里无疑是漫长的，她的脑海中多次浮现结完工钱，去买布料及父亲惊喜地换上新裤子的画面。才过了三天，建荣便开始每天约上弟弟去供销社打听一下，看看里面拣晒辣椒的场面，生怕向孃孃把说好的事忘了。

由于天气晴雨适当，今年辣椒的收成很好。过了一天，正逢赶集日，供销社进进出出的尽是前来卖辣椒的农户，仓库里的辣椒渐渐堆积得多了起来。

姓向的孃孃安排着新购的辣椒，忙得一头大汗，她对建荣说：“你俩明天就来干活儿吧。”相对于之前预计的时间，姐弟俩干活儿的时间提前了。向孃孃强调说：“你们就把烂的和有缺损的辣椒挑出来，然后把好的辣椒搬出去晒，晒干后论斤算，一斤 2 分钱，多晒多得。”

考虑到临时干活儿的人不止姐弟俩，并且多干多得，第二天，姐弟俩起了个大早，来到供销社。

姐弟俩走到一堆辣椒旁，按照要求开始干起活儿来。晒辣椒的还有其他人，他俩只顾埋头挑选着，很少与其他人聊天搭话，有一股不服输的劲头。正如向孃孃所说，挑选辣椒看似是个简单的活儿，干起来可不简单。在挑选的过程中，辣椒气味刺鼻，稍不注意，擦汗时辣椒籽或辣椒汁就会沾到眼睛，十分难受。在烈日下翻晒的遍地辣椒，气味伴随着滚滚热浪让人感到眩晕和窒息。尽管姐弟俩十分小心，但时间一长，也吃了不少苦头。

一天下来，姐弟俩的手指甲内被辣椒汁浸渍，火辣辣地疼。但让两人惊喜的是，这天算起来有六毛钱的收入。

回到家里，母亲见姐弟俩眼睛通红、满脸疲惫，便问他们干什么去了。两人如实相告，孙玉兰查看了两人的手指，十分心痛，叮嘱姐弟俩不要再去干了。但建荣、健全反过来安慰母亲说：“妈，这个活儿不累，比背石头要轻松多了，再说有钱干吗不挣？”见姐弟俩坚持要去，孙玉兰也没再反对，只是反复叮嘱两人一定要小心谨慎，别再让辣椒汁沾到眼睛。

在接下来的时间里，建荣和健全每天都去供销社挑选、翻晒辣椒。供销社的向嬢嬢见两人能吃苦、有礼貌，就尽量给他俩多安排一些辣椒挑选。

不知不觉近半个月过去了，供销社收购的所有辣椒均已挑选晒干。最后一天结账，姐弟俩细数一遍，竟然有 9 元钱。

9 元钱，在姐弟俩眼里是一笔“巨款”了！他俩把钱揣在手心，十分高兴，意犹未尽地享受着劳动收获的喜悦。回到家里，两人迫不及待地拉着母亲孙玉兰的手直奔供销社卖布的柜台。此时孙玉兰才知道姐弟俩葫芦里卖的是什么药，见儿女如此懂事，她深感欣慰。

经过一番仔细挑选，母子三人用挣来的 9 元钱买了一块的确良布料回家。这种布料刚出来不久，属于最洋气的。当晚，孙玉兰拿出看家本领给丈夫做了一条的确良裤子。

第二天，建荣和健全拿着新裤子要父亲换上。可是，张富清的脸色瞬间变得很难看。

“我有换洗的，你怎么给我买了一条新的？”他质问妻子。原来他以为这是妻子擅自给他买的。

孙玉兰早就猜到丈夫会如此说，便解释道：“是建荣和健全在供销社晒辣椒挣了 9 元钱，买了布料，我为你做的一条裤子！你啊，儿女的好心不得好报！”

“哦！对不起！玉兰，怪我脾气不好。”见自己错怪了妻子，张富清立马道歉。

“都怪你俩，给我买什么裤子呢，要买给你妈买啊。”张富清转身把“气”撒向了建荣和健全，但脸上却露出微笑，严肃的模样早已不见踪影。

“爸爸，你答应我们，身上这条裤子不要再穿了，好不好？”建荣和健全趁机提出要求。

“好，好，爸爸答应你们，以后那条补丁裤子不穿了，谢谢你俩。”

见父亲同意穿新裤子，姐弟俩欢欢喜喜地替他支开，一脸得意地向父亲展示了一番，然后要他穿上。

张富清应姐弟俩的要求穿上了新裤子，第一次强烈地感受到来自子女的温情反哺，这也是他多年来第一次穿上新裤子。

工作分配　再次“碰壁”

1979 年 6 月，张建国即将从来凤县师范学校毕业，他和同班的 41 名同学对工作分配充满了憧憬。

在此之前，学校老师对这一届毕业生的工作分配有一个基本的判断。他们对这个班的学生说：“你们这个班，是恢复高考后考取的第一届中师生，在来凤县凤毛麟角。来凤县城内的小学，甚至中学，乡镇集镇中学、小学都极缺老师，每个人都会分配到满意的学校的。”听老师们这样说，整个班的同学对工作分配更加期待。

谁不想分到条件好的地方工作呢？可前途是个未知数，留在县城内学校的名额毕竟有限。大部分同学折中地表示：“如县城学校进不了，分到乡镇集镇学校也不错。”少数学生则依旧表示：“只想留在县城教书，不愿到乡镇教书。”

室友提醒张建国说：“听说你爸爸在县里外贸局任副局长，只要他给教育局随便哪个领导打个招呼，你分配到县城学校估计没有问题。”

“我只要能够分配到乡镇集镇学校就很满足了，我对他不抱希望，他不会管我分配的事的。”张建国不自信地说。

“哪有父母不管子女的事情哦，他们希望子女的工作分配好一点是人之常情，你爸就有那么‘绝情’？除非你不是他亲生的！哈哈哈……”几个同学开起了张建国的玩笑，他也只好无奈地摇了摇头。

6 月底，张建国以优异的成绩正式毕业，他从位于来凤县旧司区的学校回到县城家里，等待着组织的分配。

过了十多天，张建国和几个同学按捺不住内心的期盼，相约去教育局打探消息。他们来到教育局，问了几个工作人员，都说分配结果还没有出来，只好失望而归。

如果不去打听消息，安安心心地在家等待分配则罢，可是和几个同学聚集在一起，难免说起分配可能要靠走关系、好些人在教育局有亲戚之类的八卦消息，结果把张建国说得心里七上八下的。回到家中，他心神不宁，日夜不安。

“我们家如果也有亲戚在教育局就好了，我可以找他们帮忙，可是所有亲戚都在陕西那边，我见都没见过。本地只有父亲工作上认识的一些同事和母亲认识的几个裁缝。家里与教育局的人扯不上任何关系。”张建国对工作分配感到十分迷茫。

“原本不想让父亲对自己工作的事操心的，听同学们这么一说，看来还是只有找他出马了。”

“我的要求不高，只要分到乡镇集镇就行。为了保险起见，让父亲去给教育局认识的人打个招呼？”

“四年前，恩施招工那次，他是没有同意的。如果这次他不同意去打招呼怎么办呢？这次工作分配对我太重要了，他应该不会坐视不管吧！”

…………

张建国内心做着激烈的思想斗争，他想对父亲说出自己的想法，但又犹豫不决。

有几次，父亲张富清在家，张建国走到他身边，话都到了嘴边，看见父亲那张严肃的脸，他还是没有勇气开口。

“我不好给他说，叫妈妈给他说吧！”张建国灵机一动，想到了主意。

“妈，爸爸如果回来了，你给他说下，看他能不能给教育局认识的人打声招呼，我的工作如果分不到县城内的中小学，分配到乡镇集镇的中小学也行。”张建国对母亲孙玉兰说。

孙玉兰见儿子这几天满怀心思，才知道他在为自己工作分配的事担心。

“好吧，等你爸回来了，我给他说说看。”孙玉兰对建国说。

就在那天晚上，一家人吃罢晚饭，孙玉兰向丈夫提了儿子工作分配的事。但她的话刚说完，张建国就看见父亲的脸立马沉了下来，他预感到情况不妙，此事可能又要在父亲面前“碰壁”。

果然，父亲没有买母亲的账，他严肃地说：“我怎么能去打这个招呼呢？工作上的事一切都要听从组织的安排，组织上分配到哪里就到哪里，不管分配到哪里，都要好好干。哪怕就是分配到乡镇下面的村上学校，你都应该去，那里最缺老师……”

张富清的一番话，让孙玉兰和张建国听着既“熟悉”又“陌生”。“熟悉”的是，张富清不管什么时候都是考虑组织的需要，工作的需要；“陌生”的是，张富清的言语中如同建国不是他的亲生儿子一般，任何时候都是那么“苛刻无情”。

已经习惯丈夫说话、做事风格的孙玉兰，也没有和他理论，她连忙宽慰儿子：“那就依你爸说的吧，分到哪里就是哪里，教书总比你之前在林场时要轻松些。”

张建国也习惯了父亲对他的“苛刻”，听母亲这样说，他也没有再说什么。此时，他反而觉得一身轻松，索性彻底放下心中的“包袱”，不再理会工作分配的事，听从组织安排。

不久，这届毕业生的工作分配确定下来了。让张建国感到意外的是，没有任何“背景”的他被分配到绿水区茅坝管理区下面的一个村上学校——龙咀小学，而他的绝大部分同学都分配在了县城内及乡镇集镇中小学。

得到分配结果，张建国虽然有些失落，但他坦然面对，内心早已做好思想准备。回到家里，他将工作分配的学校告诉了父母。孙玉兰忍不住替儿子担心，因为他工作的地方条件艰苦。但父亲还是那句老话：“无论在哪里工作都要好好干。”

去学校那天，孙玉兰早早地为儿子准备了一床被子和其他生活用品，张富清则破天荒地给了张建国 5 元钱，让他用于坐汽车和平时零用。

1979 年 9 月初，带着父亲的嘱咐，张建国从县城坐车到茅坝管理区，然后走了十多里山路来到龙咀小学，在这个连老师寝室都没有的地方，开始了他的工作生涯。

刚去龙咀小学时，学校没有寝室，张建国只能和几个男老师挤住在一间破旧的房子里。他平时同几位公办、民办教师一边修建学校，一边开展教学。

尽管条件极差，但张建国牢记着父亲的殷殷嘱咐，工作激情很高，很快便成为学校的骨干教师。看着乡村学生对知识的渴望，他决心把自己的青春和热血献给乡村教育事业。①

五喜临门　合影聚餐

1979年，是我国正式开始以经济建设为中心，走上改革开放道路的第一年。恰逢这一年，张富清一家在改革的春风中先后迎来了五大喜事：6月，在乡镇工作21年的张富清被组织调进县城；7月，三女儿张建荣和小儿子张健全参加高考，分别考取了来凤县卫生学校和来凤县师范学校；8月，大儿子张建国从来凤师范学校毕业，分配了工作；9月，44岁的妻子孙玉兰被招进来凤县红旗服装厂，成了一名正式工人。

自张建国兄妹三人9月离家各自去学校后，全家人聚少离多。平日里，张富清成天忙于外贸工作，多数时间在外奔波忙碌，经常深夜归宿。孙玉兰和张建珍两人在家相伴，显得冷清寂寥。直至年关将近，张建国三兄妹放了寒假，相继回到家中，平日冷清的家庭才忽然变得热闹欢腾起来，洋溢着浓浓的亲情氛围。

一年来，家里的变化甚大，家庭条件正渐渐得到改善，一家人对未来充满了无限期许。所谓人逢喜事精神爽，张建国饶有兴致地提议说："爸，妈，今年我们家有那么多喜事，现在一家人都到齐了，我们去照一张全家福，晚上搞点好吃的聚下餐，庆祝一下吧！"参加工作几个月，以张建国目前的经济能力，他有这个底气。

---

① 张建国在龙咀小学任教2年，其间被委以重任，带了两届五年级毕业班。这两届毕业生在绿水区小考中，成绩均在前列。由于教学成绩突出，1981年底，他被调到绿水中学任教2年。此后通过县教育局的考察，他被任命为绿水中心小学教导主任。1988年，他又因工作出色，被调至县教育局，先后任教育科科长、分管教育业务的副局长、教育局局长。

“好，好，我们举双手赞成。”张建荣、张健全附和着，母亲孙玉兰乐呵呵地也表示同意。但张富清没有作声，既没表示拒绝也没表示同意。一家人齐刷刷地看向他，见父亲在卖关子，张建国着急地对他说：“哎哟！就数你反应最慢。”

孙玉兰见张富清在子女面前故作姿态，其实心里清楚这是丈夫故意在逗子女。她说：“一家人很少照过全家福。在三胡照的那次，你没有参加。在卯洞公社田边照的那次，都是蹲着照的，效果不是很好，你就答应孩子们吧。”

张富清慢悠悠地放下手中的报纸，看着子女不耐烦的模样，终于绽开了笑脸，并忍俊不禁地说：“好，照全家福去，你们下午去买点肉，晚上吃顿好的！”

得到家中“大领导”的允许，兄弟姊妹几人内心的石头才得以放下。如若父亲不允许，计划只能泡汤。张健全长长地舒了一口气，此时思绪早已在照相和“大餐”上面了。

接下来，孙玉兰和子女们细细地商量着照相和买菜的事，城内只有一家照相馆，叫东方红照相馆，位于解放路，是县文化馆开办的。孙玉兰吩咐建荣、健全先去照相馆看一下，看它是否开门营业，自己则带着大女儿建珍去县食品公司买菜。

建荣和健全随即出门“侦察”去了。孙玉兰带着大女儿来到县食品公司，她们先买了豆腐和白菜，然后来到卖肉的摊位，准备买肉。这时食品公司的销售员一个劲儿地推销说：“香肠是新产品，十分紧

1979 年腊月，张富清与家人第二次照的全家福
拍摄于来凤县城

俏，好吃得不得了，不如买点香肠尝尝。”

孙玉兰此前也没见过香肠，觉着稀奇，她拿起一根闻了闻，确实好香。听销售员这么介绍，她的内心蠢蠢欲动。然而，一问价格，她心里却打起了鼓，惊讶地说：“怎么比肉贵这么多！”

销售员说：“香肠是高级货，不管是烤着吃、炒着吃，还是煮着吃都特别好吃，值这个价！不信你可以买些试试。”

孙玉兰心想孩子们也从来没有吃过香肠，肉可以后面再买，今天就先让家人尝尝鲜吧。她决定买香肠，但她带的钱不多，仅买了一根。

娘儿俩回到家里，建荣、健全告诉母亲说照相馆在营业。那就先去照相，一家人形成统一意见。出发前，全家人如同过年一般，各自收拾了一番，梳洗干净，把平日拿得出手、最好看的衣服穿上。张富清换上一件黑色棉衣，穿上了平时舍不得穿的那双皮鞋——65式高腰舰艇皮鞋；孙玉兰换上刚做好的一件黑色新棉衣；张建珍穿上一件母亲新做的花棉衣；张建国则穿上刚买的一件黑色新潮棉衣；张建荣穿了一件白色棉衣；而张健全没有新衣服，只是穿上自己唯一一件没有打过补丁的衣服。

穿戴完毕，一家人欢欢喜喜地结队来到了东方红照相馆。照相馆的吴邦林师傅见张富清一家来照相，热情地接待了他们。他将一家人领到照相布景处，布景上面的背景是公园入口的园门，上面写着“喜乐园”三个字。在布景前面，吴邦林熟练地安排张富清和孙玉兰坐在前面，张建珍站在孙玉兰旁边，张建国三兄妹站后面。在摆姿势的过程中，吴邦林见一家人略显严肃和紧张，表情不自然，凭着经验，他不断地说着一些俏皮话，缓解气氛，让他们的表情放松一些。可是无论吴师傅怎么努力，直面镜头时，腼腆的张健全神情始终显得不自然。最后，吴师傅只好让张健全侧身站着望向镜头附近，结果张富清、张建国和张建荣也齐刷刷地学着调整姿势，一齐侧身。

照相馆使用的相机是一台海鸥牌相机，固定在近人高的木质三脚架上。经过一番调试后，吴邦林对张富清一家说：“都注意，看我这儿，好，好，笑一个，笑一个。”捕捉到一家人最好的表情状态后，吴邦林迅速地按下快门。

照完全家福后，一家人都对这张照片充满了期待。回到家里，母亲孙玉兰开始做饭，四个孩子分工洗菜、打扫。张建国三兄妹聊起学校发生的一些有趣事情，让简陋的家中不时发出一阵阵开心的笑声。

不知不觉，一大锅用豆腐、白菜、香肠等食材做成的合菜就做好了。一开锅，香气立时充满了整个屋子，诱惑和刺激着一家人的味蕾。张健全忍不住说了一句："哇，好香啊！"见子女们都有些迫不及待，孙玉兰便将整锅菜端上桌，及时开饭。

在吃饭的过程中，细心的孙玉兰发现，丈夫张富清和子女们除了最初夹了一片香肠吃后，他们的筷子就像长了眼睛一样，只朝着豆腐和白菜夹，最后豆腐、白菜吃完了，汤也快喝光了，锅里全剩下香肠。

"你们怎么都不吃香肠？是我没有做好，很难吃？六个人连一根香肠都吃不完？"孙玉兰开着玩笑说。

张建荣懂事地说："香肠很好吃，不是你没有做好，你和爸爸辛苦，你俩应该多吃点。"

"我还以为是我做得不好吃呢！来，你们把锅里的香肠都夹着吃了。"孙玉兰对丈夫和子女们说。

"你吃吧，你吃吧！"一家人相互谦让着。

见丈夫和孩子们推来推去，孙玉兰干脆把剩下的香肠分成了 6 份，舀在每个人的碗里，"强行"让一家人把那一根香肠"消灭"掉。

张富清和孙玉兰见儿女们都很懂事，内心感到无比欣慰。他对孩子们说："等再过两年，咱们家条件好了，多买点香肠，让你们吃个够。"张建国几兄妹微笑着点了点头。

"孔融让梨" 成为佳话

1984 年，张富清已经 59 岁了，但建设银行来凤支行的干部职工从来没有觉得他们的张行长年龄有这么大。因为这几年来，张行长带领他们艰苦创业，工作总是带头示范，遇到最难做、最不好做的工作都是他亲自上。从他的工作精力和干劲来看，怎么也看不出他已是快离休的人。

自张富清 1981 年 9 月任副行长主持全面工作以来，经过他和干部职工三年多不懈的努力，来凤支行的业务得到快速发展，经济效益、工作条件及福利待遇越来越好。特别是 1984 年建成的职工宿舍楼宽敞时髦，让县城内其他单位的干部职工很是羡慕。来凤支行从最初一个很不起眼的单位很快发展成为县城内最“吃香”的单位之一，在里面工作的干部职工都以能在建行工作为荣，其他单位的一些工作人员也很想进入建行工作。3 年来，尽管支行陆续调进一些干部职工，但随着单位业务量的增大，办公室及营业部还缺少一些工作人员。张富清召集另两位副行长研究，决定从其他单位再选调几名工作人员。消息传出，一些单位的工作人员纷纷找门路，想调进支行。

7 月的一天，支行办公室副主任向守平走进张富清的办公室，对张富清说：“张行长，我昨天遇到您的儿子张健全，闲聊了很久，他现在在乡下教书，我们单位办公室就差像他这样有文化的人，可以把他调来，在办公室应是一把好手。”张富清看着向守平，问道：“是不是张健全找到你说想调进支行来？”

“他没有找我讲想调进支行的事，是我觉得他调进来很合适。”向守平回答说。

“好吧，谢谢你对健全的关心，调不调他的事再说吧。”张富清对向守平说。

“希望您考虑下他，他在乡镇教书条件也差，再说您如果离休了，以后再要把他从乡镇调进来，机会就少些，难度也不小。”向守平见张行长没有表态，再次提醒，说完他就离开了。

张富清见向守平离开，想着他刚才说的话陷入了沉思。“这几天已有一个副行长，还有几个职工都提醒我，要把健全调到支行来，并说我要离休了，调来也不存在工作回避的问题。这是健全进城工作的一个好机会，况且调进支行，工作条件、福利待遇等各方面都要比教书好。这是健全找了这些人说了想调进来的想法，还是这几个人的好意提醒？我得把这事弄清楚，再作决定。”

这天下班后，张富清回到家里。在来凤县旧司二中教书的张健全，放了暑假正好在家。张富清问他：“你是否找到我们行里的几个人，给他们说了想调进支行的想法？”

“没有啊，只是昨天和向主任在一起聊天，他问我：‘想不想调进支行？’我说：‘能够调进当然好，只怕调不进。’他说：‘我去给你父亲建议，把你调进来。’”张健全回答说。

“你在旧司工作情况怎样？对于调进支行这个事你是怎么想的？”张富清继续问儿子。

“在那里工作还顺利，带的班成绩也还可以。妈的身体不好，你要离休了，哥哥也在乡下教书，如果我能调进县城，照顾你们方便些。”张健全对父亲说了真实想法。

听健全说出这个想法，张富清没有再说什么。晚上，他躺在床上辗转难眠。“自己要离休了，站在个人的角度讲，的确可以将健全调进支行，一方面他完全能胜任这份工作，另一方面能解决他进县城工作、照顾家庭的问题。但我是共产党员，怎么能利用职权为自己的家人谋取私利呢？别人怎么看？”最后，张富清拿定主意：“还是叫健全在旧司安心地教书吧，只要我在支行工作一天，就不能考虑给他调进支行的事。”

第二天早上，他对张健全说：“健全，你在旧司好好工作，在哪儿工作都是组织上安排的，不是个人说了算。我在支行，就不能把你调去，这是组织原则。”

“好，我听你的。”张健全有点失望，但父亲的话他一直都是听从的，这也在他的预料之中。

张富清上班后，对好意提醒他的几个同事说出了他的决定，向守平等人感叹张行长“固执”，在他们眼里这事是不违背原则的。但张富清这样做，向守平等人对他发自内心地佩服，他不仅在工作上处处带头做示范，在组织纪律和工作原则方面更是过硬。

1984年9月，组织上给建设银行来凤支行一个工资提档增薪指标[①]，这个指标需要从符合条件的人员中由全行干部职工评选产生。如果得到这个指标，每个月的工资可以增加6元钱，这可不是一个小数目[②]。

经办公室人员认真核实，全行符合提档增薪条件的只有两人：主持工作的副行长张富清和另一位副行长。张富清的年龄要比那位副行长大5岁，并且他只有3个月就要离休了。在平时的工作中，张富清既当指挥员，又当战斗员，支行能有今天的成绩他功不可没，同时他对干部职工的工作和生活也很关心、关怀。因此，他在全行干部职工中具有很高的威望。如果这个指标按照干部职工评选的方式进行，绝大多数干部职工会毫无疑问地评选张富清。

得知只有自己和另一位副行长符合评选条件，张富清感到很为难。他知道，如果由全行职工评选，自己会稳操胜券，而那位副行长只能等下一次机会了。

“我只有3个月就要离休了，多得这6元钱，又不能为国家作贡献，我岂不是成了坐享其成的人了吗？如果这个指标给那位副行长，对他是个很大的鼓励，对支行今后的发展更有利。”

思来想去，最终张富清作出决定：主动让出这个提档增薪指标。当他把这个想法向组织汇报后，组织上尊重了他的决定。支行的干部职工听说张行长“孔融让梨”后，刚开始都很不理解，他在支行这几年的发展上，劳苦功高，加一点工资也是应得的，怎么就让给别人了呢？很多职工都为他鸣不平，但更多的是对他的敬重更增一分。从此，张富清的高风亮节一直被来凤支行的干部职工传为佳话。

---

① 1955年，全国实行行政级别工资制，行政级从1级到24级，月工资从45元到590元不等，一直延续到20世纪80年代末。级与级之间最多相差50多元，最少只相差5元。提档增薪指标每年极少，像建行这样的单位三年甚至五年才能分到一个。

② 当时城镇居民每人每月的平均生活费仅为七八元钱，6元钱基本上是一个人一个月的生活费。

第九章
桑榆暮景　本色不改

青丝已熬成白发，岁月不再少年。纵使与病魔狭路相逢，他也从未屈服，始终保持突击者的顽强和意志，坚挺站立。

28 年之后　回乡祭拜

时光倒流到 1972 年的冬天，在张富清和孙玉兰的老家——洋县双庙村，正值天凝地闭、风厉霜飞的时节。一场重病彻底击垮了还未满 60 岁的高易华，躺在床上奄奄一息的她，直到弥留之际仍不停地念叨着："我的玉兰啊，14 年了，你为什么不回家看看娘啊，看不到你一眼，我死不瞑目……"丈夫孙瑞祥和两个儿子看着她极度思念女儿孙玉兰的样子，都唉声叹气，无可奈何。回想这么多年，一家人对玉兰的思念，而她就像在人间消失了一般，让高易华和孙瑞祥不明所以。

1954 年底，孙玉兰接到部队学校的信件，到武汉同张富清结婚后，高易华为玉兰有了一个好的归宿感到高兴，满心期待着女儿和女婿会留在大城市或双双回乡工作。但这种高兴和期待很短暂，不久，她便得知女婿张富清既没选择留在大城市，也未选择回到家乡，而是到了湖北最偏远的恩施来凤县工作。听说那里全是大山，交通条件很差，生活十分艰苦，她难免为女儿

1958 年，张富清同妻子孙玉兰在老家与岳父岳母合影

担心。

1958 年底，高易华终于盼来女儿、女婿带着两个小外孙回家，她同丈夫孙瑞祥在享受短暂的天伦之乐后，强烈要求女婿张富清调回陕西洋县工作。张富清当时还信誓旦旦地向两老承诺：回来凤后一定向组织申请，尽量早点调回老家。可自打他一家回来凤后，两老苦苦地等了两年，都不见女婿调回来。1960 年，亲家母张周氏病危和去世，女婿、女儿都没有回！从那以后，即便他俩被当地人贴上“不孝”“铁石心肠”等标签，高易华对女儿一家的思念依然有增无减，盼望着某一天张富清能带着玉兰和孩子们出现在自家门口。可转眼又是 12 年过去了，高易华夫妇即便望穿秋水，也未盼来女儿回家一次。

孙瑞祥见妻子高易华那副气若游丝、朝不保夕的可怜样，知道她在临终前最想见的是女儿孙玉兰。为了让她内心得到一点安慰，他想起亲家母去世前张富清的二哥张茂茂的善意“谎言”，泪眼纵横的他无奈地安慰着妻子说：“易华，玉兰回电报了，她们一家正在路上，你要挺住！”高易华听丈夫这样说，已失神多日的眼睛流露出一丝希望之光，此时她想喊，却已喊不出声了。没过多久，高易华最终没有挺过死神关，带着没见到女儿的无尽遗憾离开了人世。

高易华离世后，也许是对张富清和孙玉兰有很大的埋怨，也许是考虑到即便知道母亲去世俩人也不会回来，也许是顾虑“昂贵”的电报费或根本就联系不上，家人没有将高易华去世的消息告诉千里之外的孙玉兰和张富清。

此时，生活在来凤县的孙玉兰拉扯着四个孩子艰难度日，她自然不知道老家发生的一切，也不知道生她养她爱她的母亲已离开了人世。直到两年后，母亲去世的消息才跨过千山万水，传到她的耳中。

1974 年 10 月的一天，张茂茂给张富清写来一封信，寄来了他的身份证明及报功书，并告诉他，他的岳母已于两年前去世。得知这个消息，张富清不禁热泪盈眶。对于岳母的去世，他内心的愧疚再次加深，他的“不孝”再添一分。当他将这个消息告诉妻子时，孙玉兰犹如遭受了晴天霹雳般的打击，顿时悲痛欲绝，哭成了泪人。身旁的孩子们被母亲的号哭所震惊，毕竟这是第一次感受到母亲的极度悲伤。

时间到了 1986 年，自妻子高易华去世后，又过去了 14 年。孙瑞祥和两个儿子尽管对张富清和孙玉兰那么多年没有回家有些怨气和怨言，但血脉相连的亲情终究不能割断。虽然彼此之间只有少许书信往来，但随着年岁愈高，孙瑞祥对女儿孙玉兰愈加牵挂。特别是在阖家团圆的日子里，无尽的思念让孙瑞祥时常彻夜难眠，他决定到湖北来凤县一趟，看看女儿一家的生活情况。

年初，孙瑞祥把这个想法说给两个儿子听，他俩先是反对，因为父亲年近 80 岁了，一人到千里之外的来凤县，他们不放心。但后来拗不过父亲，两人最终还是同意父亲前往。

1986 年 3 月，孙瑞祥的两个儿子将他送到城固县汽车站，大儿子给姐夫张富清发了一封电报，告知父亲去来凤县的消息。随后，孙瑞祥先是坐汽车到汉中，然后坐火车到武汉，再从武汉坐轮船到恩施巴东县，最后坐汽车经恩施到达来凤县。

张富清接到妻弟的电报，和妻子孙玉兰盘算着岳父到达来凤的大致时间，在预定到达之日，两人到来凤县客运站全天等候。就在孙瑞祥出发后的第四天，孙玉兰终于在那里见到了 28 年未见的父亲。

久别重逢，竟以一阵简单且礼貌的寒暄开头。孙玉兰搀扶着父亲，张富清在一旁拎着岳父的行李。上次相见，彼此分别是青年和中年，身体健硕，而如今再相见，已恍如隔世，青丝变白发，岁月的刻刀深深地改变了三人的模样。

回到家中，随着话匣子逐渐打开，三人的眼泪再也无法掩藏，不禁抱在一起痛哭。

孙瑞祥在女儿家住了3个多月。其间，他从女儿孙玉兰的口中得知那么多年女儿、女婿没有回老家的缘由：这28年间，张富清除在“文革”中受到冲击的8年外，其余20年的时间都是一心一意地扑在了工作上，长年驻在老百姓家里，平时在家都待不上几天。孙玉兰要拉扯四个孩子，平常根本出不了门，特别是建珍这个特殊情况，更是离不开她。孙玉兰自己在那些年也经常患病，有时近半年时间都下不了床。还有一个最重要的缘由是生活困难，一家人连饭都吃不饱，更别说有回老家的路费了！时至今日，张富清已离休一年了，他一直计划着回老家一趟，但因多种原因，计划不得已一推再推。

了解到这些情况，孙瑞祥连连感叹，内心的怨气立马得到释怀，对女儿、女婿多年来的埋怨也随即转为心疼。女儿一家这20多年在风风雨雨中艰难度日，吃了那么多的苦，受了那么多的累，日子过得很不容易。妻子高易华如果泉下有知，也会心疼玉兰，原谅玉兰。

1986年7月，孙瑞祥提出要回洋县，本打算年内回老家的张富清和孙玉兰决定送他回去。得知父母要送外公回家的消息，刚放暑假的张建国带着妻子严易芳、儿子张沛也要去老家看看。就这样，张富清带着岳父、妻子和儿子张建国一家，途经恩施、宜昌、襄樊、安康、汉中，辗转近千里，回到了他们阔别28年的故乡。

一行人到达双庙村的那天，天色已近黄昏，夕阳挂在低处的山脊，像一枚熟透的秋柿，又大又圆。张富清在老房子的院坝前见到了二哥张茂茂。张茂茂做梦都没有想到，已28年没有回家的弟弟张富清突然出现在他的面前，他使劲地掐了一下自己，确信不是做梦后，他迎上前和张富清紧紧地拥抱在一起，兄弟俩的眼泪像断线似的无声流淌着……

当天晚上，张茂茂向张富清说起母亲张周氏去世前的一些往事。

那些年，母亲张周氏经常念叨着小儿元生，时常独自一人偷偷流泪。1955年，张富清在湖北恩施地区工作后，四个年头都没有回家看看母亲，看看亲人。张茂茂和妹妹张润莲等人对他或多或少地有些意见，他们时常当着母亲张周氏的面发一些牢骚。母亲知道张茂茂、张润莲等人对元生几年不回家有些看法，她将内心对元生的那份挂念压在心中，多次对张茂茂、张润莲等人说："元生在外这么多年，吃了很多苦。他是个孝顺之人，没有回来肯定有他的难处。他现在为国家做事，也可能是不方便回家，你们不要怪他。"

听二哥讲完母亲的一些往事，那晚，张富清躺在床上想起深明大义的母亲几十年度日维艰，自己却一直没能陪伴在其身边尽到一份孝心，连连叹息，辗转难眠。

第二天一早，张富清在二哥张茂茂的带引下，去母亲的坟头祭拜。一路上，张富清想起母亲的音容笑貌，不由得泪流满面。来到母亲的坟前，他长跪不起，泪水纵横，哽咽着念道："娘呵，元生不孝，没有为您养老送终，今天回家向您请罪来啦！请原谅您这个不孝子元生吧……"说完，他再也控制不住自己的感情，像个孩子似的大哭起来，哭得非常伤心，哭了很久很久……

随后，张富清和孙玉兰又来到了岳母高易华的坟前，张富清含泪采集了一大把山花、翠柏轻轻地放在坟前，跪着向九泉之下的岳母不住地磕头。孙玉兰在母亲的坟前，泪水像闸门般一下子打开，身体也止不住地颤抖，嘴里说道："娘！我回来了，我来看您了，对不起，那么多年没有回来看您，如果您地下有知，我相信您也会像爸爸一样谅解我。"

孙玉兰越哭越伤心。此刻，她将多年来对母亲的思念全化作泪水流在了母亲的坟头。这位当年在双庙村意气风发的妇联副主任没有想到自己会生活在千里之外的来凤县，还让母亲带着对她的无尽牵挂离开人世！

这是分别迟到了 26 年和 14 年的坟头祭拜！张富清夫妇这次回到故乡，把多年沉积的离愁别绪、酸甜苦辣化成一声声哭诉长吟在田间地头……

兄妹三人　借钱救母

张富清离休后，四个儿女，除了大女儿建珍外，张建国、张建荣、张健全都相继成家并搬离了建行宿舍。随着孙子、孙女的出生，为了减轻子女的负担，好让他们安心工作，他和老伴儿孙玉兰主动担起照顾孙辈的任务。几个孩子几乎由他俩一手带大，从幼儿园至小学毕业，大都是张富清负责接送。虽然辛苦，但精神上甚是快乐。每到周末，一大家子会聚到建行宿舍，其乐融融，尽享天伦之乐。

可天有不测风云，1995 年 4 月，已年满 60 岁的孙玉兰因严重心脏病住进了医院，打破了一大家人生活的宁静。

孙玉兰住在来凤县人民医院，一天内，医院下了几次病危通知。主治医生说："她这个病非常严重，凶多吉少，家属要做好思想准备，只有做心脏支架手术才有唯一生存的希望，建议尽早转院做手术。"张建国三兄妹听到这个情况犹如晴天霹雳，站在病房外不知所措地陷入无尽的茫然中。

"李昌孟[①]在省同济医院有同学，让他联系下，看那里能不能做手术？"张建荣对哥哥张建国和弟弟张健全说。

"叫他马上联系，如能够做手术的话，我们立即将妈转到那里去。"张建国催促着妹妹。

随后，李昌孟打电话联系上同济医院的同学。那位同学告诉他："这种手术能够做，但支架及手术等费用昂贵，大约需要十二万元。"

听到这个消息，三兄妹喜忧参半，喜的是同济医院能够做心脏支架手术，忧的是巨额的费用怎么办？

三兄妹来到父亲家，将母亲的情况如实地告诉了已经 71 岁的父亲。

"你们的妈妈辛苦了大半辈子，现在条件刚好点，她又得了这个病。如果她有个三长两短，我和建珍该怎么办啊！"张富清极度悲伤，不停地叹气，仿佛看到了阴阳相隔。

"这么些年，我的那点离休工资除了管生活，还管建珍的医药费，现在手里没有一点积蓄，这十二万元哪里有呢……"张富清不停地念叨着，他在屋

① 张富清的女婿、张建荣的丈夫。

子里心神不安地走来走去，脸上的表情越发忧愁。

看见父亲从未如此忧愁和无助的样子，三兄妹心疼极了。

“借钱！哪怕砸锅卖铁，都要让妈活下去！三妹，弟弟，所有费用我们三家承担，一家出四万元，你俩看行不？”张建国同张建荣、张健全商量。

“行，借钱，不管花多大的代价都要让妈活下来！”张建荣和张健全异口同声地回答。

张富清见儿女们下定决心救他们的母亲，他的内心感到十分矛盾。一方面，他希望付出一切代价让老伴儿活下来，之前欠她那么多的情债都还没有补偿；另一方面，四万元对儿女每一家来说，都是天文数字，会让三家都背上沉重的债务，他当父亲的怎么过意得去。犹豫再三，他对三兄妹说：“那就先想办法借借吧。我尽力节约开支，以后再慢慢还上。”

说借就借，儿子、儿媳、女儿、女婿等六人立即分头行动，找各自认为能借的熟人开口借钱。

张富清则带着大女儿建珍来到病房照料老伴儿，看见孙玉兰脸色苍白、眉头紧皱、嘴唇发紫、身体虚弱，张富清心痛地拉着她的手说：“玉兰，医生说你的病不严重，可能要到武汉去动个手术，你要配合医生好好治疗，你快点好起来，我和建珍想吃你做的饭。”

“怎么我的病还要到武汉去动手术？那要多少钱啊？我们家哪里有钱？”被蒙在鼓里的孙玉兰有气无力地对老伴儿说。

“钱要不了多少，你莫担心，你现在的任务是要坚强，配合医生把病治好，家里离不开你啊。”张富清安慰道。

孙玉兰的眼角禁不住地流出了眼泪，她知道老伴儿这是在安慰她，既然要去武汉动手术，自己这次所得的病就不是一般的重。

这一夜，张富清一直没有睡觉，他陪在老伴儿的病床边，不时握着老伴儿的手，生怕老伴儿离他而去。

张建国、张建荣、张健全四处奔走借钱，好在三兄妹平时人缘还不错，不到晚上 10 点，每家都借了 1 万多元，但加起来也才 4 万元左右，离 12 万元还相差太多。三兄妹心里清楚，下一步借钱只会更难了。可时间和生命在赛跑，母亲的手术迫在眉睫。兄妹三人都感到十分焦急，相约来到张建国家里商量办法。

“时间等不得了，这样，明天一早把妈转到武汉同济医院去。建荣和李昌孟先去照料，我和健全再去借钱。”张建国最终作出了这样的安排。

第二天一早，孙玉兰被转往武汉同济医院。出发时，张建珍哭着不让她上车，张富清把建珍拉到身旁。他本来很想去武汉照料老伴儿，但儿女们考虑到他已经 70 多岁了，担心他的身体吃不消，便没有让他去。他站在医院的大门口，焦急地目送拉着老伴儿的救护车离开，直至救护车消失在他的视野里。

孙玉兰很快住进了同济医院并成功地做了心脏搭桥手术，医生在她的心脏里面搭了 6 个支架，将她从死神手上拉了回来。

见到母亲从手术室安然无恙地被推出来，三兄妹都高兴得流下了泪水，多日浮在脸上的愁云顿时烟消云散。

“爸，妈妈的手术很成功，她现在已经没有生命危险了！”第一时间，张建国把这个好消息告诉了父亲。

“好，好，太好了！”张富清接到建国的电话，声音都激动得颤抖，压在心中多日的大石终于落下了。

老伴儿生病的这些天，是张富清人生中最煎熬的日子，几乎天天失眠。回想同老伴儿那么多年走过的坎坷路，经历的无数风风雨雨，他深切感到亏欠妻子太多太多。

“玉兰这一辈子跟着我，我不仅没给她幸福，反而让她吃了大半辈子苦，为我和儿女们操碎了心。她这次如果真有个三长两短，而我还活着，我不知道怎样活下去！如果可能，我宁愿替她去承担病痛，甚至宁愿用自己的命换她的命。”

他在家时常这样想。

那一夜，张富清终于睡了一个好觉。

过了几天，孙玉兰的心脏已经好转，动手术的伤口也在恢复之中。她躺在病床上，建荣陪在一旁，娘儿俩唠起了家常。

“我这次动手术，你们几兄妹没少花钱吧？”孙玉兰问。

“也不多，你莫想这些，现在保持好心情，伤口好得快些。”建荣转移母亲的话题。

“当年如果不是你爸叫我下岗，我也是有公费医疗的人呢，也不至于让你们三兄妹从小吃了那么多的苦！我和你爸亏欠你们几个啊！”孙玉兰感叹道。

“妈，你别这么说，你一辈子跟着我爸更苦，现在好了，我们都有工作了，你要多享几年福。”建荣对母亲说。

“我在这儿躺着，你们都在这儿，哪个照顾你爸和你姐呢？”孙玉兰不放心地问。

“健全前天回家了，他在呢，你不用担心。”建荣给了母亲一颗定心丸。

“妈，你跟我爸在一起40年了，之前他让你离职，一心一意支持他的工作，那么多年，他牺牲的总是你和咱们家的利益。我爸这样对你，你就没有反对过他？”建荣开玩笑似的问母亲。

“我也向你爸发过脾气，但看到他为了老百姓，为了国家过得比我还苦，有几次连命都差点没了，我也不忍心反对他了。”孙玉兰深有感触地说。

“的确是这样，我记得在卯洞公社有次他中了漆毒，脸盘子肿得像盆子大，好危险的。”建荣附和着母亲说。

“妈，我不明白，你当年到底看中我爸什么了？”建荣好奇地问。

“你爸这个人啊，心里面很干净，善良，对人好，有能力却一点都不炫耀。”

“哦。”建荣明白了母亲当年的选择，她点了点头。

…………

孙玉兰在武汉同济医院住了20多天，回到家里后，张富清对她如婴儿般呵护，鼓励她要好好地活下去，活上一百岁！已经71岁的他，为了老伴儿、女儿，每天上街买菜、做饭、洗衣……家务活他一个人全包了。每天看着老伴儿和女儿吃着自己做的饭菜，他感到很高兴。

虽然张建国三兄妹为救母亲欠下了巨债，但最终把母亲的生命挽救了回来，这便是三兄妹最高兴的事。钱可以将来慢慢还上，但如果失去含辛茹苦、操持一生的母亲，那便是三兄妹内心永远弥补不了的遗憾。

高位截肢　重新站立

2012 年 5 月，88 岁的张富清左膝关节感染，相继在来凤县人民医院、恩施州中心医院治疗数月，均未见好转，随之关节感染化脓，高烧持续不退，病情愈加严重。8 月，张健全、张建荣将他紧急转入湖北省人民医院骨科医治。

张富清住进医院的那天晚上，姓陶的主治医生便组织专家对他进行了一系列检查，诊断他的膝关节是因感染引发的真菌性败血症，病情已十分危急，当即陶医生就给他做了开放性滑膜切除和关节灌注引流术[①]。

手术后，张富清的伤口持续流脓，需要频繁换药。每次换药时，他都要经历一个剧烈疼痛、无比难受的煎熬过程。医生会把他膝盖里面沾满脓血的纱条一点一点地扯出来，纱布牵扯出糜肉，鲜血直流；膝盖呈现出一个露着白骨的洞，然后将生理盐水一遍一遍地倒入洞中冲洗；换完药后，又将纱布一条一条地回填进去。

“如果太疼，您老忍受不了，可以喊出来，哭出来！”医生多次提醒张富清。

此时的张富清满脸冷汗，双眼紧闭，牙关紧咬，一声不吭。两只紧抓着床栏杆的手，因为用力在簌簌颤抖。

一名护士为张富清擦去额头的汗水。换药完毕，护士熟练地包扎好伤口。张富清吃力地抬起头看着，浑身瘫软。

术后治疗期间，他还需要注射大量抗真菌药。

学医的张建荣对张健全等人说：“这种药的副作用极大，注射后病人会有

① 即把膝盖切开，用导管输送盐水冲刷脓液，然后填压纱布。

强烈的呕吐、恶心、头昏反应，咱爸又要遭罪了！”

“那怎么办？没有其他药可替代？”张健全着急地问道。

“目前，只有这种药才有效果。”同是医生的李昌孟解释。

果然这种抗真菌药副作用极大，每次注射进去后，张富清便呕吐、恶心得厉害，反复呕吐已让他的身体虚弱到极点。但他十分顽强，为配合治疗，他强忍着药物反应，在没有一点胃口的情况下，每顿饭仍坚持吃上几口，保证身体有一点营养支撑。

“这位老爷爷真是坚强啊！”科室里的医护人员忍不住感叹。

“这位老人像个铁人，我从来没见过这样顽强的人！”同病室的病友打心底里佩服张富清。

稍稍缓解过来，张富清便想给老伴儿孙玉兰打电话，张健全替他打通后，他对老伴儿说：“我在这儿很好，你不用担心，照顾好建珍。”孙玉兰听出老伴儿的声音比较虚弱，心疼地对他说：“你一定要挺住，多吃点饭，我和建珍等你回家。”

出于保守治疗，这种抗真菌药不注射则已，一注射就整整注射了40天！张富清躺在病床上，忍受着病痛和药物反应的双重折磨，身体瘦到皮包骨头。儿女们见父亲这样心疼不已，极为担忧。

每次注射，建荣或健全握着父亲的手，发现他的手总是在不由自主地颤抖。姐弟俩真真切切地感受到了父亲的难受和疼痛，他俩不知所措，如有可能，真希望自己能替父亲忍受痛苦。

9月中旬，让儿女们更担心的事发生了，40天的保膝抗感染治疗没有达到预计的效果，张富清的病情进一步加重了，高烧不退，生命垂危。

医院多次组织医学专家对老人的病情进行会诊，最终作出了一个可能让老人及家属都无法接受的决定：高位截肢，保住生命。陶医生找到张建荣、张健全说："你们的父亲现在病情十分危急，不得不截肢[①]了！他的病灶区周边组织大面积坏死，败血症发展得太快，若不截肢，病菌会很快侵入其他组织，一旦进入腹腔，再抢救就来不及了。"

"88岁了啊！这么大的年龄截肢能行吗？太危险了吧？"张健全问陶医生。

"不截肢一点希望都没有，你们家属要考虑清楚！"陶医生强调。

"不知道父亲同意不？"站在重症监护室门口的儿女们犹豫不决，谁也不敢把这个残酷的事实告诉他。

"我去跟爸说吧！"从事了30多年护理工作的张建荣站了出来。在护士的批准下，她迈着沉重的步子走进了重症监护室病房。

"爸，您还好吧？难受吗？"

"还好……就是全身没得力……想你们，想你妈和建珍。"

看到骨瘦如柴的父亲，张建荣的眼泪夺眶而出。她紧紧抓住父亲的手，哽咽着说："爸，医生说你的腿现在不得不截肢了。你别怕，要坚强，我们都在外面站着，妈和大姐还等着你回去，你一定要挺过来！"

沉默了一会儿，张富清对女儿说："医生说截就截吧，你们不要担心，莫给你妈和大姐说。"

"爸，您放心，您截肢的事，我们暂时不打算告诉妈和大姐，妈心脏不好，以免她成天担心。"建荣安慰父亲道。

---

① 关于张富清的截肢过程，小儿子张健全做了详细的描述："2012年5—6月在县医院治疗，患的是老年性的关节腔发炎，白色念珠菌感染，无论什么药都杀不死病菌，只能从膝盖穿过一个引流管，每天用盐水冲，把病变的滑膜都冲出来了。病情加重后，来凤县医院说赶紧送州医院。7月送到州医院治疗，还是只有这个办法，就是冲，冲了20天左右也不见好转。8月到了省医院，也是先用带药的那种水冲，然后做了滑膜切除和关节灌注引流术。术后，每天晚上12点的时候发高烧，只能物理降温，用温毛巾擦大血管的两边。每次擦只能管半小时，半小时后又要擦。9月，医生连续下了三次病危通知。当时主治医生举例说，他们一个医生的亲人也是同样的病，为了保腿一直没有截肢，结果最后命都没有了。把他送ICU里面一个星期，外科转内科，看还有没有办法。可没见一点好转，一个星期后又接回外科，为了保命，当天就截肢了。"

高位截肢手术说做就做，儿女们含泪将张富清送进了手术室。经过几个小时的漫长等待，手术做得很成功。张富清被从手术室推出来时，脸色苍白，手脚冰凉，左边的被子下面已是空空荡荡……想到他如此高龄失去了一条腿，遭到无情的打击，承受巨大的痛苦，几个子女都无比心疼，眼泪直流。

麻药的劲很快过去，张富清醒来了。

“腿截掉了？”他有气无力地问。子女们一时不知如何回答。

“截掉了，爸，不要紧，有我们呢，以后会照顾好你的。”子女们连忙安慰。

“没想到现在把腿搞掉了……”恍惚间，张富清的神情有些茫然。

由于是从大腿处截肢，除去了病源，截肢手术后，张富清的体温很快恢复了正常。医院对张富清进行同步抗感染治疗，病情逐渐得到好转，治疗效果也很乐观，截肢手术终于将他从死亡线上拉了回来。

一周后，张富清趁着女儿建荣外出买饭的机会，尝试着独腿下床。他两只手支撑着床沿，一条右腿站在地上，微微发颤，左腿的裤管深深地卷到大腿根。他挣扎着借助两只手的力量，试探着用右腿一点一点地往前艰难挪动。

回到病房的建荣看见父亲竟然下了床，她大吃一惊。

“爸，手术刚过了七天，你伤口都还没好，怎么下床啊，你不疼吗？”

“不要紧，我得学着早日站起来，早点回来凤，你妈和你姐还在家等我呢。”张富清微笑着对女儿说，他的额头上早已沁出了汗珠。

张建荣知道父亲的个性，只要他决定要做的事，别人怎样劝说都无济于事，她也只好任由父亲慢慢地挪动。

那段时间，张富清一次又一次地下地，练习单腿站立，双手支撑沿着床慢慢移动。他那瘦弱的身体绷成弓形，头上、后背直冒汗水……

一些医护人员见张富清撑着独腿移动，都被他那种顽强的意志和毅力深深地感动，不由自主地对他竖起了大拇指，为他鼓励，给他加油。有几名留学生见这位老人那么坚强，也争相跑来和他合影。

10 月初，张富清的截肢伤口基本愈合。出院的前一天，张健全、张建荣同父亲商量，准备给他买一个轮椅回家。

“我不要轮椅，你们给我配一副假肢，我要重新站起来才行！”张富清对他俩说。

“爸，你这么大的年龄了，坐轮椅安全些，用假肢走路，怕摔着。假肢很重，你拖不动。”他俩劝说着。他们心想，父亲那么大的年龄了，戴假肢怎么可能受得了。

“你们如果孝敬我，就给我配一副假肢，轮椅我是不要的。”张富清固执地说。

见父亲坚持要配假肢，张健全、张建荣犯了难。父亲是大腿高位截肢，如果戴假肢，年轻人都不一定能行走，何况他已近90岁高龄了呢？

“爸，以后就坐轮椅，我们几个轮流照顾您。”健全、建荣再次轮番做工作。

“不行，我要站起来自己走，不想给你们找麻烦，你们都有自己的工作，我现在唯一的要求就是希望你们给我配一副假肢。”张富清不容商量地说。见父亲把话都说到了这个份儿上，健全、建荣便顺了他的意，答应给他配一副假肢。

张健全联系武汉一家名为云龙的假肢厂，厂家答应到医院来接人。第二天，张健全为父亲办理了出院手续。随后云龙假肢厂派人把张富清接到厂里，根据他截肢的实际情况，在厂里给他配假肢。

这家假肢厂设有业务部、技术部、住院部、康复部等部门，张健全和父亲就在康复部住了下来。技术部根据张富清的情况给他配了假肢，这副假肢几乎是一条“全腿”，也较重，接近10斤。接下来便在训练大厅，为张富清穿戴假肢，并让他在各种辅助器具的支撑下进行康复训练。因张富清年龄太大，刚开始训练时，需要4个工作人员在旁边寸步不离地照看着。他就像刚学会走路的小孩一样慢慢移动，走了不到5米远，全身就已大汗淋漓。又往前走了几米，刚愈合的伤口流出了血，吓得一众工作人员不知所措。

“不要紧，不要紧，刚戴上还不适应，训练几天就会好些。”张富清连忙对工作人员解释说。

“您这么大的年龄穿戴假肢走路，是我这么多年见到的第一人！”一名年龄较大的工作人员说。

“这位老年人真坚强！伤口都还未彻底愈合就来这里进行康复训练。”假肢厂的人纷纷称赞。

因伤口流了血，康复训练被迫中止。张富清休息了两天后，穿戴上假肢又开始训练，这样持续不断地训练了一个月。

11 月中旬的一天，是张富清从武汉回到来凤的日子。

张富清在武汉治疗期间，儿女们没有把他截肢的情况告诉母亲孙玉兰和大姐张建珍。这天下午，张建国担心母亲突然看到父亲被截肢，接受不了这个现实，便来到母亲家，打算把这个情况提前给母亲说，让她有个思想准备。

“妈，爸爸的身体痊愈了，今天就能到家，不过有个情况我们之前一直没有告诉你，爸爸的左腿在武汉截肢了。”张建国对母亲说。

“什么！你爸的左腿被截掉了？电话中他不是说都好好的吗？”孙玉兰十分惊愕地问儿子。

“都是担心你心脏不好，就没有告诉你，不过爸现在只是缺了一条腿，身体都好好的。”张建国宽慰着母亲。

孙玉兰没有再作声，只是怔怔地站在客厅，泪水顺着脸颊流了下来。

几个小时后，一辆面包车开进建行宿舍的院子。看到老伴儿张富清被儿女们从车上抬下来，左腿的裤管空空的，孙玉兰差点儿晕倒，身旁的张建国立即将她扶住。

“爸爸是哪门（怎么）的了？爸爸是哪门（怎么）的了？你们把爸爸的腿搞到哪里去了？”张建珍见到父亲空空的裤管，“嗷”的一声便哭了起来。

“没得事，莫担心！已经好了。”张富清对妻子孙玉兰和女儿建珍说。

“都搞成这样了，你还没得事！为啥不告诉我？”孙玉兰忍不住埋怨道。

“你放心，我要重新站起来走路！我还要陪你上街买菜呢！”张富清宽慰着老伴儿。

“别人到了这个年龄，睡下起来，都不是件容易的事。你倒好，要到 90

岁了，一条腿还要重新学习走路。”孙玉兰难过地摇了摇头。

回到家的第二天，张富清不顾老伴儿的反对，便开始训练了。家里没有辅助器具，他便顺着墙、沿着床边，用木椅子做支撑进行训练。因为掌握不好平衡，他一次次摔倒，又一次次挣扎着站起来。为了防止摔倒的过程中头部着地受伤，他尽可能地贴住墙走，用身体与墙面的摩擦做缓冲。就这样，手术创面在墙上擦出了一道又一道血迹，胳膊也在摔倒的过程中被墙壁擦破出血。尽管如此，他每天都要坚持训练几个小时。每次训练，他都汗如雨下，头上不断地磕出包，身上碰得青一块紫一块的。长此以往，客厅、卧室的墙面上，到处都留下了他手术创面和胳膊擦破的血迹。

张富清每天咬着牙、喘着气、流着血地坚持训练，孙玉兰也一刻不离地在他身边守护着，有多次见老伴儿趔趄着要摔倒，都被她及时扶住了。

虽是冬天，张富清的汗水却把身上的衣服都浸透了。

孙玉兰心疼地说：你这人哪，黄土都埋到脖颈子了，一辈子也不知道心疼下自己。坐轮椅怎么了？大街上有的是比你年轻的人，坐在轮椅上被家里人推着走路，你还怕什么？”

“他们是他们，我是我。我如果不训练站起来，难道就躺在床上、坐在轮椅上？天天要建国、健全他们耽误工作来照顾我？”张富清反问老伴儿。

孙玉兰见他这么固执，也不再劝说，由着他训练。

张建国、张健全见父亲训练得太辛苦，也多次劝他不要勉强。

张富清说服他俩说：“我年纪大了，不能为组织做什么事情了，现在缺了一条腿，我不能给组织添麻烦。你们几兄妹有自己的工作，如果我站不起来，你们都要围在我的身边，工作肯定会受到影响。我不能为国家作贡献了，更不能给你们增加负担。所以，我必须站起来，争取生活能够自理，好让你们集中精力，为社会多做点事情。”

听了父亲的话，张建国、张健全也只能让其训练下去。看着年老孱弱的父亲，兄弟俩心里很不是滋味。

3个月后，张富清凭着难以想象的决心和毅力，撑着简易助行器，重新夺回了对“左腿”的控制权。那期间，他已能一个人在家里、阳台上走动。半年后，洗澡、上厕所等他都能独立完成，不需要别人帮忙，还能穿戴上假肢上下楼梯，到院子里转转。

“这么大的年龄，从大腿处截肢了，还能站起来行走，真是厉害！”街坊邻居见到张富清，无一不给他竖大拇指。

“老爷子真顽强，这么大的手术不仅活着回来了，还能够站起来，他截肢处虽然好了，但经常会产生幻肢痛①，必须靠止疼药才能减轻疼痛。尤其在晚上，疼痛会加剧，这种疼痛会伴随他的一生。”女婿李昌孟感叹地说。

有一天，张健全想知道父亲的辛苦程度，他做了一个体验：用绳子绑住自己的左腿，模仿父亲最基本的一个动作——往下蹲。他多次尝试都没有成功，反而累得满头大汗、筋疲力尽。

张富清戴着近10斤的假肢下楼梯上街　张健全摄

“太困难了！一不留神就要摔倒。我这才真正明白为什么父亲下一趟楼、收拾下厨房、上个厕所后背衣服都会湿透。”张健全深有体会地说。

经过一年的训练，到了2014年春，张富清的生活完全实现了自理。他像往常一样，同老伴儿、建珍一同上街散步，进超市购物。很多时候，他还到厨房，系着围裙靠着助行器站在煤气灶前炒菜。简易助行器上被他安了一块长条木板，

① 幻肢痛又称肢幻觉痛，系指患者感到被切断的肢体仍在，且在该处发生疼痛。疼痛多在断肢的远端出现，疼痛性质有多种，如电击样、切割样、撕裂样或烧伤样等，表现为持续性疼痛。

炒菜的时候，他就把残肢放在木板上。孙玉兰给他递调料打下手，夫妻俩配合得十分默契。

每日锁药　不嫌麻烦

2014年，张富清已年满90岁，妻子孙玉兰79岁，大女儿张建珍59岁。随着年龄的不断增大，尽管一家三口保持着十分简单的饮食习惯，但他们的生活起居变得越来越困难。

三人都不同程度地患有各种疾病。张富清先是患有轻微的脑震荡和胃病，后又患上高血压、颈椎病等疾病。孙玉兰患有较严重的心脏病，一旦发病十分危险。张建珍的病毒性脑膜炎后遗症伴随其终身，只能勉强自理和做一点简单的家务。张富清未截肢前，家里洗衣、做饭主要由孙玉兰做，她的身体状况不好时，家务活均由张富清来做。自从他高位截肢后，尽管能做一些简单的家务，但毕竟已90岁高龄，支撑着简易助行器做家务也很危险。正因如此，一旦孙玉兰发病，一家人的生活就会陷入困境。

在这之前，张建国和张健全多次提出由他们出钱给父母请一个保姆，但都遭到父亲的反对。他说："我们生活过得简单，自己做就行了，何必花钱请人。"父亲很固执，子女们也只好作罢。

现在父亲家出现这种实际困难，张建国和张健全商量后，再次提出请一名保姆做家务的想法，但还是被父亲拒绝。这次他说出不能请人的真正原因："如果家中多一个陌生人，就会打乱建珍的生活习惯和生活节奏，影响建珍的生活，她发病的次数就会增多。自从我离休后，这30多年来，一直是我和你妈照顾她，她不容许有外人介入她的生活。"听父亲这样说，兄弟俩感到目前要解决父母的生活困难是一件很棘手的事，主要是不能请外人参与。兄弟俩和父亲最后商定：不请人，由兄弟俩及家属轮流到父母家为他们做晚饭，安排好他们每天的饮食起居。从那以后，张建国和妻子及张健全和妻子便每日轮流到父母家做饭、做家务，减轻两位老人的家务负担。

一天，57岁的张建国下午下班后，来到父母家为他们做晚饭。在做饭期间，到了自己的吃药时间①，可往身上一摸，发现自己来时忘记从家里带了。

"对了，父亲也有药，找他拿几片药吃。"

张建国走进父母的卧室，他看见父亲正伏着身子在陈旧的木桌上写着什么。他知道父亲平时吃的降压药、止疼药等药物都放在书桌中间的一个抽屉里。

"爸，我的降压药忘记带了，能不能把你的降压药给我取几粒？"

"那不行，我的药你不能吃。病情不一样，我的药是医生根据我的病情开的，不一定适合你。

"何况你们的药都是自费，我的这些药是国家买的，你们不能享受，不能占国家的便宜。"张富清拒绝了儿子的要求。

张建国吃了闭门羹，见父亲不仅不给他降压药，反而还给他"教训"了一通。已习惯被父亲这样"对待"的他，只好无奈地笑了笑，没有和父亲计较。在旁人眼里，可能觉得老人这是小题大做，可张建国知道，父亲就是这样的人。打小到现在，子女们如果想找父亲要东西，他会把公家的和私人的分得特别清楚，属于公家的东西，子女是绝对要不到的。

母亲孙玉兰见儿子没有要到药，小声地对儿子说："就在楼下，离这儿不到 20 米的街道旁，有一个药店，你自己下去买点。"

听母亲这样说，张建国下楼来到药店，买了几盒降压药②。回到家，母亲孙玉兰见儿子买了那么多药，便问其原因。

张建国对母亲说："多买几盒放在这里，有时忘记带了，可以随时取了吃。"随即他取出几粒药吃下，然后将药放在了电视柜里。

张富清的听力很不好，母子俩在外面的对话，他全然不知，仍"心安理得"地在卧室看书、写字。

第二天上午，张富清和老伴儿、大女儿"例行"上街散步，走到金凯大

① 张建国患有高血压病，需要长期吃降压药。

② 实际上张建国与父亲张富清吃的是同一种药，药名和生产厂家都一样。

酒店旁边的一个五金铺子时，张富清执意要老伴儿给他买一把锁。

“买锁干什么？现在家里又没有小孩，况且你有什么重要的东西，都一直锁在那口老皮箱里的。”孙玉兰感到很疑惑。她没有多问，应老伴儿的要求给他买了一把锁。

回到家里，张富清拿着锁走进了卧室，把平时放药的抽屉用锁锁上。

“原来他是怕建国吃他的药！也做得太‘格外’（见外）了，哪个还去吃他的药？”孙玉兰见老伴儿把自己的药锁上，心里难免多想了些。“他锁就锁吧，只要他乐意，自己不嫌麻烦就行，懒得理他。”孙玉兰索性不管了。

下午，张建国到父亲家做晚饭，孙玉兰把他父亲锁药的事告诉了他，张建国也感到好笑。他对母亲说：“爸爸就是这样一个人，生怕家里哪个人去吃他的药，占国家的一点便宜。莫管他，只要他自己不嫌麻烦，他要锁就锁吧。”

此后，张清富每次吃药就格外多了两道程序：开锁，上锁。孙玉兰多次说他这是多此一举，不嫌麻烦。但张富清却不厌其烦地照锁不误，因为他就是这么“固执”，一旦认定的事，雷都打不动，一定会坚持。

张建国随后将父亲锁药的事告诉了张健全和张建荣。他俩到父母家去证实，果有其事。父亲平日用一把锁把抽屉里的药锁上，不仅子女不能用，就连看也不能看了！

卧室中的木桌是张富清离休后30多年学习写字的地方，中间的抽屉里便是他保管的药

每次三兄妹在一起谈及此事，都深有感触。一方面，为父亲的“小题大做”而感到好笑，其实老人不让动的东西，他们绝对不会动，给抽屉上锁全无必要；另一方面，他们都有一个共同的认识：父亲就是这么一个讲原则的人。在这件事上，子女虽

然认为“可笑”，但父亲其实是认真的，也是较真的，该锁就锁，容不得丝毫含糊。

一次特殊 “主题党日”

2017 年 7 月 1 日上午，93 岁的张富清接到建设银行来凤支行党支部的电话通知，通知的大概内容是：下午 2 点半在支行三楼会议室召开“主题党日”[①]活动，请他参加。电话是老伴儿孙玉兰替张富清接的，她将通知的内容大声地告诉了他。张富清听清楚后，点了点头，表示按时参加。

孙玉兰思来想去，担心老伴儿吃不消，对他说：“我们不去吧，我回个电话请个假，这么高的楼你上下不方便。”

“党组织开展活动，必须去！”张富清对老伴儿说。

“之前支行就说了，你可以不用去。”孙玉兰提醒他。

自张富清高位截肢后，支行党支部考虑到他行动不便，开展组织活动就没有通知他参加了，而是派人送学上门或登门通报支部情况。得到支部的特殊关照，张富清不再到现场参加组织活动。

“这次不一样，今天刚好是建党纪念日，不然组织上不会打电话通知的。”张富清对孙玉兰解释道。

从自家二楼上下楼，往返 40 个梯步，对老伴儿孙玉兰来说都相当吃力，每次上下一趟总是累得满头大汗。支行办公楼没有电梯，楼层空间和台阶相对较高，三层楼上下约 200 个梯步，老伴儿张富清上下一趟更为困难。孙玉兰埋怨着说：“要去也得考虑下自己的身体嘛。”

张富清较真着说：“我是共产党员，组织上通知我过组织生活，没得二话，哪怕是上刀山、下火海都要去。”

---

① 支部“主题党日”是党组织活动的一项制度性安排，是落实“三会一课”制度、加强党员教育管理、促进党员发挥先锋模范作用的有效载体。一般由市、县或基层党委根据不同类型党支部的特点，每月确定主题，组织党员集中学习、听党课、缴纳党费，开展民主议事和志愿服务等活动。

“好，去，去，去，你总拿组织说事，自己的身体莫要了！”孙玉兰见张富清一定要去，只好遂他的意。随后，孙玉兰给张建国打了电话，叫他中午过来把张建珍接到他家照看。

约下午一点半，张建珍被接走了，孙玉兰开始帮张富清穿戴笨重的假肢，并换上一件干净整洁的衬衣。一点五十分左右，两位老人便从家中出发。下楼时，孙玉兰一手提着简易助步器，一手扶着张富清，在一旁跟随他慢慢地下到一楼。自从张富清能站起来行走后，他要去哪儿，孙玉兰就陪到哪儿。她仿佛成了张富清的“耳朵”和“拐杖”。

支行老宿舍距支行办公楼 100 多米，离休后张富清总是积极参加组织生活。未截肢前，他每个月都要爬到办公楼三楼缴纳党费，对这里的环境十分熟悉。但截肢 5 年了，他还是第一次来到这里[①]。

这里的梯步要比老宿舍的高许多，无形中增加了张富清爬楼的难度。看着老伴儿爬楼十分吃力的样子，每上一步，孙玉兰都提心吊胆，替他捏了一把汗。

正值上班时间，支行的一些职工看见在楼道里艰难上楼的张富清，感到十分吃惊。有的年轻同志请求背他上楼，但均被他拒绝。听到楼梯间比较喧闹，行长李甘霖从三楼下到二楼一看究竟，只见一位老人正双手撑着楼梯扶手缓慢地往上爬行。

“李行长，这是我们行的张富清老行长和他的老伴儿孙玉兰老人。张老左腿做了截肢，他说是来参加‘主题党日’活动的。”支行办公室主任向宇笑着给李甘霖介绍。

李甘霖感到极为震惊，赶紧上前跟张富清打招呼，表达歉意：“真是对不起啊，老行长，我不知道你腿脚不方便，上午通知您参加活动，是我打的电话。”原来，行长李甘霖刚来不久，还不知道张富清高位截肢的情况。这是他第一次组织召开党支部活动，出于对老行长张富清及其他退休党员的尊重，

---

① 2012 年，张富清截肢后，每次缴纳党费，都是其老伴儿或儿子代缴。

他没有直接让办公室通知，而是自己打电话逐一通知。支行其他人也不知道他通知了张富清参加活动，因此造成了这个“误会”。

“不要紧，快到了。”在一旁的孙玉兰说。

张富清停下脚步，喘着粗气，露出他那灿烂和亲切的笑容，握住李甘霖的手，打量着眼前这位年轻人。

“这是李行长。”孙玉兰附在老伴儿耳边大声地给他介绍。

“李行长，对不住啊，几年没到行里来汇报，行里的领导我都不认识啰。”张富清笑着表达歉意。

“老行长，是我的工作没有做好，害得您爬这么高的楼梯，对不起您啊，我背您上去行吗？”李甘霖附在张富清的耳边大声说。

“不碍事，不碍事，我来参加组织活动也是应该的，不需要背，我能上得去。”张富清笑着对李甘霖说，没有一丝的责备。说完，他继续往上爬行。

李甘霖见老行长不需要他的帮助，为自己工作做得不细致而深感自责。

下午两点半时，张富清终于爬上了三楼，来到圆桌会议室。李甘霖特意让张富清和孙玉兰在靠门最近的位置坐下。此时的张富清，气喘吁吁，豆大的汗珠沿着脸颊直往下流。孙玉兰在他的后背贴上一些卫生纸，将身上的汗水吸干，以防他感冒。

接下来，张富清全程参加了建行来凤支行的“主题党日”活动。其间，他与其他党员一道，按照活动流程缴纳党费、重温入党誓词、诵读《党章》、学习习近平总书记的重要讲话及建行系统的相关会议精神、开展民主议事……

在重温入党誓词这个环节，有着近70年党龄的张富清，在孙玉兰的搀扶下，撑着桌子站立起来。在鲜红的党旗下，他庄重地举起右手，和大家一起重温入党誓词：我自愿加入中国共产党，拥护党的纲领……

“主题党日”活动结束后，支行的年轻党员抓住这一次难得的机会，争先和老行长合影。行长李甘霖安排人员准备将张富清背下楼，但仍然遭到他的拒绝。他说：“感谢你对我的关心，我下楼慢一点儿，能行的，不能因为我，

“主题党日”后，张富清与支行党员合影　建设银行来凤支行提供

让其他同志受累。”

听老行长这么说，李甘霖的内心除了感动，还是感动。他想：“这么高龄的党员，腿脚又是那么不方便，党支部开展活动，他如果请假，支部是完全会同意的。可老行长压根儿就没想请假，而是义无反顾地参加了活动，这对咱支部得有多大的情怀啊。”看着张富清慢慢地移动下楼，他对这位刚认识的老人有了特别深刻的印象。

上楼难，下楼同样不易，张富清缓慢地从支行办公楼的三楼下到一楼，衣服再次湿透。回到家里，他已累得筋疲力尽。这一天，他上下楼共爬了约240步楼梯，虽然辛苦，但他的心情一直很愉快。他将从支部带回的学习资料整齐地放在卧室的书桌上，对于这些与时俱进的精神食粮，他会慢慢地“吸收”并将其全部“消化”。

固执选用　便宜晶体

2018年9月下旬的一天下午，张健全下班后到父母家做饭，他发现父亲张富清连续几天既未在卧室的书桌上写字、看书，也很少在客厅看电视，时常一动不动地坐在旧沙发上闷闷不乐。

“爸爸这几天是怎么了？平日看报、看电视新闻的习惯怎么没有了？”张健全感到父亲有点不对劲。“爸，你是不是哪里不舒服？这几天你都没看报了。”

“唉，人老了就像一个废人了，之前我的脚和耳朵不行还勉强能过，这几天眼睛也看不见了，看什么东西都是模糊的。”张富清黯伤地对儿子说。

张健全问道：“你的眼睛看不到？几天了，你怎么不给我说？”

“我耳朵听不到，腿也截肢了，现在眼睛又看不见了，什么事都不能做，会更多地拖累你和建国、建荣，我想起就很伤心啊！”张富清表现得灰心丧气。

“不要紧，爸，我明天带你去县中心医院做个检查，及时治疗。”张健全对父亲说。

第二天上午，张健全将父亲带到县中心医院眼科做了检查。检查发现，张富清的双眼晶状体灰白色混浊，眼底黄斑区色暗红，中心凹反光点不亮。医生诊断他的双眼是得了并发性白内障。鉴于张富清已经 94 岁高龄，医生建议他去恩施州中心医院动手术。

当天，张健全去来凤支行为父亲打证明，遇见了行长李甘霖。张健全将父亲准备去恩施中心医院动眼睛手术的情况告诉了他。李甘霖听说这个情况，和张健全一同来到了张富清家里。

“老行长，这次去恩施动眼睛手术，你可以选一个质量好的、贵一些的晶体，你是离休干部，晶体是可以全报销的。”李甘霖嘱咐。

“好，好。感谢李行长对我的关心。”张富清连忙道谢。

10 月 7 日，张富清入住恩施中心医院眼科治疗。经全面检查，他还患有高血压、2 型糖尿病等多种疾病。眼科主治医生吴青松考虑到张富清的年龄，又患有多种疾病，出于谨慎，先对他的血糖等指标进行调理，待达到要求后再动手术。为保险起见，这次手术只先动一只眼睛。

张健全陪着父亲，在眼科住院调理。其间，他了解到眼睛人工晶体种类很多，有普通单焦与非球面单焦的，还有国产与进口的。价格方面，一只人工晶体3000元到3万元不等。进口的晶体价格较贵，一般2万元至3万元；国产的也有2万元以上的。考虑到父亲年事已高，他希望父亲用好一点的人工晶体。综合各方面的因素，他和医生决定让父亲使用中等价位，即7000元左右的人工晶体。

张富清住的病房共有3位病人，另外两位也是并发性白内障，已相继动了手术。

“你们用的晶体是多少钱的？”张富清问两位病友。

“我用的是3000元的。”

“我用的也是3000元的。”

两位病友回答。

“效果怎么样，看得明亮不？”张富清接着问。

“效果可以，看得明亮。”两位病友同时回答。

听两位病友这么说，张富清若有所思。

经过半个月的调理，张富清的血糖等指标终于达到了动手术的要求。

进入手术室后，张富清对主治医生吴青松说：“我就用3000元的晶体！”

“您儿子说用7000元的呢，贵的晶体质量及效果都要好一些，我也建议您用7000元的。”吴青松附在他耳边大声说。

“不用贵的，我只用3000元的。”张富清一再强调。

见张富清十分固执，吴青松只好答应给他使用了3000元的人工晶体。

手术做得很成功，张富清被从手术室推出后，吴青松也从手术室走了出来。

“吴医生，我爸的手术怎样？”张健全问道。

吴青松：“手术很成功。用的是3000元的晶体”。

“进去之前不是说好用7000元左右的吗？怎么用的是3000元的？”张健全疑惑不解。

“是他自己坚持要用3000元的，我怎么说他都不听，只好按他的要求做，不然他不肯做手术，不过这种效果也还是可以的。”吴青松解释道。

听到是父亲“擅自做主”，张健全也只好作罢。

动手术后，张富清的那只眼睛很快恢复了光明。见自己又能看书、看报、看电视了，他高兴得像个孩子。即刻要张健全给他找来一张报纸，他要“夺回”那么多天没看报纸的“损失”……

10月底，张富清回到家里，李甘霖知道后，去他家看望。交谈中，他得知老行长动眼睛手术只用了最便宜的人工晶体，便忍不住问：“老行长，您是离休干部，不管选择什么价位的晶体都是国家报销。您年龄这么大了，为什么不用好一点的晶体呢？”

张富清呵呵一笑，说：“我已经离休了，不能再为国家做事了，现在唯一能做的，就是为国家节省一点是一点。”

听张富清说出这几句话，李甘霖感到十分震撼。从那时起，这几句话便一直深深地铭刻在他的记忆深处。

“老行长作为一名共产党员，什么时候都没有想过自己，而是想着党和国家。”他由衷地感叹。

第十章
深藏功名　润物无声

面对媒体采访，已经95岁高龄的他拿出突击的姿态，讲述自己的本色人生；面对各种荣誉，他功成不居，回归平淡。

信息登记　意外发现

2018年11月底的一天下午，已经退休的张建国例行来到父亲张富清家给他们做晚饭。做好后他正准备回家，突然想起先前路过步行街时，看到来凤县近日发布的《关于对退役军人实行信息采集登记[①]公告》。

“爸爸以前曾说过，他当过兵的，他要不要去登记呢？”

张建国不敢确定，他走进父母的卧室，看见父亲正伏在桌上写着什么。

“爸爸，饭已做好，你们可以吃了。另外，我给你说个事，县里正在进行退役军人信息采集登记，我记得您曾经说过您当过兵，您登不登记？如果要登记，我就去为您登个记。”张建国凑近父亲的耳边问道。

---

① 2017年10月18日，习近平总书记在党的十九大报告中明确指出：“组建退役军人管理保障机构，维护军人军属合法权益，让军人成为全社会尊崇的职业。”

“我这么大年龄了，有必要吗？”张富清抬起头，迟疑了一会儿对儿子说。

见父亲不同意登记，张建国也没再说什么就回家了。

过了几天，张富清因颈椎病复发住进了来凤县中心医院，小儿子张健全负责照料。

12 月 3 日上午，张健全想起县里正在进行退役军人信息登记，便问父亲：“县里在搞退役军人信息登记，听说您之前当过兵，您要不要登记？”

“前几天建国也问过，都是五六十年前的事了，就不登了吧。”张富清回答健全。

“这次登记是组织上要求的呢，凡是已经退役的军人都要求登记，您也属于要求登记的人员。”张健全特意强调。

“是组织上要求登记的？”张富清似乎不相信儿子的话。

“是组织上要求的，各级都成立了退役军人事务管理机构，要求对所有退役军人进行信息采集登记，公告上写得清清楚楚。”张健全说。

“那你到我卧室去把书桌最右边的抽屉盒打开，那里有我的退伍证、离休证，你拿去登记吧。”张富清沉默了一会儿后对儿子说。

“好的，等您的针打完，我下午去替您登记。”张健全说。

下午三点多钟，张健全来到父亲家，按照父亲说的取出他的退伍证、离休证，随后便来到了县人社局办公楼四楼 411 办公室[①]。信息登记员聂海波接待了他，并很快为张富清做好了登记。

“你父亲有没有立功受奖的情况？如果有，也应当如实登记。”聂海波告诉张健全。

“我还不清楚呢，从来没有听他说过，估计没有。”张健全随口答道，然后他就回到了医院。

“爸，我刚才在人社局那边替你登记，登记表中有一栏是立功受奖的情

① 来凤县成立了退役军人信息采集点及工作专班后，企事业、自主择业、机关事业、军转干部类的退役军人在这里登记。

况，您以前当兵时有没有立过功？”张健全问父亲。

“登记立功受奖的情况也是组织上要求的？”张富清反问儿子。

“表上有那么一栏，也是要求如实登记。”张健全向父亲解释道。

张富清怔怔地看着儿子，没有马上回答他。过了好一会儿，他突然对张健全说：“这样吧，你去你大姐的房间，把那口老皮箱打开，里面有三个旧衣服背包[①]，最右边那个背包，你把它打开，中间夹着一个信封，你把信封里面的东西拿去登记吧。”

“您还真有立功的情况？”张健全对父亲的话有些疑虑。

“你按我说的去把那个取出来就晓得了。”张富清对儿子卖了个关子。

“那好吧，我再去一趟。”张健全说了一声就离开了病房。出了医院，他打的来到父亲家，母亲孙玉兰见他匆匆忙忙的样子，感到很奇怪，便问张健全：“你要取什么东西？”

“我也不清楚，爸爸说他的皮箱里面放了一个信封，叫我取出来去登记。”张健全对母亲说。

张健全径直走进大姐建珍的卧室，看见床边有一个木架子，上面放着那口老皮箱。在张健全的记忆中，自小时候起，家里就有这口皮箱，一直上着锁，里面都是父亲装着的一些东西。它里面到底是些什么？除了父亲，家里的其他人都不清楚。

看着皮箱，张健全想起小时候一件刻骨铭心的事。父亲不让家里任何人动他的东西，有一次，哥哥张建国因为翻了他挂在墙壁上的工作包，被他捆起来狠狠地打了一顿。从那以后，四兄妹包括母亲都养成习惯，凡是父亲的东西，他们都不会去动，这口皮箱更是如此。

“妈，这口皮箱的钥匙放在哪里？给我。”张健全问母亲。

“皮箱的锁已经坏了，你爸用皮电线将两个提手捆起来的，不需要钥匙，

---

① 张富清将 20 世纪 70 年代后自己没有再穿的衣服，用烂被子撕成的布条工工整整地打成三横二竖的背包状。

你把皮电线解开就是。”孙玉兰对儿子说。

跟随张富清 60 余年的老皮箱

张健全将皮电线解开，小心谨慎地打开皮箱，第一次看见父亲装在皮箱里面的东西：三个全是由旧衣裤打成的背包。按照父亲的吩咐，他取出右边的背包，将三横二竖的带子解开，翻过几层衣服后，果然发现背包的中间夹着一个牛皮信封。他小心翼翼地打开信封，几枚奖章之类的东西露了出来，里面还有一个装着证件的小塑料袋。

“看来爸爸真有立功受奖的情况！”张健全惊讶不已。

他拿起几枚奖章看了看，发现有一枚奖章上面写着“人民功臣”四个字，他感到这枚奖章的分量应该不是一般的重。然后，他打开那个小塑料袋，看到了一本立功证书。翻开里面的内容，张健全一下子震惊了：只见立功证书上清楚地记载着几次战斗的简单经过和立功的情况，他细数了一下，一等功三次，二等功一次，两次获得“战斗英雄”称号。看完立功证书，张健全又小心地打开了一张叠着的黄色纸张，发现竟然是一份特等功报功书！他仔细查看了上面的文字，那些记载，虽时间久远但又十分真实。立功证书和报功书上都赫然写着“张富清”三个字，表明拥有它们的不是别人，正是自己的父亲。

张健全揉了揉眼睛，又反复地看了看立功证书和几枚奖章！眼前的东西让他做梦也没有想到，父亲竟然是一位曾经历过九死一生、立下赫赫战功的战斗英雄。一时间，张健全惊喜、感慨、激动同时迸发，内心受到了巨大的冲击。他难以想象，父亲在那些战斗中到底经历了什么？他是怎样活下来的？

张健全来不及细想其中的原因，见已快到下班时间，他急忙收起立功证书和奖章，用信封装好，急匆匆地往距离约 200 米的退役军人信息登记处走去。想到自己从小到现在，已 56 年了，竟然一直不知道自己的父亲是个战斗英雄，立了那么多的战功。一路上，他心潮澎湃，思绪万千。

“张叔叔，您是不是有什么东西掉在这里了？我来帮你找。”聂海波看见张健全又走了进来，显得有点急切的样子，便关心地问道。

“没有掉东西，我父亲过去有立功受奖的情况，我是来给他完善登记的。”张健全略显激动地说。说完，他拿出信封，小心翼翼地打开，取出奖章和立功证，一件一件地摆在聂海波面前。

“立了这么多的战功啊！还有一枚‘人民功臣’奖章！”聂海波感到十分震惊，连连发出感叹。他在先前登记的立功受奖一栏，按照立功证书上的记载，逐一登记了张富清的立功受奖情况。

在回父母家的路上，张健全给大哥张建国打了电话，告诉他发现了父亲立功受奖的情况。张建国起初不敢相信，便急忙赶到父母家里，一探究竟。当他看到写着父亲名字的立功证书及报功书后，才确信眼前的一切是真的。

张健全来到医院病房，看见父亲正在吃晚饭。

等父亲吃完饭，张健全对他说：“信封里面的东西，我已经拿去登记了。”

“嗯，好，好。”张富清点了点头。

“之前，您为什么从来不给我们说呢？”张健全急于想知道答案。

“都是过去的事了，有什么好讲的呢？”张富清回答。

见父亲不愿意说过去的事，张健全也没有再问。他坐在椅子上心疼地看着父亲，内心又一次提出疑问：“爸爸到底是怎么活下来的？”

当天晚上，张健全和张建国兄弟俩的心情久久不能平静，并且都失眠了。父亲在战争年代立下赫赫战功，60 多年来，他竟然连他们这些当子女的都不讲！如果不是这次退役军人信息采集登记，子女们仍不会知道，也许只能等父亲百年过后才会发现他的这些“秘密”，但他到底经历了些什么，永远也不可能解密了。

特殊报告　书记重视

2018 年 12 月 5 日下午，在来凤县委巡察办的一间办公室里，巡察干部邱克权、张健全、杨秀文、杨琴等人在处理完一份文稿后，谈到了县里退役军人信息采集登记的话题。

曾经当过兵的杨秀文对邱克权说：“邱主任，我们单位的同志及其家人如果是退役军人的，都必须去登记，截止日期是12月12日。这是县里的硬性要求，我今天上午都去登记了。”

“你在工作群里再发个通知，凡本人和家里人是退役军人没有去登记的，12日前都要去做好登记。”邱克权对办公室工作人员杨琴说。

“是要求登记，前两天我去为我父亲登记了，没有想到他以前还打过仗呢。”第二巡察组组长张健全说。

“你的父亲打过仗？打过什么仗？”邱克权好奇地问。

“在1948年，解放西北的时候打过仗，还立有战功。”张健全回答道。

“是不是立了三等功？”邱克权先入为主。他认为那个年代立个三等功就很了不起了。

“那不止呢，立了三个一等功，一个二等功，还有特等功报功书。”张健全有些激动地说。

“立了那么多功啊！是不是真的哦？”邱克权等人都感到不可思议。

“他的立功证书和奖章我拍了照片，不信你们看。”张健全拿出手机，把照片调出来让邱克权看。

邱克权接过手机仔细地端详，首先他看到了三枚奖章图片，接着是一份特等功报功书图片，再往下便是一本立功证书图片，上面清清楚楚地写着：在壶梯山战斗中，师一等功，“战斗英雄”称号；东马村战斗，团一等功；临皋战斗，师二等功；永丰战斗，军一等功，“战斗英雄”称号……

“了不起！了不起！”邱克权连连惊叹，他把手机递给了身旁的杨秀文和杨琴。

“怎么之前没有听你说过？我们县里还有这样的人物，我们怎么不知道？你父亲是哪个单位退休的？现在多大年龄？”邱克权向张健全提出了一连串疑问。

“别说你不知道，我也是前两天替他登记时才晓得的，他从来没有给我讲过！”张健全回答道。

看完图片的杨秀文也忍不住问：“张组长，你父亲之前是干部还是什么？今年多大年龄？”

张健全回答说：“他是建设银行来凤支行的离休干部，已经94岁了。”

“那么高寿啊，我还一直以为你父亲差不多80岁多点，那个年代一般结婚生娃都早。”杨秀文感到惊讶。

“那你是怎么知道的？”邱克权接着问张健全。

“刚才秀文不是说，县里要求退役军人信息采集登记嘛？我和我哥张建国都给他说过，但他认为那些事都过去60多年了，没有登记的必要，就不想登记。后来，我说是国家成立退役军人事务机构，信息登记是组织上要求的，他才同意登记……”

“原来是这么回事啊，你父亲真是个了不起的人！”邱克权不禁感叹道。

张健全接着说：“那天把这个事告诉我大哥张建国，刚开始他也是不相信，后来看到了那些东西才相信。”

“确实了不起，前几天我在网上看到一篇文章，说的是四川省的一个老英雄在去世前，订立遗嘱，要将他在解放战争中得到的一枚‘人民功臣’奖章捐给博物馆的故事。文章中称这种奖章极为少见，只有在战斗中获得大功的人才能获得。没想到你父亲也有一枚‘人民功臣’奖章！”邱克权感叹地说。

“你父亲怎么是陕西汉中人？我俩认识20多年了，我一直以为你一家都是地地道道的来凤县人，不承想你父亲还是个外地人。”邱克权感到疑惑。

“我也以为你们一家是卯洞本地人。”杨秀文说。

“我爸和我妈都是陕西汉中人，他俩是一个村的，我们四兄妹都是在恩施来凤出生，从小在来凤长大。”张健全解释道。

“你父亲有那么多的战功，你们当子女的都一直不知道，我觉得有点不可思议。你能不能把这些图片发给我？我要好好琢磨琢磨，想把这个事情搞清楚。”邱克权对张健全说。

“发你可以，但你莫外传，更不能发到网上去。我爸这么多年不说，他不想让人知道。”张健全强调了几次，随后他便把图片发到了邱克权的微信上。

杨琴从头到尾听得很入迷，也忍不住地发出感慨：“没有想到我们来凤县还藏着这么一位大英雄！”

回到自己的办公室，邱克权久久不能平静。

“张健全前两天才知道他父亲的情况，那么《来凤县志》有没有关于这位老人的记载呢？”想到这里，他随即找出自己保存的一本《来凤县志》（1988年版），仔细地查阅起来。他从20世纪50年代的记载查起，一页一页地搜寻有关张富清的记载。但两个小时过去了，他从头翻到尾，县志里面连张富清的名字都没有。

“他有这么大的功劳，在来凤实属罕见，为什么县里没有任何记载？为什么他不对外人说，就连自己的子女都不告诉呢？在他身上到底发生过什么？”多个疑问一直萦绕在邱克权的脑海中挥之不去。

当天晚上，出于好奇，邱克权在网上搜索“人民功臣”奖章、“解放西北纪念章”的由来及分量，并对那本立功证书中记载的壶梯山、东马村、临皋、永丰等战斗，以及特等功、一等功、二等功、“战斗英雄”称号等相关信息一一进行了查阅和了解。查阅完后，已是第二天凌晨两点。此时，他已睡意全无，干脆继续在网上搜索是否有张富清的相关记载，结果什么都没有搜索到。张富清和他的立功证书、奖章等谜一般的存在，既是那么真实，又是那么遥远。他对张富清拥有赫赫战功，却深藏功名60多年发自内心地敬重和佩服。

12月6日一早，邱克权对张健全说：“我昨晚在网上查了很多资料，发现你的父亲真是不简单，所获战功都是参加突击队得到的，那个年代要获得一个二等功都要经历九死一生，何况他立了三个一等功、一个特等功，还两次荣获‘战斗英雄’称号。我特别佩服的是他有那么大的功劳，却没有给任何人说，他的战斗事迹和淡泊名利的品质值得学习，我们应当将他的事迹挖掘出来，宣传出去。”

“你真是有心，辛苦你了。宣传出去估计有点难，我爸爸不会讲，我几次叫他给我说说他的过去，他都不讲。”张健全摇了摇头。

“我认为你父亲是个极不简单的人，我很敬佩他，我要尽我所能，对他的事迹进行挖掘，让人们都了解、学习他的事迹。”邱克权说。

这一天，张富清老人的事情让邱克权深感责任重大，他暗下决心，一定要揭开藏在这位老人身上的重大“秘密”。他首先召集巡察办、巡察组的同志开了一个会。会上，他将张富清的情况做了通报，让同事们都知晓来凤县还有这么一个深藏功名的老人。接下来他每遇到一个熟人、朋友、领导都给他们讲述张富清的事，希望引起更多人对老人的关注。

12 月 7 日上午，邱克权走进来凤县委书记邢祖训同志的办公室，决定向他报告张富清老人的情况。

“邢书记，我向您报告一个重大情况，我们县里还有一个解放战争时期的战斗英雄，多次立了战功，还有彭德怀签发的特等功报功书。他叫张富清，94 岁了，健在，是一名离休干部。”邱克权一口气说出了张富清的情况。

“是来凤县的离休干部？你说的是不是真的？我十多年前在来凤县担任组织部部长，对来凤县的干部可以说是了如指掌，我怎么不知道这个人呢？”邢祖训带着吃惊和疑问的口气问道。

“是真的呢，我手机里面有相关图片，不信您看。”邱克权说着将手机里面的图片调出并递给邢祖训看。

“哦，是真的啊，伙计，他比我们县里好多老革命都要厉害呢，了不起！不简单！”邢祖训看完后也为之惊叹。

“这样，邱主任，你去写个报告，我签一下，让相关部门落实。”邢祖训对邱克权说。

“我是巡察办的，我来写这个报告合不合适？”邱克权提出疑问。

“有什么不合适的，你来给我汇报这个事，说明你对这个事很上心嘛。”邢祖训说。

回到办公室，邱克权以来凤县委巡察办的名义向来凤县委写了一份《关于张富清老人相关情况的报告》[①]，并附上张富清的立功证书、奖章等图片，送到了县委办公室。县委书记邢祖训在报告上做了签批“请宣传部安排新闻媒体对张富清同志事迹进行深入采访和宣传报道，大力弘扬战斗英雄先进事迹和艰苦朴素优良作风。请军人事务局、建设银行对其政策待遇落实情况进行调查了解，切实做好老英雄的生活保障工作”。

---

①

关于张富清老人相关情况的报告

县委：

我办在工作中了解到我县有一位解放战争时期的战斗英雄，目前仍健在，现将其相关情况报告如下：

这位战斗英雄名叫张富清，今年 94 岁，健康，系来凤县建设银行的一名离休职工。该同志 1948 年 8 月入党，在解放西北系列战斗中，曾荣立一等功三次、二等功一次和特等功一次，并两次被授予“战斗英雄”称号。新中国成立后至今 70 年，张富清老人一直保持着勤俭节约、艰苦朴素的作风，过着清贫的生活，从没有向任何人提及他的事迹，也没有向任何人展示过他的军功章。近日，退役军人信息登记，他保存的军功章及立功证书等被他的子女发现，才知道他曾是一名解放战争时期的战斗英雄。

据此，特向县委报告并提出两点建议：

1. 我县应组织力量对张富清老人的英雄事迹进行挖掘并宣传报道，这位老人难能可贵的革命英雄主义精神和艰苦朴素、淡泊名利的精神值得学习，正能量值得弘扬；

2. 责成相关部门向对应的上级部门报告张富清老人的情况，厘清核实张富清老人应该享受的相关待遇是否得到落实，并将其纳入我县节日慰问名单。

专此报告

附：张富清老人解放战争中所获部分军功章照片

来凤县委巡察工作领导小组办公室

2018 年 12 月 7 日

接受采访　一波三折

2019 年 12 月 15 日，来凤县委宣传部副部长秦叙常来到巡察办，同邱克权、张健全商量采访的事。他对二人说："县委邢书记在巡察办提交的报告上做了签批，要求我们对张富清老人进行采访和宣传报道，我们几个是否先到老人家里，听听老人的意见？"

"好，我们现在就去，我好想去看看这位老人。"邱克权有点急切地说。

张健全却说："今天天气好，估计他和我妈、大姐上街去了，我们如果去，他肯定不在家。"

"那他什么时候回家？"秦叙常问道。

"这说不准，这样行不行，我今天下班后要去给父母做晚饭，到时我问问他是否接受采访，如果他同意，就定在明天。"张健全回答说。

"好，就这么定了。"邱克权和秦叙常都表示同意。

下午下班后，张健全来到父母家给他们做晚饭。他看见父亲张富清正坐在卧室里一张陈旧书桌旁看报，便附在父亲的耳边大声说："爸，明天县里有记者要来采访您，让您说说过去打仗立功的事，县里要宣传您的英雄事迹。"

"不行，绝对不行，我有什么好采访的！叫他们不要来。"张富清一口回绝。

张健全知道父亲的脾气，他不愿意做的事，任何人劝说都没有用。他把父亲拒绝采访的事通过电话告诉了秦叙常和邱克权，两人听了都很失望。

老人不接受采访怎么办呢？邱克权和秦叙常在一起多次商量，但都没有想出好的办法。

"到年底了，大家都很忙，这样不行，我来联系上级媒体记者，等明年一开年，让他们过来想办法采访报道。"秦叙常说。

"那也只好如此了。"邱克权表示同意。

2019 年春节，来凤县城内处处洋溢着欢乐、祥和、喜庆的节日氛围。正月初三，张健全和几位高中同学相约在一起吃饭。久未相见的同学有聊不完的话题，无意间他们聊起了各自的父辈。张健全说出替他父亲信息登记的事情，并调出手机中的图片让在场的同学传看，几位同学都感到震惊。

“你将这些图片发给我，我回武汉后请我原来的同事来搞哈。”曾在卯洞公社第三中学与张健全同班的张孺海[①]说。

“好吧，我发你可以，但你莫外发。”张健全对张孺海说。

2月11日，春节上班后的第一天，张孺海将他之前的两位同事——《湖北日报》首席记者张欧亚和《楚天都市报》副总编辑胡成约在一起，给他俩说了张富清老人的事，希望他们能到来凤县对老人的情况进行核实报道。

2月13日下午，张欧亚、胡成及《楚天都市报》记者刘俊华一行3人到达恩施，赴来凤采访张富清。

“老人还是不接受记者的采访怎么办？”秦叙常提出了自己的担心。

“让张健全对他父亲这样说：‘明天省里要来人，了解你过去打仗的一些事情。’”刘俊华提议。

当天晚上，张健全照这个意思给父亲说了。张富清听说省里要来人了解自己过去打仗的事情，认为这是组织上要求的，也就同意了。

2月14日上午，秦叙常、邱克权陪同3名记者去张富清的家，了解他的情况。

一行5人来到一栋修建于20世纪80年代初的5层陈旧砖房。站在楼下，举目四望，绝大多数人家力所能及地进行了装修，唯有住在二楼的一户人家，还保持着原始面貌，经过30多年的日晒雨淋，木窗已经朽烂，钢筋防盗网早已锈迹斑斑。这套住宅，便是张富清的家。

走上二楼，早已在父亲家等着的张健全将一行人迎进了屋。

张富清和老伴儿静静地坐在一方台桌前烤着火，他头戴一顶黑色翻毛帽，面色红润，衣着整洁，截肢的腿盖在保暖布内。见家里来了客人，他露出灿烂笑容，频频地向客人点头，一个劲儿地叫张健全倒茶，拿水果、瓜子。邱

① 他是湖北日报传媒集团特别传媒常务副总编。

克权园为之前去过他家几次，两位老人都认识。秦叙常和胡成等 4 人便成了张富清眼中省里来的“组织上的人”。

一行人仔细打量着张富清居住了 30 多年的房子，这套房子面积不大，70 多平方米，黄色的油漆墙已斑驳褪色，木质窗户及木门已“伤痕累累”，墙壁线路也已严重老化，室内的沙发、衣柜、方桌、凳子等所有家具都是 20 世纪七八十年代的。虽然房子面积小，可屋子里不仅收拾得干干净净，而且摆放得井井有条。这个家如此简陋！是一个离休干部的家吗？眼前的一切颠覆着几名记者的想象，让他们有一种时空穿越感，仿佛来到了 20 世纪七八十年代那种城镇家庭，也让他们一下子没有缓过神来。

“坐，坐啊，喝茶，吃点水果。”张富清指着前面的几张木椅对胡成等人大声地说。洪亮的声音让他们从感叹中回过神来，纷纷对老人表示感谢，并向他拜年问好。接下来，一行人便对张富清的情况进行了解。

在征得父亲的同意后，张健全从老皮箱中取出立功证书、奖章、报功书等。一行人先前都看过照片，但耳听为虚，眼见为实，当一件件久远而真实的原件摆在眼前时，张欧亚、胡成、刘俊华等人都啧啧称奇，十分激动。凭着多年新闻职业的敏感，他们判断：这些奖章、证书原件，不仅藏着一个战斗英雄的传奇故事，还是一个重大典型，他身上展现了中国军人及退役军人的精神风貌，展现了一位老共产党员的人格力量。

3 名记者商量决定以刘俊华为主了解老人的情况，揭开他身上深藏的秘密。

“您老是哪年参加的解放军？”刘俊华开始问道。

张富清的听力很差，需要老伴儿孙玉兰附在他耳边大声地转述，他才听得清楚。当听清刘俊华的问话后，他便回答：“我是 1948 年 3 月参加的解放军，成为第 359 旅第 718 团第 2 营第 6 连的一名战士。”

“您的立功证书和报功书上都写了永丰战斗，您老还记不记得那场战斗的情况？”刘俊华接着问。

“记得，这场战斗让我永生难忘，打得太惨烈了。那是 1948 年 11 月下旬，发生在陕西蒲城永丰镇的一场攻坚战。敌人的两座碉堡给我们团造成了重大杀伤，我奉命带着两名突击队员去炸掉这两座碉堡，我第一个跳下城墙，敌人围上来……”

张富清娓娓道来，一双手也不停地比画着，把他所经历的永丰战斗讲述得清清楚楚，生动感人。在场的所有人包括孙玉兰、张健全，都感到十分意外，没有想到这位 95 岁的老人除了听力差之外，仍头脑清醒、思维敏捷，说话吐字清晰，富有条理。也没有想到坐在眼前的老人，看上去温和慈祥，却在当年如此勇敢，只身冲入险境，炸毁了敌人的两座碉堡。

“你们看，我头顶上现在还有一个枪伤的印痕，这就是那次战斗中，一颗子弹将我头皮掀开留下的。”张富清取下翻毛帽，摸着头顶上的印痕对众人说。

“确实如此，这个印痕那么多年了，还很明显，当年不知道多危险啊！”离张富清最近的刘俊华仔细看后感叹地说。

“您打仗怎么那么勇敢，难道您就不怕死吗？”刘俊华接着问。

张富清听清老伴儿的转述后，看了看刘俊华，突然他撑着身前的桌子，单腿吃力地站起来，看着众人表情坚定地说：“打仗靠的是坚定的信念、坚强的意志和不怕死的勇气。跟着共产党有着坚强的信念，有着勇敢顽强的意志，在战场上一心想的都是要怎样消灭敌人，要完成任务，没有任何其他的想法，所以我一点儿也不怕死。”

“啪啪啪……”张富清刚说完，现场便响起热烈的掌声，张欧亚、胡成、秦叙常等人都纷纷向他竖起了大拇指。

“您为什么这么多年不给人说？就连子女都不知道？”刘俊华好奇地问。

张富清看了看老伴儿和健全，没有马上回答。突然，他嘴角颤动，情绪十分激动地说：“孩子们都不明白我为啥把奖章藏在箱子里这么多年，我活到今天，在新社会享受这么多年了，可那些跟我并肩作战的战友都牺牲了，享受的机会都没有，和他们比，我有什么资格拿出这些来显摆啊。”说完，他老泪纵横，眼泪成串地流了下来。

孙玉兰忙用纸巾给他擦眼泪。

…………

时间过得很快，不知不觉地两个多小时过去了，考虑到老人的身体，3名记者便结束了“了解”。让他们感到遗憾的是：因一直担心老人不说，都是以“省里来人”的身份出现，没敢全程现场录像，只用手机拍摄了几段零零散散的视频。

离开老人的家，张欧亚、胡成、刘俊华纷纷拿出手机给报社打电话：“一定要把明天的重要版面留出来，我们在来凤县发现了十分有价值的重大新闻！”

“我也是第一次听爸爸讲他之前的事，到现在我感觉都没有回过神来。”张健全在吃午饭时说。

“听了老英雄的故事，我的灵魂深处受到了一次洗礼！”刘俊华也感慨地说。

2019年2月14日，张富清向“省里来人”讲述自己过去战斗的经历　张健全提供

当天下午，秦叙常和邱克权陪同3名记者又采访了张富清当年在卯洞公社的两名同事——刘万照和田宏立。他们听说张富清当过兵、打过仗、立过功的情况后，下巴都快惊掉了。

“我是20世纪70年代末与他共事几年，没想到这位性格温和的老同事，人生中还有这么传奇的经历，还是一名战斗英雄啊。”刘万照感叹地告诉记者。

2月15日凌晨，由张欧亚、胡成和刘俊华编写的两篇报道：《从不提当年勇，直到退役军人信息采集时才发现——95岁老人是功勋卓著的战斗英雄》《战斗英雄深藏功名六十四载》，分别在《湖北日报》和《楚天都市报》刊发。两篇报道的内容反响很大，国内各大媒体纷纷予以转载。

2月15日下午，张健全来到父母家，大哥张建国和三姐张建荣正和父亲、母亲在客厅聊天，他将《湖北日报》和《楚天都市报》给了父亲。

张富清戴上眼镜，看了一会儿后，脸色立马变得不高兴了。

“你昨天不是说是省里来的人，只是来了解我过去的一些情况吗？怎么他们是媒体记者，把我的事报道出去了？这下好了，我的这点事，大家都知道了！”张富清举着报纸，指着张健全吼道。

“我也不太清楚，他们会报道得这么快。”健全耷拉着脑袋给父亲解释。

“你肯定知道，就是给我打马虎眼，瞒着我，你啊！”张富清气得站起来，推着助行器在客厅满地转。

“你说的是实情，又没有讲假的，报道出去了，也没有什么。”孙玉兰安慰张富清。

“哇”，在一旁的建珍哭了起来，她从未见过父亲发这么大的火。

听了老伴儿的劝，又见建珍吓着了，张富清的火气顿时消了一大半。

“以后再不要把记者往家里带了。”张富清瞪着张健全说了一句，说完不再理会他，径直走进了卧室。

张建国、张建荣、张健全留在客厅面面相觑，不知所措，一场来自父亲的“风暴”就这样结束了。

张富清在卧室的书桌旁坐了一会儿，他拿起笔在自己用白纸订成的笔记本上写道：“《湖北日报》来人采访前，小儿张健全说，省里要来人了解你过去在战斗期间的情况。我想，是省里来人了，只有老老实实地出示证书等证件，见报后才知道是湖北日报社的记者。”

2 月 16 日，已经回到武汉的张欧亚和刘俊华再次来到恩施，准备到来凤县做深入采访报道。他们在电话中对张健全说了这个想法。而当张健全给他们说了父亲不接受记者采访的情况后，两人只好又返回了武汉。

随着社会关注度的不断上升，“张富清”这个之前不为人知的名字很快进入了大众视野，成为各级媒体关注的热点。很多媒体记者给张建国、张健全兄弟俩来电表示要来采访，但都因张富清不同意而被回绝。

随后的几天，有人给张健全打电话说：“要老人接受采访，让国人知道老人的战功与精神，对社会起到的教育作用比他当年炸碉堡还要大。这是老人在新时代为国家作出的重大贡献，立的新功！老人的精神与战功不仅属于个人，还属于国家。”

恩施州、来凤县相关领导也对张健全说：“叫老人配合媒体接受采访，不是纯粹地宣传他个人，而是要用他的先进事迹教育现役军人、退役军人和广大党员干部，他这是为党、为国家再立新功！”

张健全来到父母家，郑重其事地对父亲说：“爸，前几天一事让您不高兴，对不起。但组织上现在希望你能接受采访，把你的英雄事迹讲出来，让更多的人受到教育。”

“你说要我接受采访，是组织上要求的？”张富清问儿子，脸色立刻凝重起来。

“是组织上要求的，组织上希望您代表退役军人和广大基层干部接受采访，讲讲您的事迹，特别是战斗事迹、工作事迹，这也是您在 95 岁高龄对党、对国家作出的新贡献。如果您不答应，组织上还要派人给您做工作。”张健全一股脑儿地说出了之前众人让他转述的内容。

“既然是组织上这么要求我，那我就接受这个任务[①]。以后媒体记者来，只要想得起来的，我都给他们说，保证完成组织交给的任务。”张富清郑重地说。

见父亲同意接受采访，张健全如释重负，悄悄地松了一口气。

老兵军礼　一生情怀

但凡当过兵的人，都会时常回忆那段峥嵘岁月：庄严的军礼、神圣的军旗、嘹亮的军歌、热血沸腾的军营、刚强过硬的连队、亲似兄弟的战友……

张富清离开部队已60余年，在这漫长的岁月里，他极少在世人面前展露自己当过兵的军旅生活痕迹，以至于绝大部分熟悉他的人根本不知道他曾当过兵。在他心里，他对当兵的岁月具体有多留恋，人们无法得知。

张富清离休后，经常从离他家不远的来凤县武装部大门口路过，每次路过，他都要放慢脚步，朝里面张望。如果遇到有民兵训练，他就会一直站在那里，出神地看上很久，直到老伴儿和女儿多次催促，他才依依不舍地离开。武装部门口的执勤人员以为他就是个喜欢看热闹的老头。

2019年3月，随着两批次现役军人的前后到访，人们才发现，这位已复

---

① 自张富清同意接受采访后，已近期颐之年的他，便把接受采访当作一项突击任务，当作对党忠诚、对国家再作贡献的职责所在，以“战斗”的姿态，再次“突击”。

为配合记者工作，张富清经常是3—4个小时保持着端坐的姿势，衣服上的风纪扣都扣得严严实实。赶上皮肤瘙痒或截肢处疼痛发作时，在媒体记者面前，他总是强忍着，尽量不表现出来，更不会在采访中抓挠或面露难色，让记者心里产生负担。等采访中断或记者离开后，他才开始挠痒，并用手使劲地敲打截肢处，再吃上几片止痛药。有多次采访，他都是坚持忍着病痛，克服着重重困难完成的。

2019年2月至7月，张富清接受的采访一拨接着一拨，短则一天，长则连续一周，共计接受的采访不下于40场次。其间，他相继接受了中央电视台、新华社、人民日报、经济日报、光明日报、解放军报等重点新闻媒体记者的采访。对于一名95岁的老人来说，接受这样高密集、高强度的采访实属罕见，但他始终将自己当作一名“突击队员”，凭着顽强的毅力，力尽所能，出色地完成了一次又一次的任务，为国家挖掘这笔宝贵的精神财富作出了巨大贡献。

员 60 多年的老兵，对当兵岁月的留恋，是多么深切；对庄严的军礼，是多么难忘；对军人的情怀，是多么深厚！

2019 年 3 月 1 日，是一个普通而又特别的日子。

这天上午 10 时许，湖北省退役军人事务厅管理处处长曹华、湖北省军区某部正营职干事朱勇等一行 7 人到老建行宿舍，看望慰问张富清。出于对老英雄的尊重，朱勇等 3 名现役军人统一穿了军装。

初春的天气依然透着刺骨的寒气。一行人鱼贯走进了张富清的家中，看见他家客厅的桌子套着厚厚的围布，围布里摆着电烤炉，张富清和老伴儿孙玉兰穿着厚厚的棉袄，正坐在桌前烤火。

“张老革命，部队的同志来看您了！”来凤县退役军人事务局负责人贴近张富清的耳边大声地介绍道。

接下来，令在场人员感到十分震惊的一幕发生了：像听到部队的集合号指令一般，坐在沙发上的张富清，左手撑着桌子，单腿站立起来，条件反射似的举起右手，向身着军装的朱勇等人庄重地行了一个军礼。

因为他站立得太突然，不仅在场的张健全及其他人没有想到，就连坐在他身旁的孙玉兰也没有想到。因担心老伴儿摔倒，孙玉兰赶紧站起来扶住他。

庄严的军礼，已融入骨子里的熟悉动作，60 多年了，第一次敬出！激动的泪水在张富清的眼眶里打转。

面对这位解放战争时期的战斗英雄，朱勇等 3 名现役军人迅速地向他回敬军礼，并上前扶着他坐下来。

这一幕，深深地刻在了在场所有人的心里 。

“我曾经也是一名军人，老英雄突然站立起来行军礼的那一刻，让我刻骨铭心，从他的眼神中，我感受到一位复员老兵的军人情怀。”曹华深有感触地说。

“见到老人之前，听说老人左腿做了截肢手术，行动不方便。但是，真正见到老人的这一刻，他的举动让人难以想象。老人用右腿单腿站立，左手扶在桌子上，右手敬军礼，左腿的裤管大腿位置用橡皮筋扎着，空空的裤脚，晃动如钟摆。站在那里，大约十几秒钟，一动不动，根本看不出来他已是一位

95 岁高龄的老人。”朱勇十分敬佩地说。

第一次目睹父亲行军礼的情景，张健全心潮澎湃，内心一直难以平静。当晚他失眠了，凌晨两点多钟，他找来纸、笔，有感而发，为父亲写下了一首诗——《老兵的敬礼》：

部队来人了
老兵心中掀起波澜
面对着军人军装上的军徽
老兵用一条独腿坚强站立
缓缓举起僵硬的右手
庄严地行上军礼

老兵神色凝重
眼里饱含泪水
军队，我的家
战友，我的亲人
请接受一个老兵对军徽的敬礼
东马村的枪声
壶梯山的拼杀
永丰城墙上飘扬的军旗
冒着敌人肆虐的炮火
突击队员奋勇前进

硝烟中铸就忠诚
烈火中书写军魂
九死一生犹未悔
只因那坚定的信念和军人的勇气

只因心里飘荡着血染的军旗

3月2日上午，张富清的老部队——新疆军区某红军团来了两位代表，他俩带着部队的慰问信来看望张富清。“老首长，我俩受我们团政委的委托，先来看看您，表达一下我们团全体官兵对您的敬重之情。我们团给您写了一封慰问信，在这里念给您听好不好？”其中一位代表附在张富清的耳边大声说。

“好，好，感谢你们。”张富清连连点头。

这位代表开始朗读部队的慰问信，他一句一句地读，孙玉兰一句一句地大声转述给张富清听。他听得很认真，不断地微笑着点头。

当张富清听到“第359旅第718团”时，他突然又颤颤巍巍地站立起来，挺直脊背，对着老部队的两位代表，神色肃穆，庄严地行了一个军礼。然后，他兴奋地握着两位代表的手，情绪十分激动地说：“我今天见到你们很高兴！很高兴！见到了你们就想到了我们359旅的老战友啊！”

张健全从未见父亲如此激动过，赶紧迎上前扶着他坐下来，继续听部队的慰问信。

这位代表念完后，十分郑重地将慰问信交给了张富清。

慰问信上写着：

尊敬的张富清老战士：

您好！我们是驻守在祖国南疆天山脚下的×××部队，前身是第359旅第718团，曾因作战勇猛被二纵授予“猛打、猛冲、猛追团”荣誉称号，是您战斗过、工作过、生活过的一支具有光荣历史和优良传统的红军部队，被驻地阿克苏群众亲切地称为“国防团”。

近年来，在习近平强军思想的引领下，我部官兵坚持传承红色血脉，时刻牢记先辈和人民嘱托，以军事训练为核心的各项任务完成出色。从雪城高原备战固防到闹市街头维护稳定，从国际军事竞赛比武到演习集训考核拉动，我们始终坚持大项任务砥砺官兵战斗意志，实战实训练强官兵战斗本领，立起了新时代红军传人好样子。

今获悉您老戎马一生战功卓著却深藏功名未曾宣扬的英雄事迹，我们深受震撼、备受鼓舞，我们将以您为楷模，苦练杀敌本领，担当强军重任。我们深切怀念像您一样在团队战斗过的前辈和战友。您是团队发展壮大的缔造者、见证者，我们期待您能在身体允许的前提下回团分享英雄事迹，带领我们重温团队英雄历史，激励广大官兵全心全意干好强军事业！

最后，衷心祝愿您身体健康，阖家幸福！

中国人民解放军 ××× 部队

2019 年 3 月 1 日

“代我向老部队的战友问好！我给老部队的战友敬礼！”两位代表离开前，张富清又一次举起右手行了军礼，直到他俩走到门口，他才慢慢地放下右手。

“只要一提起王震和第 359 旅，张富清老人就点头、流泪，他对部队那份深深的眷恋和情谊，已融入他的生命中，让我特别感动。我当时就觉得自己一定要珍惜在部队的每一天。”其中一位代表离开张富清的家后说。

在此后的多天时间里，张富清将老部队的慰问信看了一遍又一遍，并将它同立功证书及奖章放在一起，保存了起来。

3 月中旬的一天，张富清对儿子张健全说：“老部队给我来了慰问信，我没有什么表示感谢的，我想给老部队写一封‘答谢信’，你想办法寄给他们。”

“好，你写好后，我去寄。”张健全点头同意。

在接下来的时间里，张富清伏案多日，数易其稿，给老部队写“答谢信”。出于对老部队的真挚感情，他不允许自己写错字，写到中途，稍不留神写错一个字，他就会重写。如此反反复复，伏案次数过频、时间过长，导致他的颈椎病犯了。张健全只好将“答谢信”录入电子文档打印出来，让父亲签字，再用挂号信寄给老部队。

张富清在“答谢信”中深情地写道：

亲爱的战士们：

我是原西北野战军第二纵队第359旅第718团第2营第6连战士张富清。今年3月2日，老部队专程派人来慰问我，见到你们，我好像又看到了当年第359旅的战士们，千言万语都无法表达我激动的心情。感谢老部队，感谢首长和战友们，请接受一个老兵的崇高敬意——敬礼！

我是1948年3月参加西北野战军的，当年8月入的党。部队培养了我，教育了我，使我成长为一名革命军人，我为有幸成为当年718团的战士而骄傲和自豪！

1955年，我转业到湖北来凤县工作。64年来，我很想念部队的生活，没有忘记部队的优良传统，工作、学习、生活中始终保持着当年突击队员的本色，努力为党工作，从未给老部队丢脸。如今我已近期颐之年，看到我们的部队在习近平主席强军思想指引下不断强大，老部队“猛打、猛冲、猛追”的战斗精神得到传承发扬，我感到无比欣慰。

在这里，我有几句心里话想给战友们说：

一是希望你们坚决听党的话，坚决听从习近平主席指挥。党指到哪里、习近平主席指向哪里，你们就要坚决地打到哪里。二是希望你们苦练杀敌本领，平时多流汗，战时少流血。有了过硬的本领和打仗不怕死的勇气才能打得赢。三是希望你们团结友爱，心往一处想，劲往一处使，大家拧成一股绳，就没有攻不下的碉堡。

最后，祝愿我们的人民军队越来越强大！祝愿我们的国家更加繁荣昌盛！祝愿各位战友工作顺利，身体健康，勇立新功！

此致，崇高的军礼！

原西北野战军第359旅第718团战士张富清

2019年3月29日

儿子将“答谢信”寄往老部队，张富清才感到踏实多了。之前老部队给他带来慰问信后，好些天，他总觉得缺了什么，在他的心目中就好像战友给他行了一个军礼，他没有回军礼一样，心里不踏实。现在给老部队写了“答谢信”，自己的这个“军礼”回了，心中的石头才算落下。

张富清饱含深情、凝聚军魂的军礼　唐俊摄

2019 年 3 月 1 日后，人们看到张富清时常会行军礼，这位老兵终于可以没有什么顾虑地回敬军礼了。面对来访军人的军礼，他都会如同在部队一样，习惯性地回上军礼。离开部队 64 年，很多战友的名字记不住了，但是模样记得；连队的战友大都不在了，但连队的番号记得；军歌的歌词记不住了，但曲调记得。不论身在何处，时间过了多久，张富清都忘不了部队的一切。这就是这位老兵面对部队来人，本能地单腿站起来行军礼的原因。这种情怀伴随着他的一生，根深蒂固，永不忘怀。以至于在采访中，张富清多次慷慨激昂地说道：“我还想过部队的生活！”

这是一名老兵饱含深情、凝聚军魂的军礼，也是一名退役军人展示给时代的英姿——永远挺立的军姿。

载誉归来　功成不居

金秋十月，硕果飘香。

2019 年 10 月 3 日，早晨的阳光穿过陈旧的木窗，照进了张富清的家，显得温馨而恬静。阳台上，一面鲜艳的五星红旗，在微风中迎风招展。这面红旗是孙玉兰在 10 月 1 日——中华人民共和国成立七十周年大庆这个特殊日子，特意插在自家阳台上的。

在简陋的客厅里，旧木柜上的电视开着，里面播放着中华人民共和国成立七十周年阅兵典礼的画面。孙玉兰和女儿张建珍、儿子张建国正边看着电视边吃着早餐。

突然，孙玉兰的手机铃声响起，她拿起手机一看，是小儿子张健全打来的。她接通电话后传来了健全的声音："妈，我和爸今天下午回家。"

"你们今天就回家了？不是说还要几天才能回家吗？"孙玉兰有点不相信，又问了儿子一遍。

"是的，今天回家，爸爸在外不习惯，天天念叨你和大姐，说要早点回家。"张健全在电话中对母亲说。

"好，好，回来了好，都十多天了，建珍天天都念叨你爸爸，把我的耳朵都念起老茧了。"孙玉兰对儿子说。

"你就不想我爸？天天都要给他打一次电话！"张健全开玩笑似的问母亲。

"这次出门这么久，哪有不担心的呢？你们路上慢点。"孙玉兰说完就挂了电话。

"妈，是爸爸要回来吗？"建珍急切地问。

"是的，你爸今天回家。"孙玉兰激动地说。

"哦，哦，爸爸要回家了，爸爸要回家了……"建珍兴奋地喊了起来。

"我等会上街去买菜，爸爸回来了，一大家子聚个餐，庆祝庆祝，热闹热闹。"张建国高兴地说。

"好，多买点你爸爱吃的。"孙玉兰补充了一句。

吃完早餐，张建国背着平时买菜的背篓上街了。张建珍拿着扫帚开始打扫房间，今天父亲回家，她要把每间房都打扫得干干净净。看着满头白发的建珍，一股干劲儿十足的样子，孙玉兰感到欣慰。虽然建珍从小就落下了残疾，但在自己和老伴儿近 60 年的照顾下，从来没有让她受过委屈，相对来说，她生活得也算幸福了。

“妈，爸爸什么时候回来啊？”建珍问道。

“可能下午才能到家吧。”孙玉兰回应了女儿一句。

“要下午啊，我巴不得他这就到家了。”建珍自言自语地说。

此时，一辆由武汉开往恩施的动车正高速行驶。在一节车厢的商务座上，坐着一位面容慈祥的老人，他便是以95岁高龄赴京参会，受勋载誉回家的张富清。

这次去北京，他看到武汉、北京到处都是高楼大厦；到处都是五光十色、斑斓绚丽一片繁华；到处都是老百姓幸福生活的美好场景，他情不自禁地多次发出感叹：国家现在强大了，变化也确实太大了。一路上，他对同行的人说了很多推心置腹的话：

“1955年，我从武汉到来凤，整整花了7天时间，而现在只需6个小时，简直不敢想象。

“我们当年从陕西、甘肃、新疆、北京、天津、江西、湖北……一路战斗奔走，付出了很多牺牲都是值得的。

“国家实施精准扶贫，填补了我们当年的很多遗憾，今年来凤县整体脱贫了，又通了火车，我有幸见证了这一切，此生再无遗憾。”

…………

动车很快就要到达恩施站了。

张富清时不时地看向车窗外的风景，两边的树木快速地向后移动着。

“爸，你最好莫朝车外看，以免晕车。”坐在旁边的张健全提醒父亲。

“哦，好。”张富清连忙收回目光。

“到哪儿了？健全。”张富清问儿子。

“要到恩施了，下午3点左右就能到家了。”张健全回答父亲。

“你妈和建珍在家等着我，这次出门十多天，她们每天都惦记着，几次视频通话建珍都哭了。”张富清小声地说。

“是啊，爸，这次是您离休后出门最久的一次，她们肯定想您。”张健全附和着说。

“快到家了，老伴儿马上就能看到勋章了。”张富清这样想着。

想起这枚勋章，张富清心中泛起了激动的涟漪，几天前，在首都北京那一幅幅激动人心的场面像放电影似的浮现在他的脑海里。

9 月 29 日，在人民大会堂金色大厅里，灯光璀璨，气氛热烈庄重。习近平总书记亲自把一枚共和国勋章佩挂在张富清的胸前，全场响起热烈掌声。

10 月 1 日，蓝天丽日下，天安门城楼庄严雄伟。天安门广场上，大型“红飘带”主题景观庄重、灵动，寓意红色基因连接历史、现实、未来。庆祝中华人民共和国成立 70 周年大会、盛大阅兵仪式和群众游行在这里隆重举行。天安门城楼观礼台上，张富清目不转睛地看着阅兵军队和群众游行，不断地感叹庆典方队的壮观与祖国的强大……

“爸，到恩施了，我们下车。”张富清的耳边传来儿子的提醒声，他从喜悦的回忆中睁开眼睛。透过车窗，他看到站台前站着很多人，儿子告诉他，这些都是欢迎他回家的群众。一名工作人员将张富清背下车，站台上立即响起了热烈的掌声。张富清难掩心中的喜悦，频频地向人们点头示意，表示感谢。

“爸，州里相关领导想留您在恩施住一晚上，您是什么意见？”张健全在喧闹中凑近父亲耳边问道。

“不住了，休息个把小时，还是回去吧，你妈等着呢。”张富清对儿子说。

一个小时后，张富清坐上开往来凤的汽车，一路全程高速。汽车开得平稳、安全，不知不觉一个多小时便到了来凤县城。看到熟悉的街道，感受到熟悉的气息，张富清知道这是到家了，他被儿子从车上缓慢地背了下来。

此刻，在街道进入老建行宿舍的通道里，也站满了前来迎接张富清载誉回家的来凤县干部群众。见张富清下了车，人们激动不已，现场响起热烈的掌声，纷纷向他致以诚挚的敬意。人群中，孙玉兰、张建珍、张建国站在最前面，3 人都流下了激动的泪水。

人们簇拥着张富清回到了二楼的房间，刚刚在客厅坐好，一名记者便走到他面前问了一个问题：“老英雄，您在北京获得了崇高荣誉，有什么感想？”

“我只是做了一些为党、为人民应该做的事，党和国家、人民给我这么高的荣誉，我很高兴，很激动。我是党培养的，我不会忘记党的恩情，会永跟党走，党叫干啥就干啥。和我并肩作战的许多战友都牺牲了，没有跟他们分享的机会，这个荣誉应该属于千千万万牺牲了的烈士，他们才是英雄！”张富清激动地说。

听到老英雄口齿流利地回答，全场再次响起了热烈掌声。

人们见张富清刚回家，比较疲惫，不忍心过多地打扰他，就纷纷离开了。先前被挤得水泄不通的客厅只剩下了他的一大家人。

建珍上前紧紧地挽着父亲的手臂，生怕他丢下自己又要出门似的。

张富清摸了摸她的头说：“在家听妈的话没有？”

“听的，那天我在电视上看到你的，有几个人还抬着你。”建珍望着父亲说。

“健全，把勋章盒打开，让你妈和一家人都好好地看看勋章吧，没有你妈，我也得不到这个荣誉。”张富清吩咐着健全。

“好，我这就去。”张健全答应着走进卧室，从行李箱中取出勋章盒，放在平时吃饭的小条桌上。张富清将其轻轻地打开，然后对站在一旁的老伴儿说：“老伴儿，你来好好看看这勋章，摸一摸。”

孙玉兰上前默默地看着勋章，好一会儿，她用手小心翼翼地抬了一下勋章盒说：“这个勋章做得好漂亮哦，还有点重呢，我和建珍在电视上看到习近平总书记给你颁奖了，我眼泪都流出来了。”

一家人盯着勋章看了又看，心情都十分激动。

“好了，老伴儿，把勋章包好，和过去那些奖章放到一起吧。这荣誉不属于我一个，往后少拿出来看。”张富清对老伴儿说。

“依你吧，你说怎样便怎样。”孙玉兰说出了一辈子对老伴儿说过无数次的那句老话。

张健全把勋章装好，和母亲一道将勋章盒放入了老皮箱。

随后，一大家四代人稍许分散，张富清和老伴儿孙玉兰坐在客厅旧沙发上与几个孙辈、重孙辈说话聊天；建珍坐在他俩身边当着忠实的听众，时不时地插上一句话；建国、建荣、健全等人在厨房忙活晚饭。一时间，在这套狭窄的老房子里，洋溢着其乐融融、老少同欢的气氛。

“把桌子摆好，吃饭啰。”张建国大喊了一声。此前，他已将一些饭菜做好，一大家子到齐不久便可以开饭了。

张健全麻利地把一块四方木板放在小餐桌上，众人开始往木板上端饭菜。这块四方木板已用了将近30年了，因客厅太窄，平时三位老人吃饭只用小方桌，每遇一大家子聚餐时，四方木板就会派上用场。摆上饭菜，一大家子便开始有说有笑地吃起了晚饭，虽然很拥挤，但每个人都吃得特别香……

吃罢晚饭，天已渐黑，收拾好碗筷后，张建国三兄妹便带着家人各自回家了，热闹了一整个下午的客厅恢复了往日的宁静。

张富清支撑着简易助行器来到阳台，他要看看自己养的十多盆蟹爪兰。平日里，照料这些蟹爪兰是他的一项重要任务，他用心地呵护着它们，浇水、剪枝、施肥，照料得无微不至。他出门的这十多天，老伴儿在替他照料着。每一盆蟹爪兰“看见”久未露面的男主人，仿佛有灵性似的，立马做出昂首挺胸、威风凛凛的样子，欢迎英雄归来。慢慢看过每一盆蟹爪兰，张富清感到格外欣慰、踏实。

2019年12月，张富清和老伴儿孙玉兰、大女儿张建珍在一起其乐融融　邱克权摄

天已黑尽，张富清默默地望向远方一个固定的方向，这个方向，也是他之前每年清明节悼念牺牲战友要望一次的方向。2019年他破例第二次站在这里看着那个方向，心中默默念叨：“牺牲的战友们，我这次有幸到北京，登

上了天安门，参加了中华人民共和国七十周年庆典，见证了国家的强大、人民军队的强大，人民生活的幸福。你们当年为了新中国，用自己的命换来了国家的命，你们是共和国的英雄，祖国没有忘记你们，人民没有忘记你们。我代表你们在北京受了勋，这些荣誉也有你们的一份，老兵张富清永远怀念你们……”

特别日子　迎来曙光

光阴似箭，日月如梭。岁月一晃便翻过了2019年这光辉灿烂的一页，进入了2020年的崭新篇章。可2020年伊始，一场突如其来的新冠肺炎疫情悄然肆虐神州大地，彻底打破了举国欢庆、万家团圆的新春佳节欢乐气氛。疫情的无情降临，湖北武汉这座拥有1108万人口的城市一瞬间被按下了暂停键，湖北省17个市相继封城，继而全国人民春节都不出门，待在家里支持抗疫斗争。

湖北、武汉的疫情牵动着全国人民的心，也牵动着张富清的心，已96岁高龄的他时常为此夜不能寐。他爱笑，2019年，就在他家不足10平方米的客厅，不知多少次传出他那孩童般的笑声。但自从疫情暴发后，他很少笑过，子女们都知道，他在担忧着疫情的发展。

随着年龄的增长，张富清的身体也一年不如一年，特别是视力和听力较2019年又下降了许多。每天他关注的疫情动态信息十分有限，绝大部分信息都是子女及老伴儿孙玉兰告诉他的。

特殊时期，经来凤县防疫指挥部批准，张建国可以每天到父亲家照顾他的生活起居，为三位老人买菜做饭。张建国见父亲脸上时常是一副凝重、忧虑的表情，与过去的淡然、乐观有着天壤之别，他每天就把举国上下支援武汉抗疫及抗疫斗争取得重大进展的好消息告诉父亲。一段时间后，张富清的心情逐渐平静下来，他预感到离国家战胜疫情的日子不远了。

4月8日清晨，建行老宿舍的院子里静悄悄的，张富清像往常一样，6点半准时起床。洗漱过后，他支撑着简易助行器来到阳台，抬头看了看天空，感觉比较明亮。

“今天是个好天气。”他自言自语地说。在阳台上来回走了几趟后，他习惯性地拿起自己用矿泉水瓶制作的水壶，开始浇灌阳台上的蟹爪兰。

“爸，你在浇花啊，告诉你一个好消息，今天武汉解封了，国家抗疫斗争取得了重大胜利！”张建国来到阳台上大声地对父亲说。为了让父亲高兴，他今天比平时要早到了些。

“你说什么？武汉解封了？”张富清似乎没有听清儿子的话，也不敢相信自己的耳朵。

“是的，今天武汉解封了，车辆全部恢复了通行。”张建国凑到父亲的耳边又大声地强调了一遍。

“哦，好，好，真是太好了。”张富清听清楚后十分激动地说。儿子早上带来的这个好消息，犹如一股清流从他的心间流过，让他感到整个人都神清气爽，压在心中多日的石头终于落下了。瞬间，久违的笑容挂满了他那光洁的脸庞。

“建国，你马上去做早餐，吃完后，我想上街溜达一趟。”张富清对儿子说。

此时，孙玉兰和张建珍也早已起床，她们听到父子俩的对话，也很高兴。

“要上街啰，要上街啰，我要和爸爸上街啰。”张建珍十分兴奋地喊道。之前，只要天气好不下雨，建珍每天都要同父亲、母亲上街溜达一趟，这是他们三人多年养成的一个习惯。但自2020年春节以来，近3个月没有上街溜达，这让张建珍在家里也憋得十分难受。

见父亲提出上街的想法，张建国没有反对，他走进厨房一阵忙活，很快将几碗清淡挂面、几个馒头和一瓶老陈醋摆在了客厅的小餐桌上，这是三人最喜欢吃的早餐。

这张小餐桌用了30余年，已成了他家的“古董”之一。在漫长的岁月里，它上面摆放的总是稀饭、馒头、面条、萝卜、凤头姜、油茶汤之类的简单饭菜，这是一家三口多年的饮食习惯。

张富清坐到靠墙的老位置上，同老伴儿、女儿有说有笑地吃起了早餐。也许是心情特别好的原因，他今天的食欲也比之前要好，吃完了一碗挂面和一个馒头。

吃罢早餐，建珍将父亲的假肢拿到客厅，和母亲孙玉兰一起帮他穿戴，张建国则去厨房收拾碗筷。

近 3 个月没有穿戴假肢了，张富清显得有些生疏，但经老伴儿和女儿在旁辅助，不一会儿，左腿便“恢复”了完整。他尝试在客厅里支撑着助行器走了十来步，找回了之前在街上行走的感觉和节奏。

几个月没有上下楼梯，张建国担心父亲吃不消，便将父亲从二楼直接背到一楼的小院子里，再让他支撑着简易助行器行走，自己则在一旁陪护着。

一行 4 人戴着口罩，缓缓而行，走过 10 米通道，穿过铁门，来到熟悉的大街上，建珍显得格外兴奋。

“我们到步行街走一走，然后到超市去逛逛吧。”张富清提议。

“好，就依你的。”孙玉兰表示同意。

4 个人向左沿着凤翔大道行了 50 米，来到来凤县最热闹的步行街。

此时的步行街，来了很多听到武汉解封消息的来凤市民，虽然绝大部分人都还戴着口罩，但每一个人的脸上都洋溢着喜悦的笑容。在一个小广场上，孩子们在欢笑奔跑，几十名大妈跳起了广场舞。广场耸立着的一块大屏幕上，正播放着武汉解封的相关报道。

“快看，是张老英雄，他也来了。”不知是谁大喊了一声，众人的眼光齐刷刷地看向了正朝步行街缓缓而来的张富清一家。一些小学生见到 2019 年多次在中央电视台画面中出现的张老爷爷，立马举手敬礼，向他表示致敬。

张富清慢慢地走到步行街小广场，人们鼓起了热烈的掌声。很快，他便被人围了几层，许多人纷纷拿出手机拍照，生怕错过与老英雄近距离接触的机会。

面对熟悉和不熟悉的市民群众，张富清面带微笑，不停地向他们点头问好。

“听说老英雄现在住在武汉，今天怎么到来凤了？”

“听说政府和建行给老英雄买了新房子，他现在是不是住到新房子里面了？”现场有人提出了疑问。

“哪个说他住在武汉的？他一直住在建行老宿舍里的，政府和建行多次提出把他的住宿条件改善一下，换一套新房子，但都被他果断拒绝，说就住老房子，哪里都不去！”在场一名熟悉张富清的邻居大声地解答道。

“哦，原来是这样啊。”很多之前心中有疑惑的人恍然大悟。

张建国见围过来的人越来越多，连忙拨开人群，带着父亲离开广场，往他们3人经常去的一个超市的方向走去。

“张老英雄近百岁了，截了肢不坐轮椅，还拖着那么重的假肢走路，太厉害了，太感人了……”

“张老英雄当年选择到我们来凤县工作，为老百姓解决水、电、路问题，办了好多实事，真是人民的好公仆！希望他活过100岁！”

“张老英雄为老百姓、为国家操心操劳一辈子，现在得到了那么高的荣誉，仍然住着老房子，过着平淡的生活，真是不简单！”

…………

2020年12月，张富清同老伴儿走在大街上，脸上挂满了幸福、知足的笑容　唐俊摄

看着张富清手扶助行器，拖着沉重假肢一步一步吃力地向前走，人们纷纷发出了由衷的感叹和祝愿。

对于群众的评说，张富清自然听不见。在他心中，祖国强大繁荣，就是最大愿望；人民生活幸福，就是最好功名；生活知足常乐，就是最美人生。

春日的阳光，透过街道稠密的树叶洒落下来，形成了一束束金色曙光。张富清沿着每天和老伴儿买菜的那条路，穿梭在熙攘的人流中，心中充满着难以名状的幸福。他知道，这样的幸福不仅属于他，属于身边的你我他，也属于这个伟大的时代。

附录一　张富清大事记

张富清，陕西省汉中市洋县人。

1924 年 12 月 24 日：出生在洋县马畅镇双庙村一个佃农家庭。

1932 年：8 岁，父亲张转义因病去世，与母亲张周氏、二哥张茂茂、妹妹张润莲一家四口相依为命，日子过得极为困苦，家里也没钱送他读书。

1940—1943 年：经人介绍，到邻县城固县宝山镇元石庙村一孟姓地主家打长工。

1943 年夏：辗转至城固县宝山镇东窑村一王姓地主家继续打长工，中途曾接受过中共地下党的教育。

1945 年春：二哥张茂茂被抓壮丁，母亲张周氏迫于生计，无奈让他顶替了张茂茂。但因其身体羸弱矮小，洋县招募兵丁处多次未将其接走。此后，被扣留在马畅镇镇公所一年半时间，白天要其从事繁重的杂役劳动，晚上被关押不许其逃跑。

1946 年 8 月：被洋县补训处纳入兵丁名单之列，送往国民党部队。

1946 年 10 月：被编入国民党部队，成为其中的一名勤杂兵，受尽国民党官兵的欺打和辱骂，因不堪受欺压，两次开小差都没有逃脱。为此，在国民党军营感到心灰意懒，生不如死，人生道路一片黑暗。

1948 年 3 月：所在的国民党部队被西北野战军包围并消灭。在前方战斗打响后，作为勤杂人员，趁机脱离了部队，摆脱了国民党官兵的控制和欺凌。在黄龙县瓦子街镇，毅然决然地参加了中国人民解放军，成为西北野战军第 2 纵队第 359 旅第 718 团第 2 营第 6 连的一名战士。

1948 年 3 月至 7 月： 参加了西北野战军以“诉苦”及“三查三整”为主要内容的新式整军运动。其间，被安排到连队的爆破突击队，进行爆破、射击、投掷等军事技能强化训练。经过刻苦训练，作战技能进步神速，各项军事训练指标排名靠前。

1948 年 8 月： 首次参战，在壶梯山战斗中主动请缨任突击组组长，攻下敌人碉堡一个、打死敌人两名、缴获机枪一挺，并巩固了阵地，为大部队顺利前进扫清了障碍。此次战斗，获师一等功并被授予“战斗英雄”称号。此次战斗后，被全连支部党员一致推荐加入中国共产党，成为一名中共候补党员。在一次行军路上，第 6 连破天荒地为他举行了一场入党宣誓仪式。

1948 年 9 月： 带领突击组 6 人，在东马村消灭外围守敌，占领敌人一个碉堡。自己负伤不下火线，继续战斗，为大部队的进攻打开了缺口。此次战斗，获团一等功。

1948 年 10 月： 带领突击组在临皋执行搜索任务，发现敌人后即刻占领外围制高点，压制了敌人的封锁火力，完成了截击敌人的任务，为大部队迅速消灭敌人创造了有利条件。此次战斗，获师二等功。

1948 年 11 月： 永丰城战斗中，带领突击组于夜间突进城内，炸毁敌人碉堡两个，缴获机枪两挺，打退敌人数次反扑，坚持到天明，为大部队攻城扫清了最大障碍。此次战斗，获军一等功并被授予军甲等“战斗英雄”称号，由班长晋升为副排长。

1948 年 12 月初： 西北野战军第 2 纵队在陕西合阳县峪壮村召开第二届军民庆功祝捷大会，司令员王震亲自给他佩戴了军功章。第 2 纵队将其事迹上报到西北野战军后，西北野战军给他加授了“特等功”。

1948 年 12 月中旬： 汉中洋县的家人收到一封由西北野战军司令员兼政委彭德怀、政治部主任甘泗淇、副主任张德生签发的特等功报功书，上面写着：“贵府张富清同志为民族与人民解放事业，光荣参加我西北野战军第 2 纵队第 359 旅第 718 团第 2 营第 6 连任副排长，因在陕西永丰城战斗中勇敢杀敌荣获‘特等功’，实为贵府之光我军之荣。特此驰报鸿禧。”此后，西北野战军司令员兼政委彭德怀下到第 2 纵队视察时，亲切接见了他。

1949 年 2 月：西北野战军改称为中国人民解放军第一野战军，彭德怀任司令员兼政治委员。第 2 纵队改称为中国人民解放军第 2 军，王震任军长兼政治委员。第 359 旅改称步兵第 5 师，师长徐国贤、政治委员李铨，下辖第 13、第 14、第 15 团。他所属的第 718 团改称为第 14 团。

1949 年 4 月 21 日：毛泽东主席、朱德总司令向人民解放军发布向全国进军的命令，号召人民解放军全体指战员奋勇前进，坚决、彻底、干净、全部歼灭一切敢于抵抗的国民党反动派，解放全国人民。他在第 5 师师部接受了以大、中城市为主要攻击目标的整训练兵训练。整训练兵结束后，晋升为排长。

1949 年 5 月：因军事素质过硬，被调至第 2 军直辖的教导团，在第 2 营任一个中队的副队长，担负着对新兵、士兵骨干的军事训练任务。

1949 年 7 月至 9 月：第一野战军相继发起扶眉战役、兰州战役，歼灭了胡宗南、马步芳集团精锐后，转入战略追击，相继解放了陕、甘、宁、青四省的广大地区。所在的教导团跟随第 2 军一路西征，沿途接收俘虏，改造训练，为前线部队补充兵力。

1949 年 9 月 25 日、28 日：国民党新疆警备总司令陶峙岳和新疆省政府主席包尔汉先后通电，率新疆国民党军政当局和平起义。9 月 28 日，第一野战军前委发出《关于入新工作给一、二兵团党委，二、六军党委，战车营的指示》，就进军新疆问题作出了具体部署，命令第 2 军向南疆进军。所在的教导团在短时间内完成了进军新疆的一切准备工作，整装待发。

1949 年 10 月 1 日：新中国成立，同教导团官兵在张掖至酒泉的路上行军。

1949 年 10 月 12 日：同教导团官兵从甘肃酒泉出发，向新疆挺进，11 月 7 日进入新疆哈密。在此停留一个多月，其间，他参与部队镇压了叛军（原国民党军第 533 团）。

1949 年 11 月 29 日：第 2 军教导团徒步向吐鲁番进发。途经鄯善，在那里进行了集体换装。这是他自1948年3月参加解放军以来，第一次换上了新鞋子、新棉衣。12月中旬，到达吐鲁番。在此，部队进行了十多天的休整，并在这里度过了1950年的元旦。

1950年1月下旬：第2军教导团从吐鲁番出发向喀什进军。中途经焉耆、库尔勒和阿克苏等城市。3月28日，同教导团的官兵徒步行军38天，行走1400多公里，于3月28日，到达新疆重镇——喀什。

1950年4月至1951年3月：同教导团官兵到达喀什疏勒县的草湖，在那安营扎寨，开展垦荒大生产。按照开垦地区域的划分，全团划分了16个区。每个区任命正副区队长及管理排长，下设若干个小队，小队中3人一组，又分为若干组。他被任命为第五区队长。其间，获得了由西北军政委员会颁发的“解放西北纪念章”和“人民功臣”奖章。

1951年4月至1952年3月：随教导团离开了草湖地区回到喀什。在这里，同官兵一道开展了为期一年的营房建设。其间，第2军军长郭鹏、政委王恩茂为第2军军人签发了军人证明书，他也得到了一份由中国人民解放军第2军政治部印制的军人证明书。

1952年4月：营房建设任务圆满完成后，所在的第3营成为边卡营，接手了边疆防守任务。此后，一边开展军事训练，一边开展军事防务和边境布防工作。

1952年12月：为响应国家“抗美援朝，保家卫国”的号召，主动报名援朝参战。

1953年1月15日：第2军教导团政治处为准备奔赴朝鲜战场的他补发了立功证书。

1953年1月下旬：同新疆军区抽调的其他援朝参战人员从喀什出发，沿着1949年入疆的道路再一次开始“长征”，向4000多公里之外的北京进发。1953年3月初，到达北京。

1953年4月：因朝鲜战争形势缓和，抽调集中的人员不需要入朝参战。中央军委作出决定，将这批抽调人员安排到中国人民解放军防空部队文化速成中学补习文化。自此，迎来了人生中第一个接受正规文化教育的机会。

1953 年 4 月至 7 月：被安排到天津防空部队文化速成中学开展第一学期的学习。

1953 年 8 月至 12 月：被安排到武昌防空部队文化速成中学开展第二学期的学习。

1954 年 1 月至 5 月：被安排到江西防空部队文化速成中学开展第三学期的学习。其间，受到了“全国人民慰问人民解放军代表团”的慰问，得到一组慰问品：纪念章一枚、搪瓷缸一个、慰问手册一册。

1954 年 6 月：向学校请了探亲假，回到了阔别 8 年的家乡。经人介绍，与同村姑娘、村妇联副主任孙玉兰确立了婚姻关系。

1954 年 7 月至 1955 年 1 月：被安排到武昌防空部队文化速成中学开展第四学期的学习。12 月底，从部队文化速成中学毕业。面临复员，积极响应组织的号召，放弃在大城市及回家乡工作的机会，毅然选择到湖北最艰苦的地方——恩施地区支援建设。其间，与未婚妻孙玉兰在武汉登记结婚，并在学校举行了一场极为简单的婚礼。

1955 年 2 月 12 日：带着新婚妻子孙玉兰来到条件极为艰苦的来凤县，被组织上安排在来凤县粮食局工作。从这一天起，把自己在解放战争中立下的赫赫战功以及受中央军委重点培养教育的这段特殊经历全部封存、“封口”，压至箱底、心底。然后，拿着转业证、介绍信向组织报到，以一个普通军转干部的身份出现在来凤县。

1955 年 2 月至 5 月：在城关粮店任主任。其间，克服重重困难，为城镇居民解决了精米供应十分困难的问题。

1955 年 6 月：在城关粮店工作 4 个月后，来凤县党总支委员会委托粮食局党支部对其工作进行考察。得到的考察结论是：该同志“能够带头干”“群众反映极好”。

1955 年 6 月：被提拔为副区级干部，被组织上任命为县粮食局副局长。

1955 年 11 月：大女儿张建珍出生。

1956 年 4 月至 1957 年 2 月： 被安排到县纺织公司任经理，并任县百纺公司和县纺织品公司联合党支部书记。其间，根据县政府的要求，将来凤县两家大的私营染坊——“合记染坊”“大生织布厂”并入国营染织厂。将厂址设在城关镇老虎洞处的国营染织厂搬迁到县城西和平路，为来凤县纺织品的发展打下了良好的基础。

1957 年 3 月： 获得人生中第二次学习机会，被组织上选派到恩施地委党校脱产学习两年。在征得组织的同意后，带着妻子、女儿在恩施城住下，开始了党校的学习。

1957 年 10 月： 第二个孩子张建国出生。

1959 年 1 月： 在恩施地委党校最后一个学期结束前，向学校请了探亲假，带着妻子和两个小孩回了一趟老家。母亲张周氏、岳父孙瑞祥、岳母高易华轮番给他做工作，要求他回洋县工作。但他没有满足三位老人的心愿，最终还是留在了来凤县工作。

1959 年 3 月： 被组织上安排到来凤县穷得出名的地方——三胡区工作，被任命为三胡区党委委员、财贸科科长。

1959 年 4 月： 被任命为三胡区副区长。按照班子分工，分管财贸和机关。借助自己在城关粮油所、县纺织品公司实行的“三步工作法”，分管财贸工作不到一年，三胡区的财贸工作起色很大，被来凤县财贸战线评为先进单位，他也被评为先进个人。这一年，妻子孙玉兰跟随他到了三胡区后，按照优抚政策，被安排了正式工作，成为三胡区供销社的一名售货员。

1960 年 6 月： 三胡区境内再次出现大旱，选择旱情最为严重的大塘大队蹲点抗旱。其间，带领 4 名社员在三胡区石桥大队半山湾寻找水源。在那里，不顾危险，身先士卒地探入麻坑洞中，找到水源并将水引出。

其间，二哥张茂茂两次发来电报，告诉他母亲病危和去世，要求他回家。因抗旱救灾等工作原因，他没有回去见母亲最后一面以及办理丧事。

1960 年 10 月至 1961 年 4 月： 在缺吃少穿、极度困难的情况下，组织两个大队的社员，在麻坑洞前修建了拦水坝，并在半山腰上修建了 6 公里长的水渠，其中有150米水渠“悬挂”是修在悬崖绝壁上。彻底解决了大塘、石桥大队等地人畜饮水和农田灌溉难题。

1961年5月：派人“三顾茅庐”，从湖南永顺县第二机械厂引进了一名人才——铁匠杨圣，解决了三胡区“三小农具”极度缺乏，严重影响农业生产的问题。其间，第三个孩子张建荣出生。

1961年10月：为了将国家精减人员的政策执行到位，从自己头上“开刀”，说服本不属于精减对象的妻子孙玉兰辞去了公职。从此，一家人的生活长期陷入困顿之中。

1962年3月：根据三胡区委班子成员都下到大队蹲点发展粮食的要求，主动选择最困难的一个大队——文坪人民公社大地垄大队驻队，并住在第10生产队最贫困的社员谢银书家中，长期和群众同吃同住同劳动，帮助大队和生产小队发展粮食生产，解决老百姓吃饭问题。

1962年11月：第四个孩子张健全出生。

1963年3月至1964年12月：为解决狮子桥、梨园等大队几千亩农田的灌溉问题，主导修建了三胡狮子桥水利水电工程。在极端困难的情况下，带领近400名社员拿着锄头、撮箕、钢钎等极其简单的劳动工具，战天斗地，历时近两年，修建了一座引水土石重力坝、600多米灌溉水渠及一栋发电厂房。既解决了几千亩农田的灌溉问题，又给土苗山寨安上了电灯，送去了光明。

其间，因常年不在家，8岁的大女儿张建珍因发烧没有得到及时救治，落下了脑炎后遗症，导致终身残疾。

1965年6月至1966年10月：主导在二龙山处修建大坝，建提水灌溉工程。在极端困难的情况下，带领300名社员用极其简单的劳动工具，历时近一年，修建了一座土石重力坝，建起水泵站，彻底解决了三胡革勒车人民公社光明大队二龙山上千亩农田灌溉难的问题。

1966年8月至10月：请铁匠杨圣对水轮泵进行技术改造，让水轮泵发挥了一箭三雕的作用：不仅可以灌溉农田，还可以为5个大队的群众碾米，并为附近光明第 5 生产队 60 多户人家发电照明。

1966 年底：受“文化大革命”的冲击，同三胡区的几名主要领导一道，被作为“走资本主义道路的当权派”打倒。此后，被撤销党内一切职务，被扣发工资，只保留基本生活费。

1967 年至 1974 年：被人诬陷，被扣上“五类分子”中的“反革命分子”帽子，下放到三胡区最边远的生产队进行监督劳动改造。因长期不能回家，妻子孙玉兰在三胡集镇拉扯着四个孩子，艰难度日。

1974 年 11 月：组织上查清了他的个人历史和成分，证明了他的清白，并恢复了他的工作。

1974 年 12 月至 1975 年 9 月：调至卯洞公社，任革委会副主任，分管财贸和机关。本不需蹲点包片的他，主动提出蹲点离公社最远、条件最差的高洞管理区。建议公社发展油桐产业，并身体力行主抓全公社油桐生产，从油桐树的垦复、管理，桐籽的剥出、收购，桐油的加工和外销等方面出台了一系列硬性措施和管理制度，很快将油桐发展了起来。一年后，在湖北省工业用油生产、收购经验交流会上，来凤县卯洞公社革委会以《坚持以阶级斗争为纲，大力发展油桐生产》为题做了典型经验交流发言。

其间，他手中掌握着一个国营企业招工指标，大儿子张建国正好符合条件。他不仅没有让张建国去，反而让儿子带头当了知青，到公社的一个林场去从事劳动生产。

1975 年 10 月至 1976 年 4 月：带领高洞管理区 3 个大队千名群众，开垦荒山，植树造林上千亩。一次，身中漆毒，情况十分严重，一直不肯下火线。后来，在群众的强烈要求下，到公社卫生院住院治疗一天，稍微好转，又回到了高洞。

1977 年 5 月至 1978 年 3 月：为解决高洞管理区 2000 多名土苗儿女世世代代出行难的问题，主导修建高洞到安抚司的 7.5 公里“挂壁”公路。通过多方协调，公路于 1977 年 11 月破土动工。已年满 53 岁的他带领近千名社员在此日夜奋战，历时 4 个多月，终于修通了这条难度极大的民心公路。

1978 年 11 月至 1979 年 4 月：又主导修通了上高洞的十余里公路。

1979 年 6 月：在乡镇连续工作 21 年的他调至来凤县城，任外贸局副局长。

1979 年夏：大儿子张建国从来凤县师范学校毕业。分配工作时，没有向县里任何人打招呼，要求儿子服从组织安排。张建国最终被分配到离城镇较远、条件极差的一所村小教书。

1979 年 7 月至 1981 年 8 月：分管外贸业务工作，虽然已年过 55 岁，但工作起来仍激情似火，犹如一台不知疲倦的机器。在他没日没夜的艰辛努力下，外贸局的业务一举扭转了之前的被动局面，实现了扭亏增盈。至 1980 年底，所有外贸业务均实现了 20% 以上的正增长。

1981 年 9 月至 1984 年 12 月：调至建设银行来凤县支行，被任命为副行长，主持全面工作。面对“白纸”一般的建行，他从零起步，披荆斩棘，至 1984 年底，来凤县建行相继盖起了全县最好的办公楼和最好的职工宿舍楼。全行职工也由当初的 6 人增加到 40 多人。建行的各项业务越做越大，实现了跨越式发展。

其间，组织上给县建设银行一个工资提档增薪指标，只有他和另一个人符合条件。但为了建行的发展，将本应属于他的这个指标，让给了另一个人。

1985 年 1 月：从建设银行来凤县支行离休。

1986 年 7 月：和老伴儿孙玉兰回到了阔别 28 年的故乡——洋县双庙村，祭拜了 1960 年去世的母亲张周氏，1972 年去世的岳母高易华。

2012 年 5 月：左膝关节感染，引发了真菌性败血症，不得不在湖北省人民医院做了高位截肢手术。手术后，为不给组织添麻烦，不给子女增负担，穿戴上假肢训练近一年，重新站立起来，并能上街走动，基本上恢复了之前的正常生活。

2018 年 10 月：在恩施州中心医院动眼睛白内障手术，来凤县建行领导及他的子女都要求他换质量好的贵一些的人工晶体，但最终他却坚持换了最便宜的人工晶体。他对人说出了自己的真实想法：离休了，不能给国家做事了，唯一能做的，就是为国家节省一点是一点。

2018年12月：出于对组织的忠诚，他拿出深藏60余年的军功章进行了退役军人信息采集登记。此时，子女才知晓他是一名战斗英雄，在解放战争中立下了赫赫战功。县里要宣传他，但他不同意。

2019年2月14日：《湖北日报》《楚天都市报》3名记者到来凤，以"省里来人"的身份了解他过去打仗的相关情况。他认为是组织上来人了解情况，便说出自己1948年参加战斗立功受奖的一些情况。

2019年2月15日：《从不提当年勇，直到退役军人信息采集时才发现——95岁老人是功勋卓著的战斗英雄》《战斗英雄深藏功名六十四载》两篇报道分别在《湖北日报》和《楚天都市报》头版头条刊发，在社会上引起强烈反响。

2019年2月至6月：通过做工作，他同意接受采访。此后以突击队员的姿态接受中央电视台、新华社、人民日报、光明日报、解放军报等多家重点媒体近50场次的采访。多次采访都是忍着病痛完成的。

2019年5月：中共中央总书记、国家主席、中央军委主席习近平对他的先进事迹作出了重要指示。

2019年6月：中央宣传部决定向全社会公开发布他的先进事迹，授予他"时代楷模"称号。

其间，《时代楷模发布厅》录制活动在湖北省来凤县举行。这是中央广播电视总台破例在北京之外的地方为获得"时代楷模"称号的人举行的一次录制活动。

2019年6月27日：中共中央决定，授予他"全国优秀共产党员"称号，号召广大党员、干部、部队官兵和退役军人向他学习。

2019年7月1日：中央组织部有关负责同志到他家中看望慰问，现场给他颁授了"全国优秀共产党员"证书、奖章，并转达习近平总书记和党中央对他先进事迹的充分肯定、对他本人的关心慰问。

2019年7月26日：人力资源和社会保障部、中共中央组织部、退役军人事务部、中央军委政治工作部等军地相关部门联合表彰他为“全国模范退役军人”。在北京，受到了中共中央总书记、国家主席、中央军委主席习近平亲切接见。

2019 年 9 月 5 日：获得第七届全国道德模范——“全国敬业奉献模范”荣誉称号。

2019 年 9 月 17 日：全国人大常委会第十三次会议通过《全国人民代表大会常务委员会关于授予国家勋章和国家荣誉称号的决定》，成为 8 名“共和国勋章”获得者之一。

2019 年 9 月 25 日：中央宣传部、中央组织部、中央统战部、中央和国家机关工委、中央党史和文献研究院、教育部、人力资源和社会保障部、国务院国资委、中央军委政治工作部决定，授予他“最美奋斗者”称号。

2019 年 9 月 29 日：在“共和国勋章”授勋仪式上，中共中央总书记、国家主席、中央军委主席习近平亲自为他颁授“共和国勋章”奖章。

2019 年 10 月 1 日：中华人民共和国成立 70 周年大会隆重举行，被邀请参加 10 月 1 日的国庆阅兵观礼。这天上午，他同党和国家领导人一道在天安门城楼上观礼，见证祖国的强大繁荣。

2019 年 12 月：被评选为“感动中国十大人物”。

2020 年至今：经历了 2019 年极不平凡的一年后，仍像 1955 年一样，将获得的多项国家荣誉奖章和证书保存起来，不再轻易拿出来。仍旧住老房子，过老生活，回归平常。

附录二　张富清的生活、家庭逸事

“斯是陋室，惟吾德馨。”在精神方面，张富清内心富足、高风亮节，长期坚持锻炼和学习，始终积极乐观地面对人生。在物质方面，他厉行节俭、反对浪费，几十年如一日地过着粗茶淡饭、清心寡欲、极具规律的简单生活。

一、衣

张富清回忆说：“战争年代，解放军战士穿衣，经常是衣不蔽体。不仅如此，因长时间行军打仗，不论是单衣还是棉衣，汗水和血水透湿了一遍又一遍，恶臭难闻，冬天结成板块，很不暖和，身上还滋生出一堆一堆的虱子。”

在新疆喀什屯垦戍边时，张富清和战友们节衣缩食，穿着没有口袋的军衣，戴着没有帽檐的军帽，省下的布料钱全部用于发展生产。

转业到来凤县工作，张富清一直穿得十分朴素。一些衣服、裤子总是缝了又缝，补了又补；脚上的解放鞋经常被雨水浸泡，边沿处泛起一层白碱，有时烂得只剩胶底，他便用草绳捆在脚面上继续穿。用当地老百姓的话说：“他总是和老百姓打成一片，没有一点国家干部的架子。穿着和普通群众没有什么区别，脚上穿的鞋从来都是沾满泥巴，看不出他是一名领导干部！”

离休后，张富清仍穿得十分朴素。条件改善了，儿女们给他买的新衣服，他舍不得穿，将其整理成三横两纵的“行军包”，放在箱子里。平日里都是穿的旧衣服，直到不能再穿，他才舍得换上新的。

2018 年 10 月，张富清在恩施中心医院住院动眼睛手术，他身上穿着一件老旧的内衣，有些破洞，圆领失去弹性，领口都掉在肚皮上了，袖口已烂得像锯齿一样。他脱下外衣，几名护士见他穿着这样的内衣，都忍不住笑了。这让在一旁照料他的张健全感到很不好意思，他觉得护士笑的原因可能是认为子女不孝顺，没有给老人买新的。

“那件内衣都烂成这个样子了，我多次叫你莫穿了，怎么总是舍不得扔呢？”张健全很无奈地对父亲说。

“旧的怕什么，穿起来暖和，对皮肤好……”张富清总能找出理由来搪塞儿子。张健全本想要父亲这次无论如何也要把那件内衣扔掉，但见父亲千理由万道理的，实际上还是舍不得扔掉。他拗不过父亲，也只好顺了他的意。出院后，张富清还是把那件内衣穿回了家。

对家里实在不能穿的衣物，张富清从不往外扔，而是通过自己动手，撕剪成条，做成拖把。几十年来，他家的拖把从没在外面买过，全是他自己做的。

2019 年 7 月 22 日，张富清要去北京受奖。有人见他穿着一件貌似刚买的新衬衫，便惊喜地说：“今天老革命还穿了一件新衣服呢！”站在一旁的孙玉兰说：“哪是什么新衣服哦，买了都十多年了，他一直没舍得穿！”

二、食

张富清回忆说：“战争年代，他们每天不管吃什么都感到吃不饱，很少有蔬菜，肉类就更不用想了。在战场上，饿极了，能找到什么就吃什么，不管上面是不是沾有血。”

有记者问他：“您看不看战争片？”

张富清说：“我很少看，演得不真实。就拿吃饭来说，电影中经常看到解放军战士吃饭时前面还摆着一张桌子，上面摆放着几碗菜，还有汤。哪是这回事呢？我们那时行军打仗，吃饭时，经常把自己的帽子从头上摘下来当作碗，司务员往里面扣一瓢吃的，我们边走边用手抓着吃。没有帽子的战士怎么办？就把衣角提起，扣一瓢吃的在里面，也是边走边用手抓着吃。”

在来凤县三胡区工作时，“三年困难时期”，张富清在大队驻队劳动，有时饿得实在受不了，就舀水喝，甚至吃观音土充饥。

妻子孙玉兰从供销社离职后，家庭生活发生了根本性的改变，过得十分拮据。他家一年四季的饭桌上，通常是土豆、玉米、红薯、萝卜等杂粮。几个孩子长大后回忆起当年的生活，都有一个共同的感受：小时候都是饿大的，感觉从来没有吃饱过。作为父亲，张富清很多时候则是把自己碗里的饭菜给小孩拨一点儿，孙玉兰再给他碗里拨一点儿，在孩子面前他俩总是吃上几口就“吃饱”了。

张建国三兄妹相继走上工作岗位后，张富清家的生活条件才逐渐得到改善。但他离休三十多年，始终保持艰苦朴素的本色，省吃俭用，一日三餐十分简单。通常情况是：早上吃一碗清水面，中午馒头、杂粮粑粑、油茶汤，晚餐总是一碟咸菜、一个小菜、一个荤菜老三样。咸菜和泡菜都是他自己做的。吃饭时，若有饭粒掉到桌上，他便会习惯性地用筷子夹起来吃掉，绝不会浪费一粒粮食。有时，孙子、孙女在他家吃饭，他时常用“谁知盘中餐，粒粒皆辛苦”“节约为荣、浪费可耻”教育他们，要求他们从小养成勤俭节约、避免浪费的好习惯。

张富清在 1948 年永丰战斗炸碉堡的过程中，几颗大牙被当场震落，其他牙齿全被震松，后来陆续脱落。1950 年前，他的一口牙齿几乎都没了，此后他一直靠假牙吃饭。到了 90 岁后，他感到戴假牙很不舒服，索性就不戴了，吃饭时直接用牙床嚼。他平时吃的比较稀软一点，身体状况好的时候，晚上还能够吃上四五块肥肉，平常极少在外面餐馆吃饭。

三、住

张富清回忆说：“战争年代，风餐露宿是常态。急行军中，有时在雨雪中都能打盹，能有个遮风避雨的地方睡觉就感到十分知足。1950 年进入新疆后，晚上没有睡觉的地方，就只能在荒郊野地里挖‘地窝子’，用树枝搭‘窝棚’，拿芦苇当床垫，将就着住下来。”

选择到来凤县工作后，1955 年至 1985 年，这 30 年中，张富清几乎没有一个正式的像样的“窝”！特别是在三胡区工作的16年，他像行军打仗一样，把自己一床已经硬邦邦的被子，从老百姓的屋檐下、过道中、牛圈旁搬进堂屋里、偏房里；从这个群众家搬到另一个群众家；从一个山头搬到另一个山头；从一个工地搬到另一个工地。不知搬了多少次，数都数不清了。搬去搬来，唯一不变的就是那床古董级别的旧被子和睡在它上面的主人。那些年，在他的心目中，住好住差，从不是个事儿。与当年行军打仗途中在雨雪中都能打盹相比，他很知足，至少能够躺下睡觉。这30年来，他对住的要求就是这样简单。

实际上，在这期间，妻子孙玉兰和四个孩子住在三胡区或卯洞的家也好不到哪里去。一家人住在一间或两间十多平方米的房子里，拥挤不堪。但那好歹也是一个家，比张富清在工地或驻队的“窝”强多了。每当回到家里，他总能睡上一个踏实觉。

1984年，按照政策，张富清在建行来凤支行职工宿舍分到了一套70平方米的住房。对于他来说，能够住进当年最时兴的水磨石地板的房子，就如同当年在新疆鄯善有了新军装一样，感到特别满足。就这样，他一直很满意地在这套房子里住着。时光一年一年地过去，转眼间，他在这儿已经住了38年。他住的这套房子已由当初的最时兴变成如今最落伍最陈旧的了。

建行原来的一些职工几乎都换了新房子，搬出了这栋宿舍楼。并且，这栋宿舍楼的其他房子也都进行了修缮、装修，有的还装修过好几次。唯独张富清住的二楼那套房子既没有修缮，也没有装修，当初入住时是什么样，现在仍是什么样。

房子虽然很陈旧，屋内的沙发、衣柜、方桌、条桌、凳子等家具都是20世纪七八十年代的，但被张富清和老伴儿孙玉兰收拾得窗明几净、井井有条。每当有客人走进家里时，两位老人便露出慈祥的笑容，对生活的满足感全写在他们的脸上。

一些人忍不住地问张健全：“怎么老人的房子一直没有装修一下？”

张健全说：“我和二哥、三姐多次给他们做工作，说我们出钱把这房子简单地装修一下，可父亲坚决不同意。让他们搬出来和我们住，他们也不同意。我们要给他们买些新家具，也不允许。客厅的那台空调是他动截肢手术后，不便烤火，我们凑钱给他买的，但成了一种摆设，父亲从来不用，说浪费电。”

张富清的固执让子女对他毫无办法，他从骨子里认为他现居的条件已经很好了，很知足了。他住的这套房子，唯一的一次“装修”就是更换家里的电线。

2019 年 4 月的一天，国网来凤县供电公司的党委书记谭学吉联系张建国说：“我们在电视上看到老英雄家里的线路、插座等都严重老化，安全隐患很大，我们公司正在开展一项公益活动，想把他家的线路更换一下。”

张建国把此事告诉了父亲，张富清这次没有反对，他也认识到线路老化不安全。事后，供电公司派人为他家更换了线路。当供电公司的人安装完毕要离开时，孙玉兰走了过来，满心感激地拉着其中一个人的手说：“太感谢你们了，一共多少钱？我付！”

供电公司的人连忙推辞：“奶奶，不用给钱，我们是免费给你们服务的，不止你们一家。”

见供电公司的人推辞，坐在一旁的张富清发话了：“材料钱一定要给，材料是国家的，我们不能占国家的便宜！你们的好意，我们心领了，感谢。”

供电公司的人很无奈，反复向二老解释：“这是供电公司义务开展的爱心服务活动，没收过钱。”可即便如此，两位老人仍坚持要给钱，不占公家的便宜。

一位媒体记者问他：“为什么还住在这么简陋的房子里？”他说：“住得很好了，我已经知足了”。

四、行

张富清回忆说：“战争年代，行军打仗冲锋或追击时，鞋子如果跑掉了，就不可能倒回来捡，掉了就掉了，就只能赤脚走路。赶上部队休整时，可以抽出空来编草鞋。有时候甚至几个月没有鞋穿，足底长出又硬又厚的老茧，一般的刺都难以扎进去。后来有了新军鞋穿，才结束了打光脚板的日子，刚开始还有点不适应呢。”

1949 年 2 月到 1950 年 3 月，张富清随部队一路西征，从陕西到甘肃再到新疆喀什，行走了 3000 多公里。1953 年 1 月，从新疆喀什赶往北京，4000 公里路程，在穿过沙漠边缘的多天行走中，脚都走变形了。

在来凤县工作的 30 多年，张富清一直未停止过行走的步伐。他不辞辛苦，长年累月地走在山村小道上，为解决老百姓的吃饭、饮水、用电、道路通行难题，到处奔波忙碌。

88 岁高龄高位截肢后，张富清以钢铁般的意志站立起来，每天拖着沉甸甸的假肢，上下楼梯，艰难行走，从未向任何困难低头。

五、用

张富清回忆说：“战争年代，缴获的一针一线都要归公，不能私自占有，这是纪律。战士们平时能用的工具少，也很简单，一支枪用来杀敌，一把锄头用来开垦。”

转业后，张富清向来公私分明，毫不含糊。在三胡区和卯洞公社工作时，他都是分管机关和财贸工作，权力“很大”。虽然他家生活十分困难，也没有什么值钱的家当，但他从不打公家的主意。就连一张办公用纸，他都从未拿回一张给自己的子女做草稿纸用。

张富清使用东西，对自己“吝啬”到了极致。如今他家使用的家具仍是 20 世纪七八十年代的，绝大部分是 80 年代来凤县城一些家庭更换新家具时，老伴儿孙玉兰“淘”回家的便宜货，其中就包括安放在他卧室里的那张使用频率最高的“办公桌”。30 多年来，他几乎每天都在上面看书、读报、写笔记。这张“办公桌”有三个抽屉，分门别类地锁着一些证件、党费缴纳本及药物等他认为重要的东西。卧室门的背面，挂着近十把蒲扇，有几把也是近 20 年的“高龄”了，上面破了一些小洞，他就用布贴着，然后用线把它们缝好。热天不是太热的时候，为节约用电，他连客厅的那台老式吊扇都舍不得开，而是用扇子解凉。

在张富清家的阳台上，他种着十多盆蟹爪兰。种花的花盆，有相当一部分是他自己用小玻璃药瓶及水泥做的。这些花盆，先是用水泥做成盆形，外面再嵌上药瓶。每个药瓶塞进了彩色纸条，这让花盆有了色彩的点缀。翠绿的蟹爪兰，多彩的花盆，搭配在一起，小小阳台，自成一道风景。

张富清用来给花浇水的“水壶”，也是他就地取材，用废弃的矿泉水瓶子，盖子上扎了几个小洞眼而来，给花浇水简单实用。还有拖把、挂钩、扫帚……都是他自己做的。他家里有一个工具箱，里面放着各种工具，平时他就使用这些工具，能自己做的都自己做，舍不得花钱在外面买。

来访的人，见到张富清家的房子、家具设施和生活用具等如此简朴和富有年代感，都十分震撼。既不明白为什么这位老人将自己的生活需求压缩到了极限，也不明白为什么在这位老人的人生“字典”里似乎根本没有“享受”这个概念。

由于经常出现在媒体的报道中，人们对张富清保存的搪瓷缸、假肢及新华字典印象特别深刻。

搪瓷缸：

这只搪瓷缸是张富清 1954 年 2 月在江西南昌得到的慰问品，从那时起，他一直将这只搪瓷缸随身带着，整整用了 60 多年。每到一处，他都把搪瓷缸摆在触手可及的位置。时间久了，字迹缺失，搪瓷缸被磨破，他就用牙膏皮补好后继续使用。后来实在没法再用，他就拿来装牙膏。

对于张富清来说，这只搪瓷缸，不仅仅是喝水的杯子，还装着部队的回忆，装着军人的荣誉。不论是端着喝水，还是闲暇之余看上一眼，都让他感受到军人的荣光。斑驳的颜色，见证了他离开战场，离开部队，归于平凡的岁月。

“这是全国人民慰问时得到的缸子，是人民对我的肯定，我要一直留着……”张富清骄傲地说。

假肢：

张富清高位截肢后，儿女们在武汉给他配了一副假肢，重达近十斤。每次上街行走前，他都不厌其烦地安上假肢：首先把接口紧贴在截肢处捆绑牢实，然后通过接口处的一根“钢针”连接假肢的“骨骼”和“肌肉”。穿戴好后，再穿上裤子。虽然他看起来与平常人无异，但行走起来，全靠左腿那几寸残肢拖着假肢。刚开始用假肢行走时，接口处的不适应让他的截肢处疼痛不已。慢慢适应后，假肢成了他日常出行的倚仗。

自 2013 年起，那副假肢已使用了 6 年。随着张富清年龄的增长，肌肉萎缩加重，骨骼也渐渐缩短，原本紧密贴合的假肢接口已逐渐松动，不能正常使用。

“重新做一副假肢吧？”儿女们多次跟父亲商量。

“将就着用吧！”张富清怕花子女的钱。之后，他找来软材料垫在里面，凑合着用。有时垫得不合适，行走时把截肢处磨破了皮，他也不吭声，就这么一直坚持着。

新华字典：

在张富清平日学习写字的桌上，摆放着两本《新华字典》，一本是人民教育出版社出版的，一本是商务印书馆出版的。两本字典封面均已发黑，看不出当年的颜色，已陈旧并烂得“惨不忍睹”，被他用透明胶带补了一道又一道。多年来，他一直在使用，老有感情了。张富清说：“人教版的《新华字典》是我 1953 年在北京王府井书店买的，而商务版的《新华字典》是我 1959 年在恩施上党校时买的。两本字典都是我的无声老师，是它们让我认识更多的字。”

六、日常生活

张富清离休后住的老建行宿舍楼，位于来凤县凤中路与凤翔大道交会处北进一二百米处，靠右侧处的一个老旧小区内。在这里，他极具规律地生活了 38 年了。

张富清每天早上6点半之前起床，雷打不动的习惯就是将被子叠成豆腐块状，完事还要用一把尺子在床被上刮一下，四下整齐后才离开卧室。然后，看新闻、给花浇水、做家务、看书读报……

截肢前，张富清经常早上出门散步。截肢后一年，他出行的习惯也没有被打破。每当天气晴朗时，上午9点或10点，张富清与老伴儿及大女儿必外出溜达一次。下楼时，张富清双手撑住楼梯扶手，从2楼一步步慢慢地挪下来。之后，他双手撑着简易助行器，一步一步，缓缓而行。

穿过小区铁门，来到街上，如向右转，沿凤翔大道行100多米，左转，再行200多米，就来到了他们平时购物的一家超市，一般的日常用品和蔬菜等都在这里购买。沿途有很多石凳，累了，他就坐在上面休息一会儿。这个超市没有电梯，他可以自由出入，买好所需后，便慢慢地原路返回。

如向左转，沿凤翔大道行400多米，就到了另一家超市。张富清特别爱吃这家超市的馒头，因此他经常到这里来。由于超市很大，张富清又乘不了手扶电梯，老伴儿孙玉兰和女儿张建珍到超市里买馒头的时候，他就在超市外面找地方坐着。等她们买好后，一家三口便原路返回。这里的车较多，一路上，孙玉兰一边提醒女儿张建珍看前面的路，小心车辆，一边留意着右手边的张富清，生怕他碰到、摔倒，时不时用手护住他的腰。沿途没有石凳可供张富清休息，全程走下来很累。回到家，放下手里的东西后，孙玉兰便把塞在张富清后背上的毛巾抽出来，来回一趟，毛巾早汗湿了，不及时抽出来，容易感冒。

一年365天，吃着粗茶淡饭，二老和大女儿张建珍就这样平淡而宁静地生活着。由于经常活动筋骨，张富清的身体保持着良好的状态，说话口齿清晰，中气十足，丝毫看不出他是一位已过鲐背之年、深受各种疾病困扰的老人，认识他的人都说他看起来只有七八十岁。

离休后的前几年，二哥张茂茂和岳父孙瑞祥相继去世，张富清和老伴儿孙玉兰还回了一次陕西老家。自那之后，随着年龄的增大，二老再也没有一起出过远门，更没有一起去外地旅游。两人自1954年结婚至今，已60多年，还没有一张在某个旅游景区的照片。

即便生活条件好了，张富清和老伴儿、大女儿也从不下馆子吃饭。逢年过节，拗不过儿女们的心意，偶尔到饭店聚餐，而他总是给他们约法三章：不能讲排场，不能搞奢侈浪费，吃不完要打包带回。

出行方面，除了生病去医院外，张富清平时从不坐出租车。他说：“来凤县城不大，到哪儿去，就当锻炼锻炼，坐什么车呢！”

七、裤管

高位截肢站立起来后，张富清每天的生活就多了一道必不可少的程序：整理左腿的裤腿。每次整理裤腿要比穿衣穿裤麻烦多了，而他每天要不厌其烦地至少整理 4 次。时间一长，便成了习惯，成了他生活中的一部分。每次整理，他都是先把裤子穿好，然后很规范地把左裤腿折叠成三折，再用一根胶带从截肢处把折叠的裤腿捆上，这样便形成了裤管，坐下时不至于让裤腿空着拖在地上，行走时不至于让裤腿任意拖着发生危险。

每当他坐着，他的左手会时不时地握着裤管，这让他感到踏实。他在家里就不戴假肢，借助简易助行器行走。每走一步都是用单腿跳着往前移，左边的裤管就如同钟摆一样，前后晃动，水磨石地板发出“砰、砰”的沉重响声，能感觉到他把全部的力量都集中在了右脚上。

八、笑容

每当有人来访，张富清的脸颊上总是挂着灿烂的笑容，明媚如阳光，充满了慈祥和爱意，让人心里感到暖暖的。听清来人的问候后，他首先是嘴里发出嘿嘿的笑声，然后再回答来人的问候，回答完后，再微笑地看着对方。他的笑容让人真切地感受到什么是亲切和慈祥。他笑起来像孩子一样纯真，没有掺带任何杂质；他的笑也像久日未见的冬日阳光照在身上，格外温暖，让人不得不产生一种想和他握握手或拥抱他的欲望。常挂在这位老人脸上的笑容，仿佛让人们感觉到，他的心中没有任何烦恼，全是平平淡淡的生活元素。

2019年，尽管他一次又一次地获得了国家荣誉，两次去北京受奖并受到习近平总书记的接见，但他回到家里还是在老房子里住着，粗茶淡饭，回归平常，见人仍是先笑着打招呼，交谈之中更是笑声不断。经常听到他对人笑着说：“好！好！谢谢！谢谢！”

从他那纯真的笑声中，人们看到了他坦坦荡荡的胸怀，感受到了他超乎寻常的坚韧。无论是当年在战场上浴血奋战，还是转业后为民造福的艰难，或者是晚年截肢后重新站起来，面对一个又一个困难，支撑着他的始终是心中坚定不移的信念和豁达乐观的心境。有专家说笑能让人长寿，在张富清身上，也许得到了很好的印证，因为他一直是在笑对人生。

九、眼泪

在张富清几个儿女的印象中，自小到大，他们很少甚至从未看见父亲流过眼泪。但2019年，每当父亲张富清提起他当年牺牲的战友时，却多次流下了悲伤的泪水。

2019年，国家各级重点媒体对张富清的每一次采访，来凤县干部邱克权都在现场，见证了张富清多次流泪的感人场景。在中央电视台《时代楷模发布厅》的发布仪式现场，邱克权深情地对央视主持人王宁和台下的观众说：“在各级媒体记者的多次采访中，我看到他从来没有为自己、为亲人、为家人流过泪，而每次流泪，他都是想起、提起当年牺牲的战友。他对逝去战友的情怀，是那么的刻骨铭心，难以忘怀，他总是认为这些人才是真正的英雄。”

在张富清的心目中，没有什么比为国牺牲更光荣，没有什么比逝去的战友更值得尊敬的了。每次他流泪，采访他的记者也跟着流泪。有多名记者发自内心地说：“每次见到老英雄流泪，我的心都跟着流泪了。”

十、双手

张富清的右手曾在战场上受过伤，因当年的医疗条件差，未包扎好而留下后遗症，至今大拇指旁仍凸起一个大包。

他的一双手掌宽大，手指既粗又长。虽已95岁，但他的手背并不像一般老年人那样，血管突起，干枯褶皱，布满斑点，而是如同中年人的手一样光滑无斑，粗壮有力。同他握手，能感觉得到他的手很有力量。张健全说："我父亲90岁前，一双手像铁棒棒，特别刚劲，特别有力。"

张富清的这双手历尽沧桑。战争年代，他手握钢枪南征北战，参与了共和国的缔造；进入新疆之后，手执农具垦荒生产；和平年代，虽是国家干部，但更多的时间，他手拿锄头、粪筐、钢钎、稻秧、树苗，和群众同吃同住同劳动，默默无闻地为民造福；离休之后，一双手也从未闲过，做饭、做家务、做针线活儿、做花盆、做拖把……88岁截肢后，一双手和独腿支撑他站起来，走起来。

十一、容貌

张富清虽然是95岁的老人，但他的脸上，却不像一般老年人那样，皱纹多，老年斑多。他脸上的皮肤光滑且无多少皱纹，也几乎没有老年斑。这令许多前来看望他的人感到十分吃惊，都啧啧称赞。

2019年4月26日，中央电视台拍摄《英雄，共和国不会忘记》公益广告那次，张富清脸上的皮肤，还让一名化妆师在拍摄现场留下了"遗憾"。化妆师提着化妆箱走到张富清身边，准备给他化妆时，却看到张富清脸上的皮肤如同"小鲜肉"一样，根本不需要化妆。她很遗憾地说了一句："我千里迢迢地从北京赶来，就是希望能为老英雄做点事，可他脸上的皮肤让我无用武之地啊。"

不仅那位化妆师这样感叹，从全国各地前来采访、看望张富清的人都有同感。

"您老是怎么保养的啊，皮肤这么好？有没有什么美容秘方，告诉我们吧。"一些女同志纷纷请教。

"没有什么秘方，吃五谷杂粮，吃清淡点，每天保持好心情。"张富清半开玩笑半认真地对她们说。

十二、长寿

但凡近距离见过张富清的人都有一个共同的认识，他虽是近百岁的人，但看起来却像70岁左右。有人问他："老英雄，你平时怎么保养，有没有长寿的秘诀哦？"

"嘿嘿，哪有什么秘诀哟。"张富清谦虚地说。不过，他也没让问他的人失望，他笑着对长寿的话题谈了两个体会：一是要锻炼身体，只有通过经常锻炼，才能增强人的免疫力。他平时很注重锻炼身体，天气好的时候，每天上午9点左右，他要雷打不动地和老伴儿及大女儿上街走一趟，回家时已走得一身汗。天气不好的时候，不能出去遛弯，就在家扫地，做家务。如果这些都被子女做完了，没有什么可做的，他也有办法锻炼。那就是等一家人吃完饭收拾好后，他把做饭的围裙围在身上，进到厨房，用抹布仔仔细细地把灶台等再抹一遍，一趟下来，出了满头大汗。二是要有好的心态，每天保持好心情，这也是最重要的一点。如何保持好的心态和心情呢？他分享了自己的"绝招"。他说："要保持好心态，好心情，我全靠'两比'：我从来都是与牺牲的战友比，他们没有得到任何享受，连享受的机会都没有，而我享受了很多年的幸福生活，我有什么不知足的啊？我从来都是与困难的群众比，有些群众生活都还很困难，没有保障，而我每月都有离休工资，医药费还全报销，我有什么不满足的呢？"

张富清虽然没有直接说出长寿秘诀，但他谈的体会就是秘诀。他的长寿，绝不是日常大酒大肉，好吃好喝得来的，真正的秘诀只不过是他有一颗淡泊名利的心，有一个和谐温馨的家庭。在来凤县工作31年，从工作的第一年起，他就是副科级干部，到离休时仍然只是副科级。如果换作一般人，在工作中做出一些成绩，组织上几年没有考虑，也许内心就感到很郁闷。可他从来没有计较这些，从不为个人升迁而处心积虑，也从不为一己之私而争名逐利。他的一大家子人，从来都是和和美美，没有因为钱财、物质闹过意见和矛盾，也从不因一句话说得不妥而心生芥蒂。他家客厅匾牌上书写的“心宽益寿，德高延年”就是他淡泊名利、心静如水的日常写照，他的长寿便由此得来。

十三、学习

“老英雄，我们国家目前正在做什么？”一些记者听说张富清离休后一直在坚持学习，便向他提出这个问题，想证实一下是否属实。

“我们国家正在举全国之力，打好‘三大攻坚战’，特别是精准扶贫，习近平总书记代表党中央向全世界人民作出了庄严承诺，2020 年要实现全国全部脱贫的目标，国家把这项工作作为重中之重在抓。还有一个就是要推动长江经济带发展……”张富清听清问题后，信手拈来地回答。

“厉害，真是厉害。”记者们纷纷赞叹不已。

张富清能够对媒体记者的各种问题对答如流，这种硬实力源自他从不间断的学习。他说：“我工作虽离休了，但学习和政治思想不会离休，只有不断地学习才能进步。”他是这样说的，也一直是这样做的。

1985 年，张富清离休后，学习的时间自然就多了。他把学习当作他离休生活的一部分，也当作是他每天必须完成的“功课”。每当遇到不认识的字，他就查阅《新华字典》。他常说：“作为一名共产党员，只有不断地学习，才能知道党的政策，跟上党的步伐。”张富清此前虽是一名普通老人，离休时也仅仅是一名副科级干部，但他心中却始终有着大格局。心中有党，心中有国，不是喊在口号上，而是表现在实际行动上。从他平时学习的书报上，便知他对党对国家的爱是多么深切。

在张富清家的卧室，《毛泽东选集》《邓小平文选》《习近平总书记系列重要讲话读本》等著作，《人民日报》《红旗》《求是》《半月谈》等报刊均放在离他书桌随手可及的地方。翻开其中的任意一本著作，字里行间都被他画满了红色或蓝色的记号，并随处可见学习札记。

其中，最引人瞩目的是那本《习近平总书记系列重要讲话读本》，黄色的封皮四周被磨成了白色，与封面中心的黄色部分形成了鲜明对比，不知被张富清翻阅了多少次。打开书本，随处可见他用笔做下的记号。里面还标记着这样一段话："要不断改造主观世界，加强党性修养，加强品格陶冶，老老实实做人，踏踏实实干事，清清白白为官，始终做到对党忠诚、个人干净、勇于担当。"

不仅如此，张富清在看报学习的过程中，凡是看到报纸上有他认为很重要的内容，他就会把它剪下来，集在一起，做成剪报。他保存的一本厚厚的剪报是从20世纪90年代一直收集到现在，很多剪报都被他画满了各种标记。

平日里，张富清学习的重点很多都放在党和国家的大事及政策方针上。一旦党和国家出台重大举措和政策，他都会第一时间把其作为必学内容。这从他2014年至2019年写的学习笔记中便可窥见一斑。

张富清看书、看报、看新闻后，还有写学习心得体会的习惯。他卧室的书桌上放着一个笔记本，是他自己用白纸和细毛线订制而成的，里面的内容就是他从2014年开始写的笔记。

2014年9月2日，他记下了一则新华社发布的消息：

"党和国家领导人将出席抗战胜利69周年纪念活动：新华社北京9月1日电　9月3日是中国人民抗日战争暨世界反法西斯战争胜利69周年纪念日。当天上午，首都各界将举行隆重纪念活动，党和国家领导人出席。"

2016年1月15日，在学习了习近平总书记的一篇讲话后，他在笔记里写道：

"新的一年，我们要坚持把人民对美好生活的向往作为奋斗目标，守住发展生态，使我们的发展速度更快，发展质量更高，发展环境更好，让人民群众过上更加幸福美好的生活。

"新的一年，我们要按照'忠诚、干净、担当'的要求，切实担起加快发展，深化改革，维护稳定，改善民生，加强党建的历史责任，汇聚发展正能量。

“新形势蕴含新机遇，新常态更需新作为，让我们携手并肩，艰苦奋斗，共建美丽中国，共创幸福生活。”

2016年4月16日，他在笔记里写道：

“心中有党，这是对一名共产党员最起码的要求，时刻不忘记是共产党员，加强党性修养，履行党的宗旨，立党为公，一心为民，不计功名，不贪钱财，无私奉献，知足常乐。”

2016年6月20日，他在笔记里写道：

“习主席语重心长地指出：一切向前走，都不能忘记走过的路，走得再远、走到再光辉的未来，也不能忘记走过的过去。”不能忘记历史，才能开创未来，善于继承，才能善于创新。

一篇没有注明日期的笔记，他写道：

“英雄有坚定的信念，顽强的意志，不怕死的勇气。有过硬的杀敌本领，党和人民的利益有危难时，你能挺身而出。我在每年清明期间，就想到牺牲的战友们，心里就非常难过。但他们为了新中国的成立和人民能够过上幸福美好的生活，献出了自己的宝贵生命，死得其所，死得光荣伟大！党没有忘记他们，人民没有忘记他们，国家没有忘记他们。我们将踏着他们的血迹，把国家建设得更加繁荣昌盛。不能忘记历史，我们每个人都有责任，每个人都要对党无比忠诚，有坚定的政治信念。”

…………

此类笔记还有很多。

所有标记、剪报、笔记等，都是张富清离休后坚持学习留下的痕迹。即使年纪再大、身体再差，他也时刻记着自己的党员身份，时刻记着自己的职责使命，从不降低要求，从不松弛懈怠。

张富清学习也不是一味地读书看报，他也与时俱进，不断地更新着学习方式。到了 90 岁后，他的视力严重下降，读书看报的时间稍长就感到吃力。为此，他因学习时间缩短而苦恼。儿女们察觉后，给他买了一部智能手机，他很快便学会了操作使用，开始在网上学习。每次他用手将手机上的字放大一些，便能清晰地看到字，一篇文章看下来，不至于再像看报那么吃力了。熟能生巧，张富清在网上不断地接触新鲜事物，还主动申请了一个微信号，加入家庭微信群，时不时地和家人聊聊天。如果哪位家人在微信群中好久不“冒泡”，他还要主动发信息问情况。他深藏功名的事被报道后，孙女张然在朋友圈中表达了自己的感慨，被微信好友——爷爷张富清看到后，还挨了爷爷的批评。

虽然张富清已是 95 岁的高龄了，但他却具有很强的语言组织和表达能力。正是因为他长期的学习和思考，才让他具备了很高的政治理论素养，头脑也保持着让人惊叹的敏捷思维。

2019 年 4 月 2 日，人民日报一名记者问他：“老英雄，今年是中华人民共和国成立 70 周年，您想对国家说什么？”

通过老伴儿孙玉兰对他的大声转述，张富清听清楚后，不到 5 秒便答道：“今年是我们国家 70 周年大庆，这是全国人民的一大喜事。我希望我们的国家强大繁荣；我希望我们的人民生活幸福美好；我希望我们的人民军队在习主席强军思想的指导下，越来越强大，能够战胜一切敌人。在这里，我给我们的人民军队提一点特别的要求：希望我们的子弟兵练好杀敌本领，平时多流汗，战时少流血，对党要绝对忠诚，党指向哪里就要坚决打到哪里。我希望我们国家能够早日统一台湾。”

张富清没有停顿，一口气说出了上面的内容，没有重复一句话。现场的记者们情不自禁地为他鼓起了掌。

2019 年 5 月 9 日，中宣部组织在来凤县召开座谈会后，抽调了 10 名记者到张富清家对他进行集中采访，原定采访 1 个小时，结果采访了 2 个多小时。采访中记者问了他很多问题，他只要听清楚后，稍作思考，就能很流利地回答。他答的内容有条理，有层次，有深度，有高度，有些问题还回答得非常经典，妙语连珠，给人们留下了非常深刻的印象。比如，记者问了这样一个问题："老英雄您都 95 岁了，怎么还这么爱学习啊？"张富清几乎未作任何思考，张口就答："人不学习要落后，我虽然人离休了，但是政治思想永不离休。作为国家公职人员，如果不学习你怎么去执行党的政策，怎么去向老百姓宣传政策啊？如果不学习就去执行党的政策，向老百姓宣传党的政策，就可能存在乱作为。如果不学习不去执行党的政策，不向老百姓宣传党的政策，那就是不作为！"

2019 年 6 月，湖北省委主要领导前来看望慰问张富清，他最初认为 95 岁高龄的张富清只能做个简单的交流。但张富清的谈吐完全出乎了他的意料，他简单地同张富清说了几句话后，张富清便条理清晰地对他说了四段话：

第一段："战争年代，我立了一些功劳，没有给其他人说过，连子女也没有说过，就是因为我的好多战友都为国家牺牲了，而我还活着，我有什么资格把这些拿出来炫耀自己啊？所以，我活着一天就要奉献一天，用我的奉献去告慰牺牲的战友，告慰他们的英灵。"

第二段："从过去到现在，党和国家给了我很多荣誉，特别是最近，给我颁发了'时代楷模'的荣誉，我很感谢党和国家对我这么重视。我是党培养的，这些都是我作为一名普通党员应该做的事情。"

第三段："我所获得的这些荣誉，都是我代牺牲的战友们来领的，他们用自己的命换来了国家的命，他们才是真正的英雄，我们要永远记得他们，怀念他们。"

第四段："我希望省委省政府，在习近平总书记的英明领导下，打好'三大攻坚战’，带领全省人民全面建成小康社会。”

2019 年 7 月 26 日，习近平总书记在接见全国退役军人模范代表时，张富清在那种场合，在极短的时间里，对总书记说了几句非常流利的话，不能不让人佩服他那敏捷的思维。

十四、家风家教

20 世纪六七十年代，张富清的四个子女，除大女儿张建珍身有残疾外，其他三个子女，张建国、张建荣、张健全都聪明伶俐，开朗活泼。

三兄妹童年的时候，本应是依偎在父母身边，过着无忧无虑的童年生活，但因父亲张富清常年驻队下乡，母亲孙玉兰离职后家庭长期陷入生活困顿，三兄妹自懂事起，便一直在磨难中成长。他们一边上学，一边用自己稚嫩的肩膀，帮母亲分担着家务，承担着本不该这个年龄承担的家庭责任，共同撑起一家人的生活希望。

尽管生活的磨砺让三兄妹从小就勤劳、懂事、上进，父亲张富清对他们的要求更是一贯严格。三兄妹踏入学堂后，父亲经常教育他们：“你们要好好读书，在学校一定要听老师的话，多学文化知识。”三兄妹进入初中和高中后，父亲又多次有言在先：“你们以后都要通过努力读书自食其力，考得上学，就搞工作，考不上学，就只能搞生产劳动。不要依靠我给你们找工作，我给你们是找不到工作的，就算找得到，我也不会去给你们找。”

多年家庭的贫困生活以及父亲的一些“绝情”话语的教导，让张建国兄妹三人早早地懂得了生活的艰辛和不易。“自力更生、自食其力，不靠他人，不坐享其成”等正确的人生观，在三兄妹的成长过程中已经形成并根深蒂固。在学校读书期间，他们在学习上都很用功，学习成绩始终位于前列。

在三个子女的工作分配上，张富清从来都是秉持自己的原则：一切听从组织上的安排，根据组织的需要，分配到哪里就是哪里，从不为子女的工作动用手中的职权。

三兄妹参加工作后，尽管起点很低，但他们成长进步得很快。张建国从一个村里的小学老师成长为县直单位的“一把手”；张建荣成为一名具有高级职称的医护工作者；张健全也成长为县直单位的“一把手”。多年后，张建国、张健全也理解了父亲的良苦用心，他们把父亲的教导当作家训传承了下来。

现已退休的张建国很有感触地说：“我们几兄妹分配工作时，父亲没有操一点心，没有向组织上提一点要求。我和兄弟健全走上领导岗位后，父亲多次旁敲侧击地提醒我们：自身要过得硬，不要给别人开‘后门’。”

兄弟俩在任县直单位主要负责人期间，遵循父亲的教导，工作中敢啃硬骨头，事业心、责任心、原则性都很强，做事特别认真，皆取得不错的成绩。

后 记

——为新时代铸就一座精神丰碑

一

2019 年 9 月 29 日上午 10 时，当习近平总书记亲自将一枚“共和国勋章”授予老英雄张富清时，我坐在电视机前又一次流下了激动的泪水！回想 2018 年 12 月以来，我自愿承担起对张富清先进事迹的挖掘、搜集、整理和讲解工作，此时此刻，我感慨万千！

我和老英雄张富清的两个儿子张建国、张健全 20 年前就认识，但彼此间了解不深，一直认为他俩就是来凤县本地人。2017 年 2 月，张健全被任命为来凤县委巡察组组长，我和他成为朝夕相处的同事。直到 2018 年 10 月，他向我请假说去恩施照顾动白内障手术的父亲，我才知道他的父母亲都健在。2018 年 12 月初，和张健全在办公室无意中谈起退役军人信息登记，我也才知道他的父亲名叫张富清，是建设银行来凤支行的一名离休干部，已是 95 岁的高龄了。让我震惊的是他竟然是一名解放战争时期的战斗英雄、人民功臣。

一名战斗英雄居然就生活在我们的小县城，且健在！ 60 多年来，连自己的子女都不说，这需要有何等思想境界的人才能够做到？那一段时间，我的内心感到特别不平静，好几个晚上都失眠。自小时候起，我便有英雄情结，对历史中、战争中及国家建设中曾经出现过的英雄，都有一种发自内心的崇敬。这些英雄都是在书本上或电视中出现，绝大多数已不在人世，仿佛离我很遥远。

我曾短暂质疑过张富清深藏功名60余年的真实性，但通过查阅《来凤县志》等有关史料，并到老人家里去核实，看到他已经保存了60余年的奖章、证书等实物，听到他那朴实、真挚的话语后，我心中已无任何质疑。由此，我便第一时间向来凤县委报告了这位老人的情况，希望县里挖掘、宣传他的事迹。

自2019年2月起，我牺牲所有节假日和个人休息时间，全程参与中央、省级重点新闻媒体对张富清先进事迹的挖掘整理及宣传报道，陪同了所有重点媒体记者对张富清的现场采访。每次采访，我都在现场录了音，事后根据采访内容按时间顺序进行了详细整理。与此同时，我花了大量时间，查阅史料及相关档案资料，对一些存疑的地名、人名、时间等进行核实，力求把老人身上几十年来发生的事情真实还原。

考虑到张富清老人已95岁高龄，身体状况不是很好，为防止媒体记者因同一问题重复性采访，每次采访前，来凤县委都安排我事先向前来采访的记者讲解和介绍他的事迹。2019年5月9日，国家多家重点媒体近百名记者到来凤县集中采访，在座谈会上我对他们做了集中介绍。5月10日至13日，我分别向各级媒体记者介绍了整整4天，嗓子都讲哑了。至2019年6月底，我先后向各级媒体记者及全国各地来访团队介绍了近百场次，特别是给一些文学、话剧、歌剧、影视剧的创作团队做了多次详细介绍。

作为一名已工作近30年的基层干部，我之前很少有机会与媒体记者打交道。但在2019年，在对张富清先进事迹的宣传报道中，我十分荣幸地结识了省级及中央媒体记者近50人。其间，我尽己所能地给他们提供帮助，让他们将老英雄的事迹还原。在陪同他们的采访过程中，每当老人讲起牺牲的战友，他就哽咽着说不出话来，眼泪从发红的眼眶里冒出来，我和记者们也忍不住地要流泪。我所接触的记者都发自内心的感慨：张富清的事迹不需要任何润色，只要忠实地还原，就能够感天动地！

从全国各地来访的一些人员见我介绍老英雄张富清的事迹不需要任何草

稿，就能滔滔不绝地讲上几个小时甚至几天时间，都建议我写一部书，把我讲的内容原汁原味地写下来，让更多的人全面感知、认识、了解真实的张富清，让更多的人知晓他尘封已久却充满生命力的故事，让更多的人从中汲取精神力量，发扬奉献精神，推进事业发展。

对于这个建议，我起初不以为然，根本没有朝那方面去想。尽管我很想把自己挖掘、搜集、整理的故事写成一部书，但一直是心有余而力不足。主要是我过去在读书期间，受条件的限制，上小学时几乎没学过语文，直至高中，语文一直是我最大的短板，文学细胞与我无缘。虽然在20多年的工作中尝试着写了一些小篇幅文章，但现在要想写一部书，对我来说是一个极大的挑战，也是不可能完成的任务。更何况，在那段时间，一些作家也受命在来凤采访，准备为老英雄写书，我也给他们做了详细介绍。他们是行家里手，写书轻车熟路，在出版发表方面也不用担心。而我只是一个名不见经传的基层公务员，从未在文学创作这个领域涉足，我即便花费巨大精力把书写出来，有出版社愿意出版吗，读者能认可吗？多方面的原因，让我对写书的建议犹豫不决。

时间到了2019年8月，几个方面的因素让我最终下定决心要为老英雄张富清写一部书，不管千难万难，都要努力去尝试。

第一个因素是几位来凤县的师者希望我写。他们对我说："张富清的事迹的确让人感动，遗憾的是还没有一部全面反映他的真实故事的书，现在出版的一些书，都是一些通信报道的罗列，反反复复讲的也是他战斗和深藏功名的事。你手上掌握了他那么多的故事，又经常和张老英雄接触，占了这个天时、地利，你应该写一部真实全面反映他整个人生方面的书，这是学习英雄、崇尚英雄 、捍卫英雄的应有之义，是为社会、为国家作贡献。"这些师者的话如醍醐灌顶，让我认识到写老英雄张富清的书是我的一份责任，也是我必须要完成的任务。

老英雄张富清是一个极为特殊的人物，虽然他现在闻名全国，但在过去60多年的岁月中，在人们眼里，他只是一个普通军人、普通军转干部、普通基层干部、普通得不能再普通的老人。他之前做的工作和经历的事情很少有人关注，更没有文字、影像资料保存，他在《来凤县志》上连一个名字都没有。如果要写一部真实全面反映他整个人生的书，外地文学作家是很难做到的，因为采访的时间和人物都有限，能获得的创作素材也不多。写这样一个人物，不同于一般的文学创作，事迹的真实性是第一要素，而不能凭空捏造或虚构事实去创作。我是来凤县本地人，家住县城凤中路，与张老英雄的家相隔不到 100 米，我有条件、有时间与他及其家人聊天、交流，挖掘出更多的真实创作素材，还原他的真实人生，这是我写书的最大倚仗和优势。

第二个因素是老英雄张富清淡泊名利、知足常乐的人生态度影响了我，让我从中受益匪浅。2019 年前，因工作、生活等方面的压力和烦恼让我晚上经常失眠，平均一周一至两次。失眠虽不是病，却是一种痛苦，不仅伤害身体，还消磨人的精气神。但自从多次接触张老英雄，并对他的事迹了解得越来越多之后，潜移默化之中，老英雄身上那种淡泊名利、宁静致远的人生态度犹如一服“灵丹妙药”，治好了我的“心态病”。我想，他那么大的功劳，60 多年对谁都不说，住的房子简陋得不能再简陋，吃的饭菜简单得不能再简单，而他却十分知足。与他相比，我的那点烦心事又算什么？有什么不能放下的呢？那段时间，我经常在他家吃饭，和他交谈，他给我分享了如何保持好心态的“两比”秘诀。

不久，困扰我的失眠毛病竟然奇迹般地消失了。单从这一点来讲，我觉得应该把老英雄张富清的故事，特别是他生活中的点滴写出来，教育启迪更多的人，放下工作、生活中放不下的心理包袱，笑看人生，愉快工作，愉快生活。

第三个因素是找到了一位志同道合的人一起创作。来凤县年轻干部邱凯同志，同我一样，自始至终对老英雄张富清的先进事迹极为关注，多次陪同记者现场采访、录音，查阅了众多历史资料，自愿承担起挖掘、搜集、整理、核实张老英雄先进事迹的幕后工作。为了一个共同的目标，我俩一拍即合，决定共同完成这部书的撰写。

带着一种神圣的使命感，带着一份义不容辞的责任，我和邱凯开始了这部书的创作。我们手中都有较繁重的本职工作，我还是县直一个部门的主要负责人，为做到工作及创作两不误，我们的创作只能利用节假日和8小时之外的休息时间。其间，有人见我每天晚上都在办公室挑灯夜战，节假日也从未休息，便问我为什么这么拼？现在是网络时代，人们只爱看手机，都不爱看书了，你写的书有读者看吗？面对好心人对我的关心和提醒，我也曾动摇过，有过放弃创作的念头。但想到老英雄张富清的执着和坚守，想到他身上有太多震撼、感人的故事，这个念头在我脑海中只是一闪而过。我认为把老英雄一生的事迹和故事用文字记录下来是国家的一笔宝贵精神财富，写他的书是我必须尽到的社会责任。此后，我和邱凯相互鼓励，心无旁骛地投入创作之中。

二

纵观张富清近一个世纪的人生长河，可谓曲折坎坷、沧海桑田，富有传奇、平凡而伟大。但之前60年，因为他深藏功名，即便在来凤为老百姓办了那么多实事也从不标榜，以至于他在人们的眼中始终就是一个普通人。在几乎没有档案资料记载的情况下，我们要将他这位“普通人”的人生还原为英雄本色人生，这个难度还是极大的，需要搜集大量真实的素材。为此，尽可能地挖掘、收集关于张富清当年的真实故事，是我们创作这部书的首要任务。

2019年上半年，国家在大力宣传张富清先进事迹期间，因各级媒体记者在来凤采访的时间很短，对他在来凤县工作30余年的事迹报道很少，只有在高洞修路的少许报道。我想，老英雄张富清当年是带着哪里艰苦到哪里去、一心想为贫困山区老百姓造福的初心，选择到来凤县工作的，他应该有很多为当地百姓造福的故事。只不过因挖掘、收集的时间短，加之他当年的同事、与他打交道多的群众，绝大部分人都已离世等原因，这些故事都逐渐消逝在历史的长河之中罢了。带着这种判断和猜想，在接下来的4个多月的时间里，我利用30多个双休日、节假日，走遍了老英雄工作过的原三胡区（现三胡乡、革勒车镇）和原卯洞公社（现百福司镇、漫水乡）的村村寨寨。功夫不负有心人，多日的走访让我收获满满。我相继找到1960年与他一同进洞引水的民兵连长邓明成（90岁）、1961年他引进的人才并于1966年在二龙山进行技术改造的铁匠杨圣（85岁）、1962年他在革勒车大地垄大队10生产队驻队时的社员谢胜元（78岁）和周元清（83岁）、1963年修建狮子桥水利水电站的发电员杨松柏（84岁）及闵柱生（77岁）、1965年修建二龙山提水工程的宣传员黄金楼（81岁）和石匠罗冰青（78岁）、1977年修建高洞“挂壁”公路的代芳斌（82岁）和廖大友（76岁）等。同他们进行深入交谈后，我发现老英雄张富清在这些地方工作了21年（1959年至1979年），其间，他几乎舍弃了自己的家庭，约有16年时间深入一线驻村扎点，住在老百姓家里，与他们同吃同住同劳动，一门心思地为百姓造福。

通过深入挖掘、搜集、整理，我进一步发现，老英雄张富清在当时条件极为艰苦的情况下，多次带领群众，在三胡区、革勒车镇、卯洞公社等地主导修建了当年堪称奇迹的四大民心工程（1960年，在三胡区石桥大队半山湾上修建6公里“挂壁”水渠；1963年，在三胡区狮子桥大队修建狮子桥水利水电站；1965年，在三胡区革勒车人民公社二龙山处修建提水大坝；1977年，在卯洞公社高洞管理区修建7.5公里“挂壁”公路），为当地老百姓解决了粮食生产、农田灌溉、人畜饮水、发电照明、开荒造林、出行困难等一系列难题。走访期间，在邓明成、杨松柏、黄金楼、廖大友等知情人的带引下，我相继找到了这四大民心工程的旧址旧貌。

至今，这四大工程的旧址旧貌都保存完好。每到一处旧址旧貌，我久久地伫立在那里，仿佛看见了张老英雄带领成百上千群众开山炸石修水渠、筑大坝、修公路的宏大场面，也仿佛看见他在半山湾悬崖和高洞鸡爪山悬崖上打炮眼的惊险场景。我深深地感到，老英雄张富清在来凤默默奉献30余年的峥嵘岁月，波澜人生，比他的战争年代的浴血奋战还要精彩。一时间，我的脑海里有了许多创作素材，创作激情也汹涌澎湃。我要将这些真实的故事详细地记录下来，让更多的人感受老英雄张富清在社会主义建设初期披荆斩棘、矢志奉献的豪情壮志，让更多的人思想受到洗礼，心灵产生触动。

在挖掘、整理上述事迹素材的同时，我查阅了《中国人民解放军第一野战军战史》等大量史实资料，也经常去张老英雄家串门，同他及他的老伴儿孙玉兰等人聊天，从中了解到他家发生的更多不为人知的故事。经过组织允许，我还在来凤县档案馆查阅了大量的档案资料，找到了张老英雄当年主导修建狮子桥水利水电站等民心工程的一些原始资料，为创作内容的真实性提供了有力支撑。

在随后的一年多时间里，我们一直在利用休息时间创作这部书，至 2020 年 12 月，全书撰写完毕，共计十章。第一至三章详细描述张富清小时候经历的磨难，在解放战争中多次担任突击队队员，浴血奋战，历经九死一生的故事。主要是根据张富清的口述并结合大量史实资料，写出了张富清从 1924 年出生到 1954 年的人生经历。部分细节因年代久远可能不太准确，但张富清当年所处的相关历史背景及发生在他身上的事情都是客观真实的。

第四至八章详细地描述了张富清 1955 年复员后，选择到湖北省最边远最贫困的来凤县工作，30 多年间他心系群众、一心为民，不求任何回报、不求任何名利，为老百姓办了很多实事，主导修建四大民心工程的故事。第九至十章详细描述了他离休后 30 多年，始终不改本色，心系人民和国家，以及深藏功名被发现，接受采访，为国家再作贡献的故事。

出于对故事的真实性的考虑，我们将张富清当年为民造福留下的相关民心工程旧址旧貌拍了照，附入文中。全书涉及人物的人名，除张富清的母亲张周氏，他儿时的伙伴张狗娃以及在国民党部队一起从事杂役的王秃子等极少数人外（这些人物在张富清的回忆中就是这些名字），其余人物的名字都是用的真名，均是现实生活中存在的人。

本部书的初稿完成后，我将其部分内容提供给一些歌剧、舞剧、话剧团队，让他们根据真实素材进行创作，弘扬传承老英雄的精神。2019 年 12 月，我也将初稿提供给电视剧《功勋——张富清单元》摄制组，给予该剧创作很大的帮助。2020 年 9 月《功勋张富清》6 集电视剧在来凤县顺利拍摄，我在其中也有幸扮演了一个重要角色。

2020年下半年，中国建设银行以及来凤县委县政府根据这部书挖掘的四大民心工程故事，已将其旧址旧貌打造成了张富清系列红色教育基地，让广大党员干部踏寻英雄足迹，聆听初心故事，发扬奉献精神。截至2021年初，已有数千名党员干部在现场开展了“重走英雄路，不忘奋斗史”教育活动。

三

在挖掘、搜集老英雄张富清的故事，以及在创作这部书的过程中，我无数次被他的事迹深深感动和震撼。我把这些故事讲述给他人听时，他们也无一不被感动。我也一直在思考探究，是什么让他深藏功名60余年，连自己的子女都不说？是什么让他在战争中历经生死考验时刻，总是一往无前？是什么让他在贫困山区一心为民造福，从不计较个人得失？是什么让他一辈子淡泊名利，永葆初心本色？是什么让他高龄截肢后，顽强地站立起来？是什么让他始终不忘党恩，紧跟党走？写完整部书后，我们确定这一连串问题的答案就在于，他对党绝对忠诚，对党那种崇高而坚定的信仰，是他可以为党的事业献出一切的根源。只有明白了这一点，老英雄张富清之前种种按照常人眼光无法理解的举动才解释得通。

2019年11月，张富清当选“感动中国”2019年度人物。在颁奖盛典上，主持人饱含深情地说出对张富清的颁奖辞：“都知道你朴实勤勉，却不知你曾战功赫赫。你把奖章深藏在箱底，对战友的怀念深藏心底。从不居功索取，只为坚守使命初心，默默奉献。于国于民，你是忠诚伟大的士兵。”颁奖辞虽然字数不多，但高度并准确地概括了张富清的人生。正如颁奖辞所说，张富清从不居功索取，只为坚守使命初心，默默奉献。他深藏功名60余年，不论遭遇何种困境，任凭风云如何变幻，对自己的战功从未吐露过半个字。在很多人看来，他只要亮出军功章，就可以名正言顺地享受各种待遇，家人也可以得到相应的照顾。但他从未这样想，也从未这样做。他的思想深处、灵魂深处，始终把党、把组织摆在第一位。按照组织的要求做，是他不可动摇的人生原则，从未更改过。战争年代，他勇于突击；建设时期，他迎难而上。在亲情和使命面前，他毅然选择为民解忧、为民造福。他公私分明，从不动用手中的权力为个人和家人谋取利益，不占国家一分钱便宜。在物质层面，他将自己的需求降到最低；在精神层面，他政治思想上不离休，活到老学到老。

或许很多人都会问，张富清究竟是一个什么样的人？翻开他的人生字典，“选择”“突击”“奉献”“执着”“忠诚”“清廉”，这 6 个词应该是出现频率最高的。可以说他一生都在做选择，一生都在突击，一生都在奉献，一生都有执着的信仰，一生对党绝对忠诚，一生都守着清廉。当这 6 个鲜明特征在他身上完美叠加时，如果用四个字来形容，那便是“朴实纯粹”。如果我们详细解读这 6 个词，便能解开他深藏功名的密码，也能从他波澜壮阔的人生中体悟到中国共产党为什么能。

选择，意味着不同的人生。徐徐展开张富清的人生画卷，你会发现，很多关键时期，他都在生与死、国与家、公与私上做着选择。1948 年，参加中国人民解放军的选择；1952 年底，入朝参战的选择；1954 年底，复员转业到贫困山区工作的选择；1960 年，母亲病重及去世，在工作和尽孝之间的选择；1961 年，让妻子离职的选择；在驻队、抗旱、筑坝、修渠、修路的选择中，他总是选择最苦、最难、最险的上；2012 年，高位截肢后在坐轮椅和站立起来之间的选择；2018 年，在眼睛晶体上的选择；等等。这些选择，既让人肃然起敬，又让人无法理解。本来有些选择他是可以放弃的，可他总是迎难而上，朝着对自己不利的方向作出选择。探究他的每次选择，他考虑的从来不是“我需要什么”，而是“党需要什么”“人民需要什么”“组织需要什么”。他多次发自内心地说：“这里苦，这里累，这里条件差，共产党员不来哪个来啊！”“我连死都不怕，难道还怕吃苦吗？”从他的内心世界看，他的人生道路选择程序极其简单，而且只有一个按键，那就是党的指引，组织的召唤。明白了这一点，他当年作出的这些选择似乎都在情理之中。

突击，彰显的是使命担当。1948 年，张富清面对一场场血战，他一次次报名参加突击队，在枪林弹雨中冲锋陷阵，用生命为后续部队杀出一条条血路。1950 年，他随部队进入驻新疆喀什草湖地区，成为屯垦戍边开创“军垦第一犁”的突击者。1954 年底，他担起改变贫困山区贫穷落后面貌的“突击队员”，来到了鄂西深山。1960 年至 1977 年，在三胡区石桥半山湾、三胡区狮子桥刘家坝、革勒车二龙山、卯洞公社高洞管理区，修水渠、修电站、筑大坝、修公路的“战役”中，每遇急难险重情况，他多次担任“突击队员”，不顾危险，身先士卒，喊着“同志们，跟我上！”的突击口号，为他主导修建的一个个民心工程清除了“拦路虎”“绊脚石”。2019 年，95 岁的他，又一次当上了“突击队员”，出色地完成了前所未有的一次突击任务——接受众多媒体记者的采访。

归纳起来，战争年代，他的突击信条是：“我是一名共产党员，在党需要的时候，越是艰险，越要向前！为党和国家牺牲也是光荣的。”和平年代，他的突击信条是：“我是党培养的干部，党需要我去哪里，我就去哪里。面对困难，党员就要迎难而上，我死都不怕，难道还怕苦啊？苦，我更不怕了！”

奉献，代表着不计个人得失。俗话说：“人往高处走，水往低处流。”但张富清却反其道而行之，一次次听从党的召唤，一次次向着“低”处走。从大城市来到贫困山区，从县城到乡镇，从集镇到边远山寨，探究他这样做的目的，为的就是到贫困的地方去奉献，改变那里贫困落后的面貌，可以说奉献就是张富清的人生底色。在部队，他保家卫国，于枪林弹雨中九死一生，多次负伤，差点把生命奉献给了解放事业。在地方，他扎根贫困山区 30 多年，工作岗位、职务屡屡改变，工作任务屡屡改变，时代环境屡屡改变，但每到一地，他都以极大的耐心与群众打交道，竭尽所能地为群众解难题办实事，一门心思地为民造福。而极少考虑自己的得失，妻子、儿女都为之付出了巨大牺牲。于国于民，他的这种奉献，都是一种伟大的情怀。

执着，体现的是信念坚守。张富清的身上有一种非凡的坚持精神，那就是执着。当年在永丰城战斗中，他只身炸毁两座碉堡，受了重伤，几欲昏厥，但在这样极限的情况下，他孤身一人坚守阵地，数次打退敌人反扑，坚持到大部队攻进城。1955 年，他携妻扎根来凤县，同他一起来的学员都写申请离开了，但他坚持了下来，在来凤工作、生活了一辈子。在三胡区工作时，明知当时从外省引进人才难度极大，但硬是凭着他那种执着，派人“三顾茅庐”从湖南永顺引进工匠杨圣；明知专业技术人员多次否定，安在二龙山的水泵不能改造，也是凭着他那种执着，最后不仅改造了，还实现了水泵一举三得，为老百姓解决了困难。离休后，他工作离休但学习不离休，只要身体条件允许，他每天都坚持学习，一直坚持了 30 多年。88 岁左腿高位截肢，他努力要站起来，坚持不懈地练习了一年多的时间，终于能够站立行走，做到生活自理。还有艰苦朴素的作风，30 多年住在老房子里，使用着 20 世纪七八十年代的家具，不管家庭条件如何变化，他始终保持着这种作风。最令人感到震撼的执着还是他深藏功名。60 多年里，不论遭遇怎样的变故，不论家庭有多么困难，他对自己的战功从未吐露过半个字，不管是对外人，还是对家人。至今已有 70 多年党龄的他，最长久的一种坚持便是对党的崇高信仰，这是他所有行为的逻辑起点和行动指南。从他入党的那一天起，对党的信仰就已深入他的骨髓，融入他的血脉，从未改变。70 余年的实际行动，足以说明，他的信仰不是一段时期，不是某种特定环境，也不是条件好坏下的信仰，而是至死不渝、坚守终生的信仰。

忠诚，表现在言行上高度一致。“天下至德，莫大乎忠。”意思是，道德最高的境界就是忠诚。1948 年，张富清参军 4 个月后便入了党，从那时起，他把对党的忠诚视为内心的“宪法”。他曾多次说：“那时，只有对党忠诚、打仗勇敢、不怕牺牲的人才能入党。”“作为一个共产党员，我入党就做了宣誓，为党为人民我可以牺牲一切。”“是党把我培养成为一名革命军人、共产党员，我不能忘党恩，我要永跟党走，党指到哪里，我就走到哪里。”纵观他 70 余年走过的风风雨雨，无论是顺境逆境，他对党的忠诚矢志不渝。1961 年，国家精减人员时，他坚决执行党的政策，第一个砸了妻子的“铁饭碗”；在“文化大革命”期间，家庭陷入困境时，他安慰妻子、子女：“这些困难都是暂时的，一切都会慢慢好起来的，我们要相信组织、相信党！”即使自己经受了那么多磨难，他依然铁心向党、忠贞不渝，毫无怨言！离休后，他经常阅读党报党刊，学习党的理论，每天雷打不动地收看几次新闻，关心党和国家的大事。有人问他为什么要这样做，他果断地回答：“不认真学习党的理论，怎么能说‘听党话、跟党走’？”“我虽然离休了，但永远是党的人。”“心中有党，这是对一名共产党员最起码的要求。”铿锵的话语，带着历史的印记，看似高远，却是他穿透岁月、历经风雨之后对党绝对忠诚的朴素表达，透着一种发自肺腑的真诚和纯粹。

清廉，展现的是一种高尚品格。张富清参加革命工作几十年，无论身处何地，无论在什么工作岗位，他都做到了永葆共产党员的清廉和纯朴。他作为一名基层领导干部，先后分管过县城的粮油供应、三胡区供销社和卯洞公社供销社、船厂、桐油经销等，可以说每个岗位都是“肥缺”，他只要稍微“灵活”一点，就不至于工作30年，一些简单的家具都没钱置办，全家人也不至于长期饿肚子。在生活困难的年代，不少干部向单位借钱，但他从未向组织反映过任何困难，也从未享受过任何困难补贴。家庭再困难，他和妻子都是硬撑着。离休后，当年住的一套老式职工宿舍，他一住就是30多年，昏暗的灯光、斑驳的墙壁、褪色的家具从未改变。用了30多年的一张简易书桌、用了60多年的一本字典、用了60年补了又补的搪瓷缸，无一不倾诉着它们主人生活的简单朴实。

四

张富清60余年深藏功名，一辈子坚守初心、不改本色，事迹感人。他的品格，就如同他的名字，富足于精神，清廉于物质。他就像一盏灯，默默发光，静静温暖。他亦像一汪水，清澈透明，直照人心。人们不禁要问，是什么原因让张富清有如此高尚的思想境界和政治觉悟？有如此纯粹的精神品质和精彩人生？

翻阅查看张富清所处的时代背景与相关史料，我们可以沿着他参加革命工作后走过的70余年人生轨迹，感悟他多次说过的“是党和部队教育了我、培养了我，让我成为一名共产党员、革命军人，我的一切都是党给的”等真情话语，寻找到让人信服的答案，那便是：环境改造人，时势造英雄。

一方面，党对张富清的思想政治教育。

张富清受到的党性教育时间跨越70余年，即使在他离休后也从没有间断过思想政治上的学习。学习经历主要包括：入党前参加的“诉苦”“反忘本”“三查三整”教育，入党后伴随其一生的基层党组织生活及两次党校理论学习。

1948年，张富清刚参加人民解放军时，虽然从内心上对共产党领导的人民军队有好感，但好感只是来源于他打长工时地下党对他的零星宣传。他从来没有实际接触过共产党及解放军，对共产党及解放军的了解也很片面，是不是真的代表劳苦大众的利益，是不是解救广大劳苦大众于水火之中，他还没有客观真实地感受或亲眼看到。因此，此时的他，对共产党及解放军还心存疑虑。

但没过多久，张富清一众人受到部队以“诉苦”“反忘本”及“三查三整”为主要内容的思想政治教育，从灵魂深处经历了一次思想上的洗礼，让他们明白了为谁打仗、为什么打仗的道理，阶级觉悟得到提高，思想观念也很快朝着人民子弟兵的方向发生蜕变。在此后部队生活中，作为新兵的张富清第一次感受到官兵平等一家亲的氛围，在党组织的集中教育和部队官兵的言传身教中，政治思想进一步受到洗礼，纪律学习进一步得到加强，信仰信念进一步得到坚定。他暗下决心：一辈子都要听党的话，一辈子都要坚定跟党走。

在荣誉激励和个人晋升方面，解放军部队中保持了高度的包容性，有功即赏，同时对于刚入伍表现好的战士即能入党或能提拔为干部，进一步增强了战士们的融入感。张富清在壶梯山战斗中首次立功后，他被全连推荐光荣入党，成为一名中共候补党员。从此，他的政治身份发生质变，个人言行等须以共产党员的标准严格要求和规范，思想和行动上须保持一致，自觉遵守党规党纪，履行党员义务，发扬党员先锋模范作用。在战斗中，张富清冲锋在前，多次参加突击队，党性得到生死锤炼，军旅生涯中铁一样的纪律更是将自身原则与党员行为要求达到高度一致、高度融合，最后形成一生的习惯，融入他的血脉。

在长期的基层党组织生活中，张富清先后担任过党小组组长、支部委员、支部书记直至离休。工作期间，张富清先后两次被组织选派去恩施地委党校进行理论学习，一次是1953年4月至1954年12月，一次是1978年8月至9月，系统学习时间共计约两年。张富清入党已70余年，从他的人生经历来看，无论是在战争年代、工作期间还是离休之后，他受到的党内教育都真正入脑入身入心，并化作实际行动，践行在战斗、生活、学习、工作的方方面面。对他而言，组织上入党一生一次，思想上入党一生一世。

2018年底，张富清深藏功名的事迹被发现后，无论是从对张富清的采访或同他的交谈中，还是从相关档案资料及报功书中，我们都能感受到，张富清身上具有一种深刻的自我批评、自我反省精神。在长期的革命战争和革命建设生涯中，他继承和发扬了我们党的批评与自我批评这个传家宝，让他不断进步，不断成长，并长期保持着一名共产党员的先进性和纯洁性。

批评与自我批评是党的三大优良作风之一。早在全国抗战胜利前夕，毛泽东同志就形象地说："房子是应该经常打扫的，不打扫就会积满了灰尘；脸是应该经常洗的，不洗也就会灰尘满面。我们同志的思想，我们党的工作，也会沾染灰尘的，也应该打扫和洗涤。"

1944年9月8日，毛泽东在为中央警卫团战士张思德烈士举行的追悼会上的讲话中，也特别讲了一段与批评有关的话："因为我们是为人民服务的，所以，我们如果有缺点，就不怕别人批评指出。不管是什么人，谁向我们指出都行。只要你说得对，我们就改正。你说的办法对人民有好处，我们就照你的办。"

张富清在接受采访或交谈中回忆："在部队打仗休整期间，以班排为单位，经常召开会议，学习毛主席讲的话，开展批评和自我批评，讲自己的错误和缺点，给同志提批评意见，反省自己拿没拿群众的一针一线，对群众的态度好不好……""对于参加解放军的新兵，在思想上要实行一对一的教育，实行个别谈话，让他明白为谁打仗的道理。""在新疆喀什草湖开垦期间，也以队为单位，经常开会讲党课，人人发言，谈思想，谈自己在生产中的不足，大家也互相提意见，互相帮助，共同提高。”

在张富清那份特等功报功中，朴实而清晰的文字记录了他当年的立功事迹，有着鲜明的时代特点。立功事项记载的这些文字至今虽已70余年，但从中我们可以看出，身为班长的他处处起到了模范带头作用，思想教育工作也没少做，自我反省，帮助他人更是成为习惯。

在1956年4月27日的一份《坦白事实》中，任来凤县粮食局副局长的张富清写道：“随着社会的发展，我产生了一个不好的思想，不想在现时的工作上继续搞下去，原因是没有文化，怕把工作做不好，给党造成损失，自己犯了错误受了处分还不知是怎么犯的错误。”“自己是个党员应当服从党的分配。党需要叫去学习就去学习，需要工作就应当工作，不应当以个人兴趣去出发，想做什么就做什么。”

从这份档案资料中我们可以发现，张富清时刻都在对照组织要求自省自警，对于自己的每一个细小错误、每一个不好的苗头始终保持清醒的认识。

张富清在来凤县三胡区工作期间，于1960年12月25日的一份《自我检讨》中，他清楚地记录了两件事情，也足见他在工作中经常开展自我批评。

一件是他1959年11月收购鲜肉时，“为了完成任务光荣些，未考虑到生猪的发展情况，把一些不够标准的生猪杀了，上交任务”。他自我批评道：“我这种单纯的任务观点是错误的。”

另一件是他有次生病住院的时候，公社的有关同志打条子给他买了一斤红糖、两斤鸡蛋。他自我批评这是不对的，因为“我有病就可以买”这些东西，就没有想到“群众生病是否买得到”“这种特殊化的歪风是极其错误的，是脱离群众的”。

从张富清1965年7月16日记载的一份社会主义教育工作队干部鉴定表中，可以看出，他在工作中多次进行了自我反省。

当时这场社会主义教育活动持续了几个月，他分了一个生产大队的任务。在自我检查的第一条里，他坦承自己“到各小队去的（得）少，了解的情况很不具体”。

活动中，“早上起来要帮助农户做些家务事，吃饭后不（是）开会，就是同社员上坡生产，晚上回来了，又要开会”，顾不上学习。他反省道：“没有从主观上看问题，实际并不是抽不出时间，而是自己懒。”

还有一次在工作队队员碰头会上讨论部分社员自留地的丈量问题，他不同意重新丈量，和另一名同志意见不一致，“争论了很久”。虽然后来上级同意不丈量，他仍然觉得这是自己“修养不好”的体现。

“在这次工作中，对我的脑子里影响最深的是：要想同贫下中农建立深厚的感情，叫贫下中农给工作队反映真实情况，就必须做好‘三同’（指同吃、同住、同劳动）。因此我在这方面从始至终地坚持了‘三同’。但是也还有不够的地方，在劳动上只参加了将近 40 个劳动日。”他在自我检查中写道。

在一份《思想反省》中，他这样写道：“同吃、同住、同劳动。不能把个人利益放在党的利益之上，因为党是代表工人阶级和劳动人民解放的利益，是整体的利益，而不是个人利益。”

…………

在张富清的档案资料里，讲成绩、讲功劳的话极少，记载的大多都是自我批评、自我反省之类的文字。从这些离我们比较久远的文字中，可以看出张富清对党是毫无保留地坦诚，对党绝对忠诚，永葆着一名共产党员的本色。对自己的思想，对自己的工作，时刻在打扫和洗涤沾染的“灰尘”，不断地淬炼自己，“打扫”自己，提升自己，终至现在的不忘初心、朴实纯粹、淡泊明志、宁静致远。这便是张富清具有崇高思想境界和政治觉悟的答案。

另一方面，英雄部队的土壤育英雄。

“为有牺牲多壮志，敢教日月换新天。”一支具有优良传统的部队，除了有英明的领导人外，往往还具有培养英雄的土壤。革命血脉薪火相传，英雄，在第 359 旅中往往是以集体形式出现的。

1948 年 3 月初，张富清参加西北野战军，跟随第 718 团转战千里。第 718 团曾因作战勇猛、战果累累，被第 2 纵队先后授予“猛打、猛冲、猛追”

和“攻如猛虎，守如泰山，攻坚有功，追击第一”荣誉称号。在这支部队中，张富清完成了从一个在国民党部队中地位低下的勤杂兵到解放军中战斗英雄的蜕变。在此期间，张富清目睹了太多太多的战友离去，有在战斗中英勇牺牲的，有因过度劳累而倒下的，有因恶劣的自然环境冻死的……他们的身体虽然倒下，但精神化作了丰碑。对于战友们的离去，对他们最好的纪念就是继承和发扬他们的优良精神，继续前进，继续战斗。

部队就是最好的学校，英雄文化是一支优良部队精神内核的重要一环。面对各级媒体的采访，张富清将自己的战功归功于与他并肩作战牺牲的战友们，认为他们才是真正的英雄。包括2019年所有加于他身的荣誉，他都认为是他替牺牲的战友们代领的。从这可以看出他内心的真实想法：“战争中获得的战功不是我一个人的，也属于牺牲的战友们，我有什么资格拿出来在人民面前显摆呢？”这就是他深藏功名60余年的谜底。

第359旅精神，不仅有蕴含着的艰苦创业、无私奉献的南泥湾精神，还有辗转南北东西的长征精神，有“猛打、猛冲、猛追”的战斗精神，也有铸剑为犁的戍边军垦精神，等等。作为第359旅的战士，张富清的血脉之中早已融入了这支部队的红色“细胞”，并一直秉承并发扬着这种精神。这便是他具有“哪里艰苦哪里去”“我死都不怕，难道还怕苦？苦，我更不怕了”的精神信念的根源。

五

在这部书中，我们花了很多笔墨讲述了张富清的妻子孙玉兰的故事，她是一位值得我们铭记的伟大女性。作为中华人民共和国成立后的进步青年和独立女性，孙玉兰年轻时聪明灵秀、上进心强、事业上很有发展。1954年，19岁的她已是陕西洋县双庙村妇联副主任、共青团员。但为了张富清，她放弃了自己的事业，1955年跟随张富清一起来到了遥远而陌生的土地，开启了新的生活。1961年，为支持配合丈夫的工作，她从供销社离职，失去了“铁饭碗”，再次失去了自己的事业。为养家糊口，孙玉兰到处打临时工，不嫌脏累，样样苦活儿都干。1963年，她学会裁缝手艺，加入三胡手工联社，按件计酬，获得微薄工钱，贴补家用。从1959年到1979年的21年时间里，张富清平时在家的时日不多，4个孩子的吃喝拉撒，大女儿张建珍治病等全是靠她一人张罗和支撑。

那些年，一家人的日子过得极为艰难，但孙玉兰再苦再累，在丈夫张富清面前，她从来不抱怨，不拉后腿，不出难题，多大的困难和痛苦她一个人全扛起来！对于丈夫的工作，孙玉兰还是义无反顾地支持。1960年底，丈夫张富清主导在三胡区石桥麻坑洞修建拦水坝，在麻坑湾半山腰上修建引水渠，她带头参加义务劳动，往半山腰背石灰、沙子。1963年，丈夫张富清主导修建的狮子桥水电站，她不仅经常去参加义务劳动，还把自己积攒了几年的两斤多清油送给了工地，支援电站建设。1967年至1974年的8年时间里，丈夫张富清在离三胡集镇较远的大队进行劳动监督改造，很少回家。孙玉兰咬紧牙关，一方面要照顾患病的大女儿；另一方面要负担和支撑张建国三兄妹在学校读书，为三兄妹后来考学打下了良好的基础。不仅如此，在自家极度困难的情况下，孙玉兰还将刚给儿子买的一件棉衣送给更需要的人，这种无私的大爱更令人感动。到了卯洞公社，孙玉兰知道丈夫是有能力为自己找个正式工作的，但她更知道丈夫不会去给组织添麻烦，因此她也从来没有向丈夫提出过任何要求。几十年来，她一直没有一个稳定的职业，全靠打临时工度过了大半辈子。三个儿女有了工作，各方面条件好转，但她和老伴儿仍旧住老房子，用老家具，过“老生活”，细心地照顾大女儿，一直无怨无悔。

试想，孙玉兰当初如不随张富清到来凤县来，凭她当时的自身条件，在那个特定的年代里成长为一名国家正式干部应该是没有问题的。即使当不上国家干部，在老家也有地可种，生活条件也许会比她在来凤县好得多。

又试想，如果孙玉兰当初不支持张富清的工作，不从供销社离职，张富清开展执行政策这项工作只是不那么顺利，总不至于让他失去工作或受到处分。况且，按当时的精减政策，孙玉兰并不在人员精减范围以内。她如果不离职，仍在当时最热门的供销社工作，一家人的生活也能过得去，不会吃那么多的苦。

再试想，张富清如何隐藏功名，都瞒不过孙玉兰。她是知道自己的丈夫打过仗，受过伤，立过功的，只不过不知道立了多大的功。如果她不尊重丈夫的意见，给子女们说他们的父亲打过仗、立过功的事，子女们不为别的，出于好奇都会问父亲，让他讲讲当年打仗的故事，看看他立功的相关证件，这样子女们就会知道父亲的功名情况。但子女们一直仅知道父亲曾经当过兵，大儿子张建国都退休两年了，对父亲打仗立功的事都一无所知。这便充分说明，孙玉兰从没有给子女说过他们父亲过去打仗立功的事情。即使在张富清处境最艰难的时期，她也从未想过让丈夫把打仗立功的事说出来，让世人知道他过去是一位打过仗立过功的人，从而改善一下当时被人冤枉的艰难处境。

…………

多少个试想都已成了过去，事实是：孙玉兰随丈夫张富清到来凤来了，来了就扎下根，再也没有离开；1961 年离职后多年没有一份正式工作，将其一生奉献给了丈夫和子女。正因为有了这个贤内助，张富清投身工作时才会安心，才可以当“甩手掌柜”。

与张富清相濡以沫生活了 60 多年，孙玉兰有着不输于丈夫的觉悟和情怀，有着不输于丈夫的毅力和韧劲，不管之前的条件多么艰苦，她从未被困难压倒过。可以说，张富清每一件感人故事、每一桩高尚品格的背后，都有妻子孙玉兰的影子。如今，张富清 97 岁了，身体也大不如前，孙玉兰是他的依靠和支撑，也是他生活的“腿”。无悔付出一次容易，但无悔付出一生难；相约一时容易，但相守一生难。孙玉兰这位表面上看起来柔弱，内心却无比坚强的女性都做到了。从她和张富清的故事中，我们可以看出爱情的原色，那便是风雨不惊、苦难不惧、相敬如宾、岁月从容。

六

张富清这个英雄，不是文学虚构化了的英雄，他是一个至今健康活着的英雄。他的精神品质就像一座精神宝库，从战争年代到建设年代，再到新时代，每一个时期都有可贵的精神品质在他身上体现。习近平总书记称赞他“你都做到了，你是全党全国人民的楷模”，这是党和国家对他的最高褒奖。70余年的战斗、工作、生活彰显了他特别能战斗、特别能吃苦、特别能奉献、特别能坚持的本色人生，铸就了不怕牺牲、迎难而上、无私奉献、艰苦奋斗、淡泊名利、乐观向上的张富清精神。这种精神无论是过去、现在还是将来，都是我们党和国家的宝贵精神财富，无论时代发展到哪一步，都值得“党政军民学，东西南北中”的人们学习和弘扬。概括和提炼他的感人事迹和崇高精神，我认为有几点特别值得学习和弘扬。

一是张富清同志“不畏艰险、不怕牺牲”的战斗精神。在血与火的战争年代，张富清矢志不渝听党话、跟党走。面对生死考验、紧急关头，他无私无畏，主动请缨担任突击队队员，越是艰险，越要向前，当前锋、打头阵、翻城墙、炸碉堡，与敌人殊死搏斗，负伤不下火线。他以无比坚定的革命意志和不怕牺牲的大无畏精神，彰显了革命军人驰骋疆场、果敢坚毅、一往无前的战斗精神。

二是张富清同志“无私奉献、一心为民”的公仆情怀。支援地方建设，他响应号召主动申请到条件最艰苦的来凤工作；国家精减人员，他率先动员妻子放弃“铁饭碗”；坚守工作岗位，忠孝未两全成为毕生遗憾。他像革命的一块砖，数十年如一日，在国家最需要的时候挺身而出，在人民最需要的地方主动作为。在30余年的工作生涯中，他与群众心相连、情相依，全心全意为人民服务，不求名利，不图报答；有一种骨子里的爱民情怀，以至于他每调离一个地方，人民群众争相为他送行。他常说：“我作为一名共产党员所做的工作都是为了国家，为了老百姓。”朴实真挚的话语，生动体现了他对党的宗旨的执着，体现了他对事业和责任的担当。

三是张富清同志“对党忠诚、不忘初心”的革命本色。不论所处哪种时代、身在哪个岗位，始终保持崇高信仰。在革命战争年代，张富清同志坚决做到“党指到哪儿，就打到哪儿”；在祖国建设时期，坚决做到“党让我去哪就去哪儿，哪里最艰苦就去哪儿”，不讲条件、不计得失，为党分忧、为民解难，牢记宗旨、坚定信仰，真正把对党的绝对忠诚刻进心中、融入血脉，充分发挥了共产党员的先锋模范作用。

四是张富清同志“淡泊名利、廉洁齐家”的高尚情操。张富清历经九死一生、功勋卓著，却从不以此为资本要待遇、要名誉、要福利。他珍惜军人荣誉，却选择深藏功名、回归平凡。他珍爱党员身份，始终保持清廉本色，从不利用手中的权力为自己和亲属谋利，教育子女“自强不息、自己奋斗”。他始终坚定信仰、笃定信念，拿起的是责任，放下的是名利，向我们传递着时代的正能量。

五是张富清同志“艰苦奋斗、乐观向上”的人生态度。张富清的生活极为简朴，凡生活用具如拖把、花盆、扫帚等，自己能做的都自己做。他的衣、帽、鞋、袜都是拆洗多次，补了又补，缝了又缝，生活清贫却时时想到的是响应党的号召，处处想到的是减轻国家负担。他热爱学习，每天仍然坚持读书、看报、看电视新闻，“工作上离休了，思想政治上不离休”。他珍爱生命，88 岁截肢，仍乐观向上，坚持锻炼，靠着假肢和支架重新站了起来。他以奋进不息、积极向上的坚强意志，为“英雄”写下了最好的注解。

2019 年，已是 95 岁高龄的张富清，相继获得了一系列国家荣誉，还获得了国家最高荣誉——共和国勋章。这也是党和国家对这位已有 70 余载党龄，且最老实、最听话、最忠诚的党的好战士的褒奖、肯定和激励。

一个有希望的民族不能没有英雄，一个有前途的国家不能没有先锋。今天，我国正在发生日新月异的变化，我们比历史上任何时期都更加接近实现中华民族伟大复兴的目标。实现我们的目标，需要英雄，需要英雄精神。我们很庆幸国家开展的退役军人信息登记让我们及时发现了深藏功名的张富清，他用一生践行了入党誓言，为广大党员干部树起了一面镜子。他一辈子坚守初心、不改本色、朴实纯粹的感人事迹，对于我们这个时代来说，具有巨大的示范作用和榜样力量，将教育、引导和感染当下的人们，树立正确的人生观、价值观，正确对待名与利，激励更多的人以他为镜，荡涤心灵，激浊扬清，凝聚起奋进新时代的强大力量。

张富清的人生是一部建功立业的奋斗史，也是一曲无私奉献的赞歌，是千千万万共产党人舍生忘死、人民公仆砥砺前行的缩影。实际上，他的一生就是一部中华民族复兴的奋斗史，从侧面反映了新中国从建立到富强的伟大征程。在他身上，伟大和平凡、赫赫战功和质朴寻常融合得如此自然。就像他亲手在阳台上种下的仙人掌，虽然普通，却有着顽强的生命力，可以开出美丽的花朵。他是伟大中的平凡，也是平凡中的伟大，代表了共和国70余年里成千上万的奋进者。

我们党和国家为什么能够不断创造奇迹？从张富清的人生经历来看，“张富清式”的时代精神就是成就奇迹的力量，就是打开奇迹的“钥匙”。正是有了无数像张富清这样的先进人物，我们党和国家的事业才能不断前进，赢得一个又一个胜利。一代人有一代人的使命，一代人有一代人的长征。我们坚信，在我们伟大祖国迈向强盛征途的关键时期，会涌现出更多年轻的“张富清”，撑起共和国的脊梁，推动中华民族走向伟大复兴。

七

在撰写这部书的过程中，张富清及其老伴儿孙玉兰，三个子女张建国、张建荣、张健全给我提供了极大的帮助。他们详细地给我们提供原始的写作素材，详细讲述了发生在他们身上的许多感人故事，提供了许多珍贵照片。在撰写“新买棉衣　送给他人”“两斤清油　情重如山”等一些章节时，想起孙玉兰老人讲述她当年这段经历时的极度艰难，我是一边撰写一边流泪的。

张建国三兄妹还为本书提出了许多修改意见。特别是张健全为本书的撰写及修改倾注了大量心血和汗水，我们每写完一节，都发给他看，他提出了很多修改意见。

本书完稿后，我将一本样稿送给老英雄张富清，并给他讲解书中的内容。他听后十分高兴，表示每天看一点，将书看完，并多次给我竖起了大拇指，称赞我是“大作家”。受到老英雄的表扬，我信心百倍，力争尽我所能把他的先进事迹传播好，让更多的人受到教育。

经过近两年努力，本书即将付梓。在此，感谢中国建行湖北省分行樊庆刚、祝艳阳、周辉东、李翎等领导同志的大力支持，感谢恩施州委宣传部张森、冯兴炼等领导的大力支持，感谢来凤县委县政府邢祖训、李伟、洪家进、邓家斌、田言初、朱传杰、刘涛、费国华、甘应绪、林正高、熊庆、刘洋、何小岚等领导的大力支持，感谢著名导演康洪雷及其黄金搭档金牌制作人李义华的大力支持，感谢张富清同志及其家人的大力支持，感谢新疆某红军团、来凤县档案馆提供相关历史资料，感谢邓明成、杨圣、谢胜元、周元清、杨松柏、闵柱生、黄金楼、罗冰青、代芳斌、廖大友、杨胜友等老人分享关于张富清同志及其家人的故事点滴，感谢来凤同人田方明、秦叙常、赵春峰、周荷慧、刘平、李甘霖、金国民、谭成举、邓永刚、谭少奎、杨琴、彭腾娇、唐辉、向学红、向学敏、唐俊、张杏等人的倾力指导和帮助。

中国工人出版社对出版本部传记文学高度重视，大力支持，编辑为本部传记文学的出版付出了大量的心血。没有他们，也就没有这部传记文学的出版，借此机会，我向他们表达我由衷的敬意和谢意。

在各方的支持和帮助下，为建党一百周年献礼，这部作品终于要付梓了，我们期待这部作品在持续巩固“不忘初心、牢记使命”这个永恒课题中发挥应有的作用。

由于作者水平有限、史料掌握不全，书中史实细节、评论观点和语言叙述等方面或有错误及待商榷之处，望读者批评指正。

邱克权

2021 年 3 月

参考书目

1.《中国人民解放军第一野战军战史》编委会：《中国人民解放军第一野战军战史》，解放军出版社，1995 年。

2. 新疆军区军史丛书编审委员会：新疆军区《简史》系列丛书——《步兵第一一团团史》，2019 年。

3. 李涛：《战典 8 ：第一野战军征战纪实》，作家出版社，2018 年。

4. 邵志勇：《西北野战军英雄谱——战地珍本记忆》，未来出版社，2017 年。

5. 宋绍明：《第一野战军大西北征战纪实——彭德怀血战大西北》，作家出版社，2000 年。

6. 张民：《解放大西北》，陕西人民出版社，2013 年。

7.《王震传》编写组：《王震传》，人民出版社，2008 年。

8. 农一师编纂领导小组：《塔里木军垦见证》，新疆人民出版社，2008 年。

9. 来凤县县志编纂委员会：《来凤县志》，湖北省人民出版社，1990 年。